财经类专业"十四五"规划教材·智能化新形态教材

新编企业财务管理

主　编◎张忠寿　范丽红
副主编◎袁奋强

图书在版编目(CIP)数据

新编企业财务管理 / 张忠寿，范丽红主编. —上海：立信会计出版社，2021.12
 ISBN 978-7-5429-6971-2

Ⅰ.①新… Ⅱ.①张… ②范… Ⅲ.①企业管理—财务管理 Ⅳ.①F275

中国版本图书馆 CIP 数据核字(2022)第 009734 号

策划编辑　　王斯龙
责任编辑　　王斯龙

新编企业财务管理
XINBIAN QIYE CAIWU GUANLI

出版发行	立信会计出版社
地　　址	上海市中山西路 2230 号　　邮政编码　200235
电　　话	(021)64411389　　传　真　(021)64411325
网　　址	www.lixinph.com　　电子邮箱　lixinph2019@126.com
网上书店	http://lixin.jd.com　　http://lxkjcbs.tmall.com
经　　销	各地新华书店
印　　刷	浙江临安曙光印务有限公司
开　　本	787 毫米×1092 毫米　　1/16
印　　张	19
字　　数	487 千字
版　　次	2021 年 12 月第 1 版
印　　次	2021 年 12 月第 1 次
印　　数	1—3 100
书　　号	ISBN 978-7-5429-6971-2/F
定　　价	48.00 元

如有印订差错，请与本社联系调换

前　言

为适应当前我国经济社会发展要求及高等教育改革发展的形势,满足高校培养应用型本科经济管理类专业人才的需要,我们吸收了国内外财务理论研究与我国企业财务管理实践最新成果,充分考虑大数据、人工智能、移动互联网、云计算等先进技术、先进方法、先进手段对企业财务管理工作产生的影响,在学习借鉴国内外优秀财务管理教材的基础上,编写了本教材。

本教材与国内其他教材相比,主要体现了以下三个方面的特点:一是做到课程思政教育与教材内容相融合。根据管理学科专业特点,深入挖掘财务管理课程所蕴含的课程思政元素,明确课程的思政目标,将价值导向与知识传授相融合,使思想价值引领贯穿教材全过程。二是做到学术性、应用性、发展性"三性"融合。学术性主要体现在教材内容的深度与难度方面,教材要具有一定的理论水平、学术价值,力求反映最新研究动态,但同时要避免一些教材研究性太强,难度较大,内容较全、较深,不适用实际教学的情况,不符合应用型本科人才培养的要求。应用性主要体现为教材在介绍基本理论、基本方法的同时,更注重学生实践技能的训练。本教材通过课前案例导引、课中案例讲解、课后案例分析,将理论与真实的企业财务管理场景紧密结合,使教材更加贴合应用型本科院校对经济管理类人才实践应用能力培养的目标要求及教学思路。发展性主要体现在教材内容能考虑学生未来的职业发展。本教材适当借鉴并融入了中级会计职称考试财务管理及注册会计师考试财务成本管理的考试要求,以满足一部分学生未来在专业技术职务等职业发展方面的需要。三是做到线上线下融合。本教材基于"教师主导、学生主体"的慕课的开放式、混合式教学模式,充分利用信息技术手段及慕课等在线资源,开启移动学习方式。本教材中每章有二维码链接,可让学生进行案例实战训练与自我测试,有助于将教师从知识的传输者变为指导者,学生从知识的被动接受者变为主动构建者,从而激发学生的学习兴趣,增强自主学习能力。

本教材由张忠寿、范丽红担任主编,袁奋强担任副主编。教材编写分工如下:张忠寿编写第一、第十章,范丽红编写第二、第四、第七章,袁奋强编写第五、第六、第九章,陈威燕编写第三、第八章。张忠寿、范丽红对本教材进行总纂、修改和定稿,张雪伍为本教材提供所有信息技术支持。

在教材编写过程中,我们参阅并借鉴了国内外财务管理相关教材及文献的成果,在此对这些成果的作者及给予我们帮助与指点的专家和同行一并致谢。

本教材为2020年江苏省高校重点立项建设教材,既可作为全国高校应用型本科人才培养经济管理类专业财务管理课程的通用教材,也可作为高职院校相关专业财务管理课程的常规教材。

由于作者水平有限,书中恐有不足之处,恳请学界同仁和广大读者批评指正。

编　者

2021 年 10 月

目 录

第一章 现代企业财务管理总论 ··· 1
  第一节 企业财务管理概述 ··· 2
  第二节 企业财务管理的基本要求与基本内容 ························· 8
  第三节 企业财务管理的目标 ······································· 11
  第四节 企业财务管理的环境 ······································· 17
  第五节 企业财务管理的方法 ······································· 20

第二章 货币时间价值及风险价值 ····································· 24
  第一节 货币时间价值 ··· 24
  第二节 风险价值 ··· 37

第三章 企业资金筹集管理 ··· 46
  第一节 企业资金筹集概述 ··· 48
  第二节 企业资金需求量的预测 ····································· 53
  第三节 权益资金筹集管理 ··· 59
  第四节 债务资金筹集管理 ··· 66
  第五节 筹资实务创新 ··· 79

第四章 资本成本和资本结构 ··· 84
  第一节 资本成本 ··· 85
  第二节 杠杆效应 ··· 95
  第三节 资本结构 ··· 100

第五章 企业项目投资管理 ··· 112
  第一节 企业项目投资管理概述 ····································· 113
  第二节 现金流量 ··· 117
  第三节 项目投资决策评价指标 ····································· 122

第四节 项目投资决策评价指标的运用 … 132

第六章 企业证券投资管理 … 142
第一节 证券投资概述 … 143
第二节 企业债券投资 … 148
第三节 企业股票投资 … 153
第四节 企业基金投资 … 156
第五节 证券投资组合 … 160

第七章 企业营运资金管理 … 169
第一节 营运资金概述 … 170
第二节 现金管理 … 175
第三节 应收账款管理 … 182
第四节 存货管理 … 190

第八章 企业收益分配管理 … 202
第一节 企业收益分配管理概述 … 203
第二节 企业职工要素分配的管理 … 205
第三节 企业收益分配政策 … 207
第四节 股利支付形式和支付程序 … 213
第五节 股票分割和股票回购 … 215

第九章 企业财务预算管理 … 221
第一节 企业财务预算管理概述 … 222
第二节 企业财务预算的编制方法 … 226
第三节 企业财务预算的编制 … 231

第十章 企业财务会计报告分析与评价 … 245
第一节 企业财务会计报告分析与评价概述 … 246
第二节 财务分析的一般方法 … 248
第三节 基本的财务报表分析 … 252
第四节 财务指标综合分析与评价 … 275

附录 … 292

第一章 现代企业财务管理总论

本章学习目的

本章主要阐述了企业财务管理的基本理论问题。本章学习要求：认识和了解企业财务管理的概念和特点，企业财务活动和财务关系的内容；了解企业财务管理的原则、要素、基本内容和基本要求；正确理解企业财务管理的目标及理财环境，牢固树立国家利益至上的理念与企业社会责任观念；掌握企业利益相关者矛盾的协调方法及财务管理的一般方法；增强爱国意识、法律意识、廉洁自律意识和高质量发展意识，努力践行社会主义核心价值观。

本章关键词

财务活动　财务关系　财务目标　理财环境　理财方法

本章课程思政点

财务关系　财务管理原则　财务监督　社会责任　经济与法律环境

案例导引

小蛋糕店里的大财务

在绍兴市新建北路5号，有家新天烘焙蛋糕店。蛋糕店的主人是一位大学毕业后自主创业的年轻人。2006年6月，陶立群从浙江大学城市学院工商管理专业毕业后，决定开家蛋糕店。他白天顶着烈日逛绍兴大大小小的蛋糕店，看门道、想问题，晚上则躲在房间里查资料，了解市场行情。两个多月后，陶立群将《新天烘焙蛋糕店可行性策划书》放在了父母面前。以下是蛋糕店创业计划书的部分内容。

一、市场分析

（略）

二、投资成本

模拟方案以10平方米左右的小店为例。启动资金大约需9.5万元。其中，房租5 000元；门面装修费约2 000元；机器设备投资（包括制作蛋糕的全套用具）约8万元；首期进货款（包括面粉、奶油等原材料）约6 000元；蛋糕的制作方法可购买光盘自学，一套光盘含70个项目技术，约2 000元/套。

三、经济效益估算

月平均销售额 21 000 元,月支出约 14 033 元,月利润 6 967 元。按此结算,一年左右蛋糕店可收回投资额。

陶立群的父母被这份策划书感动了,他们拿出积蓄支持儿子创业。2006 年年底,第一家新天烘焙蛋糕店在绍兴市新建北路 5 号正式开张,陶立群做起了小老板。

2007 年 5 月、10 月,陶立群先后开办了第二家、第三家连锁店。只有 20 多岁的陶立群已经成为绍兴市小有名气的创业青年,并且被评为绍兴市"创业之星"。

资料来源:摘自《大学生创业成功案例及分析》,略有改动。

思考:从陶立群的创业实践中,谈谈你对财务管理的认识。

第一节 企业财务管理概述

财务管理是经济管理的重要组成部分,任何组织都离不开财务管理工作,但营利性组织(企业)与非营利性组织的财务管理是有很大区别的。本教材讨论的是企业的财务管理。典型的企业组织形式有个人独资企业、合伙企业和公司制企业。

个人独资企业是由一个自然人投资,全部资产为投资人个人所有,全部债务由投资人个人承担的经营实体。个人独资企业是非法人企业,不具有法人资格。

合伙企业是由合伙人遵循自愿、平等、公平、诚实信用原则订立合伙协议,共同出资、合伙经营、共享收益、共担风险的营利性组织。合伙企业通常为两个或两个以上的自然人,有时也包括法人或其他组织。合伙企业分为普通合伙企业和有限合伙企业。

公司制企业(简称公司)是由投资人(自然人或法人)依法出资组建,有独立法人财产,自主经营、自负盈亏的法人企业。公司是依据《公司法》登记,经政府注册的营利性法人组织,它独立于所有者和经营者。根据我国现行《公司法》规定,公司分为有限责任公司和股份有限公司。

财务管理是企业管理的重要内容,对于企业的生存、发展和获利具有十分重要的作用。

一、企业财务管理的概念与特点

(一)企业财务管理的概念

在商品经济条件下,社会商品具有使用价值和价值双重属性,是使用价值和价值的有机统一体。所以,企业的生产经营过程也表现为使用价值的生产与交换过程和价值的形成与实现过程。在这个过程中,企业的劳动者利用劳动手段作用于劳动对象,生产出产品并进行交换或出售,使商品的使用价值得以实现;同时,劳动者将生产中消耗掉的生产资料的价值,如材料费、折旧费等,连同其消耗的活劳动价值转移到产品中去,创造出新的价值,并通过商品的出售,最终实现产品的价值。前者表现为物资的运动过程,后者表现为资金的运动过程。

所谓资金,就是企业再生产过程中商品物资的货币表现,其实质就是生产过程中运动着的价值。而资金运动实际上就是在商品物资运动的同时,其价值形态也不断地发生变化,由一种形态向另一种形态转化。这种运动不仅以资金循环的形式存在,而且伴随着企业再生产过程的不断进行,还表现为一个周而复始的周转过程。

在社会主义市场经济条件下,企业的生产经营过程同样既要以使用价值形式实现,又要以价值形式实现;既要表现为商品物资的运动,又要表现为资金的运动。企业的资金运动,构成了企业生产经营活动的一个独立方面,并具有其特殊的运动规律。这种规律不仅从表面上反映了钱和物的增减变动,而且从实质上还体现了人与人之间的经济利益关系,这就是企业的财务活动。

所以,企业财务是企业在生产经营过程中客观存在的资金运动及其所体现的经济利益关系。企业财务管理就是利用价值形式对企业的财务活动进行的管理,是企业组织财务活动,处理企业与各方面财务关系的一项综合性管理工作。

(二) 企业财务管理的特点

现代企业生产经营活动的复杂性,决定了企业生产经营管理必然包含多方面的内容,如生产管理、劳动管理、质量管理、技术管理、设备管理、销售管理和财务管理等。这些管理工作相互联系,紧密配合,同时又有各自的分工,有的侧重于信息技术的管理,有的侧重于劳动计量的管理;有的侧重于人力资源的管理,有的侧重于开发创新的管理;有的侧重于使用价值的管理,有的侧重于价值的管理。

财务管理区别于上述其他一些管理工作的特点主要表现在以下两个方面。

(1) 财务管理是一种价值管理。它主要利用资金、成本、收入和利润等一系列价值指标,运用一些专门的财务方法,来组织各项财务活动,处理不同利益主体间的财务关系。

(2) 财务管理具有很强的综合性。企业的财务活动涉及企业的各个方面,企业的其他各项管理工作的成效最终也都需要通过财务管理来反映,这些都决定了财务管理是一项综合性的管理工作,是企业管理的核心。

企业财务管理与通常所说的"公司理财"不同,"公司理财"仅指企业合理组织财务活动的手段和方法,而财务管理还需要合理地处理和协调企业运行中的各种财务关系。因此,两者不能混为一谈。

二、企业的财务活动与财务关系

(一) 企业财务活动

企业的财务活动是指企业在生产经营过程中,资金的筹集、投放、收回和分配的一系列活动行为。简而言之,就是以现金收支为主的企业收支活动,具体包括筹资活动、投资活动、资金营运活动和分配活动四个方面。

1. 筹资活动

企业从开办到每一项生产经营活动的开展,都离不开一定数额的资金。从何种渠道通过何种方式筹集一定量的资金来满足自己的需要,是企业生产经营活动的前提。所以,筹资活动是企业财务活动的起点。

一般而言,企业筹资有两种不同性质的资金来源:一是从投资者处,通过吸收直接投资、发行股票及利用企业内部留存收益转增资本的方式取得,这部分资金形成企业的权益资金;

二是从债权人处,通过向银行借款、发行债券、融资租赁和利用商业信用等方式取得,这部分资金形成企业的债务资金。企业筹集的资金,可以是货币资金,也可以是实物资产或无形资产。企业不论通过何种资金来源和方式筹集何种形式的资金,都表现为资金的流入和流出(如借款的偿还、利息和股利的支付等)。这种因资金筹集而形成的资金收支活动,就是企业的筹资活动。而在这一活动中如何考虑筹资的总规模,选择筹资的渠道、方式或筹资工具,合理地确定筹资结构,从而降低筹资成本和风险,是企业财务管理的重要内容。

2. 投资活动

企业取得所筹资金后,必须尽快地根据筹资目的进行投资,以获得最大的经济效益。企业投资有广义和狭义之分。广义投资不仅包括对内投资,还包括对外投资。对内投资,是指企业内部通过购买固定资产、无形资产和流动资产等,以满足生产经营活动的需要,最终取得生产经营利润,对内投资通常指项目投资。对外投资,是指投资于企业外部,通过购买其他企业的股票、债券或与其他企业开展联营,以取得投资收益。狭义投资仅指对外投资。无论是对内投资,还是对外投资,企业投资活动也必然引起资金的流入和流出。即:当企业进行投资时,就表现为资金的流出;当企业取得经营利润或投资收益、处置各项投资资产获得收入时,就表现为资金的流入。

企业在投资活动中,如何考虑投资的总规模,选择投资的方向、方式,合理地确定投资结构,从而降低投资成本和风险,取得最大的投资收益,也是企业财务管理的重要内容。

3. 资金营运活动

企业在日常的生产经营活动中,除了正常的投资会引起资金收付外,还会发生一些诸如购买原材料及商品物资、支付工人工资、缴纳税费、取得销售收入等方面引起的资金收付。这种为满足日常经营活动的需要而出现的资金收付,就是企业的资金营运活动。

一般而言,营运资金量的多少,会对企业的风险大小产生一定影响,同时其周转速度的快慢也会影响到企业的经济效益。营运资金的周转与生产经营周期具有一致性。在一定时期内,企业的营运资金数量越多,风险就越小,但收益率也越低;而资金周转越快,资金的利用效率就越高,企业就可能生产出更多的产品,取得更多的收入,获得更高的经济效益。

因此,如何保持科学合理的营运资金量,不断加速资金周转,提高资金利用效果,同样是企业财务管理的一项重要内容。

4. 分配活动

企业通过投资活动和资金营运活动,可以取得一定的收入,包括营业收入和投资收益。企业的营业收入首先要补偿生产经营中的各种耗费,缴纳流转税,余下部分成为企业的营业利润。营业利润加上投资净收益和营业外收支净额等,构成了企业的利润总额。利润总额在按规定作相应的调整依法缴纳完企业所得税后,便形成了企业的净利润。净利润也必须根据国家有关规定按一定的分配顺序进行分配:先弥补亏损,然后按规定比例提取公积金,剩余部分才能向投资者分配。

企业的分配活动,影响到各相关主体的利益,特别是对本企业。通过分配,一部分资金将留在企业,而一部分资金将退出企业。这不仅影响企业的资金规模,而且影响资金结构,从而反过来又影响到企业的筹资和投资活动。因此,如何遵循一定的原则,科学合理地确定分配规模和分配形式,确保企业取得最大的和最长远的利益,是企业财务管理的重要内容之一。

企业的筹资、投资、资金营运和分配活动,构成了企业财务活动的完整过程。它们之间相互联系、相互依存。

(二) 企业财务关系

企业在筹资、投资、资金营运和分配活动中必然与有关主体发生各种各样的经济利益关系,这种关系就是企业的财务关系。其概括起来,主要体现在以下六个方面。

1. 企业与国家之间的财务关系

国家作为社会的管理者,为了实现其职能,必然凭借政治权力,无偿参与企业的收益分配,同时对企业也要承担社会责任,实施各项财政经济政策。企业应按照国家的税法规定,依法向中央政府和地方政府缴纳各种税款,如流转税、所得税、财产税、资源税和行为税等。所以,企业与国家之间的财务关系就体现为国家参与国民收入分配与再分配所形成的特定分配关系,这是企业需要处理的最首要的关系。

2. 企业与投资者、受资者之间的财务关系

企业在财务活动过程中,必然会以受资者或投资者身份出现。当企业向外界吸收投资时,其身份是受资者;当企业向外界投入资金时,其身份是投资者。无论企业作为何种身份出现,其所体现出的财务关系都不外乎资金所有权性质上的资本收益分配关系。这种关系具体表现为:投资者应按投资合同、章程或协议的规定,严格履行出资义务,承担相应的经济法律责任,并有权参与对受资者的部分经营管理及净利润的分配;受资者则必须接受投资者对其一定程度的控制或影响,同时就其实现的净利润也应按规定比例向投资者进行分配。

3. 企业与债权人、债务人之间的财务关系

企业在财务活动过程中,除了受资者或投资者身份外,还会以债务人或债权人身份出现。这时其所体现出的财务关系应为资金使用权性质上的债务与债权或债权与债务的关系。这种关系具体表现为:债权人应按规定及时出让资金使用权并如期收回本息,而债务人则必须按规定偿还本息。

4. 企业与客户之间的财务关系

企业在生产经营过程中,与客户互相提供产品和劳务,因此也必然形成一定的经济利益关系,这种关系体现为社会成员之间分工合作上的资金结算关系。

5. 企业内部各单位之间的财务关系

在企业实行厂内经济责任制和内部经济核算的情况下,企业供、产、销各个部门及相关生产单位,如分厂、车间、班组等之间,相互提供的产品和劳务都要按规定标准计价结算,这样既能明确各部门、各单位的经济责任,又能奖勤罚懒,充分调动各方面的积极性,从而保证企业经营目标的顺利实现。所以,企业内部各单位之间的财务关系体现为一种在内部合理分工协作基础上的资金结算关系。

6. 企业与其员工之间的财务关系

企业的员工为企业实现销售收入及创造物质财富付出了劳动,因此其有权参与对实现的劳动成果的分配。企业也必须根据按劳分配的原则及有关规定,向员工及时、足额地支付工资、奖金、津贴和各种福利待遇。另外,企业员工还可以通过管理、技术等要素参与企业收益的分配。所以,企业与其员工之间的财务关系体现为一种集体和个人在企业收益上的分配关系。

企业正确处理好与国家的财务关系,不仅是我国社会主义制度的本质要求,也是企业自

身健康发展的首要前提。企业正确处理好除国家外的其他各方面财务关系,既是企业自身发展壮大的需要,也是新时代我国企业履行社会责任的职责所在。

三、企业财务管理的原则与要素

(一)企业财务管理的原则

企业开展财务管理工作,就是要充分发挥财务管理的运筹作用,力求实现企业内部条件、外部环境和企业目标之间的动态平衡,并从平衡中寻求发展,促使企业实现发展战略和经营目标。因此,应当遵循一定的财务管理原则,这是企业财务活动的内在要求。一般而言,企业财务管理的原则包括以下七项。

1. 资本结构优化原则

资本结构优化原则,是指企业在资金筹集过程中要充分考虑资本成本的高低,注意发挥财务杠杆的作用,选择最佳的筹资方式,保持最有利于实现企业发展战略和财务目标的资本结构。资本结构的优化与否不仅关系到企业的融资成本高低,也关系到企业面临的财务风险大小。

2. 资源有效配置原则

资源有效配置原则,是指企业在生产经营过程中,对拥有的各项资源进行有效配置和优化组合,并随着生产经营和市场竞争情况的变化而不断进行动态调整,使其发挥最大的利用效果。对任何一个企业而言,资源都是有限的,必须合理有效地配置,发挥其更大的效益。当前,合理有效配置资源是我国经济高质量发展的内在要求,这不仅对于企业的发展至关重要,对于国家的发展也非常关键。

3. 现金收支平衡原则

现金收支平衡原则,是指企业在组织财务活动中,力求使现金收支在数量上和时间上达到动态的协调平衡,实现资金链条环环相扣,以保证企业生产经营活动持续不断地顺利进行。现金是企业最活跃、最重要的流动资产,一个企业如果现金收支出现了不平衡,这意味着企业的财务状况出了问题,如果不加以重视,会引发财务危机,不利于企业的可持续发展。

4. 成本效益最优原则

成本效益最优原则,是指企业在生产经营活动中,加强成本管理,控制费用水平,实现以尽可能少的成本耗费获得最大化的经济效益,从而增强企业的成本竞争优势。以最小的成本获得最大的效益,这是企业永远追求的目标,也是企业实现高质量发展目标的动能所在。

5. 收益风险均衡原则

收益风险均衡原则,是指企业在组织财务活动中,对存在的收益与风险互相依存的关系,经过充分评估后进行正确地抉择,以取得合理的平衡。一般而言,高收益必然伴随着高风险,为了获得更高收益而不顾风险的做法不符合社会主义市场经济发展的要求。因此,企业财务管理人员一定要树立收益风险均衡观,不断增强风险意识,在财务管理过程中正确地加以防范、识别和应对。

6. 分级授权管理原则

分级授权管理原则,是指企业应建立内部分级归口财务管理制度,规定企业内部不同管理层次、不同部门的财务管理权限及其相称的责任,明确互相制约又互相配合的管理关系。

分级授权管理有利于企业加强经济责任制与内部控制，为企业发展提供制度保障。

7. 利益关系协调原则

利益关系协调原则，是指企业利用经济手段处理相关利益主体的财务关系，兼顾投资者、经营者及其他职工、债权人和国家等各方利益，为企业创造和谐的运行环境。利益关系协调原则是我国社会主义制度最本质的要求。

（二）企业财务管理的要素

企业财务管理要素是企业财务管理的重要组成部分，是财务管理主体与客体的统一，也是企业财务管理目标与财务职能的统一。根据企业财务的内涵和实质，财务管理要素有以下六项。

1. 资金筹集

筹集资金是企业生存和发展的必要条件，任何企业的创办、存在和发展都是以筹集与生产经营规模相适应的资金为前提条件的。筹资过程如下：首先根据企业投资规模和时机确定筹资数额；其次根据企业经营策略、资本成本和风险确定资本结构；再次根据筹资数额和资本结构确定资金来源；最后以合理和经济的方式、渠道取得资金。

2. 资产营运

资产营运是企业为了实现财务目标而进行的资产配置和经营运作的活动。其具体内容包括：企业资金调度管理、销售合同的财务审核以及应收账款管理、存货管理、固定资产管理、对外投资管理、无形资产管理、对外担保和对外捐赠管理、高风险业务管理、代理业务管理、资产损失或者减值准备管理、资产损失与资产处理管理、关联交易管理等。

3. 成本控制

成本控制主要是借助科学的方法，保障必须的支出，控制不合理的支出。其具体内容包括：产品成本控制、期间费用管理、研发费用管理、社会责任的承担、业务费用的支付、薪酬办法、职工劳动保护与职工奖励、职工社会保障及其他福利、缴纳政府性基金等。

4. 收益分配

收益分配不仅影响企业的筹资、投资决策，而且还涉及国家、投资者、经营者和其他职工等多方面的利益关系，涉及企业长远利益与近期利益、整体利益与局部利益等关系问题。其具体内容包括：企业收入的范围、股权转让收益管理、年度亏损弥补办法、利润分配项目和顺序、其他要素参与分配的财务管理。

5. 信息管理

财务信息既反映财务管理的结果，又为财务管理提供依据。实行信息化管理可以提高财务管理的效能。信息管理涉及企业财务信息管理手段、财务信息对内公开与对外披露、企业财务预警、财务评价等。

6. 财务监督

财务监督是企业财务活动有效开展的制度保障。它主要借助会计核算资料，检查企业经济活动和财务收支的合理性、合法性和有效性，及时发现和制止企业财务活动中的违法违规行为，保证法律、法规和财务规章以及企业内部财务制度的贯彻执行，维护财务秩序；及时发现并纠正预算执行的偏差，保障企业财务活动按照经营规划和财务目标进行；同时，监督经营者、投资者的财务行为，保护企业相关利益主体的合法权益，维护社会经济稳定。

第二节 企业财务管理的基本要求与基本内容

一、企业财务管理的基本要求

(一)确定财务管理体制

企业财务管理体制是规定企业内部财务关系的基本规则和制度安排,具体包括企业内部财务管理主体及其财务责任、财务权限、财务关系、财务管理要素、财务运行机制等方面的内容。从企业内部的财务权限看,企业财务管理体制主要有集权型、分权型、集权与分权相结合型三种模式。从企业内部的主体看,企业财务管理体制分为投资者财务管理体制和经营者财务管理体制两个层次。企业财务管理体制的核心问题是如何配置财务管理权限。

1. 投资者财务管理体制

投资者与企业是投资与被投资的关系,具有与财产所有权相联系的权力,主要包括:对投入资本进行运营并决定收益分配的权力;决定企业战略、经营方向、方针、政策的权力;选择企业主要经营者及对其进行奖惩、激励的权力。同时,投资者应当维护企业法人的独立性,并承担与其投资相适应的有限责任。

2. 经营者财务管理体制

企业是以营利为目的的法人,拥有独立的法人财产权,由经营者实施经营和管理,并对投资者、债权人、职工、国家等相关利益主体承担着不同的责任和义务。因此,企业根据生产经营特点、环境条件及战略要求、经营规模及组织形式,在法人内部各层次、各机构、各环节之间,采取集权模式或者分权模式设置财务权限,并明确对应的财务责任和利益。它更多地体现经营者财务管理的意图。

企业内部财务管理体制是组织财务活动、处理财务关系的根本制度,是构建企业内部财务制度的基础和框架。

(二)建立健全内部财务管理制度

企业内部财务管理制度,是企业遵循内部财务管理体制,贯彻国家统一的企业财务规章,由投资者和经营者根据法律法规共同制定的企业内部具体的财务管理办法。它包括投资者财务制度和经营者财务制度两个层次。

1. 投资者财务制度

投资者财务制度是按照投资者的意图和要求制定的,其主要功能是维护投资者的权益,约束经营者的财务行为,明确投资者和经营者的权利与相应责任,规定企业重大事项的财务管理程序与财务政策,是企业处理财务关系的依据。

2. 经营者财务制度

经营者财务制度是按照企业生产经营特点和经营者管理要求制定的,其主要功能在于规范经营者、其他职工以及企业内部相关机构在资产营运、成本费用控制等具体财务活动中的行为,包括财务权限与责任、财务事项处理程序与方法,以保证企业生产经营正常运转。

(三)有效控制企业财务风险

财务风险包括偿债风险、投资风险和利润分配风险等,是企业风险的核心。在市场经济条件下,企业财务管理活动大部分是在有风险的情况下进行的,风险与报酬之间存在着一定的关系,企业获得的报酬越高,往往面临的风险越大。因此,企业应通过各种手段,有效地控制财务风险。

企业对财务风险的控制与管理在于建立预测、防范、监控、化解财务风险的机制,在充分预测、评估的基础上,采取一定的措施,消除、转移、分散或者接受财务风险,使企业财务活动在风险中获得较高的报酬,从而实现财务目标。

二、企业财务管理的基本内容

(一) 制定财务战略,发挥财务职能

财务战略是为了使企业能在较长时间内生存和发展,在充分估计影响企业长期发展的内外环境中各种因素的基础上,为实现财务目标而制定的指导财务活动的总规划和总原则。它由战略思想、战略目标和战略计划三个基本要素构成。作为企业发展战略的重要组成部分,企业的整体财务战略一般分为紧缩型战略、稳定型战略和发展型战略三种类型。紧缩型战略也称防御收缩型战略,是指以预防财务危机发生和求得生存与发展为目的的一种财务战略。稳定型战略也称稳健发展型战略,是指以实现企业财务绩效的稳定增长和资产规模的平衡扩张为目的的一种财务战略。发展型财务战略也称快速扩张型财务战略,是指以实现企业财务绩效的快速增长和资产规模的快速扩张为目的的一种财务战略。财务战略按其具体内容又可分为不同内容的战略,如融资战略、投资战略、财务分配战略等。在市场经济条件下,制定财务战略并加强管理,对企业财务管理工作乃至实现企业发展战略目标具有重要意义。

财务职能是指利用价值形式来组织财务活动,协调财务关系,为实现企业的发展战略和财务目标服务。发挥企业的财务职能,就是要做好财务预测、决策、预算、控制、分析、监督和考核工作,充分发挥企业财务管理的组织、协调、配置和平衡的作用,正确处理好企业内部资源条件、外部经济环境和企业目标之间的平衡关系,并从动态平衡中求发展。

(二) 合理筹集资金,有效营运资产

筹集资金,组织资金供应,是企业财务管理的首要任务。企业应当根据自身生产经营和发展战略的需要先确定合理的资金需要量,然后考虑如何筹资。在筹资过程中要注意分析资本成本因素,充分利用财务杠杆,选择有利的筹资渠道和可行的筹资方式,以尽可能低的资本成本及时筹集所需要的资金。

企业资金利用效果的好坏取决于资产能否有效营运。资产营运过程也是资源配置过程,主要包括现金流量管理和投资管理。企业对筹集的资金实行统一集中管理,按不同环节、不同业务的合理需要调度资金,有计划地安排现金流量,防止现金收支脱节。在组织财务活动中,注意开展资产结构动态管理,保持资产与负债的适配性,结合生产经营的特点,合理安排采购业务,积极控制存货规模,及时回收应收账款,避免盲目投资,提高固定资产利用效能,不断调整和改善资产结构,提高资产质量,实现资源优化配置的效益。

(三) 控制成本耗费,增加企业收益

企业为了获得各项收入,必然需要支付相关成本、费用,包括材料、人工等直接成本,销售及管理等各项费用以及依法缴纳的税金。在收入既定的情况下,成本消耗越少,企业收益就越大。同时,相同产品的单位成本消耗越少,意味着其越有市场竞争优势,越容易实现销

售目标。因此,控制成本消耗,增加企业收益,是企业财务管理的一项重要内容。

(四)理顺收益分配关系,增强企业活力

企业不仅是投资者获得投资回报的载体,也是经营者和其他职工提供劳动、创造价值并取得报酬的载体,还是依法缴纳税费的义务人。现实生活中,由于收益分配不规范,而导致企业财务关系混乱,最终恶化财务和经营环境,损害企业长远发展利益的情况很多。因此,正确理顺企业与国家、投资者、经营者和其他职工之间的分配关系,建立有效的激励机制,对调动各方面的积极性,改善企业财务管理的内部微观环境,增强企业竞争能力和发展能力,具有重要意义。

(五)规范重组清算财务行为,妥善处理各方权益

企业重组清算,是在市场经济条件下实施扩张经营、战略收缩或者增强内力而进行的资本运作措施。不论是主动的,还是被动的,企业重组清算都必然产生一系列的财务问题,引起现有利益格局发生调整。因此,企业必须规范重组清算的财务行为,有效控制财务风险,妥善处理各项财务事项,维护国家、投资者、债权人和企业职工各方的合法权益。

(六)强化财务监督,实施财务控制

企业财务监督是指有关国家机关、社会中介机构、企业内部机构及其人员,根据法律、行政法规、部门规章以及企业内部制度的规定,对企业财务活动进行检查、控制、督促和处理处罚等活动的总称。加强企业财务监督,完善企业财务约束机制,是落实和规范企业财务自主权,促进企业依法理财,维护国有权益,提高企业财务管理水平的一项重要工作。由于企业的生产经营活动必须借助于价值形式才能进行,因此运用现金收支和财务指标实施财务监督,可以及时发现和反映企业在经营活动和财务活动过程中出现的问题。财务监督为实施财务控制,改进财务管理,提高经济效益提供了保障,是企业财务管理的一项保障性手段。任何企业都应自觉接受财务监督。企业财务监督按实施主体不同,可分为内部财务监督和外部财务监督;按监督活动的时间不同,可分为事前监督、事中监督和事后监督。

财务控制,就是以财务预算和制度规定为依据,按照一定的程序和方式,对企业财务活动进行约束和调节,确保企业及其内部机构和人员全面落实财务预算。其特征是以价值形式为控制手段,以不同岗位、部门和层次的不同经济业务为综合控制对象,以控制日常现金流量为主要内容。财务控制是企业落实财务预算,开展财务管理的重要环节。企业财务控制,按内容不同,可分为一般控制和应用控制;按功能不同,可分为预防性控制、侦查性控制、纠正性控制、指导性控制和补偿性控制;按时序不同,可分为事前控制、事中控制和事后控制。

(七)加强财务信息工作,提高财务管理水平

加强企业的财务信息工作,就是要将计算机科学、信息科学和财务管理科学结合起来,在整合各项业务流程的基础上,对企业物流、资金流、信息流进行一体化管理和集成运作,从而加强财务管理的及时性、有效性和规范性,提高企业的整体决策水平。财务信息管理,从计算机在财务中的运用,到建立财务业务一体化的信息处理系统,再到实现统筹企业资源计划,存在循序渐进的过程,需要具备一定的内外部条件。企业可以结合自身经营特点和所具备的客观条件,逐步推行信息化财务管理,不断提高财务管理水平。

第三节 企业财务管理的目标

企业财务管理的目标简称财务目标,也称理财目标,是指企业财务管理工作所要达到的根本目的。它是企业财务管理工作的出发点和落脚点,是企业管理总目标的重要组成部分。财务目标具有稳定性、多元性和层次性特点。稳定性是指在一个阶段,企业制定的财务目标应当保持相对稳定;多元性是指财务目标一般由主导目标和辅助目标组成;层次性是指财务目标可分为整体目标、局部目标和具体目标。财务目标也有短期目标和长期目标之分。本教材只就财务管理的整体目标加以介绍。

一、企业财务管理的整体目标

根据现代企业财务管理理论和实践,关于企业财务管理的整体目标有许多不同的观点,目前相对一致的主要有以下四种观点。

案例

(一) 利润最大化

利润最大化是指企业财务管理工作以实现企业利润的最大化为根本目的。利润是企业按照配比原则将一定期间内的全部收入减去全部费用后的差额,是衡量企业经济效益、考核企业经营成果的重要指标之一。该观点认为,利润代表了企业新创造的价值,企业实现的利润越多,一定程度上反映出企业新创造的价值越多,经济效益越好,对社会的贡献越大,企业资本补充的能力越强。企业从资金筹集、资金投放、资产营运到成本控制等财务活动的各个环节,无一不是为降低成本消耗以实现利润最大化为目标的。所以,利润最大化目标的优点是,通过追求利润最大化,可以倒逼企业加强经济核算,改善经营管理、技术手段及工艺流程,不断提高管理效率和劳动生产率,最大化地降低成本,提高经济效益。

以利润最大化作为企业的财务目标虽然具有一定的道理,但这只能作为短期财务目标,而不能作为企业长期的整体性的财务目标。

利润最大化目标存在着以下缺陷:

(1) 没有考虑资金的时间价值。相同的利润额在不同的时点上其实际价值是不一样的。企业利润额的实际价值取决于利润的实现时间及市场的贴现率。例如,企业 2020 年与 2021 年均实现了 500 万元的利润,但由于实现时间相隔 1 年及存在着市场贴现率,因此这两个年份利润额的实际价值是不同的,一般而言前者的实际价值大于后者。

(2) 不能反映企业投入与产出的关系。利润是个绝对数,不利于不同规模的企业或同一企业在不同时期进行比较。例如,甲、乙两个企业当年均实现利润 100 万元,而当年投入资本分别为 800 万元、700 万元,如果只看实现利润而不看投入,则可以认为这两个企业的经济效益一样。但如果结合投入资本来看,则会得出不同的结论。同样,对一个企业而言,若 2020 年、2021 年分别实现利润 120 万元、140 万元,分别投入资本 800 万元、1 000 万元,那么,在不考虑资金时间价值的情况下,单纯从利润额大小来衡量企业经济效益的做法也是不科学的。

(3) 没有考虑风险因素。一般而言,收益越高,风险越大。以利润最大化为最优目标,容易导致企业在进行财务决策时只顾盲目追求利润最大化,而不顾风险,会引发财务危机。

(4) 只顾追求短期利益。以利润最大化为最优目标,企业在衡量经济效益的好坏时,通常是以实现的年利润多少来衡量的,这也就决定了企业的许多决策局限于一个年度的时间范围内考虑,没有立足中长期目标的实现,只顾追求眼前短期利益,而不顾企业的长远协调发展。

(二) 每股收益最大化

每股收益最大化是指企业财务管理工作以实现每股收益最大化为根本目的。每股收益是指归属于普通股东的利润额与发行在外的普通股股数之比,该指标适用于股份制企业。这里的利润额一般指净利润。每股收益指标是相对数,可以反映企业实现的利润与投入资本之间的关系。每股收益最大化的优点是,能克服利润最大化目标的不足,有利于不同规模的企业或同一企业在不同时期进行经营成果的对比,从而揭示其盈利水平的差异。

但是这个指标也同样存在着一定的缺陷:

(1) 没有考虑资金的时间价值和风险因素。

(2) 不能避免企业的短期行为。

因此,以每股收益最大化作为企业的整体性财务目标,也是不科学的。

(三) 股东财富最大化

股东财富最大化是指企业财务管理以实现股东财富的最大化为根本目的。股东财富可以用股东权益的市场价值来衡量。对于上市公司而言,股东财富是由其所拥有的股票数量和股票市场价格两方面决定的。在股票数量一定时,股票价格的高低直接决定了股东财富的多少,股票价格达到最高时,股东财富也就实现了最大化。所以,有时股东财富最大化也被表述为股价最大化。

股东财富最大化的主要优点有:

(1) 反映了资本和获利之间的关系。股票价格是公司价值的体现,股价的高低需要通过公司的收益来支撑。资本不变,每股收益上升,股价通常也会随之上升,股东财富也会增加。

(2) 考虑了风险因素。通常股价会对风险作出较敏感的反应,市场风险的大小最终会反映到股价上。

(3) 考虑了资金时间价值。对于投资者而言,股票价格等于投资者购买股票后未来期间内获得的与股票有关的现金流量折现后的现值之和。现金流量的折现就是考虑了资金时间价值。

(4) 避免了企业短期行为。股票价格不仅受目前企业利润的影响,也会受未来预期利润的影响,因此,这在一定程度上可以避免企业只考虑眼前利益的短期行为。

当然,以股东财富最大化作为财务管理最优目标也存在以下缺陷:

(1) 适用性有限。该目标通常只适用于上市公司,非上市公司难以应用,因为非上市公司无法像上市公司一样随时准确获得市场股价,这也导致其无法确定股东财富。

(2) 缺乏科学性。影响股价的因素很多,尤其是一些外部因素或非正常因素,这会导致股价不能完全准确地反映企业的财务管理状况。如,有的上市公司濒临破产,但由于存在某些机会,其股票市价可能还在走高。

(3) 不利于公司长期稳定发展。公司除了股东外,还有许多利益相关者。股东财富最大化虽然也会考虑这些利益相关者的利益,但更多强调的是股东利益,对其他相关者的利益重视不够,这会引发一些矛盾,最终会影响公司的长期稳定发展。

（四）企业价值最大化

企业价值最大化是指企业财务管理以实现企业价值的最大化为根本目的。企业价值,是指企业的市场价值,包括企业所有者权益和债权人的市场价值,是企业所能创造的预计未来现金流量的现值,而不是账面价值,它反映了企业潜在或预期的获利能力与成长能力。对于上市公司而言,企业的市场价值主要取决于股票价格和数量,这一点和股东财富最大化目标有相似之处,因此也有观点将股东财富最大化等同于企业价值最大化。这其实是片面的,企业价值除了考虑股东财富外,还应考虑到国家、经营者、债权人、客户、员工等相关利益主体,要体现社会责任。对于非上市公司而言,企业的价值则要以投资者预期投资时间为起点,通过将未来现金流量(主要指投资收益)按预期投资时间以相同口径进行折现来计算。企业现金流量的折现值,就是企业的价值。企业所得的投资收益越多,实现收益的时间越短,应得的报酬越确定,则企业的价值就越大。

企业价值最大化的主要优点有:

(1) 考虑了资金的时间价值与风险因素。预计未来现金流量这一指标,本身考虑了不确定性和风险因素,因此,企业价值的计算包含了资金时间价值和风险价值。

(2) 克服了企业短期行为。企业追求的是潜在或预期的获利能力与成长能力,具有长期性、稳定性特征,因此可以避免企业在追求利润上的短期行为。

(3) 有利于企业长期稳定发展。追求企业价值最大化,既体现企业对资产保值增值的要求,也兼顾到企业所有利益相关者的利益,有利于社会资源的合理配置,体现了企业的社会责任。

因此,这一目标克服了前三种目标的诸多缺陷,被认为是目前经济体制下相对合理并被普遍接受的一种财务目标。

当然,以企业价值最大化为财务目标也存在着一定缺陷:

(1) 企业价值很难确定。对非上市公司而言,企业价值只有通过专门的评估公司进行评估才能确定,而评估标准和评估方式对评估的价值必然产生影响,很难做到客观和准确。因此,以企业价值最大化作为财务管理目标有时存在较难的操作性。

(2) 企业价值有时不够真实。对上市公司而言,虽然可通过股价的变动反映企业的价值,但由于股价本身也受多种因素影响,因此其有时不一定能真实反映企业的实际价值。特别是在即期市场及股票市场不稳定的情况下,这种可能性表现得尤为明显。

二、企业财务管理目标的协调

企业的本质是利益相关者的契约集合体。企业要实现财务目标,必须正确处理好各利益相关者的关系,努力协调好他们之间存在的矛盾。

（一）企业利益相关者

企业利益相关者是指对企业的生产经营活动产生影响或者会被企业的生产经营活动所影响的人或者组织。在现代市场经济条件下,企业利益相关者包括直接利益相关者和间接利益相关者。直接利益相关者主要有所有者、经营者、债权人和职工等,其共同特征是与企业有着正式的契约关系,对企业的资产和经营成果享有不同的要求权;间接利益相关者主要有政府、社区、消费者、商业伙伴、竞争者等,其共同特征是自身利益会因企业的活动受益或受损,但是由于与企业的契约关系是非正式的或者是隐性的,因此他们不能直接对企业的资产和经营成果行使索取权,而只能依据法律法规间接地获得其权益。

(二) 企业利益相关者的矛盾与协调

在现代市场经济条件下,企业利益相关者的利益均衡最终体现在企业内部治理结构上,其中,所有者和经营者处于主导地位,属于企业财务管理的主体利益相关者。因此,企业利益相关者的矛盾主要表现为所有者与经营者的矛盾。除此之外,投资者与债权人之间还存在着矛盾,必须加以正确协调。

1. 所有者与经营者之间的矛盾与协调

所有者通过向企业出资建立了正式的投资与被投资关系,他们对企业的净资产享有所有权,对企业经营成果享有分配权。企业所有者是企业权益性资本的持有者,在企业法人治理结构中具有决定性地位,其财务管理围绕资本投入、运营、收益来进行,核心要求是资本安全与投资回报。经营者通过向企业提供人力资本与企业建立正式的劳动合同关系或者人事管理关系。他们对企业享有一定的控制权以及从经营成果中获得薪酬的权利。在企业法人治理结构中,经营者把投资者的意图转化为企业的生产经营活动,发挥着承上启下的作用。经营者对企业进行财务管理,主要是围绕企业经营过程中的资金运动来进行的,其目的是实现企业持续发展和资本增值。

所有者与经营者之间的矛盾主要体现在:所有者希望支付给经营者较少的报酬或减少成本实现企业价值最大化;而经营者则希望在提高企业价值的同时,能获得相应或更多的报酬,并避免各种风险。

为了协调这一矛盾,所有者一般应采取以下办法:

(1) 监督。这是一种所有者约束经营者的办法。所有者对经营者的监督主要有三个渠道:一是通过股东大会、董事会或监事会所进行的行政监督;二是由企业内部审计部门所进行的内部审计监督;三是由会计师事务所所进行的外部审计监督。通过监督来约束经营者的一些不利于所有者的财务行为,一旦发现经营者有偏离所有者利益的不当行为或对企业财务目标的实现产生不利影响时,所有者就可以采取口头警告、减少福利、削减薪酬,甚至解聘等方式,这就迫使经营者不得不去努力工作实现企业的财务目标。

需要说明的是,有时还可以通过市场来约束经营者,即接收。如果经营者决策失误,经营管理不力,企业绩效不好,财务状况恶化,企业很可能遭受被强行接收或兼并的风险,这也会导致经营者相应被解聘。这从某种程度上也会让经营者为了避免这种情况发生而必须努力工作,实现企业财务管理目标。因此,接收也是协调所有者与经营者矛盾的一种办法。当然对于所有者来说,监督是要付出代价的,无论是解聘,还是接收,都要发生相应成本。同时,监督的作用也是有限的,它并不能完全解决所有者与经营者之间的矛盾,还需要采取其他办法来共同协调。

(2) 激励。即将经营者的报酬与企业财务目标的实现程度挂钩。经营者要得到更多的报酬,必须付出更多的努力,实现更大的业绩。这是一种体现以人为本、积极可行的协调办法。激励的基本方式有两种:①"股票期权"方式。它是指允许经营者在将来某一日期以固定的价格购买一定数量公司股票的权利。当股票价格高于约定的购买价格时,经营者就可以从中获取收益,高出的部分越多,则经营者获取的收益就越大。因此,经营者为了获得股价上涨带来的益处,就会主动采取促使股价提高的措施,从而也增加了所有者的财富。②"绩效股"方式。它是指企业运用每股收益、资产收益率等指标来评价经营者的业绩,按其业绩大小给予经营者数量不等的股票作为报酬。业绩越大,经营者得到的股票就越多。而如果业绩达不到所有者规定的目标,经营者原先持有的绩效股甚至会丧失。因此,经营者不仅为了多得股票或不让绩效股丧失,采取各种有效措施提高企业业绩,还为了获得股票上涨带来的益处而想方设法促使股价上升。

2. 所有者与债权人之间的矛盾与协调

所有者与债权人的矛盾主要体现在:所有者在取得债权人的资金后,往往未经债权人同意而要求经营者改变其用途,将之投资于风险较大的项目,从而使偿债风险增加。如果高风险项目投资成功,则高额的收益只被所有者一方独享;但一旦投资失败,债权人则要承担所有者有可能无法偿债的损失。很显然,对于债权人来说,风险与收益是不对称的。另外,如果所有者未经债权人同意而要求经营者举借新债,也会使原债务偿还风险增加,对债权人来说也是不公平的。

为了协调这种矛盾,债权人一般应采取以下方法:

(1) 限制性借款。即债权人事先通过在借款合同中加入限制性条款,如规定举债资金的用途、借款担保条款和信用条件,规定不得举借新债或限制举借新债的数额等。

(2) 提前收回借款或停止借款。即发现企业有侵蚀债权人债权价值的动机或行为时,债权人果断采取措施,提前收回所借款项或及时中断原借款的发放。

三、企业财务管理目标与社会责任

在社会主义市场经济条件下,企业在实现财务管理目标的同时,还应履行社会责任。企业的社会责任是指企业作为社会的一个组织所负有的维护和增进社会各方利益的义务。其主要包括以下内容。

案例

(一) 对国家的责任

依法缴纳税费是每个企业应尽的责任和义务。因此,企业对国家的责任主要体现在严格遵守税法及相关法律制度规定,及时足额缴纳各种税费,坚决做到不欠税、漏税、偷税、逃税,做合法的经营者。

(二) 对消费者的责任

企业实现价值最大化目标在某种程度上取决于消费者对企业产品的质量、价格及服务等方面的评价。因此,企业应重视对消费者的责任,切实保障消费者的权益。具体有:

(1) 保证企业的产品质量,保障消费安全。
(2) 价格适中,符合市场规律,无不正当竞争。
(3) 诚实守信,确保消费者的知情权。
(4) 提供优质的售后服务,令消费者满意。

(三) 对债权人的责任

债权人是企业的重要利益相关者之一,企业应依据法律规定及合同约定对债权人承担相应的责任和义务,保障债权人合法权益。具体有:

(1) 按照法律、法规和公司章程的规定,真实、准确、完整、及时地披露企业信息。

(2) 严格遵守合同约定,按规定用途取得和使用资金。
(3) 信守承诺,按合同规定及时足额还本付息。

(四) 对员工的责任

根据我国《公司法》的相关规定,企业对员工承担的社会责任有:
(1) 按时足额发放劳动报酬,并根据社会发展逐步提高工资水平。
(2) 提供安全健康的工作环境,加强劳动保护,实现安全生产,积极预防职业病。
(3) 建立公司职工的职业教育和岗位培训制度,不断提高职工的素质和能力。
(4) 完善工会、职工董事和职工监事制度,培育良好的企业文化。

(五) 对社会的责任

企业对社会的责任主要体现在以下三个方面。

1. 对生态环境、资源节约与保护的责任

生态环境是人类生存、生产与生活的基本条件。环境问题的本质是高资源消耗、高污染排放的经济发展方式问题,表现在产业结构、资源环境效率等方面。长期以来,国家十分重视生态建设与环境保护,将其作为一项基本国策。习近平总书记指出,新时代推进生态文明建设,必须坚持人与自然和谐共生,坚持节约优先、保护优先、自然恢复为主的方针,还自然以宁静、和谐、美丽。因此,企业也要树立"绿水青山就是金山银山"的观念,贯彻创新、协调、绿色、开放、共享的发展理念,加快形成节约资源和保护环境的空间格局、产业结构、生产方式、生活方式,给自然生态留下休养生息的时间和空间,积极构建以产品、产业生态化和生态产业化为主体的生态经济体系和产品结构。这是企业重要的社会责任。

2. 对社会公益的责任

企业对社会公益的责任主要体现在社会捐赠。接受捐赠的对象主要有社会福利院、医疗服务机构、教育事业、贫困地区、特殊困难人群等。2020年,面对新冠肺炎疫情的突袭,我国许多企业积极开展捐赠活动,捐钱捐物,体现了良好的社会公益责任。为了鼓励企业和个人向教育、扶贫、济困等公益慈善事业的捐赠,国家出台了一系列与捐赠有关的税收优惠政策。

3. 对社会就业的责任

充分吸纳就业,特别是吸纳残疾人、生活困难的人、缺乏就业竞争力的人到企业工作,这也是企业应尽的社会责任,有利于维护社会稳定。

履行社会责任是企业应尽的义务。企业有时会因履行较多的社会责任而提高知名度,促进业务活动的开展,从而有利于企业财务管理目标的实现。有时虽然短期上因承担社会责任减少了收益或增加了成本开支,但从长期来看,有利于企业的发展和财务目标的实现。所以,企业履行社会责任与实现财务管理目标并无太大矛盾。但是,由于企业履行社会责任必然会增加相应的负担,这在一定程度上会影响企业价值最大化目标的实现,特别是对于一些经济效益不好的企业,会雪上加霜,直接影响到企业的发展。因此,对于有些非法律或非强制性的社会责任,企业可量力而行。当然,国家和地方政府也应积极创造条件,为企业减税降负,减轻其社会负担,促进企业可持续发展,从而不断壮大我国实体经济。

第四节 企业财务管理的环境

企业财务管理的环境,简称理财环境,是指对企业财务活动和财务管理工作产生影响的各种内外部条件的总和。在市场经济条件下,企业的财务活动及财务管理工作必然受到各种内外部条件的影响和制约。认真研究和分析这些内外部条件的变化和作用的规律,有利于理财者制定出科学合理的理财策略,保证财务目标的实现。

影响企业财务活动的内部理财环境,也称微观理财环境,主要有供应环境、生产环境、销售环境、技术环境等;影响企业财务活动的外部理财环境,也称宏观理财环境,主要有政治环境、经济环境、法律环境、金融环境和市场环境等。本教材主要介绍的是对财务管理影响比较大的经济环境、法律环境和金融环境。

一、经济环境

对企业财务管理产生影响的经济环境因素主要有经济周期、经济发展水平、宏观经济政策、通货膨胀水平等。经济环境是最重要的理财环境。

(一)经济周期

经济周期一般有复苏、繁荣、衰退和萧条四个阶段。不同的阶段,对企业的财务活动产生的影响是不同的,为此企业应采取不同的理财策略。西方国家的理财者,在复苏阶段一般采取适度扩张型理财策略,如增加投资规模、扩大融资渠道、开发新产品、增加劳动力等;在繁荣阶段一般采取扩张型理财策略,如继续增加投资规模、提高产品价格、开展营销规划、建立充足存货等;在衰退阶段一般采取保守型理财策略,如出售多余设备、停止亏损产品生产、削减采购、停招雇员等;在萧条阶段一般采取紧缩型理财策略,如控制投资规模、压缩管理费用、大幅度削减存货和雇员等。但应该看到,在社会主义市场经济条件下,经济发展和运行的态势呈现出自身的特点,与上述周期并不完全一致。

目前,我国经济已由高速增长转向高质量发展阶段。这是以习近平同志为核心的党中央根据国内外环境变化,特别是我国发展条件和发展阶段变化作出的重大判断。中国经济过去30多年的年均增长率接近10%,GDP的世界占比由2.7%迅速提高到16%,创造了世界经济史上的"中国奇迹"。国际金融危机爆发后,世界经济格局不断发生深刻变化,中国经济发展的内在支撑条件和外部需求环境都已今非昔比,这就要求经济增长速度"换挡"。因此,理财者必须正确地进行认识和分析,科学合理地制定出在目前我国市场经济条件下适合企业自身发展的理财策略。

(二)经济发展水平

一个国家经济发展水平的高低,对企业的理财影响也是很大的。我国改革开放特别是进入20世纪90年代以来,我国的经济发展一直保持着较高的增长速度,经济发展水平有了大幅度的提高。2010年日本名义GDP(国内生产总值)为54 742亿美元,比我国少4 044亿美元,我国GDP超过日本正式成为世界第二大经济体。2019年我国GDP达到了99.09万亿元,折合14.4万亿美元,稳居世界第二大经济体,是第三大经济体日本的近2.8倍。2020年,我国经济在疫情大考下实现正增长,经济总量首次迈上100万亿元新台阶。新冠肺炎疫情的突袭,使世界经济陷入衰退。巨大的不确定性之下,作为全球率先实现正增长的主要经济体,中国经济引擎的作用愈发凸显,这有利于企业不断扩大生产规模、调整产品结构、开拓国内外市场。但是,我们也应清醒地认识到,我国的经济发展还存在着一定的问题:重外延扩张、轻内涵发展,重眼前得失、轻长远利益,重复建设、资源浪费、资金匮乏现象还没有得到根本改变,经济发展水平的"质"还不是很高,离高质量发展要求尚存一定的距离。这也在很大程度上影响着企业的理财活动。因此,企业理财者应正确地予以应对,遵循高质量发展要求,以经济发展水平为基础,以永续发展为目标,积极探索新的理财模式,适应经济发展的新要求。

(三) 宏观经济政策

宏观经济政策是指国家或政府有意识、有计划地运用一定的政策工具,调节控制宏观经济的运行,以达到一定的政策目标。国家的宏观经济政策通常包括财政政策、货币政策、投资政策、消费政策、价格政策、外贸政策等。不同的宏观经济政策对企业的财务管理影响不同。如,财政政策会影响企业的投资方向及具体投资项目的选择,会影响企业的资本结构、收益分配;金融政策中的货币发行量、信贷规模、利率及存款准备金率等,会影响企业的融资规模、融资渠道、融资方式、融资成本和投资的预期收益;价格政策也会影响企业资金的投向和投资的回收期及预期收益。

党的十九大报告明确提出,我国经济已由高速增长阶段转向高质量发展阶段,正处在转变发展方式、优化经济结构、转换增长动力的攻关期,建设现代化经济体系是跨越关口的迫切要求和我国发展的战略目标。建设现代化经济体系,必须把发展经济的着力点放在实体经济上,把提高供给体系质量作为主攻方向,显著增强我国经济质量优势。要加快完善社会主义市场经济体制。健全货币政策和宏观审慎政策双支柱调控框架,深化利率和汇率市场化改革。健全金融监管体系,守住不发生系统性金融风险的底线。2018年中央经济工作会议指出,推动高质量发展是当前和今后一个时期确定发展思路、制定经济政策、实施宏观调控的根本要求。因此,作为企业的理财者,应及时了解和把握国家的宏观经济政策及大政方针,采取切实可行的理财策略,努力实现企业的财务目标。

(四) 通货膨胀水平

通货膨胀是指在货币流通过程中,因货币供给大于货币实际需求,即现实购买力大于产出供给,导致货币贬值,而引起的一段时间内物价持续而普遍地上涨的现象。通货膨胀程度也被认为是对企业财务管理产生重要影响的经济环境因素。当出现较为严重的通货膨胀时,对企业理财产生的不利影响主要有:企业资金严重短缺,融资成本上升,融资困难;企业因原材料价格上涨、人工及其他费用增加而使生产成本急剧上升,利润下降。因此,企业也必须科学应对通货膨胀。在通货膨胀初期,货币面临着贬值的风险,这时企业应进行投资从而避免风险,实现资本保值;应与客户签订长期购货合同,以减少物价上涨带来的损失;应尽可能获取长期负债,保持资本成本的稳定。在通货膨胀持续期,企业可采用比较严格的信用条件,减少企业应收账款;积极调整财务政策,防止和减少企业资本流失等。

二、法律环境

法律环境是指企业组织财务活动、处理财务关系时应遵守的有关法律、法规和规章制度,主要包括企业组织法律制度、税收法律制度、金融证券法律制度及会

案例

计法律制度等。企业理财者应熟悉这些法律制度，牢固树立法律意识，恪守法律底线，始终在法律法规的框架约束下，为企业理好财、当好家。

(一) 企业组织法律制度

企业是市场经济的主体。在我国，有关企业组织方面的法律制度主要有《公司法》《外资企业法》《中外合作经营企业法》《中外合资经营企业法》《合伙企业法》《个人独资企业法》《企业破产法》等。这些法律制度不仅是企业的组织法，而且是企业的行为法。企业的财务管理工作也应遵守这些法律制度。例如，《公司法》既对公司企业的设立条件、设立程序、组织机构、组织变更和终止的条件和程序等方面作了规定，还对公司生产经营的主要方面、公司治理结构等提出了要求。因此，企业的财务管理也应遵守《公司法》的相关规定。

(二) 税收法律制度

税收是国家为了实现其职能的需要，按照法律预先规定的标准，凭借其政治权力，强制地、无偿地参与一部分国民收入分配和再分配的一种经济活动。税收不仅是国家财政收入的主要来源，也是实行宏观调控的重要手段之一。我国目前的税收法律制度主要有税收法律、税收行政法规、税收规章和税收规范性文件，如《企业所得税法》《个人所得税法》《增值税暂行条例》《消费税暂行条例》《税收征收管理法》《发票管理办法》《增值税专用发票使用规定》等。国家的各项税收规定，都会对企业的财务活动产生重要影响，进而影响到企业财务管理工作的各个方面。任何企业都应遵守税收法律制度规定，履行纳税义务。因此，企业的财务管理工作也要不断适应国家取得税收收入和进行税收调控的需要。

(三) 金融证券及结算法律制度

金融证券及结算法律法规是国家颁布的确认和调整在证券管理、发行与交易过程中各主体地位、权利义务关系及有关一些金融资产交易的法律规范，如《证券法》《票据法》《支付结算办法》《现金管理暂行条例》《外汇管理条例》《人民币银行结算账户管理办法》等。这些法律制度不仅影响到企业的筹资和投资活动，还会对企业的资金营运活动产生重要影响，因此，企业理财者必须了解和熟悉这些法规，并严格按照规定要求从事财务活动。

(四) 会计法律制度

会计法律制度是规范企业财务活动、协调财务关系的基本行为准则。目前，我国的会计法律制度主要包括会计法律、会计行政法规、会计部门规章和地方性会计法规，如《会计法》《会计基础工作规范》《企业财务通则》、各类企业会计准则和企业财务制度等。这些会计法律制度分别对企业的会计核算、会计监督、会计机构、会计人员、会计的基础工作、内部的财务会计制度及企业财务活动等方面作出了相关规定。会计法律制度不仅影响着企业的筹资、投资、资金营运活动，还会对企业的收益分配产生重要影响。因此，企业理财者应重视研究会计法律制度，并在这些法律制度规定的前提下开展财务活动。

三、金融环境

对企业财务管理产生影响的金融环境因素主要有金融市场、金融机构、金融工具。

(一) 金融市场

金融市场是指资金供应者和资金需求者双方通过金融工具进行资金融通的场所。金融市场由资金供应者、资金需求者、金融工具、交易价格、组织方式等要素组成。金融市场按业务性质不同，可分为资金市场、外汇市场和黄金市场；按期限长短，可分为货币市场和资本市场；按市场功能,可分为发行市场和流通市场；按地域属性,可分为地方性金融市场、全国性金融市场和国际性金融市场；按所交易金融工具的属性,可分为基础性金融市场与金融衍生品市场。金融市场可以是有形市场,如通过银行、证券交易所等金融机构进行交易；也可以是无形市场,如利用电脑、电传、电话等电子信息设备通过经纪人进行交易。

企业通过金融市场不仅可以开展筹资和投资活动,也可以使长短期资金互相转化,调整企业的资金结构。另外,金融市场上的利率变动、汇率变动及股票价格变动等信息,都能为企业生产经营和投融资活动提供重要的决策依据。

(二) 金融机构

目前,我国的金融机构包括银行业金融机构和非银行业金融机构两类。银行业金融机构是指主要经营存款、放款、汇兑、储蓄等金融业务,承担信用中介的金融机构,主要有各种商业银行和政策性银行。商业银行主要有6家国有大型商业银行、12家全国性股份制商业银行和众多地方性商业银行。6家国有大型商业银行包括中国工商银行、中国农业银行、中国银行、中国建设银行、交通银行、中国邮政储蓄银行。全国性股份制商业银行包括招商银行、浦发银行、中信银行、中国光大银行、华夏银行、中国民生银行、广发银行、兴业银行、平安银行、浙商银行、恒丰银行、渤海银行。地方性商业银行包括众多的城市商业银行和村镇银行。政策性银行主要有国家开发银行、中国进出口银行、中国农业发展银行。非银行业金融机构主要有金融资产管理公司、信托投资公司、保险公司、证券公司、财务公司和金融租赁公司等。企业财务管理工作与金融机构密切相关。了解金融机构的性质,熟悉其业务范围,有利于企业准确地掌握融资渠道,更好地开展融资等财务活动。

(三) 金融工具

金融工具是指在信用活动中产生的,能够证明所有权和债权债务关系并据以进行货币资金交易的合法凭证。金融工具按期限不同,可分为货币市场工具和资本市场工具。货币市场工具又称短期金融市场工具,主要包括短期国债、可转让大额定期存单、商业票据和回购协议等。其特点有：交易期限短、变现能力强,但收益不高。资本市场工具又称长期金融工具,主要包括长期债券和股票。其特点有：交易期限长、变现能力相对较弱,但收益相对较高。金融工具按业务性质不同,可分为基本金融工具和衍生金融工具。常见的基本金融工具有企业持有的现金、从其他方收取现金或其他金融资产的合同权利、向其他方交付现金或其他金融资产的合同义务等；衍生金融工具又称派生金融工具,是在基本金融工具的基础上通过特定技术设计形成的新的金融工具,常见的衍生金融工具包括远期合同、期货合同、互换合同和期权合同等,种类非常复杂、繁多,具有高风险、高杠杆效应的特点。企业在筹资和投资活动过程中选择何种金融工具,也直接影响到财务管理工作,进而影响到企业财务目标的实现。

第五节　企业财务管理的方法

企业财务管理工作是一项综合性的价值管理工作,要实现财务目标,必须运用一定的方法。企业财务管理的方法通常包括财务预测方法、财务决策方法、财务预算方法、财务控制方法、财务分析方法等,这些方法也构成了企业财务管理的基本环节。

一、财务预测方法

财务预测方法是指根据财务活动的历史资料,考虑现实的要求和条件,对企业未来的财务活动和财务成果作出科学的预测。其目的在于:预测各项生产经营和投资方案的效益,为财务决策提供可靠的依据;预测财务收支变化的情况,以确定经营目标;预测各项收支定额和标准,为编制计划和分解计划服务。

财务预测主要包括明确预测目标、搜集相关资料、建立预测模型、确定最佳预测结果等步骤。实际工作中,财务预测方法主要运用于企业资金需要量预测、各类成本费用预测、投资预测、营业收入和企业收益预测等方面。财务预测方法分为定性预测法和定量预测法。定量预测法通常有趋势预测法、因果分析法等。企业在进行财务预测时,应将定性和定量这两种方法结合起来使用。

二、财务决策方法

财务决策方法是指理财者按照财务目标的总体要求,通过对财务管理环境的分析,利用定性与定量的决策方法,对多个备选方案进行比较分析后,从中选出最佳方案的过程。财务决策是财务管理工作的核心,财务决策的正确与否直接影响到企业发展的兴衰成败。财务决策主要包括确定决策目标、提出备选方案、进行分析评价、选择最优方案等步骤。实际工作中,财务决策方法主要运用于企业筹资决策、投资决策、营运资金管理决策和收益分配方案决策等方面。财务决策方法分为定性决策法和定量决策法。定性决策法,是指建立在经验判断、逻辑思维和逻辑推理的基础之上,依靠个人经验和综合分析对比进行决策的方法,具体有个人判断法、专家会议法、德尔菲法、相关人员意见法等。定量决策法,是指通过建立数学模型,分析待决策事项各项因素或属性的数量关系,并计算比较财务结果进行决策的方法,具体有优选对比法、数学微分法、线性规划法、回归分析法、概率决策法和损益决策法等。定性决策法和定量决策法各有优劣,在进行决策时到底采用哪类方法,应根据决策事项、决策时机、决策成本、决策能力和相关信息等视具体情况而定,而不能盲目使用。

三、财务预算方法

财务预算方法是指为了实现财务决策的目标,运用科学的技术手段和数量方法,以货币形式对未来财务活动的内容和结果所进行的具体规划。财务预算是财务决策的具体化,它是根据财务决策的方案和财务预测所提供的信息为基础来编制的,也是控制财务活动的主要依据。财务预算主要包括分析决策方案、确定预算目标、调整相关指标、实现综合平衡、组织预算编制等步骤。实际工作中,财务预算方法主要运用于企业现金预算、各种成本费用预算、预计资产负债表、预计利润表和预计现金流量表等方面。财务预算方法有固定预算法、弹性预算法、增量预算法、零基预算法、定期预算法和滚动预算法等。

四、财务控制方法

财务控制方法是指在财务管理过程中,利用有关信息和特定手段,对企业财务活动所施加的影响或进行的调节。财务控制是实现财务预算目标的关键。财务控制主要包括制定控制标准、分解落实责任、实施追踪控制、及时调整对策、加强考核奖惩等步骤。实际工作中,财务控制方法主要运用于企业财务风险控制、成本费用控制、销售和收益分配控制等方面。财务控制方法有预防性控制、指导性控制、补偿性控制等。

五、财务分析方法

财务分析方法是指根据有关财务核算资料,运用一系列财务指标,对企业财务活动的过程和结果所进行的分析和评价。其目的在于:了解企业财务预算的执行和完成情况,找出存在的差异及其原因,评价企业财务状况和经营成果。财务分析主要包括确定分析目标、掌握相关信息、进行指标对比、分析差异原因、提出改进措施等步骤。实际工作中,财务分析方法主要运用于企业偿债能力分析、营运能力分析、盈利能力分析和发展能力分析等方面。财务分析方法有对比分析法、比率分析法和因素分析法等。

本 章 小 结

企业财务管理是企业管理的重要组成部分,它是企业利用价值形式组织财务活动,处理财务关系的一项综合性管理工作。企业的财务活动主要有筹资活动、投资活动、资金营运活动和分配活动。在这些活动过程中,企业必然会与国家、投资者、受资者、债权人、债务人、客户、内部职工之间以及企业内部的各单位之间发生各种各样的经济利益关系,这种经济利益关系称为财务关系。处理好财务关系是企业高质量发展的前提。企业财务管理应遵循资本结构优化、资源有效配置、现金收支平衡、成本效益最优、收益风险均衡、分级授权管理和利益关系协调等七个方面的原则。现代企业财务管理的要素有资金筹集、资产营运、成本控制、收益分配、信息管理和财务监督。企业财务管理的基本内容包括:制定财务战略、发挥财务职能,合理筹集资金、有效营运资产,控制成本耗费、增加企业收益,规范收益分配、增强企业活力,规范重组清算财务行为、妥善处理各方权益,加强财务监督、实施财务控制,加强财务信息工作、提高财务管理水平。企业财务管理的基本要求主要有确定内部财务管理体制、建立健全内部财务管理制度和有效控制企业财务风险。企业财务管理的目标简称理财目标。从整体上看,企业价值最大化目标被认为是目前经济体制下被普遍接受的一种理财目标。为此企业要正确处理好与利益相关者之间的关系,协调好投资者与经营者、投资者与债权人之间的矛盾。履行社会责任是企业应尽义务,与实现理财目标并无太大矛盾。企业财务管理工作经常受到各种内外部条件即理财环境的制约,其中国家的经济环境、法律环境和金融环境等外部环境影响较大。企业理财者必须了解和熟悉理财环境,充分认识其影响程度,牢固树立责任意识、风险意识、法律意识、高质量发展意识,更好地开展财务活动,实现财务目标。企业财务管理的方法主要有财务预测方法、财务决策方法、财务预算方法、财务控制方法和财务分析方法等,这些方法也构成了企业财务管理的基本环节。

1. 什么是企业财务管理?它有何特点?

2. 企业的财务活动包括哪几个方面的内容？企业的财务关系有哪些？
3. 企业财务管理的原则和要素有哪些？
4. 企业财务管理的基本内容和基本要求有哪些？
5. 如何认识企业的理财目标？如何理解企业的理财目标与社会责任的关系？
6. 现代市场经济条件下企业利益相关者有哪些？主要利益相关者的矛盾如何协调？
7. 什么是企业理财环境？影响企业理财环境的外部因素主要有哪些？
8. 企业财务管理的方法主要有哪些？

一、基本案情

青鸟天桥公司是由原来的天桥商场和北大青鸟有限责任公司合并而成。天桥商场成立于1953年，是一家老字号商业企业，曾是全国的第一面"商业红旗"。1993年5月，天桥商场股票在上海证券交易所上市。北大青鸟是一家科技股份有限公司。1998年12月30日，该公司出资6 000多万元购买了天桥商场16.76%的股份，成为天桥商场的大股东。天桥商场更名为"北京天桥北大青鸟科技股份有限公司"（简称青鸟天桥公司）。

合并后的青鸟天桥公司业绩并不好。面对严峻形势，公司为谋求长远发展，决定裁员。1996年12月26日，将有664名职工合同到期，公司决定其中的283人不再续签合同，到期的职工到财务室领取12月份的工资、奖金，并转出其档案关系。该决定一经宣布，合同到期的职工强烈反对，纷纷找领导讨说法。青鸟天桥公司的运营一时处于瘫痪状态，不得不暂时停业。对此，公司的解释是，此举为了控制成本，减员增效，追求利益最大化，符合市场经济规律，是合法的。而未能续约的283名职工则认为他们没有做错什么，不应该被裁员。经过一番谈判，被裁职工们提出了要求公司给予员工工龄补助、养老保险、再就业劳动技能培训、精神伤害等每人共计47 500元的一次性补助。但公司董事会认为职工们提出的补偿要求过高，只同意给予工龄补助，其他补助不予考虑。对于劳动技能培训今后可由北大青鸟免费负责，不再给予经济补助。

由于双方分歧较大，青鸟天桥公司与被裁职工的矛盾不断激化，以至于政府部门不得不出面干预此事。经过多方数次协调，公司最终拿出了300万元左右的资金，决定给予终止合同的职工每人1万元的一次性补助，对失业的职工予以再就业帮助，对部分生活困难的职工也予以资助。至此这场裁员风波才算平息。

二、问题

1. 请联系企业的理财目标，对青鸟天桥公司的裁员决定作出评价。
2. 如何看待青鸟天桥公司最后对被裁职工给予的经济补助？

第二章 货币时间价值及风险价值

本章学习目的

本章主要阐述了货币时间价值及风险价值的有关基本理论问题。本章学习要求：理解货币时间价值和风险价值的基本含义；掌握货币时间价值和风险价值的计算方法。

本章关键词

单利 复利 终值 现值 年金 风险及价值

本章课程思政点

系统性风险 财务风险 风险价值

案例导引

陈先生六月份签订了一份购房合同，房屋总价100万元，关于付款方案可以有两种选择，一种是现在全额付款；另一种是先交30%首付，其余70万元向银行申请住房贷款，房贷利率是5%，等额本息还款。假设陈先生个人资金情况良好，有能力全额付款。请讨论在不同的资金收益预期情况下，陈先生的付款方式选择。

最近几年，房地产业发生了巨大变化，房价呈现轮番上涨行情。而宏观调控政策持续发力，产生的效力在不同地区呈现差异。如何渡过政策关成为房地产产业链企业和整个市场的共同问题。

在这一章里，我们将和大家一起探讨财务管理的两个基础观念：资金的时间价值和风险观念。

第一节 货币时间价值

一、货币时间价值的概念

货币时间价值是指货币在周转使用中由于时间因素而形成的差额价值，也称为资金的时间价值。

在商品经济条件下,即使不存在通货膨胀,一定数量的资金在不同时点上也具有不同价值。例如,现在的1元和一年后的1元不等值。现在的1元,比一年后的一元经济价值要大。这是因为将现在的1元存入银行,在存款利率10%的条件下,一年后可得到1.1元,这1元经过一年时间的投资增加了0.1元。随着时间的推移,资金会发生增值,这就是资金的时间价值。

资金在周转使用中为什么会随着时间的推移而持续增长呢?其原因在于资金使用者把资金投入生产经营后,劳动者利用劳动资料对劳动对象进行加工,使之生产出新的产品,在产品出售时所收到的货币资金积累数量大于最初投入的资金数量,实现价值增值。资金周转使用时间越长,所得利润就越大。所以,货币时间价值的实质,是资金使用后的增值额。

案例

货币时间价值有两种表现形式:相对数和绝对数形式。相对数形式,即时间价值率,是指扣除风险报酬和通货膨胀贴水后的平均资金利润率或平均报酬率;绝对数形式,即时间价值额,是指资金与时间价值率的乘积。实际工作中并不进行严格的区分,有时用绝对数,有时用相对数。在讨论货币时间价值的时候,我们一般假定没有风险、没有通货膨胀,以利率代表时间价值。

由于货币随时间的延续而增值,不同时间单位货币的价值不相等,所以,不同时间的货币不宜直接进行比较,需要把它们换算到相同的时点进行比较才有意义。由于货币随时间的增长过程与复利的计算过程在数学上相似,因此,在换算时广泛使用复利计算方法。

二、货币时间价值的计算方法

有关货币时间价值计算的指标有许多种,这里着重说明一次性收付款项终值和现值、年金终值和年金现值的计算。

(一)单利和复利

单利和复利是两种不同的利息计算体系。单利是只对本金计算利息,对利息不再计算利息;我国目前存、贷款利息都是按照单利计算的。而复利是除本金计算利息之外,对利息也要计算利息,逐期滚算,俗称"利滚利"。期限越长,单利和复利之间的利息差别越大。除非特别说明,本教材中货币的时间价值一般都按照复利计算。

(二)现值和终值

现值即现在的价值,是一个或多个发生在未来的现金流相当于现在时刻的价值,一般用 P 表示。终值即未来的价值,是一个或多个现在发生或未来发生的现金流相当于未来时刻的价值,一般用 F 表示。

(三)一次性收付款项终值和现值的计算

一次性收付款项是指某一特定时间内只发生一次的简单现金流量,如投资于到期一次还本付息的公司债券就是一次性收付款项。

1. 单利终值和现值的计算

单利在计算中经常使用的符号及其含义为:P 表示本金,又称期初金额或现值;I 表示利息;i 表示利率,指利息与本金之比;F 表示本金与利息之和,又称本利和或终值;n 表示时间,是计息期,相邻两次计息的间隔,如一年、半年等。除非特别说明,通常一个计息期一般为一年。

(1) 单利利息的计算。单利利息的计算公式为：
$$I = P \times i \times n$$

【例2-1】 某企业持有一张带息商业汇票，面值1 500元，票面利率为8%，期限为90天，则到期的利息计算如下：
$$I = 1\,500 \times 8\% \times 90 \div 360 = 30(元)$$

在计算利息时，所说的利率通常是指年利率。对于不足1年的利息，以1年等于360天来换算。

(2) 单利终值的计算。单利终值就是现在的一笔资金按单利计算的未来价值，即本利和。

现在的1元，年利率为10%，从第1年到第5年，各年年末的终值计算如下：

1元1年后的终值 = 1×(1+10%×1) = 1.1(元)
1元2年后的终值 = 1×(1+10%×2) = 1.2(元)
1元3年后的终值 = 1×(1+10%×3) = 1.3(元)
1元4年后的终值 = 1×(1+10%×4) = 1.4(元)
1元5年后的终值 = 1×(1+10%×5) = 1.5(元)

因此，单利终值的计算公式为：
$$F = P + I = P + P \times i \times n = P \times (1 + i \times n)$$

(3) 单利现值的计算。单利现值就是以后年份收到或付出资金按单利计算相当于现在的价值，可用倒求本金的方法计算。按终值求现值也称贴现。

若年利率为10%，从第1年到第5年，各年年末的1元其现值计算如下：

$$1年后1元的现值 = \frac{1}{(1+10\%\times 1)} = \frac{1}{1.1} = 0.9091(元)$$

$$2年后1元的现值 = \frac{1}{(1+10\%\times 2)} = \frac{1}{1.2} = 0.8333(元)$$

$$3年后1元的现值 = \frac{1}{(1+10\%\times 3)} = \frac{1}{1.3} = 0.7692(元)$$

$$4年后1元的现值 = \frac{1}{(1+10\%\times 4)} = \frac{1}{1.4} = 0.7143(元)$$

$$5年后1元的现值 = \frac{1}{(1+10\%\times 5)} = \frac{1}{1.5} = 0.6667(元)$$

因此，单利现值的计算公式为：
$$P = \frac{F}{1 + i \times n}$$

2. 复利终值和现值的计算

(1) 复利终值的计算。复利终值也即本利和。

现在的1元，年利率10%，从第1年到第5年，各年年末的终值计算如下：

1元1年后的终值 = 1×(1+10%) = 1.1(元)
1元2年后的终值 = 1.1×(1+10%) = 1.21(元)

或　　　　　　　　　　=1×(1+10%)²=1.21(元)

1元3年后的终值=1.21×(1+10%)=1.3310(元)

或　　　　　　　　　　=1×(1+10%)³=1.3310(元)

1元4年后的终值=1.331×(1+10%)=1.4641(元)

或　　　　　　　　　　=1×(1+10%)⁴=1.4641(元)

1元5年后的终值=1.464×(1+10%)=1.6105(元)

或　　　　　　　　　　=1×(1+10%)⁵=1.6105(元)

因此,复利终值的计算公式为:

$$F=P\times(1+i)^n$$

上式是计算复利终值的一般公式。其中,$(1+i)^n$ 称为复利终值系数,也可用符号 $(F/P,i,n)$ 表示。在实际工作中,复利终值系数可以查阅附表1。

附表1的第一行是利率 i,第一列是计息期数 n,相应的 $(1+i)^n$ 在其纵横相交处。该表的作用不仅在于已知 i 和 n 时查找1元的复利终值,而且可在已知1元复利终值和 n 时查找 i;或已知1元复利终值和 i 时查找 n。

【例2-2】 现在存入一笔款项10 000元,存款利率为8%,问5年后的终值为多少?

$$F=10\ 000\times(1+8\%)^5$$
$$或=10\ 000\times(F/P,8\%,5)$$

通过查阅附表1可知,$(F/P,8\%,5)$为1.4693,所以:

$$F=10\ 000\times1.4693=14\ 693(元)$$

(2) 复利现值的计算。复利现值是复利终值的对称概念,是指以后年份收到或付出的资金按复利计算的现在价值,或者说是为了取得将来一定本利和现在所需要的资金。

若年利率为10%,从第1年到第5年,各年年末的1元的现值可计算如下:

$$1年后1元的现值=\frac{1}{(1+10\%)}=\frac{1}{1.1}=0.9091(元)$$

$$2年后1元的现值=\frac{1}{(1+10\%)^2}=\frac{1}{1.21}=0.8264(元)$$

$$3年后1元的现值=\frac{1}{(1+10\%)^3}=\frac{1}{1.331}=0.7513(元)$$

$$4年后1元的现值=\frac{1}{(1+10\%)^4}=\frac{1}{1.4641}=0.6830(元)$$

$$5年后1元的现值=\frac{1}{(1+10\%)^5}=\frac{1}{1.6105}=0.6209(元)$$

因此,复利现值的计算公式为:

$$P=\frac{F}{(1+i)^n}=F\times(1+i)^{-n}$$

上式中的 $(1+i)^{-n}$ 是把终值折算成现值的系数,称为复利现值系数,也可用符号 $(P/F,i,n)$ 表示。计算现值使用的利率 i,称为折现率,它是财务管理中的一个极为重要的概念。在实际工作中,复利现值系数可以查阅附表2。

【例2-3】某人准备5年后拿到10万元,存款利率为3%,建立模型计算现在要存入多少元?

$$P = 100\,000 \times (1+3\%)^{-5}$$

或:

$$P = 100\,000 \times (P/F, 3\%, 5)$$

通过查阅附表2可知,$(P/F, 3\%, 5)$为0.8626,所以:

$$P = 100\,000 \times 0.8626 = 86\,260(元)$$

(四) 系列收付款项终值和现值的计算

连续期限内固定间隔期发生的一系列等额收付款项又称为年金。例如,间隔期固定、金额相等的分期付款赊购、分期偿还贷款、发放养老金、分期支付工程款以及每年相同的销售收入等,都属于年金。年金包括普通年金、预付年金、递延年金、永续年金等形式。等额收付款发生在每期期末,称为普通年金或后付年金;等额收付款发生在每期期初,称为预付年金或先付年金;等额收付款要延长若干期以后再发生,称为递延年金;等额收付款无限期连续发生,称为永续年金。在年金中,间隔期间可以不是一年,例如每季末等额支付的债务利息也是年金。

1. 普通年金终值和现值的计算

普通年金又称后付年金,是指一定时期内每期期末等额收付的系列款项。它以复利作为计算基础,有终值和现值两种计算形式。

(1) 普通年金终值的计算。普通年金终值是指一定时期内每期期末等额收付款项的复利终值之和。

每年投入1元,年利率10%,经过5年,年金终值可以表示如图2-1所示,图中的序号代表的时间点是期末。例如,"0"表示的是第1年初。需要说明的是,上期期末和下期期初是同一个时点。

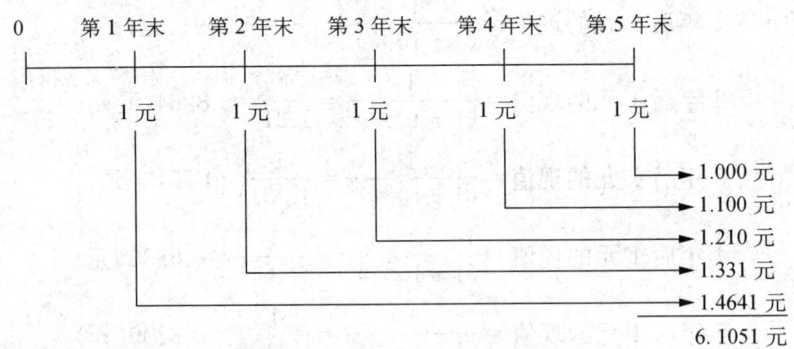

图2-1 普通年金终值计算

上例逐年的终值和年金终值可计算如下:

第5年末1元的终值=1.000(元)

第4年末1元的终值=$(1+10\%)^1$=1.100(元)

第3年末1元的终值=$(1+10\%)^2$=1.210(元)

第2年末1元的终值=$(1+10\%)^3$=1.331(元)

第 1 年末 1 元的终值 $=(1+10\%)^4=1.4641$(元)

1 元年金 5 年的终值 $=1.000+1.100+1.210+1.331+1.4641=6.1051$(元)

依此推理,设每年年末支付金额为 A,利率为 i,期数为 n,按复利计算的年金终值 F 为:

$$F=A+A(1+i)+A(1+i)^2+\cdots+A(1+i)^{n-1}$$

等式两边同乘 $(1+i)$:

$$F(1+i)=A(1+i)+A(1+i)^2+A(1+i)^3+\cdots+A(1+i)^n$$

两式相减,可得:

$$F(1+i)-F=A(1+i)^n-A$$

$$F=\frac{A(1+i)^n-A}{(1+i)-1}$$

因此,普通年金终值的计算公式为:

$$F=A\times\frac{(1+i)^n-1}{i}$$

式中的 $\frac{(1+i)^n-1}{i}$ 称作"年金终值系数",也可用符号 $(F/A,i,n)$ 表示。在实际工作中,年金终值系数可以查阅附表 3。

【例 2-4】 5 年中每年存入银行 10 000 元,存款利率为 8%,求第 5 年末的年金终值。

$$F=10\,000\times\frac{(1+8\%)^5-1}{8\%}$$

或:

$$F=10\,000\times(F/A,8\%,5)$$

通过查阅附表 3 可知,$(F/A,8\%,5)$ 为 5.8666,所以:

$$F=10\,000\times5.8666=58\,666(元)$$

在年金终值的计算公式中,已知年金 A,可求终值 F,如果已知 F,也可求 A。在实际工作中,公司可以根据需要在贷款期内建立偿债基金,以保证在期满时有足够的现金偿还贷款的本金或兑换债券。此时的债务实际上等于年金终值 F,每年提取的偿债基金等于分次付款的年金 A。也可以说,偿债基金的计算实际上是年金终值的逆运算。其计算公式为:

$$A=F\times\frac{i}{(1+i)^n-1}$$

式中的 $\frac{i}{(1+i)^n-1}$ 称作"偿债基金系数",是年金终值系数的倒数,也可用符号 $(A/F,i,n)$ 表示。它可把年金终值折算为每年需要支付的金额。偿债基金系数可查"偿债基金系数表"或通过年金终值系数的倒数推算出来。上式也可写作:

$$A=F\times(A/F,i,n)$$

或：
$$A = F \times [1 \div (F/A, i, n)]$$

【例2-5】 某企业拟在5年后偿还一笔600 000元的债务,建立偿债基金。年利率为10%,则企业从第1年起,每年年末应存入的金额为:

$$A = 600\,000 \times \frac{10\%}{(1+10\%)^5 - 1}$$

或：
$$A = 600\,000 \times [1 \div (F/A, 10\%, 5)]$$

通过查阅附表3可知,$(F/A, 10\%, 5)$为6.1051,所以,
$$A = 600\,000 \times (1 \div 6.1051) = 98\,278.49(元)$$

因此,在年利率为10%时,每年年末要存入98 278.49元,5年后可达到还款所需的600 000元。

(2)普通年金现值的计算。普通年金现值是指一定时期内每期期末等额收付款项的复利现值之和。

每年末取得收益1元,年利率为10%,5年的年金现值如图2-2所示。

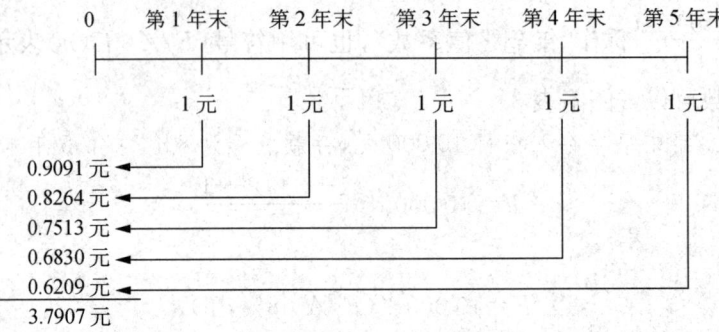

图2-2 普通年金现值的计算

上例逐年的现值和年金现值,可计算如下:

$$1年后1元的现值 = \frac{1}{(1+10\%)} = 0.9091(元)$$

$$2年后1元的现值 = \frac{1}{(1+10\%)^2} = 0.8264(元)$$

$$3年后1元的现值 = \frac{1}{(1+10\%)^3} = 0.7513(元)$$

$$4年后1元的现值 = \frac{1}{(1+10\%)^4} = 0.6830(元)$$

$$5年后1元的现值 = \frac{1}{(1+10\%)^5} = 0.6209(元)$$

$$1元年金5年的现值 = 0.9091 + 0.8264 + 0.7513 + 0.6830 + 0.6209$$
$$= 3.7907(元)$$

依此推理，设每期年金为 A，利率为 i，期数为 n，按复利计算的年金现值 P 为：

$$P = A(1+i)^{-1} + A(1+i)^{-2} + \cdots + A(1+i)^{-n} \qquad (2-1)$$

等式两边同乘以 $(1+i)$：

$$P(1+i) = A + A(1+i)^{-1} + \cdots + A(1+i)^{-(n-1)} \qquad (2-2)$$

两式相减，得：

$$P(1+i) - P = A - A(1+i)^{-n}$$
$$P \times i = A[1 - (1+i)^{-n}]$$

因此，普通年金现值的计算公式为：

$$P = A \times \frac{1 - (1+i)^{-n}}{i}$$

式中的 $\dfrac{1-(1+i)^{-n}}{i}$ 称作"年金现值系数"，也可用符号 $(P/A, i, n)$ 表示。在实际工作中，普通年金现值系数可以查阅附表4。

【例2-6】 现在存入一笔钱，准备在以后5年中每年年底得到100元，如果存款利率为8%，计算现在应该存入多少钱？

现值为：

$$P = 100 \times \frac{1 - (1+8\%)^{-5}}{8\%}$$

或 $P = 100 \times (P/A, 8\%, 5)$

通过查阅附表4可知，$(P/A, 8\%, 5)$ 为3.9927，所以：

$$P = 100 \times 3.9927 = 399.27 \text{（元）}$$

在年金现值的计算公式中，已知年金 A，可求现值 P，如果已知 P，也可求 A。在实际工作中这类似于年资本回收额的计算。所谓年资本回收额，是指在给定年限内等额回收或清偿初始投入的资本或所欠的债务。其计算方法实际上是年金现值的逆运算。其计算公式为：

$$A = P \times \frac{i}{1 - (1+i)^{-n}}$$

式中的 $\dfrac{i}{1-(1+i)^{-n}}$ 称作"资本回收系数"，是年金现值系数的倒数，也可用符号 $(A/P, i, n)$ 表示。资本回收系数可查"资本回收系数表"，或通过年金现值系数的倒数推算。上式也可写作：

$$A = P \times (A/P, i, n)$$

或：

$$A = P \times [1 \div (P/A, i, n)]$$

【例2-7】 某企业现在借得1 000万元的贷款，在10年内以年利率12%等额偿还，则每

年应付的金额为:

$$A = 1\,000 \times \frac{12\%}{1-(1+12\%)^{-10}}$$

或:

$$A = 1\,000 \times [1 \div (P/A, 12\%, 10)]$$

通过查阅附表4可知,$(P/A, 12\%, 10)$为5.6502,所以:

$$A = 1\,000 \times (1 \div 5.6502) = 176.98(万元)$$

2. 预付年金终值和现值的计算

预付年金又称先付年金或即付年金,是指一定时期内每期期初等额收付的系列款项。在 n 期内,预付年金是在每期期初收付,而普通年金是在每期期末收付。预付年金与普通年金的区别就在于发生的时间不同,两者支付期数相差为1年,如图2-3所示。

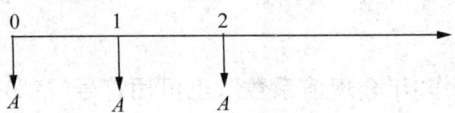

图2-3 预付年金的收付形式

1) 预付年金终值的计算

预付年金终值是指一定时期内每期期初等额收付款项的复利终值之和。预付年金与普通年金的差别仅在于现金流量的发生时间不同。由于"年金终值系数表"和"年金现值系数表"是按常见的普通年金编制的,在利用普通年金系数表计算预付年金的终值和现值时,可在计算普通年金的基础上加以适当的调整。

预付年金终值的一般计算公式为:

$$F = A \times \left[\frac{(1+i)^{n+1}-1}{i} - 1\right]$$

式中,方括号内的数值称作"预付年金终值系数",它和普通年金终值系数 $\left[\frac{(1+i)^n-1}{i}\right]$ 相比,期数加1,系数减1,可记作 $[(F/A, i, n+1)-1]$。

因此,先付年金终值也可以写成:

$$F = A \times [(F/A, i, n+1) - 1] \quad 或 \quad F = A \times (F/A, i, n)(1+i)$$

【例2-8】 某企业决定连续4年于每年年初投入300万元建设一项目,年利率为10%,则第4年末投资额本利和为:

$$F = 300 \times [(F/A, 10\%, 4+1) - 1]$$

或:

$$F = 300 \times (F/A, 10\%, 4) \times (1+10\%)$$

通过查阅附表3可知,$[(F/A, 10\%, 5)-1] = 6.1051 - 1 = 5.1051$,所以:

$$F = 300 \times 5.1051 = 1\,531.53(万元)$$

2) 预付年金现值的计算

预付年金现值是指一定时期内每期期初等额收付款项的复利现值之和。预付年金现值

可以在普通年金现值的基础上加以调整,其计算公式为:

$$P = A \times \left[\frac{1-(1+i)^{-(n-1)}}{i} + 1\right]$$

式中 $\left[\frac{1-(1+i)^{-(n-1)}}{i} + 1\right]$ 是预付年金现值系数,或者称 1 元的预付年金现值。它和普通年金现值系数 $\left[\frac{1-(1+i)^{-n}}{i}\right]$ 相比,期数要减 1,而系数要加 1,也可用符号 $[(P/A, i, n-1)+1]$ 表示,并可利用附表 4 查得 $(n-1)$ 期的数值,然后加 1,得出 1 元的预付年金现值。

因此,先付年金现值也可以写成:

$$P = A \times [(P/A, i, n-1) + 1] \text{ 或 } P = A \times (P/A, i, n)(1+i)$$

【例 2-9】 某公司因生产需要租入一台设备,租期 5 年,每年年初支付租金 10 000 元,年利率为 8%,则 5 年中租金的现值为:

$$P = 10\,000 \times [(P/A, 8\%, 5-1) + 1]$$

或:

$$P = 10\,000 \times (P/A, 8\%, 5) \times (1+8\%)$$

通过查阅附表 4 可知,$[(P/A, 8\%, 4) + 1] = 3.3121 + 1 = 4.3121$,所以:

$$P = 10\,000 \times 4.3121 = 43\,121(元)$$

3. 递延年金终值与现值

递延年金是指第一次支付发生在第二期或第二期以后的年金。递延年金的支付形式如图 2-4 所示。从图中可以看出,前 3 期没有发生支付,一般用 m 表示递延期数,本例中的 $m=3$。第一次支付在第 4 期期末,每期 100 元,连续支付 4 次,即 $n=4$。

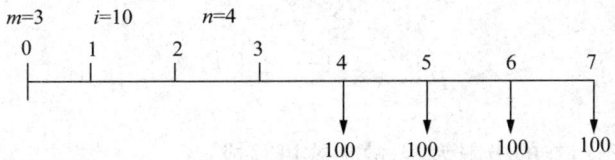

图 2-4 递延年金的支付形式

1)递延年金终值的计算

如果将发生递延年金的第一期设为时点 1,则用时间轴表示的递延年金与普通年金完全相同,因此递延年金终值的计算方法与普通年金终值的计算基本相同,只是发生的期间 n 是发生递延年金的实际期限。递延年金的终值大小,与递延期无关,其计算公式为:

$$F = A \times (F/A, i, n)$$

【例 2-10】 以图 2-4 所列数据为例,计算递延年金终值为:

$$F = 100 \times (F/A, 10\%, 4) = 100 \times 4.6410 = 464.1(元)$$

2)递延年金现值的计算

递延年金的现值计算有三种方法:

第一种方法：把递延年金视为 n 期普通年金，求出递延期末的现值，然后再将此现值调整到第一期初（即图 2-4 中 0 的位置）。

$$P = A \times (P/A, i, n) \times (P/F, i, m)$$

第二种方法：假设递延期中也进行支付，先求出 $m+n$ 期的年金现值，然后扣除实际并未支付的递延期 m 的年金现值，即可得出最终结果。

$$P = A \times [(P/A, i, m+n) - (P/A, i, m)]$$

第三种方法：先求递延年金终值，再折现为现值。

$$P = A \times (F/A, i, n) \times (P/F, i, m+n)$$

【例 2-11】 以图 2-4 所列数据为例，计算递延年金现值为：

第一种方法：
$P = 100 \times (P/A, 10\%, 4) \times (P/F, 10\%, 3) = 100 \times 3.1699 \times 0.7513 = 238.15$（元）

第二种方法：
$P = 100 \times [(P/A, 10\%, 3+4) - (P/A, 10\%, 3)] = 100 \times [4.8684 - 2.4869]$
$= 100 \times 2.3815 = 238.15$（元）

第三种方法：
$P = 100 \times (F/A, 10\%, 4) \times (P/F, 10\%, 7) = 100 \times 4.6410 \times 0.5132 = 238.18$（元）

第三种方法计算结果与前两种有微小出入，属小数点保留位数所致。

4. 永续年金

无限期的定额支付年金，称为永续年金。现实中的存本取息，可视为永续年金的一个例子。

永续年金没有终止的时间，也就没有终值。永续年金的现值可以通过普通年金现值的计算公式导出：

$$P = A \times \frac{1 - (1+i)^{-n}}{i}$$

当 $n \to \infty$ 时，$(1+i)^{-n}$ 的极限为零，故上式可写成：

$$P = A \times \frac{1}{i}$$

【例 2-12】 某企业拟建立一项永久性的奖学金，每年计划颁发 10 000 元奖金资助某大学学生。若利率为 10%，那么公司现在应存入多少钱？

$$P = 10\,000 \times \frac{1}{10\%} = 100\,000 \text{（元）}$$

5. 增长型永续年金现值

增长型永续年金是指无限期支付的，每年呈固定比率增长的各期现金流量。它与永续年金的区别在于，永续年金每期发生的金额都是固定的，而增长型永续年金的各期现金流量是以固定比率每期增长的。现实生活中，普通股股利就是增长型永续年金的典型例子。因此经常使用增长型永续年金的现值来进行普通股估价。

设 C_0 为第 0 期的现金流量,g 表示现金流量每年预计增长率,则第 $1-n$ 期及以后的增长型永续年金发生额分别为:$C_1=C_0(1+g)$、$C_2=C_0(1+g)^2$、$C_3=C_0(1+g)^3\cdots C_n=C_0(1+g)^n\cdots$,其现值计算公式可表示为:

$$P=\frac{C_1}{1+i}+\frac{C_2}{(1+i)^2}+\frac{C_3}{(1+i)^3}+\cdots+\frac{C_n}{(1+i)^n}+\cdots$$

$$=\frac{C_0(1+g)}{1+i}+\frac{C_0(1+g)^2}{(1+i)^2}+\frac{C_0(1+g)^3}{(1+i)^3}+\cdots+\frac{C_0(1+g)^n}{(1+i)^n}+\cdots$$

上式是对几何级数求和,对此我们有一个简单的推算:当增长率 $g<$ 折现率 i 时,该增长型永续年金现值可以简化为:

$$P=\frac{C_0(1+g)}{i-g}=\frac{C_1}{i-g}$$

(五) 利率的计算

影响货币时间价值的因素有四个:现值、终值、利率(折现率)和计息期数,只要知道了其中任意三个因素就可以求出第四个因素。在某些情况下,可以根据计息期数、终值或现值求解利率(折现率),或根据利率(折现率)、终值或现值求解计息期数。

1. 利率 i 的计算

计算利率 i 时,可以先列出终值或现值公式,然后通过求解方程式的方法将未知数 i 求出来。根据已知条件计算出终值或现值的换算系数:

$$(F/P,i,n)=\frac{F}{P}\ ;\ (P/F,i,n)=\frac{P}{F}$$

$$(F/A,i,n)=\frac{F}{A}\ ;\ (P/A,i,n)=\frac{P}{A}$$

求出换算系数后,可从有关系数表中的 n 期各系数中找到最近的系数。这个最接近的系数所属的 r,就是要求的利率或折现率的近似值。

如果要使利率或折现率计算得相对准确,可采用插值法或利用 Excel 软件进行计算。

【例 2-13】 假设现在投入 10 000 元,问折现率为多少时,才能保证在以后的 10 年中,每年末都能取出 2 000 元?

$$(P/A,i,10)=\frac{10\ 000}{2\ 000}=5.000$$

从年金现值系数表中可以看出,在 $n=10$ 的各系数中,$r=14\%$ 时,系数是 5.2161;$r=16\%$ 时,系数是 4.8332,可见利率在 14% 到 16% 之间。

设 X 为超过 14% 的百分数,则可用插值法计算 X 值如下:

$$\frac{X}{2\%}=\frac{0.2161}{0.3829}$$

$$i=14\%+X=14\%+2\%\times\frac{0.2161}{0.3829}=14\%+1.129\%=15.129\%$$

在已知终值、现值、利率的情况下,即可求出计息期数 n,其基本方法与利率(折现率)的确定方法相同。在实务中,通常利用 Excel 软件进行计算。

2. 实际利率计算

1) 一年多次计息时的实际利率

一年多次计息时,给出的年利率为名义利率,按照复利计算的年利息与本金的比值为实际利率。

假设本金为 100 元,年利率为 10%,一年计息 2 次,即一年复利 2 次,则每次复利的利率＝10%/2＝5%,一年后的本利和(复利终值)＝100×(1+5%)²,按照复利计算的年利息＝100×(1+5%)²−100＝100×[(1+5%)²−1],实际利率＝100×[(1+5%)²−1]/100＝(1+5%)²−1,用公式表示如下:

$$i = (1+r/m)^m - 1$$

式中,i 表示实际利率,r 表示名义利率,m 表示每年复利计息的次数。

从公式可以看出,在一年多次计息时,实际利率高于名义利率,并且在名义利率相同的情况下,一年计息次数越多,实际利率越大。

2) 通货膨胀情况下的实际利率

在通货膨胀情况下,央行或其他提供资金借贷的机构所公布的利率是未调整通货膨胀因素的名义利率,即名义利率中包含通货膨胀率。实际利率是指剔除通货膨胀率后储户或投资者得到利息回报的真实利率。

假设本金为 100 元,实际利率为 5%,通货膨胀率为 2%,则:

如果不考虑通货膨胀因素,一年后的本利和＝100×(1+5%)＝105(元)。

如果考虑通货膨胀因素,由于通货膨胀导致货币贬值,所以,一年后的本利和＝105×(1+2%),年利息＝105×(1+2%)−100＝100×(1+5%)×(1+2%)−100＝100×[(1+5%)×(1+2%)−1],即名义利率＝(1+5%)×(1+2%)−1,1+名义利率＝(1+5%)×(1+2%)。

用公式表示名义利率与实际利率之间的关系为:

$$1 + 名义利率 = (1 + 实际利率) \times (1 + 通货膨胀率)$$

所以,实际利率的计算公式为:

$$实际利率 = \frac{1 + 名义利率}{1 + 通货膨胀率} - 1$$

公式表明,如果通货膨胀率大于名义利率,则实际利率为负数。

【例 2−14】 2019 年,我国某商业银行一年期存款年利率为 4%,假设通货膨胀率为 3%,则实际利率为多少?

实际利率＝(1+4%)/(1+3%)−1＝0.97%

如果通货膨胀率为 5%,则:

实际利率＝(1+4%)/(1+5%)−1＝−0.95%

上述关于时间价值计算的方法,在财务管理中有广泛用途,如存货管理、养老金决策、租赁决策、资产和负债估价、长期投资决策等。随着财务问题日益繁杂化,时间价值观念的应用也日益普及。

第二节 风险价值

一、风险的概念及类别

（一）风险的概念

风险是指收益的不确定性，风险是现代企业财务管理环境的一个重要特征。虽然风险的存在可能意味着收益的增加，但人们考虑更多的则是损失发生的可能性。企业风险，是指影响企业的战略与经营目标实现的不确定性。从财务管理的角度看，风险是企业在各项财务活动过程中，由于各种难以预料或无法控制的因素作用，使企业的实际收益与预计收益发生背离，从而蒙受经济损失的可能性。

（二）风险的类别

1. 按照风险能否分散，风险可分为系统风险和非系统风险

1) 系统风险

系统风险又称为市场风险或不可分散风险，是指由于政治、经济及社会环境等企业外部因素的不确定性而产生的风险，如宏观经济形势的变动、国家经济政策的变化、税制改革、企业会计准则改革、世界能源状况、政治因素等。它存在于所有企业中，无法由个别企业控制，同时无法通过多样化投资予以分散。这种风险发生的概率较小，随着人类社会的进步，对自然和社会驾驭能力的提高，对整体性风险发生的防范手段及发生之后的综合治理方法都有很大进步。

2) 非系统风险

非系统风险（公司特有风险、可分散风险）是指由于经营失误、消费者偏好改变、劳资纠纷、员工罢工、新产品试制失败等因素影响产生的个别企业风险。非系统风险是由单个的特殊因素引起的，由于这些因素的发生是随机的，因此可以通过多样化分散投资来分散。

2. 按风险形成的来源，风险可分为经营风险和财务风险

1) 经营风险

经营风险是指企业经营方面的不确定性而使企业收益产生变化的可能性，通常采用息税前利润的变动程度描述经营风险的大小。经营风险包括供应方面的风险、生产方面的风险、销售方面的风险，以及战争、内乱、罢工等引起的社会环境变化、劳动力市场供求关系变化、通货膨胀变化、产业竞争变化、国家宏观经济政策调整等因素直接或间接影响企业的生产经营活动，从而给企业经营及其业绩带来的风险。

2) 财务风险

财务风险一般是指举债经营给股东收益带来的不确定性。通常用净资产收益率（ROE）或每股收益（EPS）的变动描述财务风险的大小。这种风险主要来源于利率、汇率变化的不确定性，以及公司负债比重的大小。在市场经济条件下，财务风险贯穿于企业各个财务环节，是各种风险因素在企业财务上的集中体现，一般包括筹资风险、投资风险、现金流量风险、收益分配风险、利率风险和汇率风险等。企业应有效地控制财务风险，保障投资者、管理者以及社会公众的利益。

（1）筹资风险。筹资风险是指企业在筹资活动中，由于资金供需市场、宏观经济环境的变化或者筹资来源结构、币种结构、期限结构等因素而给企业财务成果带来的不确定性。企业的筹资方式一般有两种类型：一是债务筹资，二是权益筹资。不同筹资方式承担的风险是不同的。债务筹资受固定的利息负担和债务期限结构等因素的影响。当企业经营不善，特别是投资收益率低于债务利息率时，可能产生不能按时还本付息甚至破产的风险。权益筹资则受股权资本市场的影响较大。以上市公司为例，当企业投资收益率达不到投资者的收益目标时，投资者可能抛售其股票，造成股价下跌，增加企业的再筹资成本，而当企业经营发生困难时，竞争对手可以通过市场收购其股票，吞并企业。为了有效控制筹资风险，企业除了需要慎重选择合适的筹资方式外，还需要选择适当的筹资时机、筹资规模、筹资工具等。

（2）投资风险。投资风险是指企业在投资活动中，由于各种难以预计或无法控制的因素使投资收益率达不到预期目标而产生的风险。不同的投资项目，对企业价值和财务风险的影响程度也不同。企业投资项目一般可分为对内投资和对外投资两大类。企业的对内投资项目包括固定资产、流动资产等有形资产的投资和高新技术、人力资本等无形资产的投资。如果投资决策不科学、投资所形成的资产结构不合理，那么投资项目往往不能达到预期效益，影响企业盈利水平和偿债能力，从而产生财务风险。巨额固定资产和无形资产投资带来的风险尤其突出。企业的对外投资一般多指证券投资。由于证券市场受多种因素的影响，各种证券的价格是不稳定的，经常发生剧烈波动，这给企业证券投资的收益带来了很大的不确定性，从而形成了企业的财务风险。

（3）现金流量风险。现金流量风险是指企业在资金营运活动中，由于现金流出与现金流入在时间上不一致所形成的风险。当企业现金净流量出现问题，无法满足日常生产经营、投资活动的需要，或者无法及时偿还到期债务时，可能会导致企业生产经营陷入困境，也可能给企业带来信用危机，使企业的商誉遭受严重损害，以至于本来可以长期持续经营下去的企业在短期内被吞并或者倒闭。

（4）收益分配风险。收益分配风险是指企业在收益分配活动中，由于分配政策不当，使得分配的规模和形式超出了企业的实际承受能力而产生的风险。企业收益分配的规模不仅取决于企业收益水平和未来发展目标，还要考虑国家宏观经济政策、经济状况、市场前景、通货膨胀等因素。如果分配数额过大，超出了企业的预期能力，则会影响到企业的长远发展和财务目标的实现。同时，在分配形式上，也应慎重选择，到底是采用现金股利、股票股利，还是兼而有之，或是其他形式，都应充分考虑企业的实际。否则，也会给企业发展带来不利影响。

（5）利率风险。利率风险是指在一定时期内由于利率水平的变动而导致经济损失的可能性。由于受到央行的宏观调控管理、货币政策、社会平均利润率水平、通货膨胀率、投资者预期，以及其他国家或地区的利率水平等诸多因素的影响，利率经常会发生变动，导致企业的筹资成本和资产收益不确定。例如，利率的上升会使企业的筹资成本上升，企业持有的证券投资价格下降。

（6）汇率风险。汇率风险是指在一定时期内由于汇率变动引起企业外汇业务成果的不确定性。企业的汇率风险一般包括交易风险、折算风险和经济风险。交易风险是企业在以外币计价的交易活动中，如商品进出口信用交易、外汇借贷交易、外汇投资等，由于交易发生日和结算日汇率不一致，使折算为本币的数额增加或减少的风险。折算风险是企业将以外币表示的会计报表折算为以本币表示的会计报表时,由于汇率的变动,报表的不同项目采用不同汇率折算而产生的风险。经济风险是由于汇率变动对企业产销数量、价格、成本等经济指标产生影响,致使企业未来一定时期的利润或现金流量减少或增加,从而引起企业价值变化的风险。

二、风险管理原则

(一)融合性原则

企业风险管理应与企业的战略设定、经营管理与业务流程相结合。

(二)全面性原则

企业风险管理应覆盖企业所有的风险类型、业务流程、操作环节和管理层级与管理环节。

(三)重要性原则

企业应对风险进行评价,确定需要进行重点管理的风险,并有针对性地实施重点风险监测,及时识别、应对。

(四)平衡性原则

企业应权衡风险与回报、成本与收益之间的关系。

三、风险对策

选择适当的风险管理策略,可以有效控制财务风险发生的可能性及其造成的损失。企业可以采取的财务风险管理策略,主要有以下几种。

(一)规避风险

规避风险是任何单位首先考虑的风险对策。凡风险所造成的损失不能由该项目可能获得的利润予以抵销时,最简单的办法就是避免风险。在实施方案过程中,发现不利的情况时,应及时中止或调整方案,如拒绝与不守信用的厂商业务往来;放弃可能明显导致亏损的投资项目;新产品在试制阶段发现诸多问题而果断停止试制。

(二)减少风险

减少风险主要包括两方面内容:一是控制风险因素,减少风险的发生机会;二是控制风险程度,降低风险损害价值。减少风险的常用方法有:进行准确的预测;对决策进行多方案优选和替代;及时与政府部门沟通获取政策信息;在开发新产品前,充分进行市场调研;实行设备预防检修制度以减少设备事故;选择有弹性的、抗风险能力强的技术方案,进行预先的技术模拟试验,采用可靠的保护和安全措施;采用多领域、多地域、多项目、多品种的经营或投资以分散风险。

(三)转移风险

企业以一定代价(保险费、赢利机会、担保费和利息等),采取某种方式(如参加保险、信用担保、租赁经营、套期交易、票据贴现等)将风险损失转嫁给他人承担,以避免可能给企业带来的重大损失。例如,向专业性保险公司投保,采取合资、联营、增发新股、发行债券、联合开发等措施实现风险共担,通过技术转让、特许经营、战略联盟、租赁经营和业务外包等实现风险转移。

(四) 接受风险

对于损失较小的风险,如果企业有足够的财力和能力承受风险损失时,可以采取风险自担和风险自保,自行消化风险损失。风险自担,是指风险损失发生时,直接将损失摊入成本或费用,或冲减利润;风险自保,是指企业预留一笔风险金或随着生产经营的进行,有计划地计提风险基金,如坏账准备金、存货跌价准备等。

四、风险的衡量

风险客观存在且广泛影响着企业的财务和经营活动,因此,正视风险并将风险程度予以量化,进行较为准确的衡量,是企业财务管理中的一项重要工作。风险与概率直接相关,并由此与期望值、离散程度等相联系。对风险进行衡量时应着重考虑以下几方面因素。

(一) 概率分布

在经济活动中,某一事件在相同的条件下可能发生也可能不发生,这类事件称为随机事件。概率是用来表示随机事件发生可能性大小的数值。通常,把必然发生的事件的概率定为1,把不可能发生的事件的概率定为0,而一般随机事件的概率是介于0与1之间的一个数。概率越大就表示该事件发生的可能性越大。随机事件所有可能的结果出现的概率之和等于1。

例如,一个企业的利润有60%的机会增加,有40%的机会减少。如果把所有可能的事件或结果都列示出来,且每一件都给予一种概率,把它们列示在一起,便构成了概率的分布。上例的概率分布如表2-1所示。

表2-1　　　　　　　　　　　　概率分布

可能出现的结果(i)	概率(P_i)
利润增加	0.6=60%
利润减少	0.4=40%
合计	1=100%

概率分布必须符合以下两个要求:

(1) 所有的概率即 P_i 都在0和1之间,即 $0 \leqslant P_i \leqslant 1$。

(2) 所有结果的概率之和应为1,即 $\sum_{i=1}^{n} P_i = 1$。这里,n 为可能出现的结果的个数。

(二) 期望值

期望值是一个概率分布中的所有可能结果,以各自相应的概率为权数计算的加权平均值。期望值通常用符号 $\overline{K}$ 表示。计算公式如下:

$$\overline{K} = \sum_{i=1}^{n}(K_i \times P_i)$$

式中:$\overline{K}$ 表示期望值;K_i 表示第 i 种可能出现的结果;P_i 表示第 i 种情况可能出现的概率;n 表示可能结果的个数。

【例2-15】 龙城公司和延陵制造公司股票的报酬率及其概率分布情况如表2-2所示。试计算两家公司的期望报酬率。

表 2-2　　　　　　龙城公司和延陵制造公司股票报酬率的概率分布

经济情况	该种经济情况发生的概率(P_i)	报酬率(K_i)	
		龙城公司	延陵制造公司
繁荣	0.20	40%	70%
一般	0.60	20%	20%
衰退	0.20	0	−30%

根据上述期望报酬率公式分别计算龙城公司和延陵制造公司的期望报酬率如下：

龙城公司：
$$\overline{K}=K_1P_1+K_2P_2+K_3P_3=40\%\times0.20+20\%\times0.60+0\%\times0.20=20\%$$

延陵制造公司：
$$\overline{K}=K_1P_1+K_2P_2+K_3P_3=70\%\times0.20+20\%\times0.60+(-30\%)\times0.20=20\%$$

两家公司股票的期望报酬率都是 20%，但龙城公司各种情况下的报酬率比较集中，而延陵制造公司却比较分散，所以龙城公司的风险小。这种情况可以通过图 2-5 来说明。

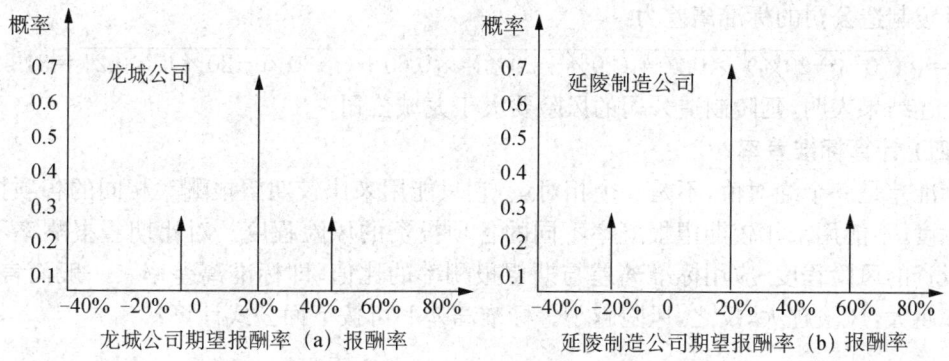

图 2-5　两家公司的期望报酬率情况

以上只是假定存在繁荣、一般和衰退三种情况。实践中，经济状况可以在极度衰退和极度繁荣之间发生无数个可能的结果，如果对每一可能的经济状况都给予相应的概率（概率的总和要等于 1）和报酬率，并将它们绘制在直角坐标系中，可得到连续的概率分布，如图 2-6 所示。

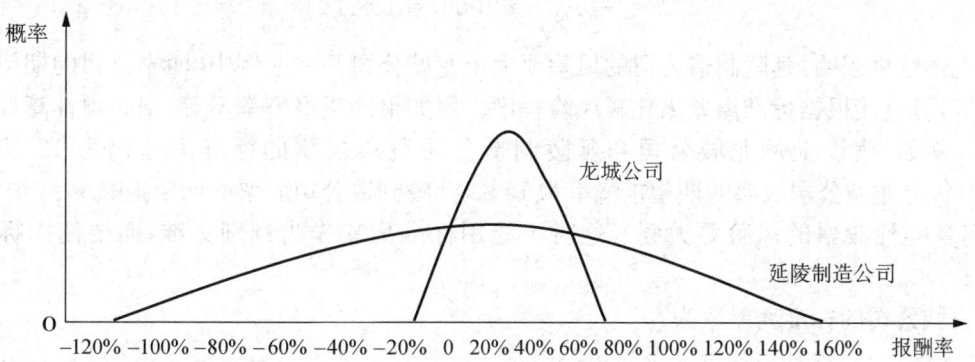

图 2-6　两家公司的概率分布情况

这里有关假设与图 2-5 不同。图 2-5 中得到 20% 报酬的概率为 60%，但在图 2-6 中其概率要小得多，因为这里的经济情况很多而不仅仅是三种。

（三）标准差

标准差也叫标准离差，是各种可能的报酬率偏离期望报酬率的综合差异，是反映离散程度的一种度量，是方差的平方根。在期望值相同的情况下，标准离差越大，风险越大，反之，越小。标准离差可按下面公式计算：

$$\delta = \sqrt{\sum_{i=1}^{n}(K_i - \overline{K}) \cdot P_i}$$

式中：δ 表示标准差；$\overline{K}$ 表示期望报酬率；K_i 表示第 i 种可能结果的报酬率；P_i 表示第 i 种可能结果的概率；n 表示可能结果的个数。

将[例 2-15]中龙城公司和延陵制造公司的资料代入上述公式得到两家公司的标准差。

龙城公司的标准差为：

$\delta = \sqrt{(40\% - 20\%)^2 \times 0.20 + (20\% - 20\%) \times 0.60 + (0\% - 20\%)^2 \times 0.20} = 12.65\%$

延陵制造公司的标准离差为：

$\delta = \sqrt{(70\% - 20\%)^2 \times 0.20 + (20\% - 20\%)^2 \times 0.60 + (-30\% - 20\%)^2 \times 0.20} = 31.62\%$

上述结果表明，延陵制造公司的风险要大于龙城公司。

（四）计算标准差率

标准差是一个绝对值，不是一个相对量，它只能用来比较期望报酬率相同的各项投资的风险程度，不能用来比较期望报酬率不同的各项投资的风险程度。对比期望报酬率不同的各项投资的风险程度，应用标准离差与期望报酬率的比值，即标准离差率。一般而言，标准离差率越大，风险越大，反之，风险越小。标准离差率可按下面公式计算：

$$V = \frac{\delta}{\overline{K}} \times 100\%$$

根据表 2-2 中所示的资料，龙城公司的标准离差率为：

$$V = \frac{12.65\%}{20\%} \times 100\% = 63.25\%$$

延陵制造公司的标准离差率为：

$$V = \frac{31.62\%}{20\%} \times 100\% = 158.1\%$$

上述结果表明，延陵制造公司的风险要大于龙城公司。在上例中，两家公司的期望报酬率相等，可直接根据标准离差来比较风险程度。但如果期望报酬率不等，则必须计算标准离差率。例如，假设上例龙城公司和延陵制造公司股票报酬的标准离差仍为 12.65% 和 31.62%，但龙城公司股票的期望报酬率为 15%，延陵制造公司股票的期望报酬率为 40%，那么，究竟哪种股票的风险更大呢？这时不能用标准离差作为判别标准，而要使用标准离差率。

龙城公司的标准离差率为：

$$V = \frac{12.65\%}{15\%} \times 100\% = 84\%$$

延陵制造公司的标准离差率为：

$$V=\frac{31.62\%}{40\%}\times 100\%=79\%$$

在上述假设条件下,龙城公司股票的风险要大于延陵制造公司股票的风险。

五、风险价值的确定

风险价值是投资者冒风险投资而获得的超过货币时间价值的额外报酬。风险价值,反映了投资者对风险资产投资而要求的风险补偿。财务管理中通常用风险收益率或风险报酬率来表示风险价值。风险价值是一个前瞻性指标,用来量化将要承担的市场风险,对风险管理的程度决定了财务管理的结果。风险报酬率、风险报酬系数和标准离差率之间的关系可用公式表示为：

$$R_R=bV$$

式中：R_R 表示风险报酬率；b 表示风险报酬系数；V 表示标准离差率。

这样,投资的总报酬率也可表示为：

$$K=R_F+R_R=R_F+bV$$

式中,K 表示投资总报酬率；R_F 表示无风险报酬率。

无风险报酬率就是加上通货膨胀贴水以后的货币时间价值,西方一般把投资于国债的报酬率视为无风险报酬率。

风险报酬系数是将标准离差率转化为风险报酬的一种系数。假设龙城公司的风险报酬系数为5％,延陵制造公司的风险报酬系数为8％,则两家公司股票的风险报酬率分别为：

龙城公司：

$$R_R=bV=5\%\times 63.25\%=3.16\%$$

延陵制造公司：

$$R_R=bV=8\%\times 158.1\%=12.65\%$$

计算结果表明延陵制造公司股票的风险报酬率高于龙城公司。

如果无风险报酬率为10％,则两家公司股票的投资总报酬率应分别为：

龙城公司：

$$K=R_F+bV=10\%+5\%\times 63.25\%=13.16\%$$

延陵制造公司：

$$K=R_F+bV=10\%+8\%\times 158.1\%=22.65\%$$

计算结果表明,延陵制造公司股票的投资总报酬率高于龙城公司。

本 章 小 结

货币时间价值和风险价值是企业财务管理的两个重要概念。货币时间价值是指资金在周转使用中由于时间因素而形成的差额价值,也称为货币的时间价值。它的计算方法主要包括一次性收付款终值和现值的计算与年金终值和现值的计算。其中,前者又分单利终值和现值与复利终值和现值的计算;后者又可分普通年金终值与现值、预付年金终值与现值、递延年金终值与现值和永续年金现值的计算。货币时间价值的计算,对于企业的筹资和投资决策十分有用。

风险是企业财务管理不得不面对的一个现实问题,必须予以重视。通常按其起源与影响,分为基本风险和特定风险。对特定企业而言,企业风险又分为经营风险和财务风险。企业财务风险的种类主要有筹资风险、投资风险、现金流量风险、收益分配风险、利率风险和汇率风险等。习惯上,有时财务风险也特指债务筹资风险。对于企业的财务风险必须进行风险管理,建立健全企业财务风险管理体制,设置风险管理组织系统,加强风险识别与评估,并采取相应的管理策略。企业财务风险管理的策略主要有规避风险、减少风险、转移风险和接受风险。风险的衡量主要通过标准离差和标准离差率两个指标来进行,指标值越大,说明风险程度越大。风险价值表现为风险报酬率,其确定方法通常是在标准离差率的基础上乘以风险报酬系数。风险报酬率加上无风险报酬率构成投资总报酬率。

1. 什么是资金的时间价值?
2. 单利终值、现值计算与复利终值、现值计算有何区别?
3. 什么是年金?常用的年金形式有哪些?
4. 按照收付款的方式,年金可分为哪几种类型?
5. 预付年金终值、现值的计算与普通年金终值、现值的计算有何区别?
6. 什么是风险?常见的风险类别有哪些?
7. 什么是企业的财务风险?它包括哪些种类?企业财务风险管理的策略有哪些?
8. 企业的风险如何衡量?风险价值如何确定?

1. 某人向银行存入 10 000 元,年利率 10%,存款期 5 年,试计算 5 年后的复利本利和是多少?
2. 某单位期望 8 年后得到 200 万元,年利率 8%,每年复利一次,问现在应存多少钱?
3. 某企业投资一个项目,在 5 年建设期内每年年末从银行借款 50 万元,借款年利率为 10%,问该项目竣工时应付本息总额为多少?
4. 某企业有一笔 5 年后到期的借款,到期额为 100 万元。借款年利率为 8%,问为偿还这项借款应建立的偿债资金为多少?
5. 某公司租入一套设备,每年末需支付租金 10 万元,年利率为 10%,问该公司 5 年内应支付的租金额的现值为多少?

6. 某企业每年初向银行存入 20 万元,连续存 5 年,存款年利率为 6%,问该企业在第 5 年年末一共能取出多少?

7. 某人分期付款购买住房,需每年初支付 5 000 元,还款期 15 年,借款年利率为 5%,问该笔购房款为多少?

8. 某企业向银行借入一笔款项,银行贷款的年利率为 8%,每年复利一次。银行规定前 5 年不用还本付息,但从第 6 年至第 15 年每年末偿还本息 10 000 元,问这笔款项的现值为多少?

9. 某企业投资一项目,建设期为 2 年,预计项目建成投产后使用寿命为 5 年,每年末可获得净收益 50 万元。若市场的折现率为 8%,问该项目净收益的总现值为多少?

10. 某企业有一种优先股,每股每年可取得股息 0.5 元。若市场利率为 10%,问该优先股每股的现值为多少?

案例分析题

一、基本案情

润发公司原有柠檬饮料因市场竞争激烈,消费者喜好发生变化等原因开始滞销。为改变产品结构,拟开拓新的市场领域的新产品。面对全国范围内的节水运动及限制供应,尤其是北方十年九旱的特殊环境,开发部认为开发纯净水逐步替代滞销的柠檬饮料具有可行性,拟投资 1 000 万元开发纯净水。根据市场预测,在不同的市场情况下,可获得的利润率及概率数据如表 2-3 所示。

表 2-3　　　　　　　　　　　　预测资料

市场销路	概率	预计年利润率
好	0.6	20%
一般	0.2	10%
差	0.2	−5%

假设纯净水行业风险价值系数为 0.7,计划年度的市场利率是 10%。

二、问题

从风险报酬角度讨论润发公司投资纯净水的财务可行性。

第三章 企业资金筹集管理

本章学习目的

本章主要阐述了企业资金筹集的相关理论及各种筹资方式。本章学习要求：了解企业资金筹集的概念、分类、筹资原则和筹资的渠道与方式；掌握企业资金需要量预测的方法；熟悉权益资金和负债资金各筹资方式的概念和优缺点。我们应认识到无论是个人还是企业经营，诚信都是立足之本，随着市场经济的深入发展和法律法规体系的完善，失信成本和由此带来的损失将越来越高。企业和个人要想发展，走得长远，信誉是保证，这也是社会主义核心价值观的重要内容。

本章关键词

资金需要量　筹资渠道与方式　权益资金筹集　债务资金筹集

本章课程思政点

债务筹资风险　发行股票　借款　发行债券　商业信用

案例导引

华夏幸福的筹资传奇

有这样一家民营上市企业，既没有政府信用背书，又不靠银行贷款，4年通过21种融资手段融资了 3 000 亿元，成为一家传奇企业。它从一级开发到基础设施建设再到二级载体建设，资金需求量惊人。这家纯粹的民营企业是怎么解决融资问题的呢？

这家公司名叫华夏幸福。民营企业的身份，产业新城的不确定性，收益的未知性，抵押物的缺乏，再加上历年来负债率过高和不断增加的短期偿债压力，注定了华夏幸福不可能过多指望银行贷款。根据华夏幸福 2015 年财报，即便这时候的华夏幸福已经市值近 800 亿元，总资产近 1 700 亿元，属于品牌知名度如日中天的超大型企业，但是其全年银行贷款金额却只占整体融资金额的 26.94%，不到三分之一。

情势所迫，华夏幸福硬生生将自己修炼成了融资高手。翻阅华夏幸福的报表和公告，你会感觉这家公司就是一本"花式融资百科全书"，在中国能运用的融资方式，华夏幸福几乎都尝试了一遍。根据统计显示，从 2012—2016 年 4 月份这 4 年多间，华夏幸福不依靠银行贷款，一共从外部融得资金 2 974 亿元，涉及融资方式 21 种。下面我们简单梳理一下华夏幸福眼花缭乱的融资术。

1. 销售输血法

首先不得不提的是华夏幸福的"销售输血法",那就是众所周知的住宅销售,这也是多年来华夏幸福业绩支撑和血流顺畅的关键保障。全球企业界有一句人所共知的话:"现金流比利润更重要!"由于产业新城开发旷日持久,现金流进出严重不匹配,如果没有多年来住宅销售的给力支持,别说做到如今的品牌规模,就连活下去都成问题。

我们来看一下华夏幸福历年的住宅销售额。2015年723.53亿元,2014年512.54亿元,2013年374.24亿元,2012年211.35亿元,白花花的住宅销售回款是华夏幸福规模迅速膨胀和产业全国遍地开花的重要保证。

2. 信托借款

信托借款历年来都是占华夏幸福最大比例的融资形式,虽然信托融资成本是所有融资形式中最高的,但由于门槛较低,选择面广,数额巨大,一直是地产公司最为倚赖的融资手段。比如2015年4月,华夏幸福的下属公司大厂华夏就向大业信托有限责任公司借款25亿元。

3. 公司债

2016年3月29日,华夏幸福第二期公司债券发行完毕,发行规模30亿元,期限5年,在第3年末附公司上调票面利率选择权和投资者回售选择权,票面利率5.19%。2015年开始房地产行业的资金面宽松,整体融资成本下降是普遍趋势,从2015年二季度开始的公司债发行大潮就很能说明问题,很多公司债成本都在5%左右。这个趋势一直延续到2016年第一季度,华夏幸福从2015年开始连续几笔低成本的公司债发行,也成功将其平均融资成本从9.64%拉低到7.92%。这对华夏幸福节省利息支出、提升利润率可是起到关键性作用的。

4. 售后回租式融资租赁

这也是华夏幸福非常擅长的融资方式,绝对的"变废为宝"。名字听起来比较复杂,但一看实例大家很容易明白。2014年3月,大厂回族自治县鼎鸿投资开发有限公司以其所拥有的大厂潮白河工业园区地下管网,以售后回租方式向中国外贸金融租赁有限公司融资3亿元,年租息率7.0725%,为期两年。

也就是说,华夏幸福把工业园区的地下管线卖给融资租赁公司,该公司再把管线回租给华夏幸福,华夏幸福每年付给该公司租金(3亿元×7.0725%),并在每隔半年不等额的偿还本金,直到2年后等于实际上以3亿元的总价格回购这些管线。

5. 债务重组

债务快到期了,就来个乾坤大挪移,将这笔债务转让给别家,相当于延长了还款日期,或者可以说是又借到一笔新的融资。例如2014年8月28日,恒丰银行对华夏幸福子公司三浦威特享有8亿元债权即将到期,经过几方商量,恒丰银行将标的债权转让给长城资管,三浦威特接受该项债务重组。债务重组期限为30个月。相当于延长了对银行的还款期限,将融资期限延长了30个月。

6. 债权转让

这其实跟前面的债务重组很像,这是一种较为常见的融资形式,即将自己享有的债权以一定现金作价卖给第三方,相当于以一定的成本提前回收了这部分现金,加快了债权盘活和资金周转速度,很多处于快速扩张期的公司都会倾向于采取这种融资方式。例如2014年3月8日,同属华夏幸福旗下的京御地产和大厂华夏之间的债务协议就被做了这样的文章。由于京御地产还欠大厂华夏19.78亿元,大厂华夏以其中到期的18.85亿元作价15亿元卖给信达资产。这样一来,其中的3.85亿元就相当于大厂华夏提前收回现金的成本。

7. 应收账款收益权转让

华夏幸福做过两种应收账款收益权的转让。

第一种是《商品房买卖合同》项下可收取的待付购房款,这个比较容易理解。2016年3月9日,华夏幸福与平安信托签署《应收账款买卖协议》,由平安信托设立信托计划,以信托计划项下信托资金为限购买华夏幸福享有的标的应收账款中的初始应收账款,以应收账款现金流回款余额为限循环购买公司享有的标的应收账款中的循环购买应收账款。现金流回款余额是指扣除由监管银行按照平安信托指令将应收账款现金流回款中的相应款项从应收账款收款账户划转至信托财产专户后的余额。初始应收账款的买卖价款为20亿元;循环购买应收账款的买卖价款为应收账款的账面值,循环购买部分累计不超过100亿元。

第二种比较特殊,是对地方政府享有的应收账款收益权转让。2015年7月30日,华夏幸福子公司九通投资将其合法持有的大厂鼎鸿对大厂回族自治县财政局享有的应收账款人民币8亿元,以及嘉兴鼎泰对长三角嘉善科技商务服务区管理委员会享有的应收账款人民币7亿元,共计15亿元的应收账款收益权转让给汇添富资本。九通投资拟于目标应收账款收益权转让期满12个月后,向汇添富资本回购目标应收账款收益权。

除此之外,华夏幸福还采用了资产支持证券、特定收益权转让、股权收益权转让、战略引资、关联方借款、特殊信托计划、定向增发、股票质押和对外担保等若干种筹资方式。

资料来源:摘自贸易金融网,略有改动。

问题: 从华夏幸福基业的筹资传奇案例中,你对企业筹资及其方式有何认知?

第一节 企业资金筹集概述

一、资金筹集的概念与分类

(一) 资金筹集的概念

资金筹集是指企业为了满足经营活动、投资活动、资本结构管理和其他需要,通过不同渠道,采取各种方式,按照一定程序,筹措企业所需资金的财务活动。资金是企业筹办和从事生产经营活动的物质基础,是企业财务活动的起点。资金筹集管理是企业财务管理的一项重要内容。

(二) 资金筹集的分类

企业的资金筹集活动,可以按不同标准进行分类。

1. 按所筹资金的性质分

按所筹资金的性质分,资金筹集可分为权益筹资和负债筹资。

权益筹资是指企业通过吸收直接投资、发行股票、内部积累等方式筹集资金的活动,所筹资金属于所有者权益,也称为自有资金;负债筹资是指企业通过向银行借款、发行债券、融资租赁等方式筹集资金的活动,所筹资金属于企业的负债,也称为借入资金。

权益筹资对于企业而言承担的筹资风险小,但资本成本相对较高;而负债筹资,企业一般承担的筹资风险较大,但付出的资本成本相对较低。

2. 按所筹资金的用途分

按所筹资金的用途分,资金筹集可分为流动资产筹资、固定资产筹资、无形资产筹资、对外投资筹资。

流动资产筹资是指企业为满足购买流动资产的需要而进行的筹资活动;固定资产筹资是指企业为满足购置固定资产的需要而进行的筹资活动;无形资产筹资是指企业为购置或形成无形资产而进行的筹资活动;对外投资筹资是指企业为满足对外投资的需要而进行的筹资活动。一般而言,流动资产筹资所筹的资金数量相对较小,且资金占用时间短;固定资产筹资和无形资产筹资所筹资金的数量较大,且资金占用时间长。

3. 按是否通过金融机构分

按是否通过金融机构分,资金筹集可分为直接筹资和间接筹资。

直接筹资是企业直接与资金供应者协商融通资金的筹资活动。直接筹资不需要通过金融机构来筹措资金,而是企业直接从社会取得资金。直接筹资方式主要有发行股票、发行债券、吸收直接投资等。直接筹资方式既可以筹集股权资金,也可以筹集债务资金。相对来说,直接筹资的筹资手续比较复杂,筹资费用较高;但筹资领域广阔,能够直接利用社会资金,有利于提高企业的知名度和资信度。

间接筹资是企业借助于银行和非银行金融机构而筹集资金。在间接筹资方式下,银行等金融机构发挥中介作用,预先集聚资金,然后提供给企业。间接筹资的基本方式是银行借款,此外还有融资租赁等方式。间接筹资形成的主要是债务资金,主要用于满足企业资金周转的需要。间接筹资手续相对比较简便,筹资效率高,筹资费用较低,但容易受金融政策的制约和影响。

4. 按所筹资金的来源分

按所筹资金的来源分,资金筹集可分为内源筹资和外源筹资。

内源筹资是指企业利用自身的储蓄转化为投资的过程。它主要包括折旧和留存收益两部分。其中,折旧主要用于重置损耗的固定资产的价值;留存收益是再投资或债务清偿的主要资金来源,以留存收益作为融资工具,不需要实际对外支付利息、股息及其他融资费用,因而不会减少企业的现金流量。内源筹资具有原始性、自主性、低成本性和抗风险性等特点。

外源筹资是指企业吸收其他经济主体的闲置资金,使之转化为自己投资的过程,包括发行股票、发行债券、商业信用、银行借款等。处于初创期的企业,内部筹资的可能性是有限的;处于成长期的企业,内部筹资往往难以满足需要,这就需要企业广泛地开展外部筹资。

企业向外部筹资大多需要花费一定的筹资费用,从而会提高筹资成本。外源筹资具有高效性、灵活性、大量性和集中性等特点。

5. 按所筹资金的期限长短分

按所筹资金的期限长短分,资金筹集可分为短期筹资和长期筹资。

短期筹资是指所筹资金可供1年以内使用的资金,主要用于现金、应收账款、存货等流动资产。短期筹资方式主要有利用商业信用、取得银行流动资金借款等。

长期筹资是指所筹资金可供1年以上使用的资金,主要用于新产品的开发和推广、生产规模的扩大、厂房设备的更新等。长期资金的筹集方式主要有吸收直接投资、发行股票、发行债券、取得长期借款、融资租赁和内部积累等。

本教材主要按筹集资金的性质,重点讲解权益筹资和负债筹资。

二、资金筹集的原则

企业资金筹集要受到筹资渠道、方式、数量、时机、结构和风险等诸多因素的影响,因此筹资时应遵循以下基本原则。

(一) 来源合法原则

企业筹资要遵循国家法律法规,合法筹措资金。不论是直接筹资还是间接筹资,企业最终都通过筹资行为向社会获取了资金。企业的筹资活动不仅为自身的生产经营提供了资金来源,也会影响投资者的经济利益,影响着社会经济秩序。企业的筹资行为和筹资活动必须遵循国家的相关法律法规,依法履行法律法规和投资合同约定的责任,合法合规筹资,依法披露信息,维护各方的合法权益。

(二) 方式经济原则

企业筹资的方式有多种,不同渠道的资金,其筹集的数量、条件等有所不同,不同筹资方式的筹资成本不同,从而对企业的收益和成本等产生影响。因此,企业应认真研究资金来源渠道和资金市场状况,对其成本进行计算、对比、分析,合理选择资金来源。

(三) 规模适当原则

企业筹资规模受到注册资本限额、企业债务契约的约束和企业规模大小等多方面因素的影响,且不同时期企业的资金需求量也不同。因此,企业财务人员要认真分析科研、生产经营情况,采用一定的方法,正确地预测资金的需求量,合理确定筹资规模,以避免资金筹集不足或筹集过多等现象。

(四) 筹措及时原则

企业财务人员在筹集资金时必须熟知资金时间价值的原理和计算方法,以便根据资金需求的具体情况,合理安排资金的筹集时间,适时获取所需资金。既要避免资金闲置,又要防止取得资金的时间滞后,错过资金投放的最佳时间。因为,筹资期限越长,筹资时效也就越差。

三、资金筹集的渠道与方式

(一) 资金筹集的渠道

资金筹集的渠道是指企业筹集资金的来源方向和通道。我国目前企业资金筹集的渠道主要包括以下几个方面。

案例

1. 国家财政资金

出于控制和掌握关系国家安全和国民经济命脉的重要行业和关键领域,支持和引导非国有经济发展等需要,国家财政需要以财政拨款、财政贷款、国有资产入股等形式向企业投入资金。对于国有及国有控股企业,财政资金在企业的各种资金来源中更是占有特殊地位。

2. 银行信贷资金

我国银行主要分商业银行、政策性银行等。银行信贷资金是企业资金的主要供应渠道。商业银行主要为企业提供各种商业贷款,而政策性银行则为特定企业提供政策性贷款。

3. 非银行金融机构资金

非银行金融机构主要有金融资产管理公司、信托投资公司、财务公司、金融租赁公司等。这类金融机构的资金力量比商业银行要小,且业务受限较多,但资金供应比较灵活,所以一般起辅助贷款的作用。

4. 其他法人单位资金

社会上一些法人单位在生产经营过程中可能会有一部分暂时闲置的资金,可以在企业间相互调剂,融通使用。这些单位也可能会因业务关系、投资需求、商业信用等原因,直接向企业提供权益资金或者债务资金。

5. 民间资金

企业职工和城乡居民暂时闲置的资金,也可以成为企业资金的一个来源。企业可以通过发行股票、债券等方式吸收这部分闲散资金为企业所用。

6. 外商资金

外商资金是指外国投资者及我国港、澳、台地区投资者投入的资金。随着我国经济不断融入世界经济,来自境外投资者的各类资金日益增多,企业可以依法通过直接或者间接方式利用外商资金。

7. 企业内部资金

企业提取的公积金以及未分配的利润等留存收益,可再转化为生产经营资金,这种资金无需通过一定方式去筹集,而由企业内部自动生成或转移,它是企业稳定的、几乎没有成本的资金来源。

(二)资金筹集的方式

筹资方式是指可供企业在筹措资金时选用的具体筹资形式。目前,我国企业筹资的方式主要有以下几种。

1. 吸收直接投资

吸收直接投资是企业按照一定的原则,以投资合同、协议等形式定向地吸收国家、其他企业、个人和外商投入资金的一种筹资方式。全民所有制企业、有限责任公司、采取发起方式设立的股份有限公司等,可以接受投资者以货币或者非货币资产向企业的出资或者增资。这种筹资方式不以股票这种融资工具为载体,而是通过签订投资合同或投资协议规定双方的权利和义务,主要适用于非股份制公司筹集股权资本。吸收直接投资,是一种股权筹资方式。

2. 发行股票

发行股票是股份公司以股票形式向社会公开募集或者向特定对象募集股本的一种筹资

方式。募集的股本按照所有权性质不同，可以划分为国家股、国有法人股、外资股、其他法人股、个人股等不同类型。股东依法参加或监督企业的经营管理，分享红利，并承担风险和义务。发行股票，是一种股权筹资方式。

3. 利用留存收益

留存收益是企业按规定从税后利润中提取的公积金和未分配利润。利用留存收益是企业将当年利润转化为股东对企业追加投资的过程，是一种股权筹资方式。

4. 发行企业债券

企业债券是符合法定条件的企业依照法定程序发行、约定在一定期限内还本付息的有价证券。持券人可按期取得利息，到期收回本金，但无权参与企业经营管理，也不参加分红，对企业不承担任何责任。企业通过发行债券取得的资金，应当按照规定用途安排使用。发行公司债券，适用于向法人单位和自然人两种渠道筹资。发行债券，是一种债务筹资方式。

5. 向金融机构借款

向金融机构借款，是指企业根据借款合同从银行或非银行金融机构取得资金的筹资方式。这种筹资方式广泛适用于各类企业，它既可以筹集长期资金，也可以用于短期融通资金，具有灵活、方便的特点。向金融机构借款，是一种债务筹资方式。

6. 商业信用

商业信用是企业在商品或服务交易中，与其他企业单位之间由于延期付款或者预收货款形成的借贷关系，即在商品的交换中，由于商品和货币在时间和空间上的分离而形成的企业之间的一种直接信用关系。商业信用已成为企业普遍使用的短期资金筹措方式，是一种债务筹资方式。

7. 融资租赁

融资租赁是由租赁公司按承租单位要求出资购买设备，在较长的合同期内提供给承租单位使用的一种信用业务。它以融通资金为主要目的，是融资与融物相结合的、带有商品销售性质的租赁活动。商业信用，是一种债务筹资方式。

8. 其他筹资方式

其他筹资方式是指具有股权和债务特性的混合融资和其他衍生金融工具融资。我国上市公司目前最常见的混合融资是可转换债券融资。可转换债券是指发行人依照法定程序发行，在一定期间内依据约定的条件可以转换成公司普通股份的公司债券，它是公司普通债券与证券期权的结合。最常见的其他衍生金融工具融资是认股权证融资。认股权证又称为股票认购授权证，是指上市公司发行的持有人有权在一定期间内以约定价格认购该公司发行的一定数量股票的证明文件。认股权证本质上是一种股票期权，是一种具有内在价值的投资衍生金融工具。

以上几种资金筹集的方式中，1～3种属于权益筹资，4～7种属于负债筹资。

资金筹集的渠道和方式既有联系，又相互区别。同一渠道的资金可以采取不同的筹资方式，而同一筹资方式又往往适用于不同的筹资渠道。企业进行筹资，必须实现两者的合理选择和有机结合。

不同方式筹措的资本成本是不一样的，风险也不相同。企业筹资一定要诚信合规，数量适当，来源合理，筹措及时，方式经济。筹集债务资金要有足够的偿还能力，重合同守信用，不得非法集资,不得为了达到融资目的弄虚作假。

四、加强企业资金筹集管理的意义

资金是企业的"血液",是企业设立、生存和发展的物质基础。加强企业资金筹集管理,合理选择筹集资金方式,对企业规范管理、防范风险、优化资本结构、降低资本成本具有重大意义。

加强企业资金筹集管理的核心内容是成本与风险控制,因此,财务人员要树立起企业资本成本与财务风险观念,建立健全以控制筹资风险、控制资本成本、选择合理的资本结构等为主要内容的内部资金控制制度和决策制度。通过控制负债规模、合理调整资产与负债比例、实施债务重组等手段,防范和化解筹资风险。通过科学、合理的筹资决策,力争使企业综合资本成本最低、资本结构最优、企业价值最大。

第二节 企业资金需求量的预测

企业在资金筹集之前,应当采用一定的方法预测资金需求数量,使筹集来的资金既能满足生产经营和对外投资的需要,又不会因为有太多的资金闲置而造成资金的浪费。

企业资金需要量预测常用的方法主要分为定性预测法和定量预测法。

一、定性预测法

定性预测法是利用直观的资料,依靠个人的经验和主观分析、判断能力,预测未来资金需求量的方法。这种方法简单方便,但不能准确地揭示资金需求量和有关因素之间的关系,故精确性较差。例如,预测企业资金需求量时,应充分考虑企业的生产经营规模。一般情况下,企业生产经营规模扩大,商品销售数量会相应增加,而此时对资金的需求量也必然会增大;相反,对资金的需求量必然减小。因此,单纯运用定性预测法来预测企业资金需求量,其结果往往不够准确,只能供企业参考,还必须运用定量预测法,把这两种方法有机地结合起来。

二、定量预测法

定量预测法是根据销售指标与资产负债表、损益表有关项目之间的比例关系或在假定筹资量与业务量(产销量)之间存在线性关系的基础上,以历史资料为依据,采用数学模型确定企业资金需求量的方法。这种方法科学而精确,但计算较复杂且必须具备较为完备的历史资料。

预测企业资金需求量最常见的定量预测法主要有销售额比率预测法和资金习性预测法等。

(一)销售额比率预测法

销售额比率预测法是以资金与销售额的比率为基础,预测未来资金需求量的方法。采用这种方法必须满足两个前提条件:一是企业的部分资产和负债与销售额保持同比例变化;二是企业的各项资产、负债和所有者权益结构已处于最优状态。

销售额比率预测法的公式为：

$$对外筹资需求量 = \frac{A}{S_1}\Delta S - \frac{B}{S_1}\Delta S - P \times E \times S_2$$

或：

$$对外筹资需求量 = \frac{\Delta S}{S_1}(A-B) - P \times E \times S_2$$

式中：A 表示随销售额变化的资产（变动资产）；B 表示随销售额变化的负债（变动负债）；S_1 表示基期销售额；S_2 表示预测期销售额；ΔS 表示销售额的变动额；P 表示销售净利率；E 表示收益留存比率；A/S_1 表示单位销售额所需的资产数量，即变动资产占基期销售额的百分比；B/S_1 表示单位销售额所产生的自然负债数量，即变动负债占基期销售额的百分比。

运用销售额比率预测法来预测资金需求量通常还可以采取以下步骤：①预计销售额增长率；②确定随销售额变动而变动的资产和负债项目；③确定需要增加的资金需求量；④确定对外筹资需求量。

【例 3-1】 北方公司 2021 年 12 月 31 日的资产负债表如表 3-1 所示。

表 3-1　　　　　　　　　　　资产负债表（简表）
　　　　　　　　　　　　　　2021 年 12 月 31 日　　　　　　　　　　　　单位：万元

资产	金额	负债与所有者权益	金额
现金	10 000	应付费用	14 000
应收账款	24 000	应付账款	10 000
存货	20 000	短期借款	50 000
固定资产净值	60 000	公司债券	10 000
		实收资本	20 000
		留存收益	10 000
资产合计	114 000	负债与的有者权益合计	114 000

假定北方公司 2021 年的销售额为 100 000 万元，销售净利率为 10%，股利支付率为 60%，公司现有生产能力尚未饱和，增加销售无需追加固定资产投资。经预测，2022 年公司销售额将提高到 125 000 万元，企业销售净利率和利润分配政策不变。要求预测 2022 年公司对外筹资需求量。

根据上述资料可求得 2022 年北方公司对外筹资需求量为：

$$\frac{54\,000}{100\,000} \times 25\,000 - \frac{24\,000}{100\,000} \times 25\,000 - 10\% \times 40\% \times 125\,000 = 2\,500(万元)$$

按销售额比率预测法的步骤说明如下：

（1）预计销售额增长率。

$$销售额增长率 = \frac{125\,000 - 100\,000}{100\,000} \times 100\% = 25\%$$

(2) 确定随销售额变动而变动的资产和负债项目。北方公司资产负债表中，资产方除固定资产外都将随销售额的增长而增加，因为较多的销售额需要占用较多的存货，发生较多的应收账款，导致现金需求增加。在负债与所有者权益一方，应付账款和应付费用也会随销售额的增加而增加。公司的利润如果不全部分配出去，留存收益也会有适当的增加。预计随销售额增加而自动增加的项目如表3-2所示。

表 3-2　　　　　　　　　　北方公司销售额比率表

资产	占销额	负债与所有者权益	占销售额
现金	10%	应付费用	14%
应收账款	24%	应付账款	10%
存货	20%	短期借款	不变动
固定资产净值	不变动	公司债券	不变动
		实收资本	不变动
		留存收益	不变动
合计	54%	合计	24%

在表3-2中，不变动是指该项目不随销售额的变化而变化。表中的各项目占销售额百分比反映的是企业资本（资产）的密集度，是以表3-1中有关项目的数字除以基期销售额求得，如现金为 $10\,000 \div 100\,000 = 10\%$。

(3) 确定需要增加的资金需求量。从表3-2中可以看出，销售额每增加100元，必须增加54元的占用，但同时增加24元的资金来源，还剩下30%的资金需求。因此，每增加100元的销售额，北方公司必须取得30元的资金来源。本例中，销售额从100 000万元，增加到125 000万元，增加了25 000万元，按照30%的比率可预测公司将增加7 500万元（25 000×30%）的资金需求量。

(4) 确定对外筹资需求量。上述7 500万元的资金需求量有些可通过企业内部来筹集。本例中，北方公司2020年净利润为12 500万元（125 000×10%），公司股利支付率为60%，则将有40%（留存收益率40%）的利润即5 000万元（12 500×40%）被留存下来，从7 500万元中减去5 000万元的留存收益，还剩2 500万元，就是公司必须向外界融通的对外筹资需求量。

从对外筹资需求量的计算公式可以看出，销售额增长率、资产利用率（特别是固定资产利用率）、资本密集度、销售净利率，以及企业的利润分配政策（股利支付率和留存收益率）等因素都会对企业对外筹资需求量产生重要影响。

（二）资金习性预测法

资金习性预测法是指根据资金习性预测未来资金需求量的方法。所谓资金习性，是指资金的变动与产销量变动之间的依存关系。根据资金与产销量之间的依存关系，可以把资金区分为不变资金、变动资金和半变动资金。

不变资金是指在一定的产销量的范围内，不随产销量变动而变动的资金。也就是说，产销量在一定范围内变动时，这部分资金保持不变，如厂房、机器设备等固定资产占有的资金、维持营业而占用的最低数额的现金、原材料的保险储备、必要的成品储备等。

变动资金是指随着产销量的变动而变动的那部分资金，如直接构成产品实体的原材料、外购件等占用的资金。另外,最低储备以外的现金、存货、应收账款等也具有变动资金的性质。

半变动资金是指虽然受产销量变化的影响,但并不成同比例变动的资金,如辅助材料占用的资金。半变动资金可采用一定的方法进一步划分为不变资金和变动资金两部分。

实际工作中,资金习性预测法通常有高低点法和回归直线法两种方法。

1. 高低点法

高低点法是指根据企业一定期间资金占用的历史资料,依据资金习性原理利用直线方程分解资金,通过最高收入期和最低收入期的资金占用量之差与最高收入和最低收入之差进行对比而预测资金发展趋势的方法。

其基本原理是:首先,设产销量为自变量 x,资金占用量为因变量 y,它们之间的数量关系可用下式表示:

$$y = a + bx$$

式中:a 表示不变资金;b 表示单位产销量所需的变动资金。

其次,用资料中最高收入期与最低收入期资金占用量之差,同这两个收入期的销售额之差进行对比,求出 b 值,然后代入原直线方程,再求出 a 的值。其计算公式为:

$$b = \frac{最高收入期资金占用量 - 最低收入期资金占用量}{最高销售收入 - 最低销售收入}$$

$$a = 最高收入期资金占用量 - b \times 最高销售收入$$

或:

$$a = 最低收入期资金占用量 - b \times 最低销售收入$$

最后,进行资金发展趋势预测。将 a、b 值代入直线方程,当已知预测期产销量时,便可求出预测期资金占用量。

【例 3-2】 某企业历史上现金占用与销售收入之间的关系如表 3-3 所示。

表 3-3　　　　　　　　现金与销售收入变化情况表　　　　　　　　单位:元

年度	销售收入(x_i)	现金占用(y_i)
2015	1 800 000	100 000
2016	2 000 000	110 000
2017	2 400 000	120 000
2018	2 500 000	130 000
2019	2 800 000	140 000

根据以上资料采用高低点法计算如下:

$$现金占用单位变动资金(b) = \frac{140\,000 - 100\,000}{2\,800\,000 - 1\,800\,000} = 0.04(元)$$

$$现金占用不变资金总额(a) = 140\,000 - 0.04 \times 2\,800\,000 = 28\,000(元)$$

或:

$$a = 100\,000 - 0.04 \times 1\,800\,000 = 28\,000(元)$$

存货、应收账款、流动负债、固定资产等也可根据历史资料,按同样的计算方法计算并划分,然后汇总列于表 3-4 中。

表 3-4　　　　　　　　　　资金需求量预测表(分项预测)　　　　　　　　　　单位:元

项目	年度不变资金(a)	每一元销售收入所需变动资金(b)
流动资产		
现金	28 000	0.04
应收账款	32 000	0.15
存货	80 000	0.51
小计	140 000	0.70
减:流动负债		
应付账款及应付费用	50 000	0.12
净资产占用	90 000	0.58
固定资产		
厂房、设备	500 000	0
所需资金合计	590 000	0.58

根据表 3-4 的资料得出预测模型为:

$$y = 590\,000 + 0.58x$$

假设该企业 2020 年的预计销售收入为 3 500 000 元,则:

2020 年的资金需求量 $= 590\,000 + 0.58 \times 3\,500\,000 = 2\,620\,000$(元)

高低点法简便易行,在企业资金变动比较稳定的情况下,较为适宜。

2. 回归直线法

回归直线法是根据若干期业务量和资金占用的历史资料,运用最小平方法原理计算不变资金和单位产销量的变动资金,并在此基础上预测资金发展趋势的一种习性分析方法。

设产销量为自变量 x,资金占用量为因变量 y,它们之间的关系可用下式表示:

$$y = a + bx$$

其中:

$$a = \frac{\sum x_i^2 \sum y_i - \sum x_i \sum x_i y_i}{n \sum x_i^2 - (\sum x_i)^2} \tag{3-1}$$

$$b = \frac{n \sum x_i y_i - \sum x_i \sum y_i}{n \sum x_i^2 - (\sum x_i)^2} \tag{3-2}$$

或:

$$b = \frac{\sum y_i - na}{\sum x_i}$$

式中：a 表示不变资金；b 表示单位产销量变动资金。

可见，只要求出 a、b，并知道预测期的产销量，就可以用上述公式测算资金需求情况。

【例 3-3】 某企业产销量和资金变化情况如表 3-5 所示。已知 2020 年的预计销售量为 180 万件，试计算 2020 年的资金需求量。

表 3-5　　　　　　　　　　　产销量与资金变化情况表

年度	产销量（万件）（x_i）	资金占用（万元）（y_i）
2015	110	100
2016	100	95
2017	120	90
2018	140	105
2019	160	120

(1) 根据表 3-5 整理出表 3-6。

表 3-6　　　　　　　　　　　资金需要量预测表

年度	产销量（万件）（x_i）	资金占用（万元）（y_i）	$x_i y_i$	x_i^2
2015	110	100	11 000	12 100
2016	100	95	9 500	10 000
2017	120	90	10 800	14 400
2018	140	105	14 700	19 600
2019	160	120	19 200	25 600
合计 $n=5$	$\sum x_i = 630$	$\sum y_i = 510$	$\sum x_i y_i = 65\,200$	$\sum x_i^2 = 81\,700$

(2) 把表 3-6 的资料代入公式（3-1）和公式（3-2）得：

$$a = \frac{81\,700 \times 510 - 630 \times 65\,200}{5 \times 81\,700 - 630^2} = 50.95（万元）$$

$$b = \frac{5 \times 65\,200 - 630 \times 510}{5 \times 81\,700 - 630^2} = 0.41（万元）$$

或：

$$b = \frac{510 - 5 \times 50.95}{630} = 0.41（万元）$$

(3) 将 $a = 50.95$，$b = 0.41$，代入 $y = a + bx$ 得：

$$y = 50.95 + 0.41x$$

(4) 将 2020 年预计销售量 180 万件代入上式，得出 2020 年资金需求量为：

资金需求量 $= 50.95 + 0.41 \times 180 = 124.75$（万元）

第三节 权益资金筹集管理

一、权益资金筹集概述

(一) 权益资金的概念

权益资金筹集是指企业筹集权益资金的财务活动。权益资金是企业投资者的投资及其增值中留存企业的部分,是投资者在企业中享有权益和承担责任的依据,在企业账面上体现为权益资本,包括实收资本(股本)、资本公积、盈余公积和未分配利润。根据企业的组织形式不同,企业可采取发行股份、吸收直接投资和利用留存收益等方式筹集实收资本。资本公积是企业资本的一种储备形式,可按照法定程序转增资本。盈余公积是企业按照规定的比例从税后利润中提取的资本积累,包括法定公积金和任意公积金。法定公积金和任意公积金可用于弥补企业亏损或者转增资本。未分配利润是企业已实现、但尚未向投资者分配的利润,在向投资者分配之前可以作为企业生产经营活动的资金来源。

(二) 权益资金的特点

1. 自愿性

权益资金是投资者为实现特定目标而主动、自愿投入企业的,不同于债务资金。很多中小企业及创业型企业初始阶段都是依托于权益资金投资。

2. 法定性

为了确认法人资格,企业设立、变更和注销都须进行工商注册登记,其中,权益资金的投入和增减是主要登记事项。一经登记,注册资本和实收资本就不得随意变更。投资者以其出资额享有的权益和承担的责任,经由市场监督管理机关登记注册后,才正式得到法律的承认。

3. 永久性

除了企业清算、转让股权等特殊情形,投资者不得随意从企业收回权益资金。换言之,企业可以无限期地占用投资者的出资,投资者只能以利润分配、转让股权等法定形式取得投资回报。

(三) 权益资金的形成方式

权益资金的形成方式主要有:

(1) 投资者以货币或者非货币资产出资或者增资。

(2) 企业通过利润分配从净利润中提取公积金。

(3) 暂不或暂少向投资者分配利润,从而得到生产经营资金。

从根本上讲,真正能够给企业资本总量、资本结构带来重大影响的,是投资者的出资或者增资。这也是企业改制重组的重要原因之一。

(四) 权益资金筹集决策

权益资金筹集决策通常有以下三个步骤。

1. 拟订筹资方案

筹资方案一般包括筹资目的、筹资规模、筹资渠道、方式和成本、本次筹资对企业资本结构及现有投资者的影响、筹资风险分析和控制、投资风险分析和控制及保障措施等内容。企业拟定筹资方案,必须综合考虑国家产业政策导向、企业发展战略、市场前景等一系列宏观因素和资本成本、资本结构等微观因素。

2. 筹资决策审批

企业筹集权益资金,应当履行内部决策程序和必要的报批手续。

(1) 履行内部决策程序。筹资是企业财务活动的起点,筹资方案必须由财务部门审核。一般情况下,企业筹资方案是由财务部门和规划部门共同拟订的。经过财务审核之后,筹资方案应当上报投资者批准。对于重大决策,投资者应当明确决策与执行的责任,并落实责任追究制度。

(2) 履行外部的报批等手续。国有企业筹集权益资金属于投资者的重大决策,需报政府或者有关国有资产监管部门或机构审批;筹集资金用于固定资产投资项目的,要按照国家关于试行资本金制度的要求,报政府有关主管部门审批;筹集资金用于设立企业的,所筹资金经依法设立的验资机构验资后,有限责任公司由全体股东指定的代表或者共同委托的代理人、股份有限公司由董事会、全民所有制企业等其他非公司制企业由组建负责人,向市场监督管理机构申请设立登记,其中涉及国有资本的,应当先行办理国有资产产权登记;筹集资金后需变更企业注册资本和实收资本的,按规定向市场监督管理机构申请变更登记,其中涉及国有资本的,应当先行办理国有资产产权变更登记;股份有限公司公开发行股票以及上市公司非公开发行新股的,应当报经国务院证券监督管理机构核准。

3. 验资

企业筹集的实收资本,必须验资,以保证出资的真实可信。对验资的要求,一是依法委托法定的验资机构,二是验资机构要按照规定出具验资报告,三是验资机构依法承担提供验资虚假或重大遗漏报告的法律责任。因出具的验资证明不实给公司债权人造成损失的,除能够证明自己没有过错之外,在其证明不实的金额范围内承担赔偿责任。

二、吸收直接投资

吸收直接投资,是指企业按照"共同投资、共同经营、共担风险、共享收益"的原则,直接吸收国家、法人、个人和外商投入资金的一种筹资方式。吸收直接投资是非股份制企业筹集权益资本的基本方式,采用吸收直接投资的企业,资本不分为等额股份、无须公开发行股票。吸收直接投资的实际出资额中,注册资本部分,形成实收资本;超过注册资本的部分,属于资本溢价,形成资本公积。

(一) 吸收直接投资的种类

1. 按投资者分

按投资者分,吸收直接投资可分为以下四类:

(1) 吸收国家投资。国家投资是指有权代表国家投资的政府部门或者机构以国有资产投入企业,其所形成的资本称为国有资本,它是国有企业筹集自有资金的主要方式之一。国家对企业注册的国有资本实行保全原则。在企业持续经营期间,对注册的国有资本除依法转让外,不得抽回,并以出资额为限承担责任。其特点是:①产权归国家;②资金的运用和处置受国家政策的约束较大;③在国有公司中采用比较广泛。

(2) 吸收法人投资。法人投资是指法人单位以其可以依法支配的资产投入企业,其所形成的资本称为法人资本。其特点是：①主要发生在法人单位之间；②以参与企业利润分配或控制为目的；③出资形式多样。

(3) 吸收个人投资。个人投资是指社会个人或本企业内部职工以个人的合法财产投入企业，其所形成的资本称为个人资本。其特点是：①投资人较多；②每人投资额相对较少；③以参与企业利润分配为目的。

(4) 合资经营。合资经营是指两个或者两个以上的不同国家的投资者共同投资，创办企业，并且共同经营、共担风险、共负盈亏、共享利益的一种直接投资方式。在我国，中外合资经营企业也称股权式合营企业，它是外国公司、企业和其他经济组织或个人同中国的公司、企业或其他经济组织在中国境内共同投资举办的企业。中外合资经营一般具有如下特点：①合资经营企业在中国境内，按中国法律规定取得法人资格，为中国法人；②合资经营企业为有限责任公司；③注册资本中，外方合营者的出资比例一般不低于25%；④合资经营期限，遵循《中外合资经营企业法》等相关法律规定；⑤合资经营企业的注册资本与投资总额之间应依法保持适当比例关系，投资总额是指按照合营企业合同和章程规定的生产规模需要投入的基本建设资金和生产流动资金总和。

2. 按投资者的出资形式分

按投资者的出资形式分，吸收直接投资可分为以下两类：

(1) 吸收现金投资。吸收现金投资是指企业吸收投资者投入的货币资金，它是直接投资中最主要的形式之一。现金投资一般以人民币计量和表示。外国投资者可以外币形式向外商投资企业出资。企业在筹建时，必须吸收一定量的现金，各国的法律法规均规定了现金在资本总额中的比例。我国《公司注册资本登记管理规定》明确规定，公司全体股东或者发起人的货币出资金额不得低于公司注册资本的30%。以货币出资的，应当将货币出资额存入公司在银行开设的账户。

(2) 吸收非现金投资。吸收非现金投资是指企业吸收投资者投入的实物资产和无形资产。实物资产主要包括房屋、建筑物、机械设备等固定资产和材料、燃料、商品等流动资产；无形资产主要包括专利权、商标权、非专利技术、土地使用权等。

按照我国《公司法》规定，用于出资的非现金投资必须具备两个条件，即能够以货币估价和能够依法转让。因此，实物、知识产权、土地使用权、股权、特定债权等可以作价出资，劳务、信用、自然人姓名、商誉、特许经营权或者设定担保的财产等则不具备出资条件。在实物资产中，以机器设备、其他物料作价出资的，应当是企业生产所必需的；以工业产权、专有技术等知识产权作价出资的，该知识产权应当为投资者所有。中外合资经营企业外国投资者出资的工业产权或者专有技术，必须能显著改进现有产品的性能、质量，提高生产效率，或者能显著节约原材料、燃料、动力。企业在接受这些投资时，应做好资产价值评估、产权转移、财产验收等工作。对于接受的无形资产投资，其数额不得超过规定的无形资产出资限额，一般为注册资本的70%。

(二) 吸收直接投资的优缺点

1. 吸收直接投资的优点

(1) 有利于增强企业信誉。吸收直接投资所筹集的资金属于自有资金，能增强企业的信誉和借款能力，对扩大企业经营规模、壮大企业实力有很大的作用。

(2) 有利于尽快地形成生产能力。吸收直接投资可以直接获取投资者的先进设备和先进技术,有利于尽快形成生产能力,尽快开拓市场。

(3) 有利于降低筹资风险。吸收直接投资可以根据企业的经营状况向投资者支付一定的报酬,企业状况好时,可多付一些,状况不好时,就可少付或不付报酬,灵活多变,筹资风险小。

(4) 容易进行信息沟通。吸收直接投资的投资者比较单一,股权没有社会化、分散化,投资者甚至直接担任公司管理层职务,公司与投资者易于沟通。

2. 吸收直接投资的缺点

(1) 资本成本较高。由于企业向投资者支付的报酬是根据其出资的数额和企业所实现利润的比率而计算的,当企业经营状况好时,要向投资者付出较高的报酬,故企业筹集资金所负担的资本成本就较高。

(2) 企业控制权易分散。采用吸收直接投资方式筹集资金,投资者将获得与投资数量相适应的经营权。如果外部投资数量较多,则外部投资者所取得的经营权也较大,甚至可以完全控制企业的经营管理,这是吸收直接投资的不利因素。

(3) 不易进行产权交易。吸收直接投入资本由于没有证券为媒介,不利于产权交易,难以进行产权转让。

三、发行普通股票

(一) 股票概述

1. 股票的概念与分类

股票是指股份有限公司为筹集自有资金而发行的有价证券,是投资者拥有公司股份、取得股利的凭证。它代表股东即持股人在公司中拥有的所有权。

案例

根据不同的标准可对股票进行不同的分类,常用的分类方式主要有以下几种:

(1) 以股东享受的权利和所承担的义务为标准,可将股票分成普通股和优先股。

普通股是股份公司依法发行的具有管理权、股利不固定的股票。它具备股票的最一般特征,是股份公司资本的最基本部分。

优先股是指股份公司依法发行的在公司利润分配中相对于普通股享有优先权的股票。它是企业自有资金的一部分,与普通股有许多相似之处,但也具有某些债券的特征。

(2) 以股票票面是否记名为标准,可将股票分成记名股票和无记名股票。

记名股票是在股票上载有股东姓名或名称并将其记入公司股东名册的一种股票。记名股票要同时附有股权手册,只有同时具备股票和股权手册,才能领取股息和红利。

无记名股票是指在股票上不记载股东姓名或名称的股票。凡持有无记名股票者,都是公司股东。

无记名股票的转让和继承无需办理过户手续。公司向发起人和法人发行的股票,应当为记名股票。对社会公众发行的股票,可以为记名股票,也可以为无记名股票。

(3) 按股票票面上有无金额为标准,可将股票分为有面值股票和无面值股票。

有面值股票是指在股票的票面上记载每股金额的股票。股票面值的主要功能是确定每股股票在公司所占有的份额,同时表明在有限公司中股东对每股股票所负有限责任的最高限额。

无面值股票是指股票票面不记载每股金额的股票。它仅表示每一股股票在公司全部股票中所占有的比例。其价值随公司财产价值的增减而增减。

（4）以发行时间先后为标准，可将股票分为始发股和新发股。

始发股又称原始股，是公司在设立时发行的股票。新发股是公司增资时发行的股票。无论是新发股还是始发股，其发行条件、发行目的、发行价格都不尽相同，但对股东的权利和义务却是一样的。

（5）以发行的对象和上市地区为标准，可将股票分为 A 股、B 股、H 股和 N 股。

我国内地有 A 股、B 股。A 股是以人民币标准标明票面金额并以人民币认购和交易的股票。B 股是以人民币为标准标明票面金额，以外币认购和交易的股票。而 H 股为在香港上市的股票，N 股则是在纽约上市的股票。

2. 股票价值

股票本身并无价值，它仅仅是用以证明股东具有的公司财产所有权的法律凭证。但持有股票者又有获得公司收益的权利，即股票能持续给持有人带来股息和红利，因此股票就有了价值。股票的价值是指用货币来衡量的作为获利手段的价值，一般有票面价值、账面价值、清算价值和市场价值四种表现形式。

3. 股票价格

股票价格分为发行价格和交易价格两种。发行价格是指股份有限公司在股票发行市场上发行股票时所确定的价格。交易价格是指在股票市场上进行股票买卖交易时的价格，其大小取决于股票市场的供求关系。

4. 股价指数

股价指数，也称价格指数，是指金融机构通过股票市场上一些有代表性的公司发行的股票价格进行平均计算和动态对比后得出的数值。它主要用以表示多种股票平均价格水平并衡量股市行情的指标。

常见的几种股价指数有道·琼斯股票价格平均指数、上证股价指数、深证股价指数等。

（二）普通股股东的权利

普通股股票的持有人称为普通股股东。普通股股东一般具有如下权利。

1. 公司的管理权

普通股股东的管理权主要体现为在董事会的选举中有选举权和被选举权。通过选出的董事会，代表所有股东对企业进行控制和管理。其管理权主要有投票权、查账权和阻止越权经营的权利。

2. 分享盈余权

普通股股东有分享企业盈余的权利。分配方案由股东大会决定，每股股票分发多少股利主要由董事会决定，最后由股东大会批准通过。

3. 出让股份权

股东有权出售或转让股票，这是普通股股东的一项基本权利。

4. 优先认股权

普通股股东可优先于其他投资者购买公司增发新股票的权利。当公司增发普通股股票时，原有股东有权按持有公司股票的比例，在一定期限内以低于市价的认购价格优先购买新股。

5. 剩余财产要求权

当公司破产清算时，普通股股东对剩余财产有要求权。财产的变价收入，首先用来清偿债务；其次用来支付给优先股股东；最后才用于分配给普通股股东。所以，实际上破产清算时，普通股股东很少能分到剩余财产。

（三）上市公司的股票发行

上市的股份有限公司在证券市场上发行股票包括公开发行和非公开发行两种类型。公开发行股票又分为首次上市公开发行股票和上市公开发行股票，非公开发行即向特定投资者发行，也称为定向发行。

1. 首次上市公开发行股票

首次上市公开发行股票，是指股份有限公司对社会公开发行股票并上市流通和交易。实施IPO的公司，自股份有限公司成立后，持续经营时间应当在3年以上（经国务院特别批准的除外），应当符合中国证监会《首次公开发行股票并上市管理办法》规定的相关条件，并经中国证监会核准。

实施IPO发行的基本程序是：①公司董事会应当依法就本次股票发行的具体方案、本次募集资金使用的可行性及其他事项作出决议，并提请股东大会批准；②公司股东大会就本次发行股票作出的决议；③由保荐人保荐并向证监会申报；④证监会受理，并审批核准；⑤自证监会核准发行之日起，公司应在6个月内公开发行股票，超过6个月未发行的，核准失效，须经证监会重新核准后方可发行。

2. 上市公开发行股票。

上市公开发行股票，是指股份有限公司已经上市后，通过证券交易所在证券市场上对社会公开发行股票。上市公开发行股票，包括增发和配股两种方式。增发是指上市公司向社会公众发售股票的再融资方式；配股是指上市公司向原有股东配售股票的再融资方式。

3. 非公开发行股票。

非公开发行股票，是指上市公司采用非公开方式向特定对象发行股票的行为，也称为定向募集增发。定向增发的对象可以是老股东，也可以是新投资者，但发行对象不超过10名，发行对象为境外战略投资者的，应当经国务院相关部门事先批准。

（四）股票上市的条件与暂停和终止

股票上市是指股份有限公司公开发行的股票经批准在证券交易所进行挂牌交易。经批准在交易所上市的股票称为上市股票。股票获准上市交易的股份有限公司简称为上市公司。我国《公司法》规定，股东转让股份，即股票流通必须在依法设立的证券交易场所进行。

1. 股票上市的条件

公司公开发行的股票进入证券交易所交易，必须受到严格的条件限制。我国《证券法》规定，申请证券上市交易，应当符合证券交易所上市规则规定的上市条件。证券交易所上市规则规定的上市条件，应当对发行人的经营年限、财务状况、最低公开发行比例和公司治理、诚信记录等提出要求。公司首次公开发行新股，应当符合下列条件：①具备健全且运行良好的组织机构；②具有持续经营能力；③最近3年财务会计报告被出具无保留意见审计报告；④发行人及其控股股东、实际控制人最近3年不存在贪污、贿赂、侵占财产、挪用财产或者破坏社会主义市场经济秩序的刑事犯罪；⑤经国务院批准的国务院证券监督管理机构规定的其他条件。上市公司发行新股，应当符合经国务院批准的国务院证券监督管理机构规定的条件，具体管理办法由国务院证券监督管理机构规定。

2. 股票上市的暂停和终止

当上市公司出现经营情况恶化、存在重大违法违规行为或其他原因导致不符合上市条件时，就可能被暂停或终止上市。上市公司退市改变了公司股票交易转让的方式，但公司本身仍然是股份有限公司。因此各相关责任主体应当本着对职工负责、对投资者负责的态度，切实履行公司退市后正常生产经营的各项职责，自觉承担社会责任。

上市公司出现财务状况或其他状况异常的，其股票交易将被交易所"特别处理"（special treatment，ST）。

在上市公司的股票交易被实行特别处理期间，其股票交易遵循下列规则：①股票报价日涨跌幅限制为5%；②股票名称改为原股票名前加"ST"；③上市公司的中期报告必须经过审计。

（五）普通股筹资的优缺点

1. 普通股筹资的优点

(1) 发行普通股筹措到的资本是永久性资本，是公司最稳定的资金来源。

(2) 筹资风险小。普通股筹资无固定的到期日，不用支付固定利息，企业也就不存在不能偿付的风险。

(3) 可增强公司的举债能力。筹集普通股反映了企业的基本实力，为其他方式筹集资金提供了保障，增强了债权人对公司的信心。

(4) 普通股无固定利息负担。公司分配股利可视公司的经营情况和盈利状况而定，有利则分，无利少分或不分，可使企业避免由于销售和盈余波动而带给企业的冲击，从而减小经营风险。

(5) 筹资限制少。利用优先股或债券进行筹资，通常会有许多限制，这些限制往往会影响公司经营的灵活性，而利用普通股筹资则没有这些限制。

(6) 可提高公司信誉。普通股本与留存收益构成企业所借入一切债务的基础，而较多的自有资金，就为债权人提供了强大的损失保障。普通股筹资既可以提高公司的信用价值，也为使用更多的资金提供了强有力的支持。

2. 普通股筹资的缺点

普通股筹资与吸收直接投资一样，都具有资本成本较高和容易分散控制权的缺点。此外，普通股筹资吸收的一般都是货币资金，还需要通过购置和建造形成生产经营能力。相对于吸收直接投资方式来说，普通股筹资不易及时形成生产能力。

四、利用留存收益

（一）利用留存收益筹资的渠道

利用留存收益筹资主要有两个渠道。

1. 提取盈余公积

盈余公积是企业按规定从净利润中提取的积累资金，包括法定盈余公积金和任意盈余公积金。盈余公积金主要用于企业未来的经营发展，经投资者审议后也可以用于转增股本

(实收资本)和弥补以前年度经营亏损。

2. 未分配利润

未分配利润是指未限定用途的留存净利润。分配利润有两层含义：第一，这部分净利润本年没有分配给公司的股东投资者；第二，这部分净利润未指定用途，可以用于企业未来经营发展、转增股本(实收资本)、弥补以前年度经营亏损、以后年度利润分配。

(二) 利用留存收益筹资的优缺点

1. 利用留存收益筹资的优点

(1) 资本成本较普通股低。利用留存收益筹资，不用考虑筹资费用，因此资本成本较普通股低。

(2) 保持普通股股东的控制权。利用留存收益筹资，不需要对外发行股票，由此增加的权益资本不会改变企业的股权结构，不会稀释原有股东的控制权。

(3) 增强公司信誉。利用留存收益筹资能够使企业保持较大的可支配的现金流，既可以解决企业经营发展的资金需要，又能增强企业的举债能力。

2. 利用留存收益筹资的缺点

(1) 筹资数额有限。利用留存收益筹资最大可能的数额是企业当期的净利润和上年未分配利润之和。企业留存收益的比例一般会受到某些股东的限制，不可能太多，太多了必然使股利支付减少，这样会影响企业今后的外部筹资。如果企业经营亏损，则不存在这一渠道的资金来源。

(2) 资金使用受到约束。留存收益中某些项目的使用，如法定盈余公积金，受到国家有关规定的制约。

第四节 债务资金筹集管理

一、债务资金筹集概述

(一) 债务资金的概念

债务资金是企业通过银行借款、向社会发行公司债券、融资租赁等方式筹集和取得的资金，企业须在一定期限内归还，往往还需支付利息。债务资金的种类主要有借款、债券、融资租赁和商业信用等。

(二) 债务筹资的特点

债务筹资与权益筹资相比，具有一定的差别，主要表现在以下几个方面：

(1) 并不是所有筹集债务资金的行为都要拟订方案，并经投资者决议。例如短期借款、商业信用、融资租赁，往往属于经营者决策范畴，只需要遵循一定的内部授权制度和决策程序。

(2) 法律法规以及债权人对企业债务筹资一般都有较为明确的规定，以控制筹资风险，保护债权人利益。例如，我国《证券法》规定公开发行公司债券筹集的资金，不得用于弥补亏损和非生产性支出。

(3) 债务筹资会产生财务杠杆效应。财务杠杆是资本结构中长期负债的运用对股东收益的影响。

(4) 债务筹资的风险相对权益筹资大。如果企业不能按时履行偿债义务,不但信誉受损,而且还会引发财务危机,使企业面临诉讼乃至破产的威胁。

(5) 债务筹资的资本成本相对权益筹资较小。

(6) 企业以借款和融资租赁等方式筹集债务资金,一般要签订书面合同,所筹资金的核算相对其他筹资方式复杂,而且要诚信履行合同,切实维护企业信誉。

(三) 债务筹资风险的管理

1. 债务筹资风险的分析

债务筹资风险是指由于筹集债务资金而引起的到期不能偿还债务的可能性。按风险产生的原因,债务筹资可分为两大类:

(1) 现金性筹资风险。即企业在特定时点上,现金流出量超出现金流入量而产生的到期不能偿付债务本息的风险。它是由于现金短缺、债务的期限结构与现金流入的期限结构不配套引起的,是一种个别风险和支付风险。

(2) 收支性筹资风险。即企业在收不抵支情况下出现的不能偿还到期债务本息的风险。企业发生亏损,将减少作为偿债保障的资产总量。在负债不变情况下,亏损越多,企业资产偿还债务的能力也就越低。终极的收支性财务风险表现为企业破产清算后的剩余财产不足以支付债务。收支性筹资风险不仅是一种支付风险,还是一种整体风险和终极风险。

债务筹资风险产生的因素主要有:①举债经营效益的不确定性;②现金收支调度失控;③资本结构不合理;④金融市场客观环境变化。

2. 债务筹资风险的控制

分析债务筹资风险的目的就是要采取科学的应对措施对风险进行及时的防范与控制,具体有以下几个方面。

(1) 注重资产与负债的适配性,合理确定长短期负债结构。按资产运用期限的长短来安排和筹集相应期限的债务,是规避现金性风险的有效方法之一。例如,购置机器设备等固定资产需要长期占用资金,则应选择长期筹资方式,如长期借款;而季节性、临时性等原因引起的短期资金需求,应用短期负债来解决。由于资产运用时间与负债偿还的期限基本一致,既可以降低回避企业债务风险,又可以提高资本收益率。相反,如果将短期负债用于长期资产的需求,企业需要举新债还旧债,将加重企业偿债的压力,面临较大的现金性财务风险;如果用长期负债满足短期资金的需求,则会造成资金浪费,增加资本成本。

(2) 合理确定资产负债率,严格控制负债规模。收支性风险在很大程度上是由于资本结构,即资产负债比例安排不当形成的,如在资产收益率较低时安排较高的资产负债率。合理确定资产负债率,严格控制负债规模,是规避收支性财务风险的重要方法之一。

(3) 加强经营管理,提高企业盈利能力。提高企业盈利能力是降低收支性财务风险的根本方法。如果企业盈利水平较高,净资产增长较快,就可以从根本上消除收支性风险。

(4) 合理预期利率,适时选用借款的种类。利率呈现上升趋势,应采用长期负债筹资,避免未来利率上升增加利息支付;利率呈现下降趋势,应采用短期负债筹资,减少未来的付息压力。

(5) 实施债务重组。当企业出现严重亏损、无力偿还债务时,可通过与债权人协商,采取减免债务、降低债息及债权转股本等方式,实施债务重组,从而降低企业收支性财务风险。

不管从个人还是企业角度,都应该具备适当举债能力,并在此过程中正确对待筹资财务风险,树立风险防范意识,提高警惕。

(四) 债务资金的理财原则

从企业角度讲,对债务资金筹集的管理应遵循以下原则。

1. 经济效益原则

筹集的债务资金应当具有良好的用途,能产生较好的经济效益,确保取得的现金流入至少能够还本付息。

2. 使用安全原则

企业要合理安排和使用长短期债务资金,防止出现债务筹资风险;要严格管理和控制资金流向,防止挪用、串用和挤占资金。

3. 核算规范原则

企业要严格按照财务会计制度及相关法律法规规定进行核算,做到规范有序,不得将筹集的债务资金用于账外循环。

4. 恪守信用原则

企业应当严格履行借款合同或相关债务筹资协议,按照合同或协议约定的还款付息方式、期限、利率等,及时足额地还本付息,以维护借款的信用条件和企业信誉。

二、借款

银行借款是指企业向银行或其他非银行金融机构借入的、需要还本付息的款项,包括偿还期限超过 1 年的长期借款和不足 1 年的短期借款,主要用于企业购建固定资产和满足流动资金周转的需要。

(一) 借款的种类

按不同的标准对借款进行分类,可分为以下几种。

1. 按借款的期限来分

按借款的期限来分,可分为短期借款和长期借款。

(1) 短期借款是指借款期限在 1 年以内的借款,又称银行流动资金借款,主要有生产经营借款、临时借款和结算借款等。

(2) 长期借款是指借款期限在 1 年以上的借款,主要有基本建设借款、更新改造借款和其他专项借款等。

2. 按借款有无担保分

按借款有无担保分,可分为信用借款、担保借款和票据借款。

(1) 信用借款,又称信用贷款,是指银行等金融机构无须企业提供抵押品作担保,仅凭借款企业信用和担保人信誉而发放的贷款。

(2) 担保借款,又称抵押贷款,是指银行等金融机构要求企业以一定的财产作抵押或以保证人作担保为条件所发放的贷款。

(3) 票据借款,又称票据贴现,是指企业用持有的未到期的商业票据以向银行贴付一定的利息为条件而取得的借款。

3. 按借款取得的来源不同分

按借款取得的来源不同分,可分为政策性银行贷款、商业银行贷款、其他金融机构贷款。

(1) 政策性银行贷款通常是指执行国家政策性贷款业务的银行向企业发放的贷款。例如，国家开发银行提供的贷款，主要用于满足承建国家重点建设项目的资金需求。又如，进出口信贷银行则为大型成套设备的进出口提供买方或卖方信贷。

(2) 商业银行贷款是指由各商业银行向各工商企业提供的贷款，主要用于满足企业生产经营方面的资金需求。

(3) 其他金融机构贷款是指由保险公司等非银行的其他金融机构向企业提供的贷款，贷款期限一般比银行贷款长，但利率较高，对贷款单位的选择也比较严格。

除以上由各金融机构提供的贷款外，企业还可以取得财政周转金贷款。财政周转金贷款取得手续简单，利率一般也低于银行贷款利率，但数额有限，主要用于国有企业投资少、工程短、见效快的技术改造项目。

另外，企业还可以从信托投资公司取得实物和货币形式的信托投资贷款。外商投资企业还可以从国外银行取得贷款等。

(二) 借款涉及的信用条款

银行等金融机构发放贷款，通常会涉及以下信用条款。

1. 信用额度

信用额度，又称贷款限额，是借款人与银行在协议中规定的允许借款人借款的最高限额。

2. 周转信贷协定

周转信贷协定是银行从法律上承诺向企业提供不超过某一最高限额的贷款协定。通常，企业使用贷款周转协定时，对贷款限额的未使用部分要付给银行一笔承诺费。其计算公式为：

$$承诺费 = 贷款限额中的未使用数额 \times 承诺费率$$

【例3-4】 某企业与银行商定的周转信贷额为2 000万元，承诺费率为0.5%，借款企业年度内使用了1 500万元，余额为500万元。则借款企业应向银行支付的承诺费为：

$$承诺费 = 500 \times 0.5\% = 2.5(万元)$$

3. 补偿性余额

补偿性余额是银行要求借款人将贷款额的一定百分比(10%~20%)留存银行账户中，作为借款企业的最低存款余额。这种信用条件，从某种程度上降低了银行的贷款风险，却加重了企业的利息负担。其计算公式为：

$$补偿性余额贷款的实际利率 = \frac{名义利率}{1-补偿性余额比率} \times 100\%$$

【例3-5】 某企业按年利率的8%向银行借款100万元，银行要求保留20%的补偿性余额，企业实际可以动用的借款只有80万元，则该项借款的实际利率为：

$$补偿性余额贷款的实际利率 = \frac{8\%}{1-20\%} \times 100\% = 10\%$$

4. 抵押借款

抵押借款，又称借款抵押，是指企业以抵押品做担保向银行等金融机构取得一定的借款。银行向财务风险大、信誉不好的企业发放贷款时，往往要有抵押品做担保，通常抵押品是借款企业的应收账款、存货、股票、债券及房屋等。银行发放贷款的数额一般为抵押品的30%~50%,这一比率的高低取决于抵押品的变现能力和银行的风险偏好。通常抵押借款的资本成本要高于非抵押借款。

5. 以实际交易为贷款条件

当企业发生经营性临时资金需求向银行申请贷款以求解决时,银行则以其将要进行的实际交易为贷款基础,单独立项,单独审批,最后做出决定并确定贷款的相应条件和信用保证。例如,某承包商因完成某项承包任务缺少资金而向银行借款,当他收到委托承包的付款后,须立即归还此笔借款。对这种一次性借款,银行要对借款人的信用状况、经营情况进行个别评价,然后才能确定贷款的利息率、期限和数量。

除了上述所说的信用条件外,银行等金融机构有时还要求企业为取得借款而作出其他承诺,如及时提供财务报表,保持适当资产流动性等。如果企业违背所作的承诺,银行可要求企业立即偿还全部贷款。

借款合同的签订,借款利率、授信额度及借款期限等的确定很大程度上与企业信用评级相关,需要履行法律程序。为保持或提高商业信用评级,更顺利地取得银行借款,企业必须坚持诚信经营,遵纪守法。这一点与社会主义核心价值观在社会层面和公民基本道德规范层面的"法治"和"诚信"要求异曲同工。

(三) 借款利息的支付方式

1. 利随本清法

利随本清法,又称收款法,是借款企业在借款到期时一次性向银行支付利息的方法。

2. 贴现法

贴现法是银行向企业发放贷款时,先从本金中扣除利息部分,而到期时借款企业再偿还全部本金的一种计息方法。采用这种方法,企业实际得到的贷款低于贷款面值,实际得到的贷款=贷款本金-贷款利息。因此,其实际利率高于名义利率。贴现贷款实际利率的计算公式为:

$$贴现贷款的实际利率 = \frac{贷款利息}{贷款金额 - 贷款利息} \times 100\%$$

或:

$$贴现贷款的实际利率 = \frac{名义利率}{1 - 名义利率} \times 100\%$$

【例3-6】 某企业从银行取得借款180万元,期限为1年,名义利率为10%,利息18万元。按照贴现法付息,企业实际可动用的贷款为162万元(180-18)。则该项贷款的实际利息率为:

$$贴现贷款的实际利率 = \frac{18}{180 - 18} \times 100\% = 11.11\%$$

或:

$$贴现贷款的实际利率 = \frac{10\%}{1 - 10\%} \times 100\% = 11.11\%$$

（四）借款筹资的优缺点

1. 借款筹资的优点

（1）筹资速度快。发行各种证券筹集长期资金所需的时间一般较长，如从印刷证券、申请批准到发行都需要一定的时间，而向银行借款与发行证券相比，所需的时间较短，并可迅速获得资金。

（2）筹资成本低。企业利用借款所支付的利息要比发行债券所支付的利息低，另外，也无需支付大量发行费用。

（3）借款弹性大。企业借款可通过直接商谈，来确定借款的时间、数量和利息。在借款期内，如果企业情况发生变化，只要经双方同意就可修改借款合同的内容。借款到期后，如有正当理由，还可延期归还。

（4）手续简便。借款通常只需银行等金融机构审批，而无需其他行政管理部门或社会中介机构的介入。

2. 借款筹资的缺点

（1）筹资风险大。企业向银行等金融机构举债，必须定期还本付息。在经营不利时，这可能产生不能偿付的风险，使企业陷入财务困境。

（2）限制条件多。长期借款具有较强的计划性和政策性，容易受国家经济政策变动的影响，另外借款通常有许多附加限制条件，从而影响企业的筹资、投资活动。

（3）筹资数额有限。借款不可能像发行股票、债券那样一次性筹集大量资金，利用借款筹资都有一定的上限。

三、发行债券

公司债券是公司依照法定程序发行、约定在一定期限还本付息的有价证券。债券是持券人拥有公司债权的书面证书，它代表债券持券人与发债公司之间的债权债务关系。

（一）债券的特征

债券和股票都属于有价证券，同为筹资方式，但对于购买者来说，两者有很大区别。

（1）债券是债务凭证，是对债权的证明；而股票是所有权凭证，是对所有权的证明。债券持有人是债权人，而股票持有人是所有者。

（2）债券的收入为利息，利息高低与企业经营状况无关，是固定的；股票的收入是股息，股息的多少由公司的盈利水平决定，一般不固定。

（3）债券利息是固定的，且有到期日，所以投资风险小。而股票没有固定利息，也不还本，故对于投资者来说风险大。

（4）债券为公司债务，它对于公司剩余财产的分配具有优先于股票的权利。

（二）债券的种类

按不同的标准对债券进行分类可分为以下几种。

1. 按债券有无抵押担保分

按债券有无抵押担保分，可分为信用债券、抵押债券和担保债券。

（1）信用债券。信用债券又可分为无担保债券和附属信用债券。无担保债券是指仅凭发行者的信用发行的、没有抵押品作抵押或担保人作担保的债券；附属信用债券是对债券发行者的普通资产和收益拥有次级要求权的信用债券。发行信用债券的限制条件多，只有信誉良好的公司才可发行这种债券。

(2) 抵押债券。它是指以发行企业的特定财产作为抵押品而发行的债券。当企业无足够资金偿还债券时，债权人可将抵押品拍卖以获取资金。

(3) 担保债券。它是指由一定担保人作担保而发行的债券。当企业无足够的资金偿还债券时，债权人可要求担保人偿还。担保人应符合我国《担保法》的规定。

2. 按债券是否记名分

按债券是否记名分，可分为记名债券和无记名债券。

(1) 记名债券。它是指在票面上注明债权人姓名或名称，并在发行公司的债权人名册上登记的债券。这种债券在转让时，由债券持有人以背书等方式进行，并在公司名册上更改债权人的姓名或名称。该债券的优点是比较安全的，缺点是手续复杂。

(2) 无记名债券。它是指无须在债券票面注明债权人姓名或名称，也不用在公司债权人名册上进行登记，还本付息以债券为凭。无记名债券在转让时其权利随即生效，无须背书。

3. 按债券利率是否变动分

按债券利率是否变动分，可分为固定利率债券和浮动利率债券。

(1) 固定利率债券。它是指在发行债券时，债券利率已确定并载于债券券面的债券。

(2) 浮动利率债券。它是指利息率随基本利率变动而变动的债券，发行浮动利率债券的主要目的是对付通货膨胀。

4. 按债券是否上市买卖分

按债券是否上市买卖分，可分为上市债券和非上市债券。

(1) 上市债券。它是指经过有关机构审批，可以在证券交易所买卖的债券。

(2) 非上市债券。它是指那些不可在证券交易所交易的债券。

5. 其他分类

除按上述几种标准分类外，还有其他一些形式的债券。

(1) 可转换债券。它是指在一定时期内，可由持有人选择按一定的价格或一定的比例转换为普通股的债券。

(2) 零票面利率债券。它是指票面上不标明利息，按面值折价出售，到期按面值归还本金的债券。其面值与买价的差异就是投资人的收益。

(3) 收益债券。它是指在企业不盈利时，可暂时不付利息，而到企业获利时再支付累积利息的债券。

(三) 债券的还本付息

1. 债券的偿还

债券的偿还按其实际发生与规定的到期日之间的关系，可分为到期偿还与提前偿还两类。

(1) 到期偿还。它是指当债券到期后还清债券所载明的义务，又包括分批偿还和一次偿还两种。如果一个公司在发行同一种债券的当时就为不同编号或不同发行对象的债券规定了不同的到期日，这种债券就是分批偿还债券。因为各批债券的到期日不同，它们各自的发行价格及票面利率也可能不相同，从而导致发行费较高；但由于这种债券便于投资人挑选最合适的到期日,因而便于发行。多数情况下,发行债券的公司在债券到期日,一次性归还债券本金,并结算债券利息。

(2) 提前偿还。它又称提前赎回或收回,是指在债券尚未到期之前就予以偿还。只有在公司发行公司债券的契约中明确规定了有关允许提前偿还的条款,公司才可以进行此项操作。提前偿还所支付的价格通常要高于债券的面值,并随到期日的临近而逐渐下降。

2. 债券的付息

债券的付息主要表现在利息率的确定、付息频率和付息方式三个方面。利息率的确定有固定和浮动利率两种形式。付息频率主要有按年付息、按半年付息、按季付息、按月付息和一次性付息五种。付息方式主要有两种:一种是采取现金、支票或汇款的方式;另一种是息票债券的方式。

(四) 债券的发行

1. 债券发行的条件

在我国,根据《公司法》的规定,股份有限公司和有限责任公司,具有发行债券的资格。

根据《证券法》规定,公开发行公司债券,应当符合下列条件:①具备健全且运行良好的组织机构;②最近三年平均可分配利润足以支付公司债券一年的利息;③国务院规定的其他条件。

公开发行公司债券筹集的资金,必须按照公司债券募集办法所列资金用途使用;改变资金用途,必须经债券持有人会议作出决议。公开发行债券筹措的资金,不得用于弥补亏损和非生产性支出。

2. 债券的发行价格

债券的发行价格有三种:平价发行、折价发行和溢价发行。平价发行是指按债券的面值出售;折价发行是指以低于债券面值的价格出售;溢价发行是指按高于债券面值的价格出售。

由于企业债券一经发行,其票面利率是不能调整的,而债券的发行却需要一定的时间,如这段时间资金市场上的利率发生变化,就需调整发行价格来使债券顺利发行,因此也就产生了债券的溢价发行和折价发行。债券发行前的一个重要程序是企业信用评级,企业信用状况不同,发行债券利率与价格存在差别,这从金融角度体现了信用的财务价值。作为财务人员,应当认知到,无论是个人还是企业经营,诚信都是立足之本。

(1) 按期付息,到期一次还本,且不考虑发行费用的债券,其发行价格的计算公式为:

$$债券发行价格 = \frac{债券面值}{(1+市场利率)^n} + \sum_{t=1}^{n} \frac{债券面值 \times 票面利率}{(1+市场利率)^t}$$

或:

$$债券发行价格 = 票面金额 \times (P/F, i_1, n) + 票面金额 \times i_2 \times (P/A, i_1, n)$$

式中:n 为债券期限;i_1 为市场利率;i_2 为票面利率。

【例3-7】 北方公司打算发行面值为 1 000 元,票面年利率为 8%,期限为 5 年,每年年末付息的债券。其发行价格现按以下三种情况分别计算:

第一,资金市场利率保持在 8%,与公司债券利率 8% 相一致,可采用等价发行。其发价格为：
$$1\,000\times(P/F,8\%,5)+1\,000\times8\%\times(P/A,8\%,5)$$
$$=1\,000\times0.6806+80\times3.9927\approx1\,000(元)$$

第二，资金市场上的利率上升为12%，高于公司债券利率8%，则应采用折价发行。其发行价格为：
$$1\,000\times(P/F,12\%,5)+1\,000\times8\%\times(P/A,12\%,5)$$
$$=1\,000\times0.5674+80\times3.6048=855.78(元)$$

也就是说，只有按855.78元的价格出售，投资者才愿购买此债券，并得到12%的回报。

第三，资金市场上的利率下降为5%，低于公司债券利率8%，则可采用溢价发行。其发行价格为：
$$1\,000\times(P/F,5\%,5)+1\,000\times8\%\times(P/A,5\%,5)$$
$$=1\,000\times0.7835+80\times4.3295=1\,129.86(元)$$

也就是说，投资者把1 129.86元的资金投资于北方公司面值为1 000元的债券，便可获得5%的报酬。

（2）企业发行的不计复利、到期一次还本付息的债券，其发行价格的计算公式为：
$$债券发行价格=票面价值\times(1+i_2\times n)\times(P/F,i_1,n)$$

【例3-8】 利民公司发行面值为1 000元，票面年利率为8%（不计复利），期限为5年，到期一次还本付息的债券。已知目前市场利率为6%，则其发行价格为：

$$债券发行价格=1\,000\times(1+8\%\times5)\times(P/F,6\%,5)=1\,400\times0.7473=1\,046.22(元)$$

（五）债券筹资的优缺点

1. 债券筹资的优点

（1）资本成本较低。由于债券的发行费用较低，且债券利息通常低于优先股和普通股的股利，债券利息又在税前支付，因此其成本较低。

（2）保证股东对企业的控制权。债券持有人只有到期收回本金和利息的权利，而无权参与企业的经营管理，因而发行债券有利于维护股东对企业的控制权。

（3）发挥财务杠杆作用。由于债券利息是固定的，如果企业能将债务资金运用得当，使企业的投资报酬率高于债券资本成本时，多发行债券就能为股东带来更大的利益。

（4）提高公司的社会声誉。公司债券的发行主体，有严格的资格限制。发行公司债券，往往是股份有限公司和有实力的有限责任公司所为。通过发行公司债券，一方面筹集了大量资金，另一方面也扩大了公司的社会影响力。

2. 债券筹资的缺点

（1）筹资风险大。企业需按期还本付息，这是企业利用债券筹资必须承担的义务。在企业经营不善时，向债券持有人还本付息无异于釜底抽薪，必然导致企业财务风险加大，在资不抵债时，企业将面临破产。

（2）限制条件多。发行债券的契约书中往往有一些限制性的条款，这种限制比优先股及短期债务严的多，可能会影响企业的正常发展和以后的筹资能力。

（3）筹资额有限。当公司的负债比率超过了一定的程度后，债券筹资的成本会迅速上升，甚至导致债券难以发行，因此债券筹资数额会有一定的限度。

(4) 可能产生财务杠杆负作用。当债券资本成本高于企业投资报酬率时,就会产生财务杠杆负作用,此时,债券发行得越多,股东的收益也就越少。

四、融资租赁

融资租赁是指通过签订资产出让合同的方式,使用资产的一方(承租方)通过支付租金,向出让资产的一方(出租方)取得资产使用权的一种交易行为。在这项交易中,承租方通过得到所需资产的使用权,完成了筹集资金的行为。

(一)融资租赁的形式

融资租赁,按照其不同的业务特点,可分为以下四种形式。

1. 直接租赁

直接租赁是指出租人根据承租人提出的要求,直接购买企业(承租人)所需的租赁物品,然后再租给企业(承租人)使用,并收取租金的过程。出租人主要是制造厂商、租赁公司、财务公司、银行。除制造厂商外,其他出租人都是先从制造厂商购买资产,再出租给承租人。在直接租赁下,承租企业可以取得自己以前没有的资产使用权,但必须承担支付租金给出租人的合同义务。直接租赁是融资租赁的典型形式,通常所说的融资租赁主要是指直接租赁形式。

2. 售后租回

售后租回是指承租人根据协议,将拥有的设备出售给出租人,然后从出租人租回的租赁形式。采用这种租赁形式,出售资产的企业既可得到相当于售价的一笔资金,又可拥有原资产使用权,但会失去财产所有权。

3. 转租租赁

转租租赁,又称再租赁,是指出租人从其他租赁公司或设备制造商租入设备,然后再转租给承租人使用的租赁形式。

4. 杠杆租赁

一般来说,当所涉及的资产价值昂贵时,出租方自己只投入部分资金,通常为资产价值的20%~40%,其余资金则通过将该资产抵押担保的方式,向第三方(通常为银行)申请贷款解决。然后出租人将购进的设备出租给承租方,用收取的租金偿还贷款,该资产的所有权属于出租方。出租人既是债权人也是债务人,既要收取租金又要支付债务。如果出租人不能按期偿还借款,那么资产的所有权就要转归资金出借者。这种租赁形式,由于租赁收益一般大于借款成本支出,出租人借款购物出租可获得财务杠杆收益,故称为杠杆租赁。

(二)融资租赁租金的计算

1. 租金的构成

融资租赁的租金包括设备价款和租息两部分,其中,租息又可分为租赁公司的融资成本、租赁手续费等。

(1) 设备价款,由设备的买价、运杂费和途中保险费等构成,是租金的主要内容。

(2) 融资成本是指租赁公司为购买租赁设备所筹资金的成本,即设备租赁期间的利息。

(3) 租赁手续费,包括租赁公司承办租赁业务的销售费用和一定的盈利,如办公费、差旅费、邮电费、工资、税金和盈利等。租赁手续费的高低一般无固定标准,可由承租企业与租赁公司协商确定。

2. 租金支付的方式

租金支付的方式也影响到租金的计算。租金通常采用分次支付的方式，具体又分为以下几种类型：

(1) 按支付期的长短不同，可以分为年付、半年付、季付和月付等方式。

(2) 按支付期先后不同，可以分为先付租金和后付租金。

(3) 按每期支付金额的不同，可以分为等额支付和不等额支付。

3. 租金的计算方法

目前，在我国融资租赁业务中，大多数租赁公司要求承租方在租赁期内定期等额支付租金。所以，租金的计算一般采用等额年金法。因租金有后付租金和先付租金两种支付方式，故分别说明。

(1) 后付租金的计算。一般租金的支付方式多采用后付等额租金，即普通年金。

根据年金资本回收额的计算方式，可确定出后付租金方式下每年末支付租金数额的计算公式：

$$A = P/(P/A, i, n)$$

【例3-9】 某企业采用融资租赁方式于2020年1月1日从某租赁公司租入一台设备，设备价款为50 000元，租期为10年，到期后设备归企业所有，为了保证租赁公司的相关利益，双方商定采用16%的折现率，试计算该企业每年末应支付的等额租金。

$$A = 50\,000/(P/A, 16\%, 10) = 50\,000/4.8332 \approx 10\,345.11(元)$$

(2) 先付租金的计算。承租企业有时可能会与租赁公司商定，采取先付等额租金的方式支付租金。根据即付年金的计算公式，可得出先付等额租金的计算公式：

$$A = P/[(P/A, i, n-1) + 1]$$

【例3-10】 假如上例采用先付等额租金方式，则每年初支付的租金额可计算如下：

$$A = 50\,000/[(P/A, 16\%, 9) + 1] = 50\,000/(4.6065 + 1) \approx 8\,918.22(元)$$

(三) 融资租赁的优缺点

1. 融资租赁筹资的优点

(1) 筹资速度快。租赁往往比借款购置设备更迅速、更灵活，可使企业尽快形成生产经营能力，有利于企业尽快占领市场，打开销路。

(2) 筹资限制较少。企业运用股票、债券和长期借款等方式筹资都有相当多的资格条件的限制，相比之下，租赁筹资的限制条件较少。

(3) 设备陈旧风险小。随着科学技术的不断进步，固定资产更新周期日趋缩短。企业设备陈旧过时的风险很大，利用租赁筹资可减少这一风险。这是因为融资租赁的期限一般为资产使用年限的75%，且多数租赁协议都规定由出租人承担设备陈旧过时的风险。

(4) 财务风险小。融资租赁与购买的一次性支出相比，能够避免一次性支付的负担，而且租金支出是未来的、分期的，企业无须一次筹集大量资金偿还。还款时，租金可以通过项目本身产生的收益来支付，是一种基于未来的"借鸡生蛋、卖蛋还钱"的筹资方式。

(5) 税收负担轻。租金在所得税前扣除，具有抵减所得税的效用。

2. 融资租赁筹资的缺点

融资租赁筹资的最主要缺点就是资本成本较高。一般来说，其租金要比举借银行借款或发行债券所负担的利息高得多，而租金总额通常要高于设备价值。所以，承租企业在财务困难时期，支付固定的租金也将构成一项沉重的负担。

五、商业信用

商业信用是指企业在商品或劳务交易中，以延期付款或预收货款方式进行购销活动而形成的借贷关系，是企业之间的直接信用行为，也是企业短期资金的重要来源。商业信用产生于企业生产经营的商品、劳务交易之中，是一种"自动性筹资"。收取货款的权利需以如期如数提供符合质量要求的商品或劳务为前提，所谓商业信用，崇正义、对价取之有道。

（一）商业信用形式

利用商业信用融资，主要有以下几种形式。

1. 应付账款

应付账款是供应商给企业提供的一种商业信用。由于购买者往往在到货一段时间后才付款，商业信用就成为企业短期资金来源。若企业规定对所有账单均于见票后若干日付款，商业信用就成为随生产周转而变化的一项内在的资金来源。当企业扩大生产规模时，其进货和应付账款相应增长，商业信用就提供了增产需要的部分资金。

2. 预收货款

预收货款是指卖方按合同或协议规定，在交付商品之前先向买方收取部分或全部货款的信用方式。通常，对于紧俏商品，购买单位乐意采用这种形式，以保证按期取得所需商品。另外，对生产周期长、资金需求量大的商品，如轮船、飞机等，生产企业也经常向订货者分次预收货款以缓解资金占用过多的矛盾。

3. 应付票据

应付票据是指企业根据购销合同进行延期付款的商品交易时，开出的反映债权债务关系的票据。商业汇票是指由付款人或存款人（或承兑申请人）签发，由承兑人承兑，并于到期日向收款人或被背书人支付款项的一种票据，包括商业承兑汇票和银行承兑汇票。应付票据可以带息，也可以不带息，其利率一般低于银行贷款利率。商业汇票的付款期限一般为1～6个月，最长不超过9个月。对买方来讲，商业汇票也相当于向卖方借用了一笔短期资金。

4. 应计未付款

应计未付款是企业在生产经营和利润分配过程中已经计提但尚未以货币支付的款项，主要包括应付职工薪酬、应交税费、应付股利等。以应付职工薪酬为例，企业通常以半月或月为单位支付职工薪酬，在应付职工薪酬已计但未付的这段时间，就会形成应计未付款。它相当于职工给企业的一个信用。应交税费、应付股利也有类似的性质。应计未付款随着企业规模扩大而增加，企业使用这些自然形成的资金无须付出任何代价。但企业不是总能控制这些款项，因为其支付是有一定时间的，企业不能总拖欠这些款项。所以，企业尽管可以充分利用应计未付款项，但并不能控制这些账目的水平。

（二）商业信用条件

商业信用条件是指在买方赊购商品时，销货人对付款时间和现金折扣所作的具体规定。

如"2/10, n/30",便属于一种信用条件,其表示企业付款期为30天,折扣期为10天,折扣期享受的现金折扣率为2%。从总体上来看,信用条件主要有以下几种形式。

1. 预收货款

这是企业在销售商品时,要求买方在卖方发出货物之前支付货款的情形。一般用于以下两种情况:①企业已知买方的信用欠佳。②销售生产周期长、售价高的产品。在这种信用条件下,销货单位可以得到暂时的资金来源,购买单位则要预先垫支一笔资金。

2. 赊销付款,不涉及现金折扣

这是指卖方允许买方在交易发生后的一定时期内按发票金额支付货款。如"n/45"付款形式,是指在45天内按发票金额付款。这种条件下的信用期间一般为30~60天,但有些季节性的生产企业可能会为其顾客提供更长的信用期间。

3. 赊销付款,可享受现金折扣

这是指买方在卖方规定的折扣期内付款可享受其给予的现金折扣。如"2/10, n/30"的形式,表示货款在10天内付款,可享受货款金额2%的现金折扣。若在10天后至30天内付款则不享受折扣。即买方若提前付款,卖方可给予一定的现金折扣,如买方不享受现金折扣,则必须在规定时期内付清账款。提供现金折扣的目的主要是加速账款的收现。现金折扣率一般为货款的1%~5%。

(三) 现金折扣成本的计算

现金折扣成本是指在买方赊购商品时,若卖方提供现金折扣,而买方放弃享受折扣所产生的机会成本。一般情况下,如果销货单位提供现金折扣,购买单位应尽量争取获得此项折扣,因为丧失现金折扣就意味着增加了成本。其计算公式为:

$$放弃现金折扣的成本 = \frac{CD}{1-CD} \times \frac{360}{N} \times 100\%$$

式中:CD 表示现金折扣的百分比;N 表示失去现金折扣延期付款天数,为信用期与折扣期之差。

【例3-11】 某企业拟以"2/10, n/30"信用条件购进一批原料。这一信用条件意味着如果企业在10天之内付款,可享受2%的现金折扣;如果企业不想享受现金折扣,货款应在30天内付清,则放弃折扣的成本为:

$$放弃现金折扣的成本 = \frac{2\%}{1-2\%} \times \frac{360}{30-10} \times 100\% = 36.73\%$$

这表明,只要企业筹资成本不超过36.73%,就应当在第10天付款。

(四) 商业信用融资的优缺点

1. 商业信用融资的优点

(1) 商业信用容易获得。利用商业信用筹措资金非常方便。因为商业信用与商品买卖同时进行,属于一种自然性融资,随时可以随着购销行为的产生而获得这项资金。

(2) 筹资成本低。如果没有现金折扣,或企业不放弃现金折扣,则利用商业信用筹资没有实际成本。

(3) 企业有较大的机动权。企业能够根据需要,选择决定筹资的金额大小和期限长短,这要比银行借款等其他方式灵活得多,甚至如果在期限内不能付款或交货时,一般还可以通过与客户的协商,请求延长时限。

(4)限制条件少。通常,商业信用筹资不需要第三方担保,也不会要求筹资企业用资产进行抵押。这样,在出现逾期付款或交货的情况时,可以避免像银行借款那样面临抵押资产被处置的风险,使企业的生产经营能力在相当长的一段时间内不会受到限制。

2. 商业信用融资的缺点

(1)期限短。它属于短期融资方式,资金不能长期占用。

(2)容易恶化企业的信用水平。商业信用的期限短,还款压力大,对企业现金流量管理的要求很高。如果长期和经常性地拖欠账款,会造成企业的信誉恶化。

(3)受外部环境影响较大。商业信用筹资受外部环境影响较大,稳定性较差,即使不考虑机会成本,也是不能无限利用的。具体来看,一是受商品市场的影响,当求大于供时,卖方可能停止提供信用;二是受资金市场的影响,当市场资金供应紧张或有更好的投资方向时,商业信用筹资就可能遇到障碍。

第五节 筹资实务创新

企业筹资方式和筹资渠道的变化与国家金融业的发展密切相关。随着经济的发展和金融政策的完善,我国企业筹资方式和筹资渠道逐步呈现多元化趋势。具体有以下形式的创新体现。

一、商业票据融资

商业票据融资是指通过商业票据进行资金融通。商业票据是一种商业信用工具,是由债务人向债权人开出的、承诺在一定时期内支付一定款项的支付保证书,由无担保、可转让的短期期票组成。商业票据融资具有融资成本较低、灵活方便等特点。

二、中期票据融资

中期票据融资是指具有法人资格的非金融类企业在银行间债券市场按计划分期发行的,约定在一定期限还本付息的债务融资工具。发行中期票据一般要求具有稳定的偿债资金来源;拥有连续三年的经审计的会计报表,且最近一个会计年度盈利;主体信用评级达到AAA;待偿还债券余额不超过企业净资产的40%;募集资金应用于企业生产经营活动,并在发行文件中明确披露资金用途;发行利率、发行价格和相关费用由市场化方式确定。

三、股权众筹融资

股权众筹融资是指通过互联网形式进行公开小额股权融资的活动。股权众筹融资必须通过股权众筹融资中介机构平台(互联网网站或其他类似的电子媒介)进行。股权众筹融资方应为小微企业,应通过股权众筹融资中介机构向投资人如实披露企业的商业模式、经营管理、财务、资金使用等关键信息,不得误导或欺诈投资者。股权众筹融资业务由证监会负责监管。

四、企业应收账款证券化

企业应收账款证券化是指证券公司、基金管理公司子公司作为管理人,通过设立资产支持专项计划开展资产证券化业务,以企业应收账款债权为基础资产或基础资产现金流来源所发行的资产支持证券。企业应收账款证券化是企业拓宽融资渠道、降低融资成本、盘活存量资产、提高资产使用效率的重要途径。

五、融资租赁债权资产证券化

融资租赁债权资产证券化是指证券公司、基金管理公司子公司作为管理人,通过设立资产支持专项计划开展资产证券化业务,以融资租赁债权为基础资产或基础资产现金流来源所发行的资产支持证券。

六、商圈融资

商圈融资包括商圈担保融资、供应链融资、商铺经营权、租赁权质押、仓单质押、存货质押、动产质押、企业集合债券等。发展商圈融资是缓解中小商贸企业融资困难的重大举措。改革开放以来,我国以商品交易市场、商业街区、物流园区、电子商务平台等为主要形式的商圈发展迅速,已成为我国中小商贸服务企业生存与发展的重要载体。

七、供应链融资

供应链融资是将供应链核心企业及其上下游配套企业作为一个整体,根据供应链中相关企业的交易关系和行业特点制定基于货权和现金流控制的"一揽子"金融解决方案的一种融资模式。供应链融资解决了上下游企业融资难、担保难的问题,而且通过打通上下游融资瓶颈,还可以降低供应链条融资成本,提高核心企业及配套企业的竞争力。

八、绿色信贷

绿色信贷也称可持续融资或环境融资。它是指银行业金融机构为支持环保产业、倡导绿色文明、发展绿色经济而提供的信贷融资。绿色信贷重点支持节能环保、清洁生产、清洁能源、生态环境、基础设施绿色升级和绿色服务六大类产业。

本 章 小 结

资金筹集是指企业通过不同渠道,采取各种方式,按照一定程序,筹措企业设立、生产经营所需资金的财务活动。企业资金筹集要受到筹资渠道、方式、数量、时机、结构和风险等诸多因素的影响。因此,筹资时应遵循规模适当、筹措及时、来源合理和方式经济的原则。目前,企业资金筹集的渠道主要有国家财政资金、银行信贷资金、非银行金融机构资金、其他法人单位资金、民间资金、外商资金和企业内部资金等。资金筹集的方式主要有吸收直接投资、发行股票、利用留存收益、向银行借款、发行债券、融资租赁、利用商业信用及其他筹资方式等。以上筹资方式中,前三种属权益资金筹集方式,后四种属负债资金筹集方式。权益资金是企业投资者的投资及其增值中留存企业的部分,是投资者在企业中享有权益和承担责任的依据,在企业账面上体现为权益资本,包括实收资本(股本)、资本公积、盈余公积和未分配利润。债务资金是企业债权人向企业提供的借款、商业信用等,企业需在一定期限内归还,往往还需支付利息。不同筹资方式的优缺点不同。相比而言,权益资金筹资方式具有筹资风险小、资本成本高的特点,而负债资金筹资方式则普遍具有筹资风险大、资本成本低的特点。因此,企业应加强对债务筹资风险的分析与控制,对债务资金遵循一定的理财原则。

企业筹集资金首先要预测资金的需求量。资金需求量预测的方法分为定性预测法和定量预测法,后者常见的又主要包括销售额比率预测法和资金习性预测法。资金习性预测法又分为高低点法和回归直线法等。加强企业资金筹集管理,合理选择筹集资金方式,对企业规范管理、防范风险、优化资本结构、降低资本成本具有重大意义。因此,财务人员要树立企业资本成本与财务风险观念,通过科学、合理的筹资决策,力争使企业综合资本成本最低、资本结构最优、企业价值最大。

复习思考题

1. 什么是资金筹集?它有哪几种分类?
2. 企业资金筹集的渠道和方式有哪些?两者关系如何?
3. 资金需求量预测的方法有哪些?
4. 权益资金的概念、特点和形成方式如何?
5. 权益资金筹集中各种方式的优缺点如何?
6. 什么是股票?它有哪几种分类?
7. 债务资金的概念、特点和筹资风险的管理方法如何?
8. 负债资金筹集中各种方式的优缺点如何?
9. 银行借款的信用条件有哪些?
10. 什么是债券?它有哪几种分类?
11. 债券的发行价格如何计算?
12. 融资租赁的租金如何计算?

练习题

1. 某企业购入 20 万元的商品,卖方提供的信用条件为"2/10,n/30",若企业由于资金紧张,延至第五十天付款,试计算放弃折扣的成本是多少?

2. 某公司向银行借入短期借款 10 000 元,支付银行贷款利息的方式同银行协商后的结果是:

方案一:采用贴现法付息,利息为 14%。

方案二:利息率为 10%,银行要求补偿性余额比例为 20%。

请问:如果你是该公司财务经理,你选择哪种借款方式?并说明理由。

3. 某企业 2015—2019 年的产销量和资金需求量如表 3-7 所示。初步预测 2020 年的预计产销量为 1 800 吨，试建立资金的回归直线方程，并预测 2020 年的资金需求量。

表 3-7　　　　　　　　　某企业产销量与资金需求量

年度	产销量(吨)	资金占用(y_i)(万元)
2015	1 200	1 000
2016	1 100	950
2017	1 000	900
2018	1 200	1 000
2019	1 300	1 050

4. 某企业为扩大生产经营规模融资租入一台设备，该设备的市价为 95 万元，租期 10 年，租赁公司的融资成本为 15 万元，租赁手续费为 6 万元。租赁公司要求的报酬率为 10%。

要求：

(1) 确定租金总额。

(2) 如果采用等额年金法，每年初支付，则每期租金为多少？

(3) 如果采用等额年金法，每年末支付，则每期租金为多少？

5. 某公司 2020 年 1 月 1 日发行面值 1 000 元，利率为 8%，期限为 5 年，每年末付息到期还本的债券，当时市场利率为 10%。则该债券的发行价格为多少？

案例一

一、基本案情

企业之间相互拖欠货款(俗称"三角债")，甚至形成涉及面更广、危害更大的债务链，从而使企业资金周转速度减慢，难以维系企业正常的生产经营；企业拖欠银行贷款，逃废银行债务，并且银行信用证垫款、银行承兑汇票垫款的情况大量发生。

信用秩序混乱，不仅直接侵害债权人的利益，而且会形成恶性循环，使经济领域充斥着"守信吃亏，失信有利"的错误观念，致使失信成为市场普遍现象，形成所谓的"赖账经济"。

为了减少信用缺失对市场经济乃至整个社会的影响，2008 年，国务院将人民银行的职能由"管理信贷征信业"扩大到"管理征信业，推动建立社会信用体系"。人民银行成为国务院社会信用体系建设部际联席会议牵头单位，代拟了《征信管理条例》(征求意见稿)，制定了《金融业统一征信平台建设规划》，并上报国务院办公厅。

二、问题

企业应当如何利用商业信用筹资？

案例二

一、基本案情

南方公司是由几个具有丰富专业知识的投资者于 1989 年创立的，经过三十年的发展，到2019年,销售收入从刚成立时的500万元增至10000万元。公司2019年12月31日简要资产负债表如表3-8所示。

南方公司目前生产尚未达到设计的生产能力,为此,公司决定准备扩大生产规模。预计生产规模扩大后,2020年的销售收入将在上年的基础上增长20%,公司上年的销售净利率为5%。根据财务部门的建议,公司2020年的留存收益率为40%。为扩大生产规模,南方公司总经理钟晨先生召开会议研究公司资金筹措方式问题。最初方案倾向于全部以发行股票的方式筹资,但投资银行却建议通过借款的方式(年利率7%,期限10年)筹措资金,他们认为举债筹资可以降低资本成本。最后,公司管理部门提出部分资金通过公司内部留存收益及提高流动资金利用效果得以解决,其余部分从外部筹措。

表3-8　　　　　　　　南方公司简要资产负债表

2019年12月31日　　　　　　　　　　　　　　单位:万元

资产	金额	负债与所有者权益	金额
现金	600	应付费用	600
应收账款	1 400	应付账款	1 000
存货	3 000	短期借款	800
固定资产净值	3 000	公司债券	1 600
		实收资本	3 000
		留存收益	1 000
资产合计	8 000	负债与所有者权益合计	8 000

假定公司2020年理想的资本结构为:负债资金占40%,权益资金占60%,公司所得税税率为25%。

二、问题

如果你是公司财务人员,请预测南方公司2020年外部筹资的规模。

第四章 资本成本和资本结构

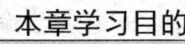

本章学习目的

本章主要介绍了企业资金筹集中资本成本的相关理论及计算、财务管理杠杆效应和资本结构的确定方法。本章学习要求：了解资本成本的概念、性质、作用；掌握各种资本成本的计算方法；理解经营杠杆、财务杠杆和复合杠杆的原理及其影响因素；掌握杠杆系数的计算方法及资本结构的决策方法。

本章关键词

资本成本　财务杠杆效应　最佳资本结构　比较资本成本法　每股收益无差别点法

本章课程思政点

资本成本影响因素　财务杠杆　资本结构

案例导引

低资金成本促高增长，360金融首季净利大增340％

　　360金融发布未经审计的2019年第一季度业绩报告显示，第一季度，360金融实现收入20.09亿元，同比增长235％；净利润7.199亿元，同比增长340％。运营数据方面，360金融促成贷款总额412亿元，同比增长179％，环比增长25％。截至2019年3月31日，360金融在贷余额525.8亿元，同比增长203％，环比增长22％。用户数据显示，截至2019年3月31日，360金融累计授信用户数量1 603万人，较去年同期465万人增长245％，环比增长28％；累计借款人达1 043万人，较去年同期316万人增长230％，环比增长26％。

　　360金融CEO徐军表示，第一季度，新增授信用户量首次突破350万，创下单季度授信用户增长纪录，通过科技的力量，让普惠金融覆盖更多有需求的个人和家庭是360金融矢志不渝的愿景。与再创新高的新增用户数形成对比，360金融的资产质量仍然保持稳定，逾期率仍控制在相对较低的水平。截至2019年3月31日，360金融促成贷款的M3＋逾期率为0.94％。

　　"随着我们算法能力的优化和风险管理水平的不断提升，我们有能力在保障风险水平整体可控的前提下，服务更多的不同风险调整后收益水平的客群。"360金融副总裁郑彦表示,依托强大的风控技术实力,将确保业务的稳健和长足发展。

第一季度,360金融持续拓宽资金渠道,与中国工商银行等全国性国有银行、中国光大银行等全国性股份制银行、南京银行等城商行、持牌消费金融公司、信托公司建立广泛合作。以累计放款量口径计算,360金融79%的资金来源于金融机构,较去年全年的74.7%有显著提升。这一比例在同类上市企业中遥遥领先。

充裕的资金来源,保障了业务低成本的资本结构。除继续与传统金融机构资金保持合作外,360金融表示,未来将尝试探索更多资金渠道。2019年第一季度,360金融获上交所、深交易所各批50亿储架ABS(资产支持证券)。

资料来源:摘自《经济参考报》,略有改动。

问题:什么是低成本的资本结构?

第一节 资本成本

一、资本成本概述

(一)资本成本的概念

资本成本是指企业为筹集和使用资本而付出的代价,包括筹资费用和占用费用。这里的资本是指企业筹集和使用的长期资本,包括权益资本和长期负债资本。资本成本是资本所有权与资本使用权分离的结果。对出资者而言,由于让渡了资本使用权,必须要求取得一定的补偿,资本成本表现为让渡资本使用权所带来的投资收益。对筹资者而言,由于取得了资本使用权,必须支付一定代价,资本成本表现为取得资本使用权所付出的代价。资本成本可以用绝对数表示,也可以用相对数表示。用绝对数表示的资本成本,主要由以下两个部分构成。

(1)筹资费用。筹资费用是指企业在筹资过程中为取得资本而支付的各种费用,如向银行支付的手续费、发行证券的注册费、代办费、印刷费等。筹资费用通常是在筹资时一次全部支付,在用资过程中不再发生,因而属于固定性费用,可视为对筹资总额的一项扣除。

(2)占用费用。占用费用是指企业因使用资本而支付给资本供应者的报酬,如向债权人支付的利息、向股东支付的股利等。占用费用也称用资费用,是资本成本的主要内容。用资费用随资本数量的多少和时期的长短而变动,因而属于变动性费用。

资本成本可以用绝对数资本成本总额和相对数资本成本率两种表示方法。相对数在不同筹资方式下具有可比性,因此一般情况下资本成本用相对数来表示。其通用表达式为:

$$K = \frac{D}{P-f} \times 100\%$$

或:

$$K = \frac{D}{P(1-F)} \times 100\%$$

式中：K 表示资本成本，以相对数表示；D 表示资本占用费用；P 表示筹资额；f 表示筹资费用；F 表示筹资费用率，也就是筹资费用与筹资总额的比值。

(二) 资本成本的性质

1. 资本成本是资本所有权和使用权相分离的产物

在市场经济条件下，资本也可以看作是一种特殊的商品，资本的所有者在让渡资本使用权的同时，也失去了凭借资本获取其他投资收益的机会，这就要求资本的使用者将获取收益的一部分支付给资本的所有者，作为所有者放弃资本使用权的报酬。

2. 资本成本具有特殊属性

资本成本作为企业的一种成本，具有一般商品成本的基本属性，又有不同于一般商品成本的某些特性。

资本成本与一般商品成本一样，也是企业的一种耗费，需由企业的收益补偿，但它是为取得和使用资本而付出的代价，通常不直接体现为生产成本。

3. 资本成本与资金的时间价值既有联系又有区别

资金的时间价值是资本成本的基础，而资本成本包括货币的时间价值和投资的风险价值。因此，在有风险的情况下，资本成本也是投资者要求的必要报酬率。

4. 资本成本实质是一种机会成本

从投资者的角度来看，资本成本是企业投资者对投入企业的资金所要求的最低报酬率或投资的机会成本，即投资于具有相同风险和期限的其他证券所能获得的期望报酬率。

(三) 资本成本的作用

资本成本是企业理财，尤其是筹资管理的一个重要概念，在企业财务管理中具有重要作用。

1. 资本成本是企业选择筹资渠道和方式，进行筹资决策的重要依据

在评价各种筹资方式时，一般应考虑的因素包括对企业控制权的影响、对投资者吸引力的大小、融资的难易和风险、资本成本的高低等，而资本成本是其中的重要因素。在其他条件相同时，企业筹资应选择资本成本率最低的方式。

2. 平均资本成本是衡量资本结构是否合理的重要依据

企业财务管理目标是企业价值最大化，企业价值是企业资产带来的未来现金流量的贴现值。在计算企业价值时，经常采用企业的平均资本成本作为贴现率，当平均资本成本最小时，企业价值最大，此时的资本结构是企业理想的资本结构。

3. 资本成本是评价投资项目可行性的主要经济指标

一个投资项目，如果其投资收益率高于其资本成本，一般认为是可行的；反之则不可行。因此，资本成本率是企业用以确定项目要求达到的投资收益率的最低标准。

4. 资本成本是评价企业整体业绩的重要依据

一定时期企业资本成本率的水平，不仅可反映企业筹资管理的水平，还可作为评价企业整体经营业绩的标准。企业的生产经营活动，实际上就是所筹集资本经过投放后形成资产的营运，企业的总资产税后收益率应高于其平均资本成本率，这样才能带来剩余收益。

二、影响资本成本的因素

（一）总体经济环境

一个国家或地区的总体经济环境状况，表现在国民经济发展水平、预期的通货膨胀等方面，这些都会对企业筹资的资本成本产生影响。如果国民经济保持健康、稳定、持续增长，整个社会经济的资金供给和需求相对均衡且通货膨胀水平低，资金所有者投资的风险小，预期收益率低，筹资的资本成本率相应就比较低。相反，如果经济过热，通货膨胀持续居高不下，投资者投资的风险大，预期收益率高，筹资的资本成本率就高。

（二）资本市场条件

资本市场条件包括资本市场的效率和风险。如果资本市场缺乏效率，证券的市场流动性低，投资者投资风险大，要求的预期收益率高，那么通过资本市场融通的资本，其成本水平就比较高。

（三）企业经营状况和融资状况

企业的经营风险和财务风险共同构成企业总体风险，如果企业经营风险高，财务风险大，则企业总体风险水平高，投资者要求的预期收益率高，企业筹资的资本成本相应就大。

（四）企业对筹资规模和时限的需求

在一定时期内，国民经济体系中资金供给总量是一定的，资本是一种稀缺资源。因此企业一次性需要筹集的资金规模大、占用资金时限长，资本成本就高。当然，融资规模、时限与资本成本的正向相关性并非线性关系。一般来说，融资规模在一定限度内，并不会引起资本成本的明显变化，当融资规模突破一定限度时，才会引起资本成本的明显变化。

三、资本成本的计算

（一）个别资本成本的计算

企业的资本都是从特定的市场按照一定的融资手段和方式获取的，对企业而言，不同的融资方式的成本和风险都不相同，均存在一定的差异性。个别资本成本就是指特定筹资方式的融资成本。企业获得资本的融资方式主要有以下几种形式：银行借款、发行债券、融资租赁、发行优先股、发行普通股和留存收益等。在确定融资成本时，通常需要考虑融资的风险、所得税等因素的影响。从资本成本的类型看，银行借款、债券和融资租赁的融资成本统称为债务资本成本；优先股、普通股和留存收益的融资成本统称为权益资本成本。

为了便于分析比较，资本成本通常用不考虑货币时间价值的一般通用模型计算。计算时，将初期的筹资费用作为筹资额的一项扣除，扣除筹资费用的筹资额称为筹资净额，一般模式通用的计算公式为：

$$资本成本率 = \frac{年资金占用费}{筹资总额 - 筹资费用} = \frac{年资金占用费}{筹资总额 \times (1 - 筹资费用率)}$$

1. 债务资本成本

企业债务资本的融资方式主要有银行借款、企业债券和融资租赁，这几种融资方式的资本成本具有以下共同特点：

第一，债务利息是按预先约定的利息率计算，债务资本的用资成本是固定的，不受企业经营业绩的影响。

第二，债务利息无论是资本化还是费用化，都将在企业税前利润中列支，可以抵减所得税，因此，企业实际负担的债务资本成本应是利息抵减所得税后的净额，用公式表示为：

$$\text{实际债务成本}=\text{利息费用}\times(1-\text{所得税税率})$$

第三，无论是银行借款、发行债券还是融资租赁，都要发生一定的筹资费用。企业实际筹集的资金额是筹资总额减去筹资费用后的差额。

1) 长期债券成本

企业通过发行长期债券进行筹资，一般要支付两部分费用：一是发行过程中的筹资费用，包括申请费、注册费、印刷费、上市费、推销费等；二是期限内支付给债权人的利息。根据《企业所得税法》的规定，企业债务的利息可在税前扣除，从而起到抵减所得税的作用。因此，企业实际负担的债券利息应为：

$$\text{实际负担利息}=\text{债券年利息}\times(1-\text{所得税税率})$$

长期债券成本根据计算时是否考虑货币时间价值，可分为不考虑货币时间价值的长期债券成本和考虑时间价值的长期债券成本。本教材只介绍前者。

不考虑货币时间价值的长期债券成本用公式表示为：

$$K_b=\frac{I\times(1-T)}{B\times(1-F)}\times 100\%$$

式中：K_b 表示长期债券成本；I 表示债券年利息，是债券面值与票面年利率的乘积；T 表示所得税税率；B 表示筹资总额，按发行价格确定；F 表示债券的筹资费用率。

由于债券发行有平价发行、溢价发行和折价发行之分，因此债券发行价格总额与其面值总额可能不一致。

【例 4-1】 某公司拟平价发行面值 1000 元，期限 5 年，票面利率 7% 的债券 5000 张，总价款 500 万元，每年结息一次。发行费用为发行价格总额的 5%，公司所得税税率 25%。该批债券的资本成本计算如下：

$$K_b=\frac{500\times 7\%\times(1-25\%)}{500\times(1-5\%)}\times 100\%=5.33\%$$

本例中的债券系等价发行，如果按溢价 550 万元发行，则其资本成本为：

$$K_b=\frac{500\times 7\%\times(1-25\%)}{550\times(1-5\%)}\times 100\%=5.02\%$$

如果按折价 460 万元发行，则其资本成本为：

$$K_b=\frac{500\times 7\%\times(1-25\%)}{460\times(1-5\%)}\times 100\%=6.01\%$$

2) 长期借款成本

企业长期借款成本的计算与长期债券有相似之处，即借款利息也在税前扣除。但也存在不同之处，即长期借款的借款总额就是筹资总额。

长期借款成本根据计算时是否考虑货币时间价值，可分为不考虑货币时间价值的长期借款成本和考虑时间价值的长期借款成本。本教材只介绍前者。

不考虑货币时间价值的长期借款成本用公式表示为：

$$K_L = \frac{I \times (1-T)}{L \times (1-F)} \times 100\%$$

式中：K_L 表示长期借款成本；I 表示长期借款年利息额；T 表示所得税税率；L 表示长期借款筹资总额，即借款本金；F 表示长期借款筹资费用率。

【例 4-2】 某企业从银行取得长期借款 300 万元，年利率 8.8%，期限 3 年，每年结息一次，到期一次还本。筹资费用率为 1%。企业所得税税率 25%。这笔借款的资本成本计算如下：

$$K_L = \frac{300 \times 8.8\% \times (1-25\%)}{300 \times (1-1\%)} \times 100\% = 6.67\%$$

相对而言，企业借款的筹资费用很少，有时可以忽略不计，这时长期借款成本可按下式测算：

$$K_L = R \times (1-T)$$

式中：R 表示借款年利息率。

【例 4-3】 承[例 4-2]如果不考虑借款手续费，则这笔借款的资本成本为：

$$K_L = 8.8\% \times (1-25\%) = 6.60\%$$

2. 权益资本成本

企业权益资本成本来源于所有者投入的资本以及企业内部积累形成的资金，融资方式包括发行股票、吸收直接投资以及留存收益。由于股票发行程序复杂，与其他融资方式相比，筹资费用率要高得多；而股票的用资费用可以理解为股东的预期报酬率或机会成本，这与债务资本的利息有很大的区别。其主要表现在：一是股权融资成本的预期性，投资者对投资有回报率的预期，这构成股权资本成本的基础；二是股权融资成本的波动性；三是股利支付的税后支付性，企业没有得到抵减所得税的好处。因此，权益资本成本要比债务资本成本高。

1) 优先股资本成本

优先股的成本有两个主要特征：股息固定、税后支付股息。因此优先股的融资成本一般介于债务与普通股之间，低于普通股成本高于债务成本。优先股资本成本计算公式如下：

$$K_p = \frac{D_p}{P_p(1-F)}$$

式中：K_p 表示优先股资本成本；D_p 表示优先股年股利；P_p 表示优先股筹资额；F 表示筹资费用率。

【例 4-4】 某公司计划发行优先股 2 000 万股，每股发行价格 5 元，发行费用率为 4%，每股股息为 0.3 元。则该优先股的资本成本计算如下：

$$K = \frac{0.3}{5 \times (1-4\%)} = 6.25\%$$

2) 普通股资本成本

普通股是构成公司资本的主要部分，普通股成本的估算要比债券和优先股困难，因为普通股的股利发放受公司盈利和股利分配政策的影响，波动较大。在西方财务中，普通股成本的确定方法一般有股利折现模型、资本资产定价模型、风险溢价模型等。

(1) 股利折现模型。在该模型下,普通股成本计算有以下两种情形:
a. 若股利固定,则普通股成本为:

$$K_c = \frac{D}{P_c \times (1-F)} \times 100\%$$

式中:K_c 表示普通股资本成本;D 表示每年固定股利;P_c 表示普通股筹资总额;F 表示普通股筹资费用率。

【例 4-5】 某公司拟发行一批普通股,发行股数 100 万股,发行价格 15 元,每股发行费用 1 元,预定每年分派现金股利 1.5 元,则该批普通股成本计算如下:

$$K_c = \frac{100 \times 1.5}{100 \times (15-1)} \times 100\% = 10.71\%$$

优先股的股利一般固定不变,因此其筹资成本的计算可参照上述公式。

b. 股利逐年稳定增长,则普通股成本为:

$$K_c = \frac{D_1}{P_c \times (1-F)} \times 100\% + G$$

式中:D_1 表示普通股预计第一年股利;G 表示股利固定增长率;其他符号含义同前。

【例 4-6】 某公司准备等价增发普通股,总发行价格为 6 000 万元,筹资费用率为 5%,预计第一年现金股利率为 13%,以后每年股利增长 4%。则该批普通股成本计算如下:

$$K_c = \frac{6\,000 \times 13\%}{6\,000 \times (1-5\%)} + 4\% = 17.68\%$$

(2) 资本资产定价模型。资本资产定价模型的含义可简单表述为:普通股投资的必要报酬率等于无风险报酬率加上风险报酬率。用公式表示为:

$$K_c = R_f + \beta \times (R_m - R_f)$$

式中:R_f 表示无风险报酬率;R_m 表示市场报酬率或市场投资组合的期望收益率;β 表示某公司股票收益率相对于市场投资组合期望收益率的变动幅度。

【例 4-7】 某股份公司普通股股票的 β 值为 2,无风险报酬率为 3%,整个股票市场投资组合的期望收益率为 8%。则该公司普通股成本计算如下:

$$K_c = 3\% + 2 \times (8\% - 3\%) = 13\%$$

(3) 风险溢价模型。通常情况下,普通股股东的投资风险要大于债券投资人的投资风险,因而普通股股东会要求自己获得的报酬率也应大于债券投资报酬率,即要求普通股成本应在债券成本的基础上加上一个风险溢价,因此,在该模型下其计算公式为:

$$K_c = K_b + R_p$$

式中:K_b 表示债券成本;R_p 表示股东比债权人承担更大风险所要求的风险溢价。

【例 4-8】 假定某股份公司普通股的风险溢价估计为 3%,债券成本为 7%,则该公司普通股筹资的成本为:

$$K_c = 7\% + 3\% = 10\%$$

3) 留存收益资本成本

公司的留存收益(或留存利润)是公司的净利润在向股东支付股利后留存的部分。从表面上看,公司留存收益并不花费什么成本,而事实上股东之所以愿意将这部分收益留在公司,很显然是期望获得投资报酬,其参照标准是普通股的收益。因此,留存收益也有成本,只不过是一种机会成本。留存收益成本的计算方法与普通股基本相同,只是在采用股利折现模型计算时不考虑筹资费用。

a. 如果普通股股利固定,则留存收益成本公式为:

$$K_r = \frac{D}{P_c} \times 100\%$$

式中:K_r 表示留存收益资本成本。其他符号含义同前。

b. 如果普通股股利逐年固定增长,留存收益成本公式为:

$$K_r = \frac{D_1}{P_c} \times 100\% + G$$

【例 4-9】 某公司留用利润额为 120 万元,第 1 年末的股利率为 12%,预计以后每年增长 3%,则留存收益成本计算如下:

$$K_r = \frac{120 \times 12\%}{120} + 3\% = 15\%$$

(二)加权平均资本成本的计算

企业长期资金的来源不同,其成本也不相同。在资本市场发达的今天,多元化融资是现代企业的基本特点。当企业采用多元化融资方式组合时,还需要计算加权平均资本成本,以更好地进行筹资和投资决策。加权平均资本成本是指一个企业全部长期资本的成本,通常是以各种资本占全部资本的比例为权数,对个别资本成本进行加权平均来确定的,也称综合资本成本。其计算公式为:

$$K_w = \sum_{j=1}^{n} K_j W_j$$

式中:K_w 表示综合资本成本,即加权平均资本成本;K_j 表示第 j 种个别资本成本;W_j 表示第 j 种个别资本占全部资本的比重,即权数。

平均资本成本率的计算,存在着权数价值的选择问题,即各项个别资本按什么权数来确定资本比重。通常,可供选择的价值形式有账面价值、市场价值、目标价值等。

1. 账面价值权数

即以各项个别资本的会计报表账面价值为基础来计算资本权数,确定各类资本占总资本的比重。其优点是:资料容易取得,可以直接从资产负债表中得到,而且计算结果比较稳定。其缺点是:当债券和股票的市价与账面价值差距较大时,导致按账面价值计算出来的资本成本不能反映目前从资本市场上筹集资本的现时机会成本,不适合评价现时的资本结构。

2. 市场价值权数

即以各项个别资本的现行市价为基础来计算资本权数,确定各类资本占总资本的比重。其优点是能够反映现时的资本成本水平,有利于进行资本结构决策。但现行市价处于经常变动之中,不容易取得,而且现行市价反映的只是现时的资本结构,不适用未来的筹资决策。

3. 目标价值权数

即以各项个别资本预计的未来价值为基础来确定资本权数,确定各类资本占总资本的比重。目标价值是目标资本结构要求下的产物,是公司筹措和使用资金对资本结构的一种要求。对于公司筹措新资金,需要反映期望的资本结构来说,目标价值是有益的,适用于未来的筹资决策,但目标价值的确定难免具有主观性。

以目标价值为基础计算资本权重,能体现决策的相关性。目标价值权数的确定,可以选择未来的市场价值,也可以选择未来的账面价值。选择未来的市场价值,与资本市场现状联系比较紧密,能够与现时的资本市场环境状况结合起来,目标价值权数的确定一般以现时市场价值为依据。但市场价值波动频繁,可行方案是选用市场价值的历史平均值,如30日、60日、120日的均价等。总之,目标价值权数是主观愿望和预期的表现,依赖于财务经理的价值判断和职业经验。

【例 4-10】 某公司现有长期资本总额 1 000 万元,其中长期借款 200 万元,长期债券 150 万元,优先股 200 万元,普通股 100 万元,留用利润 350 万元;各种长期资本成本分别为 5.33%、6.5%、12%、15.89% 和 14%。该公司综合资本成本可按如下两步测算:

第一步,计算各种长期资本的比重。

$$长期借款资本比重 = 200 \div 1\,000 = 0.20$$
$$长期债券资本比重 = 150 \div 1\,000 = 0.15$$
$$优先股资本比重 = 200 \div 1\,000 = 0.20$$
$$普通股资本比重 = 100 \div 1\,000 = 0.10$$
$$留用利润资本比重 = 350 \div 1\,000 = 0.35$$

第二步,测算综合资本成本。

$$K_w = 5.33\% \times 0.20 + 6.5\% \times 0.15 + 12\% \times 0.20 + 15.89\% \times 0.10 + 14\% \times 0.35 = 10.94\%$$

计算过程如表 4-1 所示。

表 4-1　　　　　　　　　　　综合资本成本计算

资本种类	资本总额(万元)	资本比重	个别资本成本	综合资本成本
长期借款	200	0.20	5.33%	1.07%
长期债券	150	0.15	6.50%	0.98%
优先股	200	0.20	12.00%	2.40%
普通股	100	0.10	15.89%	1.59%
留用利润	350	0.35	14.00%	4.90%
合计	1 000	1	—	10.94%

(三) 边际资本成本的计算

边际资本成本是指企业追加筹资的资本成本,即企业每增加一个单位量的资本所需负担的成本。企业的个别资本成本和平均资本成本,是企业过去筹集的单项资本的成本或目前使用全部资本的成本。然而,企业在追加筹资时,不能只考虑目前所使用资本的成本,还要考虑新筹集资金的成本,即边际资本成本。边际资本成本是企业进行追加筹资的决策依据,企业在追加筹资和追加投资的决策中必须考虑边际资本成

案例

本的高低。筹资方案组合时，边际资本成本的权数采用目标价值权数。

边际资本成本的计算可分为以下几种情况：

(1) 追加筹资时资本结构和个别资本成本保持不变。

(2) 追加筹资时资本结构改变，而个别资本成本保持不变。

(3) 追加筹资时资本结构保持不变，但个别资本成本发生改变。

在第三种情况下，由于个别资本成本发生变化，这就会使边际资本成本同时发生变化。

边际资本成本的计算可按下列步骤进行：

步骤一：确定追加筹资的目标资本结构。企业追加筹资既可以保留原有的资本结构，也可以改变原有的资本结构。不同的资本结构对边际资本成本的影响也不相同，本教材只研究资本结构不变的情况。

步骤二：确定各种资本的成本。在资本市场上一般随着企业筹资规模的增大，各种资本来源的成本也会发生变动，如[例 4-11]所示。

【例 4-11】 某企业筹资情况具体资料如表 4-2 所示。

表 4-2　　　　　　　　　　　　企业筹资情况

资本种类	目标资本结构	追加筹资的数量范围(元)	资本成本
长期负债	0.20	10 000 以内 10 000~40 000 40 000 以上	6% 7% 8%
优先股	0.05	2 500 以内 2 500 以上	10% 12%
普通股	0.75	22 500 以内 22 500~75 000 75 000 以上	14% 15% 16%

步骤三：计算各种筹资方式的个别资本成本的临界点。

在资本市场上，由于企业筹资总额的变化会带动个别资本成本的变化。在某一已知的资本成本下，企业不可能筹集到无限的资金，因此有必要计算各种筹资方式的个别资本成本的临界点，这个临界点就是引起个别资本成本发生变化前的最高筹资额。其计算公式为：

$$筹资临界点 = \frac{按某一个别成本筹集的某种资金的限额}{该资本在目标结构中的比重}$$

由于个别资本成本随筹资数量的变动而变动，故企业最终确定的筹资总额临界点有若干个。其计算过程如表 4-3 所示。

表 4-3　　　　　　　　　　　某企业筹资总额临界点计算

资本种类	个别资本成本	追加筹资的数量范围(元)	筹资总额临界点(元)	追加筹资总额范围(元)
长期债务	6% 7% 8%	10 000 以下 10 000~40 000 40 000 以上	10 000/0.2=50 000 40 000/0.2=200 000	50 000 以下 50 000~200 000 200 000 以上
优先股	10% 12%	2 500 以下 2 500 以上	2 500/0.05=50 000	50 000 以下 50 000 以上

(续表)

资本种类	个别资本成本	追加筹资的数量范围(元)	筹资总额临界点(元)	追加筹资总额范围(元)
普通股	14% 15% 16%	22 500 以下 22 500～75 000 750 00 以上	22 500/0.75＝30 000 75 000/0.75＝100 000	30 000 以下 30 000～100 000 100 000 以上

表 4-3 显示了特定来源资本成本变动的临界点。例如,长期债务在 10 000 元以内时,其资本成本为 6%,而在目标资本结构中,债务资本的比例为 20%,这表明当债务资本成本由 6% 上升到 7% 之前,企业可筹集到资本 50 000 元;当筹资总额多于 50 000 元时,债务资本成本就要上升到 7%。

步骤四:计算边际资本成本。根据步骤三测算出的筹资临界点,可以得出下列五个新的筹资总额范围:①30 000 元以下;②30 000～50 000 元;③50 000～100 000 元;④100 000～200 000 元;⑤200 000 元以上。对这五个筹资总额范围分别测算其加权平均资本成本,即可得到各种筹资总额范围的边际资本成本,如表 4-4 所示。

表 4-4　　　　　　　　　　　边际资本成本计算

序号	筹资总额范围(元)	资本种类	目标资本结构	个别资本成本	边际资本成本
1	30 000 以内	长期债务 优先股 普通股	0.20 0.05 0.75	6% 10% 14%	1.2% 0.5% 10.5%
	第一个范围的边际资本成本＝12.20				
2	30 000～50 000	长期债务 优先股 普通股	0.20 0.05 0.75	6% 10% 15%	1.2% 0.5% 11.25%
	第二个范围的边际资本成本＝12.95				
3	50 000～100 000	长期债务 优先股 普通股	0.20 0.05 0.75	7% 12% 15%	1.4% 0.6% 11.25%
	第三个范围的边际资本成本＝13.25				
4	100 000～200 000	长期债务 优先股 普通股	0.20 0.05 0.75	7% 12% 16%	1.4% 0.6% 12.0%
	第四个范围的边际资本成本＝14.00				
5	200 000 以上	长期债务 优先股 普通股	0.20 0.05 0.75	8% 12% 16%	1.6% 0.6% 12.0%
	第五个范围的边际资本成本＝14.20				

表 4-4 的计算结果表明了企业在 5 个追加筹资总额范围内的边际资本成本,如企业追加筹资总额为 150 000 元,则它的边际资本成本为 14%。

第二节 杠杆效应

杠杆效应是指借助支点，用较小的力在反方向产生较大的作用力。财务管理中存在着类似于物理学中的杠杆效应，表现为：由于特定固定支出或费用的存在，当某一财务变量以较小幅度变动时，另一相关变量会以较大幅度变动。企业在经营活动中的杠杆效应，包括经营杠杆、财务杠杆和综合杠杆三种效应形式。杠杆效应既可以产生杠杆利益，也可能带来杠杆风险。

一、经营杠杆

（一）经营杠杆的概念

经营杠杆，又称营业杠杆或营运杠杆，是指企业在经营活动中对固定成本的利用，即由于固定成本的存在，销售额的变动会导致营业利润更大幅度的变动。

固定成本在一定的营业规模内，不随产品销售量（或销售额，下同）的变动而变动，因此，随着销售量的增长，单位销售量所负担的固定成本会相对减少，从而给企业带来额外的利润。

经营杠杆，是指由于固定性经营成本的存在，而使得企业的资产收益（息税前利润）变动率大于业务量变动率的现象。经营杠杆反映了资产收益的波动性，用以评价企业的经营风险。用息税前利润（EBIT）表示资产总收益，则：

$$EBIT = S - V - F = (P - V_c)Q - F = M - F$$

式中：$EBIT$ 表示息税前利润；S 表示销售额；V 表示变动性经营成本；F 表示固定性经营成本；Q 表示产销业务量；P 表示销售单价；V_c 表示单位变动成本；M 表示边际贡献。

上式中，影响 $EBIT$ 的因素包括产品售价、产品需求、产品成本等因素。当产品成本中存在固定成本时，如果其他条件不变，产销业务量的增加虽然不会改变固定成本总额，但会降低单位产品分摊的固定成本，从而提高单位产品利润，使息税前利润的增长率大于产销业务量的增长率，进而产生经营杠杆效应。当不存在固定性经营成本时，所有成本都是变动性经营成本，边际贡献等于息税前利润，此时息税前利润变动率与产销业务量的变动率完全一致。

（二）经营杠杆系数

只要企业存在固定性经营成本，就存在经营杠杆效应。但以不同产销业务量为基础，其经营杠杆效应的大小程度是不一致的。测算经营杠杆效应程度，常用指标为经营杠杆系数。经营杠杆系数（DOL），是息税前利润变动率与产销业务量变动率的比值，计算公式为：

$$DOL = \frac{\Delta EBIT/EBIT}{\Delta S/S}$$

式中：DOL 表示经营杠杆系数；$EBIT$ 表示息税前利润；S 表示销售额；Δ 表示变动符号；$\Delta EBIT$ 表示息税前利润变动额；ΔS 表示销售变动额。

经营标杆系数的计算还可以采用其他方法。

假设 Q 表示销售数量；P 表示单价；V 表示单位变动成本；F 表示固定成本总额；VC 表示变动成本总额；DOL_Q 表示按销售数量确定的经营杠杆系数；DOL_S 表示按销售金额确定的经营杠杆系数。则上述公式可作如下变换：

因为 $EBIT=Q(P-V)-F$，$\Delta EBIT=\Delta Q(P-V)$，

所以：

$$DOL_Q=\frac{Q(P-V)}{Q(P-V)-F}$$

【例 4-12】 某公司销售总额为 8 000 万元，变动成本率为 60%，固定成本总额为 1 600 万元，息税前利润为 1 600 万元。其经营杠杆系数计算如下：

$$DOL=\frac{8\,000-8\,000\times 60\%}{8\,000-8\,000\times 60\%-1\,600}=2$$

在此例中，经营杠杆系数为 2 的意义在于：当公司销售增长 1 倍时，息税前利润将增长 2 倍；反之，当公司销售下降 1 倍时，息税前利润将下降 2 倍。前种情形表现为经营杠杆利益，后种情形则表现为经营风险。

（三）经营杠杆与经营风险

经营风险是指企业由于生产经营上的原因而导致的资产收益波动的风险。引起企业经营风险的主要原因是市场需求和生产成本等因素的不确定性，经营杠杆本身并不是资产收益不确定的根源，只是资产收益波动的表现。但是，经营杠杆放大了市场和生产等因素变化对利润波动的影响。经营杠杆系数越高，表明息税前利润受产销量变动的影响程度越大，经营风险也就越大。根据经营杠杆系数的计算公式，有：

$$DOL=\frac{EBIT+F}{EBIT}=1+\frac{固定成本}{息税前利润}$$

上式表明，在息税前利润为正的前提下，经营杠杆系数最低为 1，不会为负数；只要有固定性经营成本存在，经营杠杆系数总是大于 1。

从上式可知，影响经营杠杆的因素包括：企业成本结构中的固定成本比重；息税前利润水平。其中，息税前利润水平又受产品销售数量、销售价格、成本水平（单位变动成本和固定成本总额）高低的影响。固定成本比重越高、成本水平越高、产品销售数量和销售价格水平越低，经营杠杆效应越大；反之则相反。

【例 4-13】 某企业生产 A 产品，固定成本 100 万元，变动成本率 60%，当销售额分别为 1 000 万元、500 万元、250 万元时，经营杠杆系数分别为：

$$DOL_{1\,000}=\frac{1\,000-1\,000\times 60\%}{1\,000-1\,000\times 60\%-100}=1.33$$

$$DOL_{500}=\frac{500-500\times 60\%}{500-500\times 60\%-100}=2$$

$$DOL_{250}=\frac{250-250\times 60\%}{250-250\times 60\%-100}\to\infty$$

上例计算结果表明：在其他因素不变的情况下，销售额越小，经营杠杆系数越大，经营风险也就越大；反之则经营杠杆系数越小，经营风险也越小。如销售额为 1 000 万元，DOL 为

1.33，销售额为 500 万元，DOL 为 2，显然后者的不稳定性大于前者，经营风险也大于前者。在销售额处于盈亏临界点 250 万元时，经营杠杆系数趋于无穷大，此时企业销售额稍有减少便会导致更大的亏损。

可以证明，当企业的销售量、单价、固定成本、变动成本率等因素发生变化时，经营杠杆系数一般也会发生变动。一般而言，企业的经营杠杆系数越大，经营杠杆利益和经营风险就越高；企业的经营杠杆系数越小，经营杠杆利益和经营风险就越低。

财务杠杆对企业的资金运用有一种放大效应，当企业运用了负债，财务杠杆的效应就会显现，但是负债并非越多越好，我们应该分析筹集资金后资金的利润率是否大于利息率，发挥负债的正杠杆效应。

二、财务杠杆

（一）财务杠杆的概念

财务杠杆，是指由于固定性资本成本的存在，而使得企业的普通股收益（或每股收益）变动率大于息税前利润变动率的现象。财务杠杆反映了权益资本收益的波动性，用以评价企业的财务风险。用普通股收益或每股收益表示普通股权益资本收益，则：

$$TE = (EBIT - I)(1 - T) - D$$
$$EPS = [(EBIT - I)(1 - T) - D]/N$$

式中，TE 表示普通股收益；EPS 表示每股收益；I 表示债务资金利息；D 表示优先股股利；T 表示所得税税率；N 表示普通股股数。

上式中，影响普通股收益的因素包括资产收益、资本成本、所得税税率等因素。当有利息费用等固定性资本成本存在时，如果其他条件不变，息税前利润的增加虽然不改变固定利息费用总额，但会降低息税前利润分摊的利息费用，从而提高每股收益，使得普通股收益的增长率大于息税前利润的增长率，进而产生财务杠杆效应。当不存在固定利息、股息等资本成本时，息税前利润就是利润总额，此时利润总额变动率与息税前利润变动率完全一致。如果两期所得税税率和普通股股数保持不变，则每股盈余的变动率与利润总额变动率也完全一致，进而与息税前利润变动率一致。

（二）财务杠杆系数

只要企业融资方式中存在固定性资本成本，就存在财务杠杆效应。测算财务杠杆效应程度，常用指标为财务杠杆系数。财务杠杆系数（DFL）是普通股收益变动率与息税前利润变动率的比值，计算公式为：

$$DFL = \frac{\Delta EPS/EPS}{\Delta EBIT/EBIT}$$

式中：DFL 表示财务杠杆系数；EPS 表示普通股每股收益；ΔEPS 表示普通股每股收益变动额。为便于计算，还可将上式变换如下：

因为 $EPS = (EBIT - I)(1 - T)/N$，$\Delta EPS = \Delta EBIT(1 - T)/N$，

所以：

$$DFL = \frac{EBIT}{EBIT - I}$$

因为优先股股利是税后支付的,所以如果存在优先股,上式可改成下列形式:

$$DFL = \frac{EBIT}{EBIT - I - D/(1-T)}$$

式中:D 表示优先股股利。

【例 4-14】 某公司全部长期资本为 8 000 万元,负债比率为 40%,债务年利率为 10%,公司所得税税率为 25%,息税前利润为 960 万元。其财务杠杆系数计算如下:

$$DFL = \frac{960}{960 - 8\,000 \times 40\% \times 10\%} = 1.5$$

在此例中,财务杠杆系数为 1.5 的意义在于:当公司息税前利润增长 1 倍时,普通股每股税后利润将增长 1.5 倍;反之,当公司息税前利润下降 1 倍时,普通股每股利润将下降 1.5 倍。前种情形表现为财务杠杆利益,后种情形则表现为筹资风险。

(三) 财务杠杆与财务风险

财务风险是指企业由于筹资原因产生的资本成本负担而导致的普通股收益波动的风险。引起企业财务风险的主要原因是资产收益的不利变化和资本成本的固定负担。由于财务杠杆的作用,当企业的息税前利润下降时,企业仍然需要支付固定的资本成本,导致普通股剩余收益以更快的速度下降。

财务杠杆放大了资产收益变化对普通股收益的影响,财务杠杆系数越高,表明普通股收益的波动程度越大,财务风险也就越大。在不存在优先股股息的情况下,根据财务杠杆系数的计算公式,有:

$$DFL = 1 + \frac{利息费用}{息税前利润 - 利息费用}$$

上式中,分子是企业筹资产生的固定性资本成本负担,分母是归属于股东的收益。上式表明,在企业有正的税后利润的前提下,财务杠杆系数最低为 1,不会为负数;只要有固定性资本成本存在,财务杠杆系数总是大于 1。

从上式可知,影响财务杠杆的因素包括:企业资本结构中债务资金比重;普通股收益水平;所得税税率水平。其中,普通股收益水平又受息税前利润、固定性资本成本高低的影响。债务成本比重越高、固定的资本成本支付额越高、息税前利润水平越低,财务杠杆效应越大;反之则财务杠杆效应越小。

【例 4-15】 在[例 4-14]中,该公司的财务杠杆系数 1.5,这意味着如果 EBIT 下降,该公司的 EPS 与之同步下降。导致该公司 EPS 不为负数的 EBIT 最大降幅为 66.67%。若 EBIT 降低 66.67% 以上,该公司普通股收益会出现亏损。

一般而言,财务杠杆系数越大,企业的财务杠杆利益和筹资风险就越高;财务杠杆系数越小,企业财务杠杆利益和筹资风险就越低。

财务杠杆对企业的资金运用有放大效应,当企业运用了负债,财务杠杆的效应就会显现,但是负债并非越多越好,我们应该分析筹集资金后资金的利润率是否大于利息率,发挥负债的正杠杆效应。

三、综合杠杆

(一) 综合杠杆的概念

综合杠杆，也称复合杠杆，是经营杠杆和财务杠杆的综合，即权益资本收益与产销业务量之间的变动关系。经营杠杆是由于固定成本的作用而影响息税前利润，财务杠杆是由于固定债务利息的作用而影响税后利润或普通股每股收益。经营杠杆和财务杠杆两者最终都影响到企业税后利润或普通股每股收益。两种杠杆共同作用，将导致产销业务量稍有变动，就会引起普通股每股收益更大的变动。

综合杠杆，是指由于固定经营成本和固定资本成本的存在，导致普通股每股收益变动率大于产销业务量的变动率的现象。

(二) 综合杠杆系数

只要企业同时存在固定性经营成本和固定性资本成本，就存在综合杠杆效应。产销量变动通过息税前利润的变动，传导至普通股收益，使得每股收益发生更大的变动。用综合杠杆系数(DTL)表示综合杠杆效应程度，综合杠杆系数是经营杠杆系数和财务杠杆系数的乘积，是普通股收益变动率与产销量变动率的倍数。计算公式为：

$$DTL = DOL \times DFL = \frac{\Delta EPS/EPS}{\Delta S/S} = \frac{\Delta EPS/EPS}{\Delta Q/Q}$$

或：

$$DTL = \frac{EBIT + F}{EBIT - I - D/(1-T)}$$

【例 4-16】 某公司的经营杠杆系数为 2，财务杠杆系数为 1.5。其综合杠杆系数计算如下：

$$DTL = 2 \times 1.5 = 3$$

在此例中，综合杠杆系数为 3 的意义在于：当公司销售增长 1 倍时，税后利润或普通股每股收益将增长 3 倍；反之，当销售下降 1 倍时，税后利润或普通股每股收益将下降 3 倍。前种情形表现为综合杠杆利益，后种情形则表现为综合风险。

(三) 综合杠杆与公司风险

公司风险包括企业的经营风险和财务风险，综合杠杆系数反映了经营杠杆和财务杠杆之间的关系，用以评价企业的整体风险水平。在综合杠杆系数一定的情况下，经营杠杆系数与财务杠杆系数此消彼长。综合杠杆效应的意义在于：第一，能够说明产销业务量变动对普通股收益的影响，据以预测未来的每股收益水平；第二，揭示了财务管理的风险管理策略，即要保持一定的风险状况水平，需要维持一定的综合杠杆系数，经营杠杆和财务杠杆可以有不同的组合。

一般来说，固定资产比重较大的资本密集型企业，经营杠杆系数高，经营风险大，企业筹资主要依靠权益资本，以保持较小的财务杠杆系数和财务风险；变动成本比重较大的劳动密集型企业，经营杠杆系数低，经营风险小，企业筹资可以主要依靠债务资金保持较大的财务杠杆系数和财务风险。

一般来说，在企业初创阶段，产品市场占有率低，产销业务量小，经营杠杆系数大，此时企业筹资主要依靠权益资本，在较低程度上使用财务杠杆；在企业扩张成熟期，产品市场占有率高，产销业务量大，经营杠杆系数小，此时企业资本结构中可扩大债务资本比重，在较高程度上使用财务杠杆。

一般而言，企业的综合杠杆系数越大，综合杠杆利益和综合风险就越高；企业的综合杠杆系数越小，综合杠杆利益和综合风险就越低。

第三节 资本结构

一、资本结构概述

（一）资本结构的含义

筹资管理中，资本结构有广义和狭义之分。广义资本结构是指全部债务与股东权益的构成比例；狭义的资本结构则是指长期负债与股东权益的构成比例。本教材所指的资本结构，是指狭义的资本结构。

企业的资本结构是由企业采用各种方式筹集资本形成的。通常企业都采用债务筹资和权益筹资的组合，由此形成的资本结构一般称作"杠杆资本结构"，其杠杆比率表示资本结构中债务资本和权益资本的比例关系。权益资本是企业必备的基础资本，因此资本结构问题实际上也就是债务资本的比例问题，即债务资金在企业全部资本中所占的比重。

（二）资本结构理论

企业资本结构理论的研究起源于美国，该理论主要研究资本构成与企业之间的关系，如何安排企业的融资，才能达到企业价值的最大化。1958年6月，美国学者莫迪格莱尼和米勒（Modigliani & Miller, MM）在《美国经济评论》中发表了著名的《资本成本、企业理财和投资理论》的论文，提出了经典的"MM定理"，开创了现代西方资本结构理论的先河，构建了现代西方资本结构理论的基石。

1. MM理论

最初的MM理论是建立在以下基本假设基础上的：①企业只有长期债券和普通股票，债券和股票均在完善的资本市场上交易，不存在交易成本；②个人投资者与机构投资者的借款利率与企业的借款利率相同且无借债风险；③具有相同经营风险的企业称为风险同类，经营风险可以用息税前利润的方差衡量；④每一个投资者对企业未来的收益、风险的预期都相同；⑤所有的现金流量都是永续的，债券也是。

该理论认为，不考虑企业所得税，有无负债都不改变企业的价值。因此企业价值不受资本结构的影响。而且，有负债企业的股权成本随着负债程度的增大而增大。

在考虑企业所得税带来的影响后，提出了修正的MM理论。该理论认为企业可利用财务杠杆增加企业价值，因负债利息可带来避税利益，企业价值会随着资产负债率的增加而增加。具体而言：有负债企业的价值等于同一风险等级中某一无负债企业的价值加上赋税节余的价值；有负债企业的股权成本等于相同风险等级的无负债企业的股权成本加上与以市值计算的债务与股权比例成比例的风险收益,且风险收益取决于企业的债务比例以及企业所得税税率。

在此基础上,米勒进一步将个人所得税因素引入修正的MM理论,并建立了同时考虑企业所得税和个人所得税的MM资本结构理论模型。

2. 权衡理论

修正了的MM理论只是接近了现实,但在现实经济实践中,各种负债成本会随负债比率的增大而上升,当负债比率达到某一程度时,企业负担破产成本的概率会增加。经营良好的企业,通常会维持其债务不超过某一限度。为解释这一现象,权衡理论应运而生。

权衡理论通过放松MM理论完全信息以外的各种假定,考虑在税收、财务困境成本存在的条件下,资本结构如何影响企业市场价值。权衡理论认为,有负债企业的价值等于无负债企业价值加上税赋节约现值,再减去财务困境成本的现值。

3. 代理理论

代理理论认为企业资本结构会影响经理人员的工作水平和其他行为选择,从而影响企业未来现金收入和企业市场价值。该理论认为,债务筹资有很强的激励作用,并将债务视为一种担保机制,这种机制能够促使经理多努力工作,少个人享受,并且做出更好的投资决策,从而降低由于两权分离而产生的代理成本;但是,债务筹资可能带来另一种代理成本,即企业接受债权人监督而产生的成本。均衡的企业所有权结构是由股权代理成本和债务代理成本之间的平衡关系来决定的。

4. 融资优序理论

企业融资优序理论也称为啄食顺序理论,是由美国经济学家梅耶提出的,该理论以不对称信息理论为基础,并考虑融资的交易成本,认为企业融资存在一定的优化顺序。企业会更倾向选择内源融资,内源融资来自企业经营活动形成的自由现金流,它等于当期留存收益加上折旧;如需外部融资,企业会优先选择发行债券,然后才会选择发行股票。因此,企业融资一般会遵循"内源融资、债务融资、股权融资"的先后顺序。但是,该理论显然难以解释现实生活中所有的资本结构规律。

值得一提的是,积极主动地改变企业的资本结构(例如,通过出售或者回购股票或债券)牵涉交易成本,企业很可能不愿意改变资本结构,除非资本结构严重偏离了最优水平。由于公司股权的市值随股价的变化而波动,所以大多数企业的资本结构变动很可能是被动发生的。

(三)影响资本结构的因素

在当前的经济状况下,影响企业资本结构的因素较多,主要有以下几个。

1. 企业现有的财务状况

如果企业的获利能力、变现能力强,财务状况良好,债权人愿意向企业提供信用,企业容易获得债务资金。相反,如果企业财务状况欠佳,信用等级不高,债权人投资风险大,这样会降低企业获得信用的能力,加大债务资金筹资的资本成本。

2. 企业经营状况的稳定性和成长率

企业产销业务量的稳定程度对资本结构有重要影响:如果产销业务稳定,企业可较多地负担固定财务费用;如果产销业务量和盈余有周期性,则负担固定财务费用将承担较大的财务风险。经营发展能力表现为未来产销业务量的增长率,如果产销业务量能够以较高的水平增长,企业可以采用高负债的资本结构,以提升权益资本的报酬。

3. 体现企业性质的资产结构

资产结构是企业筹集资本后进行资源配置和使用后的资金占用结构,包括长短期资产构成和比例,以及长短期资产内部的构成和比例。资产结构对企业资本结构的影响主要包括:拥有大量固定资产的企业主要通过发行股票融通资金;拥有较多流动资产的企业更多地依赖流动负债融通资金,其中,资产适用于抵押贷款的企业负债较多,以技术研发为主的企业则负债较少。

4. 企业所有者和管理者的态度

从企业所有者的角度看,如果企业股权分散,企业可能更多地采用权益资本筹资以分散企业风险。如果企业为少数股东控制,股东通常重视企业控股权问题。为防止控股权稀释,企业一般尽量避免普通股筹资,而采用优先股或债务筹资方式。从企业管理者的角度看,高负债资本结构的财务风险高,一旦经营失败或出现财务危机,管理者将面临市场接管的威胁或者被董事会解聘风险。因此,稳健的管理者偏好于选择低负债比例的资本结构。

5. 企业所在行业的制约

不同行业的资本结构差异很大。产品市场稳定的成熟产业经营风险低,因此可提高债务资金比重,发挥财务杠杆作用。高新技术企业产品、技术、市场尚不成熟,经营风险高,因此可降低债务资金比重,控制财务杠杆风险。同一企业不同发展阶段上,资本结构安排不同。企业初创阶段,经营风险高,在资本结构安排上应控制负债比例;企业发展成熟阶段,产品产销业务量稳定和持续增长,经营风险低,可适度增加债务资金比重,发挥财务杠杆效应;企业收缩阶段,产品市场占有率下降,经营风险逐步加大,应逐步降低债务资金比重,保证经营现金流量能够偿付到期债务,保持企业持续经营能力,减少破产风险。

6. 经济环境的税务政策和货币政策

资本结构决策必然要研究理财环境因素,特别是宏观经济状况。政府调控经济的手段包括财政税收政策和货币金融政策,当所得税税率较高时,债务资金的抵税作用大,企业充分利用这种作用以提高企业价值。货币金融政策影响资本供给,从而影响利率水平的变动,当国家执行了紧缩的货币政策时,市场利率较高,企业债务资本成本增大。

二、最佳资本结构的确定方法

不同的资本结构会给企业带来不同的后果。企业利用债务资本进行举债经营具有双重作用,既可以发挥财务杠杆效应,也可能带来财务风险,因此,企业必须权衡财务风险和资本成本的关系,确定最佳的资本结构。评价企业资本结构最佳状态的标准应是既能够提高股权收益或降低资本成本,又能控制财务风险,最终目的是提升企业价值。

(一) 最佳资本结构的概念

根据资本结构理论,当企业平均资本成本最低时,企业价值最大。所谓最佳资本结构,是指在一定条件下使企业平均资本成本率最低、企业价值最大的资本结构。资本结构优化的目标,是降低平均资本成本率或提高普通股每股收益。它应作为企业的目标资本结构。

从理论上讲,最佳资本结构是存在的,但由于企业内部条件和外部环境的经常性变化,动态地保持最佳资本结构十分困难。因此在实践中,目标资本结构通常是企业结合自身实际进行适度负债经营所确立的资本结构,是根据满意原则确定的资本结构。

(二)最佳资本结构的确定方法

确定最佳资本结构,可以采用平均资本成本比较法、每股收益无差别点分析法、公司价值比较法和因素分析法等,本教材重点介绍前三种方法。

1. 平均资本成本比较法

平均资本成本比较法是计算不同资本结构或筹资组合方案的加权平均资本成本,并以此为标准相互比较确定最佳资本结构的方法。在该种方法下,加权平均资本成本最低的资本结构为最佳资本结构。

企业筹资可分为初始筹资和追加筹资两种情况。与此相对应,企业的资本结构决策可分为初始筹资的资本结构决策和追加筹资的资本结构决策。

(1)初始筹资的资本结构决策。在企业实务中,企业对拟定的筹资总额,可以采用多种筹资方式来筹集,每种筹资方式的筹资额亦可有不同安排,由此会形成若干资本结构或筹资组合方案来供选择。

【例4-17】 某公司在初创时所需资本总额为50 000元,有三个筹资组合方案可以选择,有关资料经测算列入表4-9。

表4-9 筹资组合方案 单位:元

筹资方式	筹资方案Ⅰ		筹资方案Ⅱ		筹资方案Ⅲ	
	筹资额	资本成本	筹资额	资本成本	筹资额	资本成本
长期借款	4 000	6%	5 000	6.5%	8 000	7.0%
债券	10 000	7%	15 000	8.0%	12 000	7.5%
优先股	6 000	12%	10 000	12.0%	5 000	12.0%
普通股	30 000	15%	20 000	15.0%	25 000	15.5%
合计	50 000	—	50 000	—	50 000	—

下面分别测算这三个筹资组合方案的综合资本成本,并比较其高低,从而确定最佳筹资组合方案即最佳资本结构。

方案Ⅰ:

① 各种筹资方式的比重:

长期借款 4 000÷50 000=0.08   债券 10 000÷50 000=0.2

优先股 6 000÷50 000=0.12   普通股 30 000÷50 000=0.6

② 综合资本成本:

$$K_w = 6\% \times 0.08 + 7\% \times 0.20 + 12\% \times 0.12 + 15\% \times 0.60 = 12.32\%$$

方案Ⅱ:

① 各种筹资方式的比重:

长期借款 5 000÷50 000=0.1   债券 15 000÷50 000=0.3

优先股 10 000÷50 000=0.2   普通股 20 000÷50 000=0.4

② 综合资本成本:

$$K_w = 6.5\% \times 0.1 + 8\% \times 0.3 + 12\% \times 0.2 + 15\% \times 0.4 = 11.45\%$$

方案Ⅲ：
① 各种筹资方式的比重：
长期借款　8 000÷50 000＝0.16　　　债券　　12 000÷50 000＝0.24
优先股　　5 000÷50 000＝0.1　　　 普通股　25 000÷50 000＝0.5
② 综合资本成本：
$$K_w = 7\% \times 0.16 + 7.5\% \times 0.24 + 12\% \times 0.10 + 15.5\% \times 0.50 = 11.87\%$$

综上可知，方案Ⅱ为11.45%，最低。在不考虑其他因素的情况下，方案Ⅱ是最优方案，其资本结构为企业的最佳资本结构。

(2) 追加筹资的资本结构决策。企业在持续的生产经营活动过程中，由于经营业务或对外投资的需要，有时会追加筹措新资，即追加筹资。因追加筹资以及筹资环境的变化，企业原定的最佳资本结构未必仍是最优的，需要进行调整。因此，企业应在有关情况的不断变化下寻求最佳资本结构，实现资本结构的最优化。

企业在进行追加筹资组合决策中可采用两种方法：一种方法是直接测算各备选追加筹资方案的边际资本成本，选择最优的；另一种是将备选追加筹资方案与原有最佳资本结构汇总，测算比较各个追加筹资方案下汇总资本结构的综合资本成本，从中比较选择最佳筹资方案。

【例4-18】　某公司拟追加筹资10 000元，现有两个追加筹资方案可供选择，有关资料经测算整理后列入表4-10。

表4-10　　　　　　　　　　　追加筹资方案　　　　　　　　　　　单位：元

筹资方式	追加筹资方案Ⅰ		追加筹资方案Ⅱ	
	追加筹资额	资本成本	追加筹资额	资本成本
长期借款	5 000	7%	6 000	7.5%
优先股	2 000	13%	2 000	13%
普通股	3 000	16%	2 000	16%
合计	10 000	—	10 000	—

第一种方法：计算两个追加筹资方案的边际资本成本。

方案Ⅰ：
$$K_w = \frac{5\,000}{10\,000} \times 7\% + \frac{2\,000}{10\,000} \times 13\% + \frac{3\,000}{10\,000} \times 16\% = 10.9\%$$

方案Ⅱ：
$$K_w = \frac{6\,000}{10\,000} \times 7.5\% + \frac{2\,000}{10\,000} \times 13\% + \frac{2\,000}{10\,000} \times 16\% = 10.3\%$$

由计算得知，方案Ⅱ的边际资本成本为10.3%，低于方案Ⅰ，因此方案Ⅱ优于方案Ⅰ。

承接例[4-18]，如果该企业原有的最优资本结构为：长期借款5 000元，债券15 000元，优先股10 000元，普通股20 000元，资本总额50 000元。则企业原有资本结构与追加筹资方案可汇总如表4-11所示。

表 4-11 原资本结构追加筹资方案 单位:元

筹资方式	原资本结构		追加筹资方案 Ⅰ		追加筹资方案 Ⅱ		追加筹资后资本结构	
	筹资额	资本成本	筹资额	资本成本	筹资额	资本成本	方案 Ⅰ	方案 Ⅱ
长期借款	5 000	6.5%	5 000	7%	6 000	7.5%	10 000	11 000
债券	15 000	8.0%	—		—		15 000	15 000
优先股	10 000	12.0%	2 000	13%	2 000	13%	12 000	12 000
普通股	20 000	15.0%	3 000	16%	2 000	16%	23 000	22 000
合计	50 000	—	10 000		10 000		60 000	60 000

第二种方法:计算两个追加筹资方案的综合资本成本。

方案Ⅰ:

$$\frac{5\,000\times6.5\%+5\,000\times7\%}{60\,000}+\frac{15\,000}{60\,000}\times8\%+\frac{10\,000\times12\%+2\,000\times13\%}{60\,000}+$$

$$\frac{20\,000+3\,000}{60\,000}\times16\%=11.69\%$$

方案Ⅱ:

$$\frac{50\times6.5\%+60\times7\%}{60\,000}+\frac{15\,000}{60\,000}\times8\%+\frac{10\,000\times12\%+2\,000\times13\%}{60\,000}+$$

$$\frac{20\,000+2\,000}{60\,000}\times16\%=11.59\%$$

在上列计算中,根据股票的同股同利原则,原有股票应按新发行股票的资本成本计算,即全部股票按新发行股票的资本成本计算其总的资本成本。

最后,比较两个追加筹资方案与原资本结构汇总后的综合资本成本,方案Ⅱ与原资本结构汇总后的综合资本成本为 11.59%,低于方案Ⅰ与原资本结构汇总后的综合资本成本 11.69%。因此,追加筹资方案Ⅱ优于方案Ⅰ,由此形成的新的资本结构为该公司的最佳资本结构。

2. 每股收益无差别点分析法

每股收益无差别点分析法就是利用每股收益无差别点来进行资本结构决策的方法。所谓每股收益无差别点,是指两种或两种以上筹资方案下普通股每股收益相等时的息税前利润点,亦称息税前利润平衡点,有时也称筹资无差别点。运用这种方法,根据每股收益无差别点,可以分析判断在什么情况下可利用债务筹资来安排及调整资本结构。其计算公式为:

$$每股收益(EPS)=\frac{(EBIT-I)(1-T)-D}{N}$$

$$\frac{(EBIT_0-I_1)(1-T)-D_1}{N_1}=\frac{(EBIT_0-I_2)(1-T)-D_2}{N_2}$$

每股收益无差别点计算公式为:

每股利润无差别点处的息税前利润的计算公式为:

$$EBIT_0=\{N_2[I_1(1-T)+D_1]-N_1[I_2(1-T)+D_2]\}\div(N_2-N_1)(1-T)$$

式中:$EBIT_0$ 表示每股收益无差别点处的息税前利润;I_1,I_2 分别表示两种筹资方式下的年利息;D_1,D_2 分别表示两种筹资方式下的优先股股利;N_1,N_2 分别表示两种筹资方式下的流通在外的普通股股数。

如果公司没有发行优先股,上式可简化为:

$$EBIT_0 = (N_2 I_1 - N_1 I_2) \div (N_2 - N_1)$$

【例 4-19】 某公司原有资本为 1 000 万元,其中债务资本为 400 万元,债务利息为 40 万元,普通股资本为 600 万元(10 万股),公司的所得税税率为 30%。

该公司准备筹集新资金 500 万元,预计增资后公司的息税前利润将达到 200 万元,可选用的筹资方式有两个:

(1) 增发普通股,增发 10 万股,每股 50 元。

(2) 采用长期借款的形式,以 10% 的年利率借入 500 万元,年利息为 50 万元。

要求:采用每股收益无差别点法计算分析企业应采用哪种筹资方式。

将上述资料的数据代入前面的公式,得到:

$$\frac{(EBIT_0 - 40) \times (1 - 0.3)}{10 + 10} = \frac{(EBIT_0 - 40 - 50) \times (1 - 0.3)}{10}$$

计算后得 $EBIT_0 = 140$ 万元,此时的 $EPS_1 = EPS_2 = 3.5$ 元。

上述关系可用图 4-1 来表示。

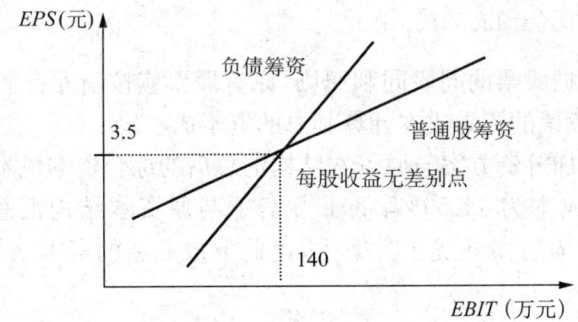

图 4-1 每股收益无差别点

从图 4-1 可以看出,当公司的息税前利润高于无差别点 140 万元时,运用负债筹资,可以获得更高的每股收益;当公司的息税前利润低于无差别点 140 万元时,运用普通股筹资可以获得更高的每股收益。上例中公司增资后的息税前利润将达到 200 万元,所以公司应该采用债务筹资,即第二个方案,增加长期借款方案。公司也可以通过计算增资后的每股收益,来选择较好的筹资方式。计算过程如表 4-12 所示。

表 4-12 预计增资后的每股收益

项目	增发普通股	增加长期借款
预计息税前利润(万元)	200	200
减:利息(万元)	40	90
税前利润(万元)	160	110

(续表)

项目	增发普通股	增加长期借款
减:所得税(万元)	48	33
税后利润(万元)	112	77
普通股股数(万股)	20	10
每股收益(EPS)(元)	5.6	7.7

由表 4-12 可知,因预计息税前利润为 200 万元时,增加长期借款的每股收益是 7.7 元,比增发普通股的每股收益 5.6 元高,所以应选择负债方式筹集资金。

每股收益无差别点法的测算原理比较容易理解,测算过程较为简单。它以普通股每股收益最高为决策标准,也没有具体测算财务风险因素,其决策目标实际上是股票价值最大化而不是公司价值最大化,该方法可用于资本规模不大、资本结构不太复杂的股份有限公司。

3. 公司价值比较法

公司价值比较法是指通过比较公司市场总价值来确定最佳资本结构的方法。通常情况下,在公司价值最大的资本结构下,公司的综合资本成本也是最低的。

假设:V 表示公司市场总价值;S 表示权益资本市场价值;B 表示债务资本市场价值。则公司的市场总价值可用公式表示为:

$$V = S + B$$

为简化分析,假定公司各期的息税前利润保持不变,债务资本的市场价值等于其面值;权益资本的市场价值按其未来现金流入的现值计算,假定企业零成长,企业当年的利润全部分配给股东,则权益资本的市场价值计算公式如下:

$$S = \frac{(EBIT - I)(1 - T)}{K_s}$$

式中:K_s 表示权益资本成本。

根据资本资产定价模型确定权益资本成本,公式如下:

$$K_s = K_c = R_f + \beta \times (R_m - R_f)$$

以市场价值为权重基础确定公司的综合资本成本,公式如下:

$$K_w = K_b \cdot \frac{B}{V}(1 - T) + K_s \cdot \frac{S}{V}$$

当公司的市场总价值最大时,公司的综合资本成本也最低,这时公司的资本结构是最佳的。

【例 4-20】 某公司资本总额账面价值为 4 000 万元,年息税前利润为 800 万元。假定无风险报酬率为 6%,证券市场平均报酬率为 10%,所得税税率为 30%。该公司目前的资本结构不够合理,拟通过举债来进行调整。经测算,不同债务水平下的债务资本成本和权益资本成本如表 4-13 所示,要求运用公司价值比较法确定最佳资本结构。

表 4-13　　不同债务水平下的债务资本成本和权益资本成本　　单位:万元

债务市场价值 B	税前债务利息率 K_b	股票 β 值	权益资本成本 K_s
0	—	1.50	12.0%
400	8.0%	1.55	12.2%
800	9.0%	1.60	12.4%
1 200	10.0%	1.80	13.2%
1 600	12.0%	2.00	14.0%
2 000	13.0%	2.30	15.2%

表 4-13 中权益资本成本根据资本资产定价模型确定。

当 $B=0$ 时,$K_s=6\%+1.50\times(10\%-6\%)=12\%$

当 $B=400$ 万元时,$K_s=6\%+1.55\times(10\%-6\%)=12.2\%$

同理,可以计算得出其余各项权益资本成本。

根据表 4-13 资料,可以计算不同资本结构下公司总价值和综合资本成本。如表 4-14 所示。

表 4-14　　不同资本结构下公司价值和综合资本成本　　单位:万元

债务市场价值 (B)	股票市场价值 (S)	公司总价值 (V)	税前债务资本 成本(K_b)	权益资本成本 (K_s)	综合资本成本 (K_w)
0	4 667	4 667	—	12.0%	12.00%
400	4 407	4 807	8.0%	12.2%	11.65%
800	4 110	4 910	9.0%	12.4%	11.41%
1 200	3 606	4 806	10.0%	13.2%	11.61%
1 600	3 040	4 640	12.0%	14.0%	12.07%
2 000	2 487	4 487	13.0%	15.2%	12.48%

表 4-14 中:当 $B=0$ 时,$S=(800-0)\times(1-30\%)\div 12\%=4\,467$(万元)

$$V=4\,467+0=4\,467(万元),K_w=K_s=12.0\%$$

当 $B=400$ 万元时,$S=(800-400\times 8\%)\times(1-30\%)\div 12.2\%=4\,407$(万元)

$$V=4\,407+400=4\,807(万元)$$

$$K_w=8\%\times\frac{400}{4\,807}(1-30\%)+12.2\%\times\frac{4\,407}{4\,807}=11.65\%$$

同理,可以计算得出其余各项股票市场价值、公司总价值及综合资本成本。

通过表 4-14 可以看出,当公司没有债务资本时,其总价值就是股票的市场价值。当存在债务资本时,随着债务资本的增加,公司的总价值也增加,而综合资本成本却下降;而当债务资本增加到某一点后,即当 $B=800$ 万元后,公司的总价值为 4 910 万元,处于最高点,而综合资本成本为 11.41%,处于最低点。之后,随着债务资本的再增加,公司的总价值却开始下降,综合资本成本随之上升。因此,该公司拟调整的最佳资本结构为债务资本 800 万元。

公司价值比较法考虑了市场风险因素,并且以企业价值最大化为标准进行资本结构决策,与企业价值最大化理财目标相一致,因此更具科学性和合理性。但由于该方法测算过程较复杂,故一般只适用于资本规模较大的上市公司的最佳资本结构确定。

本章小结

资本成本是企业筹资管理中的一个重要概念。任何企业使用资本都必须付出一定的代价,即筹资费用和占用费用。资本成本的计算包括个别资本成本的计算、综合资本成本的计算和边际资本成本的计算。其中,个别资本成本的计算又包括长期债券成本、长期借款成本、普通股成本、优先股成本和留用利润成本的计算等。综合资本成本是指一个企业全部长期资本的成本,通常是以各种资本占全部资本的比重为权数,对个别资本成本进行加权平均来确定的,也称加权平均资本成本。边际资本成本是指企业追加筹资的资本成本,即企业每增加一个单位量的资本所需负担的成本。企业在追加筹资和追加投资的决策中必须考虑边际资本成本的高低。

财务管理杠杆效应是指销售额或营业利润以较小幅度变动时,公司的盈利或每股利润以较大幅度变动。实际工作中这种效应主要有经营杠杆效应、财务杠杆效应和综合杠杆效应,每种效应均有正负之分,正效应表现为标杆利益,负效应分别表现为经营风险、财务风险和综合风险。标杆的作用程度主要用杠杆系数来衡量。一般而言,杠杆系数越大,其对应的利益和风险也就越大;反之,其对应的利益和风险也就越小。资本结构总的来说是债务资本占资本总额的比例问题。企业在经营活动中应保持最佳资本结构。所谓最佳资本结构,是指企业在一定的条件下预期的综合资本成本最低,企业价值最大的资本结构。最佳资本结构的确定方法主要有平均资本成本比较法、每股收益无差别点分析法、公司价值比较法等,具体采用何种方法应根据企业的资本规模、资本结构等因素进行选择。

1. 什么是资本成本?资本成本的性质和作用有哪些?
2. 影响资本成本的因素有哪些?
3. 如何计算边际资本成本?
4. 什么是经营杠杆?如何衡量其杠杆效应?
5. 什么是财务杠杆?如何衡量其杠杆效应?
6. 什么是综合杠杆?如何衡量其杠杆效应?
7. 什么是资本结构?影响资本结构的因素有哪些?
8. 什么是最佳资本结构?最佳资本结构确定的方法有哪些?

1. 某企业等价发行面值1 000元,票面利率8%的5年期债券,筹资费为发行额的3%,

企业所得税税率为 25%。试计算该债券成本。假设该债券溢价发行,发行价为 1 080 元。试计算该债券成本。

2. 某公司准备拟发行一批普通股,发行价格为 18 元,每股发行费用为 1 元,预定每年分派现金股利 1.2 元。试计算普通股成本。

3. 某公司发行普通股,市价为 6 000 万元,第一年的股利率为 10%,预计以后每年增长 5%,该普通股筹资费用率为 3%。试计算普通股成本。

4. 某股份公司某种普通股股票的 β 值为 1.5,无风险利率为 5%,整个股票市场投资组合的期望收益率为 10%。试计算普通股成本。

5. 假定某股份公司普通股的风险溢价估计为 8%,而债务资本成本为 6%。试计算普通股成本。

6. 某企业长期资本总额为 5 000 万元,资本结构如表 4-15 所示。

表 4-15　　　　　　　　　某企业资本结构　　　　　　　　　单位:万元

各种资金来源	筹资状况	金额
长期借款	资本成本为 5.5%	1 200
公司债券	年利率 8% 筹资费用率为 3%	1 000
普通股	预计第一年股息率 12%,以后每年股利增长 6%,筹资费用率为 5%	1 500
留用利润		1 300
合计	—	5 000

要求:计算企业综合资本成本(假设企业所得税税率为 25%)。

7. 某企业销售额为 9 000 万元,固定成本为 2 000 万元(不包括债务利息),变动成本为 5 400 万元,全部资本为 6 000 万元,负债比率为 45%,负债利率为 12%。试计算营业杠杆系数、财务杠杆系数、综合杠杆系数。

8. 某公司资本总额为 4 000 万元,负债比率为 50%,负债利率为 10%,综合杠杆系数为 4.5,税息前利润为 450 万元。试计算营业杠杆系数,并说明当销售额增长 10% 时,息税前利润额增长多少。

9. 某企业经过测定,选定从银行长期借款、发行长期债券和普通股 3 个来源筹集资金,其有关资料如表 4-16 所示。

表 4-16　　　　　　　　某企业资本结构

资本来源	资本来源结构				资本成本
	A	B	C	D	
长期借款	20%	30%	45%	40%	7%
长期债券	30%	20%	25%	30%	8%
普通股	50%	50%	30%	30%	12%
合计	100%	100%	100%	100%	—

试运用平均资本成本比较法来确定企业的最优资本结构。

10. 某公司 20×6 年资本总额为 2 000 万元,其中普通股 1 200 万元(48 万股),负债总额为 800 万元,债务利率为 10%,假设所得税税率 40%。该公司 20×7 年准备将资本总额增加至 2 400 万元，需追加资本 400 万元。现有两个追加筹资方案可供选择：①发行债券，年利率 12%。②增发普通股 16 万股。预计 20×7 年息税前利润为 600 万元。

要求：(1) 计算 20×7 年两个追加筹资方案下的每股收益无差别点以及无差别点的每股收益。

(2) 计算两个追加筹资方案下的 20×7 年每股收益。

(3) 运用每股收益无差别点分析法进行资本结构决策。

一、基本案情

利来公司计划年初资本结构如下：长期债券 600 万元，年利率为 8%；普通股 10 万股，每股面值 100 元，共 1 000 万元，期望每股股利 15 元，预计今后每年增长 5%，所得税税率为 30%。假设发行债券和普通股的筹资费用率分别为 2%、3%。该公司拟增资 400 万元，现有甲、乙两种方案可供选择。

甲：发行长期债券 400 万元，年利率增至 10%，筹资费用率不变，普通股股利增加至每股 18 元，但市价将跌至每股 95 元，股利增长率不变。

乙：发行普通股 400 万元，预计股利增加到 20 元，同时市价上升到每股 140 元，股利增长率不变。

二、问题

如果你是公司财务人员，请对上述筹资方案作出决策。

第五章 企业项目投资管理

本章学习目的

本章主要阐述了企业项目投资的相关理论知识、投资决策指标的计算及应用。本章学习要求：树立绿色发展观、可持续发展观理念；了解企业项目投资的概念、特点和现金流量的构成；掌握现金流量、贴现与非贴现现金流量指标的计算；掌握固定资产更新决策、资本限量决策、投资开发时机决策和项目寿命周期不等决策的方法。

本章关键词

现金流量　投资回收期　平均报酬率　净现值　内含报酬率　净现值率　获利指数

本章课程思政点

项目可行性　结构平衡　动态监控　投资决策

案例导引

重视 ESG 的公司具有更强的韧性

2020年毫无疑问是一个特殊的年份，新冠肺炎疫情的暴发，使得全球政治和经济发生了一系列的动荡。可以说，给我们所有人的生活都带来了冲击。

我们从来没有如此自觉而且深刻地思考国家的未来、世界的未来、地球的未来，而与此同时，我们也从来没有如此关注自身与家庭、健康与安全、创造与传承。

2020年，人们反思个体、组织、社会、环境之间的关系，企业和企业家们反思过往的发展模式，投资者反思自身对企业价值的理解和定义。这种反思是有深远价值的。通透地来看，人类每次的灾难，在它的反面，常常蕴含着价值。火山爆发会带来多种稀有金属，江河泛滥，从历史上来看造就了肥沃的土壤。而这场全球疫情如果能够促进我们的反思，也算是其留给我们的一种财富。

我们看到在疫情期间，很多企业不仅维持了自身的有序运营，而且尽其所能，积极投身到抗击疫情和复工复产的工作中。在这个过程中，企业的"环境、社会和公司治理"(ESG)策略，一定意义上定义了企业应对突发事件的响应力和有效性。

重视 ESG 的公司抗风险能力比较好，而且具有更强的韧性，能够在危机之后较快恢复。在提高企业绩效的同时，推动长期持续发展的可能性。

ESG既是标准,更是工具。它不仅改变了企业家和投资者的商业投资行为,也在重塑企业、员工、客户、股东、政府、社会乃至和自然环境之间的关系,聚拢各方的意志与资源,危难之时共同探寻出新的共赢均衡。

当前,在政策层面,对落实ESG的要求越来越高,相关政策出台越来越密切。"十四五"规划中更是直接提到了绿色金融、绿色建筑、绿色发展等相关概念。

在市场层面,国内ESG投资基金已经超过了90只,ESG的延伸金融产品也非常多。机构方面,从事ESG各方面的分工越来越细化,专业性越来越强。ESG相关的监管实践、信息披露、评级、投融资等活动,也体现出了一种相互支持、相互推动的态势,将逐步形成一个完整的生态链。

ESG指标可持续发展,这是一种时代的浪潮。跨过2020年,我们清晰地感知到,这股浪潮正在扑面而来,就让我们一同拥抱这样一股浪潮。

资料来源:摘自第一财经,略有改动。

问题: ESG投资理念在企业项目投资的哪个环节应该得到体现?

第一节 企业项目投资管理概述

一、企业项目投资的概念与特点

(一) 企业项目投资的概念

企业项目投资是一种以特定项目为投资对象的长期投资行为,它与企业的新建项目或更新改造项目直接有关。从性质上看,它是企业直接的、生产性投资,通常包括固定资产投资、无形资产投资、开办费投资和流动资金投资等内容。

案例

(二) 企业项目投资的特点

与其他形式的投资相比,项目投资具有以下主要特点。

1. 投资金额大

项目投资直接与新建项目或更新改造项目有关,所以投资金额往往比较大,有的甚至是企业及其投资人多年的资金积累,在企业总资产中占有相当大的比重。因此,项目投资对企业未来的现金流量和财务状况都将产生深远的影响。

2. 投资期限长

项目投资是一种长期投资行为,故投资期及发挥作用的时间都比较长,对企业未来的生产经营活动和长期经营活动将产生重大影响。

3. 变现能力差

项目投资一旦完成,要想改变是相当困难的,不是无法实现,就是代价太大。因此,项目投资一般不准备在一年或一个营业周期内变现,而且即使在短期内变现,其变现能力也较差。

4. 投资风险高

项目投资的未来收益受多种因素影响,同时其投资金额大、投资的期限长、变现能力差,因此使得其投资风险比其他投资高,甚至会对企业未来的命运产生决定性影响。

二、企业项目投资的类型

企业项目投资的类型主要包括新建项目和更新改造项目。新建项目以新增生产能力为目的,按其涉及内容可进一步细分为单纯固定资产投资项目和完整工业投资项目。

单纯固定资产投资项目简称固定资产投资,其特点在于:在投资中只包括为取得固定资产而发生的垫支资本投入而不涉及周转资本的投入。完整工业投资项目则不仅包括固定资产投资,而且还涉及流动资金投资,甚至包括其他长期资产项目(如无形资产)的投资。因此,不能将项目投资简单地等同于固定资产投资。更新改造项目以恢复或改善生产能力为目的,按其涉及的内容也可进一步细分为更新项目和改造项目。

三、项目投资管理的原则

投资管理程序包括投资计划制订、可行性分析、实施过程控制、投资后评价等。为了适应项目投资的特点和要求,实现投资管理的目标,作出合理的投资决策,需要制定投资管理的基本原则,据以保证投资活动的顺利进行。

(一) 可行性分析原则

项目投资金额大,资金占用时间长,一旦投资后具有不可逆转性,对企业财务状况和经营前景影响重大。因此,在投资决策之时,必须建立严密的投资决策程序,进行科学的可行性分析。

项目投资可行性分析是投资管理的重要组成部分,其主要任务是对项目投资实施的可行性进行科学论证,主要包括环境可行性、技术可行性、市场可行性、财务可行性等方面。项目投资可行性分析将对项目实施后未来的运行和发展前景进行预测,通过定性分析和定量分析,比较项目优劣,为投资决策提供参考。

环境可行性,绿色低碳是中国企业高质量发展的战略目标,人与自然和谐共生是企业项目评价的重要依据。因此,在投资项目可行性分析中,要重点关注项目对生态环境与社会环境的影响。技术可行性,要求项目投资形成的生产经营能力,具有技术上的适应性和先进性,包括工艺、装备、地址等。市场可行性,要求项目投资形成的产品能够被市场所接受,具有市场占有率,进而才能带来财务上的可行性。财务可行性,要求投资项目在经济上具有效益性,这种效益性是明显的和长期的。财务可行性是在相关的环境、技术、市场可行性完成前提下,着重围绕技术可行性和市场可行性而开展的专门经济性评价。一般还包含资金筹集的可行性。

财务可行性分析是投资项目可行性分析的主要内容,因为投资项目的根本目的是经济效益,市场和技术上可行性的落脚点也是经济上的效益性,项目实施后的业绩绝大部分表现在价值化的财务指标上。

财务可行性分析的主要内容包括:收入、费用和利润等经营成果指标的分析;资产、负债、所有者权益等财务状况指标的分析;资金筹集和配置的分析;资金流转和回收等资金运行过程的分析;项目现金流量、净现值、内含收益率等项目经济性效益指标的分析;项目收益与风险关系的分析等。

（二）结构平衡原则

由于投资往往是一个综合性的项目，不仅涉及固定资产等生产能力和生产条件的购建，还涉及使生产能力和生产条件正常发挥作用所需要的流动资产的配置。同时，由于受资金来源的限制，投资也常常会遇到资金需求超过资金供应的矛盾。如何合理配置资源，使有限的资金发挥最大的效用，是投资管理中资金投放所面临的重要问题。

可以说，一个投资项目的管理就是综合管理。资金既要投放于主要生产设备，又要投放于辅助设备；既要满足长期资产的需要，又要满足流动资产的需要。投资项目在资金投放时，要遵循结构平衡原则，合理分布资金，具体包括固定资金与流动资金的配套关系、生产能力与经营规模的平衡关系、资金来源与资金运用的匹配关系、投资进度与资金供应的协调关系、流动资产内部的资产结构关系、发展性投资与维持性投资的配合关系、对内投资与对外投资的顺序关系、直接投资与间接投资的分布关系等。

投资项目在实施后，资金就较长期地固化在具体项目上，退出和转向都不太容易。只有遵循结构平衡原则，投资项目实施后才能正常顺利地运行，避免资源的闲置和浪费。

（三）动态监控原则

投资的动态监控，是指对投资项目实施过程中的进程控制。特别是对那些工程量大、工期长的建造项目，需有一个具体的投资过程，要按工程预算实施有效的动态投资控制。

投资项目的工程预算，是对总投资中各工程项目，以及所包含的分步工程和单位工程造价规划的财务计划。建设性投资项目应当按工程进度，对分项工程、分步工程、单位工程的完成情况，逐步进行资金拨付和资金结算，控制工程的资金耗费，防止资金浪费。在项目建设完工后，通过工程决算，全面清点所建造的资产数额和种类，分析工程造价的合理性，合理确定工程资产的账面价值。

四、企业项目计算期构成

企业项目计算期是指投资项目从投资建设开始到最终清理结束整个过程的全部时间，即该项目的有效持续期间。完整的项目计算期包括项目建设期和经营期。项目建设期是指项目从投资建设开始到完工投产所需要的时间。建设起点一般为第一年初（记作第 0 年），建设终点一般为投产日（记作 S 年）；生产经营期是指从投产之日起到项目终结点之间持续的时间（记作 P）。项目终结点一般为项目计算期最后一年末（记作第 n 年）。它们之间的数量关系表示为：

$$n = S + P$$

五、企业项目投资额的确定及资金投入方式

（一）企业项目投资额的确定

1. 原始总投资

原始总投资又称初始投资额，是企业为使项目完全达到设计生产能力、正常开展生产经营而投入的全部现实资金，包括建设投资和流动资金投资。其中，建设投资又包括固定资产投资、无形资产投资和开办费投资。

固定资产投资是指由于项目购置或安装固定资产所发生的投资;无形资产投资是指用于项目取得无形资产而发生的投资;开办费投资是指为组织项目投资的企业在筹建期发生的,不能计入固定资产和无形资产价值的那部分投资;流动资金投资是指项目投资前后一次或分次投放于流动资产项目的资金额,也称垫支流动资金。

2. 企业项目投资总额

企业项目投资总额是指以价值形式反映的与企业项目投资有关的所有资金总和,它等于项目原始总投资与建设期资本化利息之和。其中,建设期资本化利息是指在项目建设期发生的购建项目所需的固定资产、无形资产等长期资产的借款利息。

【例5-1】 某企业拟新建一条生产线,需在建设起点一次发生固定资产投资250万元,无形资产投资50万元,流动资金投资20万元。其中,固定资产和无形资产投资所需资金均来源于银行借款,年利率为8%。预计项目建设期为1年,则该企业项目投资有关指标计算为:

$$建设投资额=250+50=300(万元)$$
$$原始总投资=250+50+20=320(万元)$$
$$投资总额=320+(250+50)\times 8\%=344(万元)$$

(二) 企业项目投资的资金投入方式

企业项目投资的资金投入方式可分为集中性一次投入和分散性分次投入两种。如果企业的资金在建设期内的某个时点一次投入,而不涉及两个或两个以上的时点,这种方式就属于集中性一次投入方式;反之,就属于分散性分次投入方式。

六、企业项目投资的程序

企业项目投资的程序主要包括以下步骤。

(一) 项目提出

项目投资的提出是项目投资的第一步,它通常是由企业管理当局或企业高层管理人员、企业的各级管理部门或相关部门领导,根据企业的长远发展战略、中长期投资计划和投资环境的变化,在把握良好投资机会的情况下提出的。

(二) 项目评价

项目投资的评价主要涉及以下几项工作:

(1) 对提出的项目投资进行适当分类,为分析评价作好准备。

(2) 计算有关项目的建设周期,测算有关项目投产后的收入、费用和经济效益,预测有关项目的现金流入和现金流出。

(3) 运用各种投资评价指标,把各项投资按可行程度进行排序。

(4) 根据预测结果,写出详细的评价报告。

(三) 项目决策

项目投资评价后,应按分权管理的决策权限由企业高层管理人员或相关部门经理作最后决策。投资额小的战术性项目投资或维持性项目投资,其决策一般由部门经理作出,特别重大的项目投资还需要报董事会或股东大会批准同意后决策。不管由谁最后决策,其结论一般都不外乎三种情况:

(1) 接受这个项目,可以进行投资。

(2) 拒绝这个项目，不能进行投资。
(3) 发还给项目提出的部门，重新评价论证后，再行决策。

（四）项目执行

项目决策同意后，要积极筹措资金，实施项目投资。在项目投资的执行过程中，要对工程进度、工程质量、施工成本和工程概算进行监督、控制和审核，防止工程建设中的舞弊行为，确保工程质量，保证按时完成。

（五）项目再评价

在项目投资的执行过程中，应判断原来作出的投资决策是否科学合理和正确，一旦出现新的情况，就要随时根据变化的情况作出新的评价。如果情况发生重大变化，原来投资决策变得不合理，那么，就要进行是否终止投资或怎样终止投资的决策，以避免造成更大的经济损失。

第二节 现金流量

一、现金流量的概念

企业项目投资决策中所说的现金流量是指与项目投资决策有关的现金流入和流出的数量。这里的现金是指广义的现金，包括货币资金和非货币资源的变现价值。一个项目投资能否顺利进行，有无经济效益，不一定取决于有无会计期间利润，而在于能否带来净现金流量。利润只是期间财务报告的结果，对于投资方案财务可行性来说，项目的现金流量状况比会计期间盈亏状况更为重要。现金流量是评价投资方案是否可行时必须事先计算的一个基础性指标。

企业项目投资决策中之所以要以按收付实现制计算的现金流量作为评价项目经济效益的基础，而不以按权责发生制计算的收入、成本及利润作为评价项目经济效益的基础，主要是因为采用现金流量有利于科学地考虑资金的时间价值，而且会使投资决策更符合客观实际情况。

二、现金流量的构成

企业项目投资决策中的现金流量构成可以从其内容和时间上来看。

（一）从现金流量的内容上来看

从内容上来看，现金流量由现金流入量、现金流出量和现金净流量三部分构成。

1. 现金流入量

现金流入量是指项目投资所引起的企业现金收入的增加额。主要包括以下内容：

(1) 营业现金收入。它是指项目投产后企业因销售商品或提供劳务而取得的本期现销收入和收回的前期赊销收入。营业现金收入是现金流入量的主要内容。

(2) 固定资产残值收入。它是指项目报废或中途转让时，固定资产报废清理或转让的变价收入扣除清理费用后的净额。

(3) 垫支的流动资金回收收入。它是指项目终结时收回的原垫支在流动资产的流动资金。

2. 现金流出量

现金流出量是指项目投资所引起的企业现金支出的增加额。主要包括以下内容：

(1) 建设投资。它是指建设期内所发生的固定资产、无形资产和开办费等投资的总和，主要有土地购买或租赁费用、土建工程费用、购买生产设备及其安装支出、人员培训费用等。

(2) 流动资产上的投资。它是指项目运营期内为正常经营活动而投放在流动资产上的流动资金。

(3) 付现成本。它是指项目运营期内需用现金支付的各种成本费用。

(4) 所得税。企业缴纳的所得税一般也会发生现金支出，故属于现金流出。

3. 现金净流量

现金净流量也称净现金流量，是指一定期间项目投资所引起的现金流入量与流出量的差额。

(二) 从现金流量的时间上来看

从时间上来看，现金流量由初始现金流量、营业现金流量和终结现金流量三部分构成。

1. 初始现金流量

初始现金流量是指项目开始投资时发生的现金流量，一般包括以下几个部分：

(1) 固定资产上的投资，包括固定资产的购入或建造成本、运输成本和安装成本等。

(2) 无形资产和其他资产投资，应根据需要和可能，逐项按有关资产的评估方法和计价标准进行估算。

(3) 流动资产上的投资。可按下列公式估算：

$$某年流动资金投资额 = 本年流动资金需用数 - 截止上年的流动资金投资额$$
$$= 本年流动资金需用数 - 上年流动资金需用数$$
$$本年流动资金需用数 = 该年流动资产需用数 - 该年流动负债可用数$$

上式中的流动资产只包括材料、在产品、产成品等存货，以及现金、应收账款、预付账款等。流动负债只包括应付账款和预收账款。

【例5-2】 某企业一完整工业投资项目投产第一年预计流动资产需用额为50万元，流动负债可用额为30万元，假设该项投资发生在建设期末；投产第二年预计流动资产需用额为80万元，流动负债可用额为50万元。假设该项投资发生在投产后的第一年末，则估算每次发生流动资金的投资额分别为：

① 投产第一年的流动资金需用额＝50－30＝20(万元)

第一次流动资金投资额＝20－0＝20(万元)

② 投产第二年的流动资金需用额＝80－50＝30(万元)

第二次流动资金投资额＝30－20＝10(万元)

(4) 其他投资费用，指与长期投资有关的职工培训费、谈判费、注册费用等。

(5) 原有固定资产的变价收入，指固定资产更新时原有固定资产变卖所得的现金收入。

以上五项内容中，前四项为现金流出量，最后一项为现金流入量。

2. 营业现金流量

营业现金流量是指投资项目投入使用后，在其寿命周期内由于生产经营所带来的现金流入和流出的数量,一般按年度进行计算。这里的现金流入一般是指营业现金收入,通常以一个投资项目的每年销售收入表示;现金流出是指营业现金支出和缴纳的税金及附加,一般以一个投资项目的每年付现成本表示。其中:营业现金支出一般以经营成本表示,主要包括外购原材料、燃料和动力费、职工工资及福利费、修理费及其他费用。即:

$$年经营成本 = 该年外购原材料、燃料和动力费 + 该年工资及福利费 +$$
$$该年修理费 + 该年其他费用$$

由于企业固定资产的折旧费、无形资产及开办费的摊销额当期不发生现金支出,故经营成本一般是企业不包括财务费用的总成本费用减去折旧费、摊销额后的余额。另外需要注意的是,营业期内某一年发生的大修理支出,如果会计处理在本年内一次性作为损益性支出,则直接作为该年付现成本;如果跨年摊销处理,则本年作为投资性的现金流出量,摊销年份以付现成本形式处理。营业期内某一年发生的改良支出是一种投资,应作为该年的现金流出量,以后年份通过折旧收回。因此,上述公式也可表述为:

$$年经营成本 = 该年不包括财务费用的总成本费用 - 该年折旧费 -$$
$$该年无形资产和开办费的摊销额$$

税金及附加是指在营业期内应缴纳消费税、城市维护建设税、资源税、教育费附加及房产税、土地使用税、车船使用税、印花税等。

付现成本与总成本费用(不含财务费用)之间的关系是:

$$总成本费用 = 付现成本 + 折旧额 + 摊销额$$

3. 终结现金流量

终结现金流量是指投资项目完结时所发生的现金流量,一般包括以下几个部分:

(1) 固定资产的残值净收入或变价净收入。

(2) 原来垫支在各种流动资产上的资金的收回。

(3) 停止使用的土地变价收入等。

上述几项内容均属于现金的流入量。

三、现金净流量的计算

(一) 现金净流量计算的相关前提条件

为克服现金净流量计算的复杂性,简化计算过程,本教材以下列假设作为前提条件:

(1) 投资项目的类型假设。即假设投资项目只包括单纯固定资产投资项目、完整工业投资项目和更新改造投资项目三种类型。

(2) 项目全投资假设。即站在企业投资者的立场上,考虑全部投资的运动情况,而不具体区分自有资金和借入资金,即使实际存在借入资金也将作为自有资金对待(但在计算固定资产原值和总投资时还需要考虑借款利息因素)。

(3) 经营期与折旧年限一致假设。即假设项目主要固定资产的折旧年限或使用年限与经营期一致。

(4) 时点指标假设。即假设现金流量具体内容所涉及的价值指标都是在时点发生的,均作为时点指标来考虑。如建设投资在建设期的有关年初或年末发生,流动资金投资在年初发生,经营期内各年的收入、成本、折旧、摊销、利润、税金等项目也均确认在年末发生,项目最终报废或清理均发生在项目的终结点(更新改造项目除外)。

(5) 项目财务可行性假设。即假设项目已经具备技术可行性和国民经济可行性。

(二)现金净流量的计算方法

现金净流量的计算公式为:

$$某年现金净流量(NCF_t) = 该年现金流入量 - 该年现金流出量$$
$$= CI_t - CO_t \quad (t = 0, 1, 2, \cdots)$$

一般情况下,在项目计算期内都存在现金净流量,只不过其数额不同。在项目的建设期内,现金净流量大多小于或等于零,而在经营期内则都大于零。

项目建设期内和项目终结点的现金净流量计算比较简单,项目经营期内的现金净流量计算则相对复杂。其公式为:

$$每年营业现金净流量(税前)(NCF) = 每年营业收入 - 每年付现成本$$
$$每年营业现金净流量(税后)(NCF) = 每年营业收入 - 每年付现成本 - 所得税$$

或

$$每年营业现金净流量(税后)(NCF) = 年净利 + 年折旧额 + 年摊销额$$

【例 5-3】 光明公司准备购入一台设备以扩充生产能力。现有甲、乙两个方案可供选择,甲方案需投资 10 000 万元,使用寿命为 5 年,采用直线法计提折旧,5 年后设备无残值。5 年中每年销售收入为 6 000 万元,每年的付现成本为 2 000 万元。乙方案需投资 12 000 万元,采用直线折旧法计提折旧,使用寿命也为 5 年,5 年后有残值收入 2 000 万元。5 年中每年的销售收入为 8 000 万元,付现成本第一年为 3 000 万元,以后随着设备陈旧,逐年将增加修理费 400 万元,另需垫支营运资金 3 000 万元。假设所得税税率为 25%,试计算两个方案的现金流量。

为计算现金流量,必须先计算两个方案每年的折旧额:

$$甲方案每年折旧额 = \frac{10\ 000}{5} = 2\ 000(万元)$$

$$乙方案每年折旧额 = \frac{12\ 000 - 2\ 000}{5} = 2\ 000(万元)$$

下面先用表 5-1 计算两个方案的营业现金净流量,然后,再结合初始现金流量和终结现金流量编制两个方案的全部现金净流量计算表,如表 5-2 所示。

表 5-1　　　　　　　营业现金净流量(税后)计算　　　　　　　单位:万元

t	1	2	3	4	5
甲方案					
销售收入(1)	6 000	6 000	6 000	6 000	6 000
付现成本(2)	2 000	2 000	2 000	2 000	2 000
折旧(3)	2 000	2 000	2 000	2 000	2 000

(续表)

t	1	2	3	4	5
税前净利(4) [(4)=(1)−(2)−(3)]	2 000	2 000	2 000	2 000	2 000
所得税(5)=(4)×25%	500	500	500	500	500
税后净利(6)=(4)−(5)	1 500	1 500	1 500	1 500	1 500
现金净流量(税后)(7) [(7)=(1)−(2)−(5)或=(3)+(6)]	3 500	3 500	3 500	3 500	3 500
乙方案					
销售收入(1)	8 000	8 000	8 000	8 000	8 000
付现成本(2)	3 000	3 400	3 800	4 200	4 600
折旧(3)	2 000	2 000	2 000	2 000	2 000
税前净利(4) [(4)=(1)−(2)−(3)]	3 000	2 600	2 200	1 800	1 400
所得税(5)=(4)×25%	750	650	550	450	350
税后净利(6)=(4)−(5)	2 250	1 950	1 650	1 350	1 050
现金净流量(税后)(7) [(7)=(1)−(2)−(5)或=(3)+(6)]	4 250	3 950	3 650	3 350	3 050

表 5-2　　　　　投资项目现金净流量计算　　　　　单位：万元

t	0	1	2	3	4	5
甲方案						
固定资产投资	−10 000					
营业现金净流量		3 500	3 500	3 500	3 500	3 500
现金净流量	−10 000	3 500	3 500	3 500	3 500	3 500
乙方案						
固定资产投资	−12 000					
营运资金垫支	−3 000					
营业现金净流量		4 250	3 950	3 650	3 350	3 050
固定资产残值						2 000
营运资金回收						3 000
现金净流量	−15 000	4 250	3 950	3 650	3 350	8 050

在表 5-1 和表 5-2 中，$t=0$ 代表第一年初，$t=1$ 代表第一年末，$t=2$ 代表第二年末……

需要说明的是，上述列表计算的现金净流量也可简化为下列方法计算：

甲方案：

$$NCF_0 = 0 - 10\,000 = -10\,000（万元）$$

$$NCF_{1\sim5} = 6\,000 - 2\,000 - 500 = 3\,500（万元）$$

或

$$NCF_{1\sim5} = 2\,000 + 1\,500 = 3\,500（万元）$$

乙方案：

$$NCF_0 = 0 - (12\,000 + 3\,000) = -15\,000(万元)$$
$$NCF_1 = 8\,000 - 3\,000 - 750 = 4\,250(万元)$$

或

$$NCF_1 = 2\,250 + 2\,000 = 4\,250(万元)$$
$$NCF_2 = 8\,000 - 3\,400 - 650 = 3\,950(万元)$$

或

$$NCF_2 = 1\,950 + 2\,000 = 3\,950(万元)$$
$$NCF_3 = 8\,000 - 3\,800 - 550 = 3\,650(万元)$$

或

$$NCF_3 = 2\,650 + 2\,000 = 4\,650(万元)$$
$$NCF_4 = 8000 - 4200 - 450 = 3\,350(万元)$$

或

$$NCF_4 = 1\,350 + 2\,000 = 3\,350(万元)$$
$$NCF_5 = (8\,000 + 2\,000 + 3\,000) - 4\,600 - 350 = 8\,050(万元)$$

或

$$NCF_5 = (1\,050 + 2\,000) + (2\,000 + 3\,000) = 8\,050(万元)$$

案例

第三节 项目投资决策评价指标

一、项目投资决策评价指标的类型

项目投资决策评价指标是指用于衡量和比较项目投资可行性，据以进行方案决策的定量标准与尺度。它主要分为两大类：一类是不考虑资金时间价值的指标，即静态投资决策评价指标，也称非贴现现金流量指标，如静态投资回收期、平均报酬率等；另一类是考虑资金时间价值的指标，即动态投资决策评价指标，也称贴现现金流量指标，如净现值、净现值率、获利指数和内部报酬率等。以上指标中，从在决策评价中的重要性来看，净现值、内部报酬率等属于主要指标，静态投资回收期属于次要指标，平均报酬率属于辅助指标。从指标的性质来看，除静态投资回收期属于反指标外，其余五项都属于正指标，即指标数值在一定范围内越大越好。

二、非贴现现金流量指标

（一）静态投资回收期

1. 静态投资回收期指标的含义

静态投资回收期是指回收初始投资额所需要的时间，也可看成是投资项目营业现金净流量抵减原始总投资所需要的全部时间。它有"包括建设期的投资回收期（记作 PP）"和"不包括建设期的投资回收期（PP'）"两种形式。投资回收期一般以年为单位，它是一种使用较广的投资决策评价指标。

2. 静态投资回收期指标的计算

静态投资回收期的计算，因每年的营业现金净流量是否相等而有所不同。

(1) 每年的营业净现金流量（NCF）相等。当每年的营业现金净流量相等，且其合计大于或等于建设期发生的原始投资合计时，静态投资回收期可按下式计算：

$$静态投资回收期 = \frac{原始投资额}{每年NCF}$$

需要说明的是，上述公式中计算出的投资回收期是不包括建设期的投资回收期，如果投资项目有建设期，则应予以考虑。

(2) 每年的营业现金净流量（NCF）不相等。当每年的营业现金净流量不相等时，则计算回收期要根据每年末尚未回收的投资额加以确定。其计算公式为：

静态投资回收期＝即将收回投资额之前的年份＋到该年尚未收回投资额的部分÷下一年的现金净流量

或

静态投资回收期＝已收回投资额的年份－到该年多收回投资额的部分÷该年的现金净流量

需要说明的是，若投资项目有建设期，则上述公式中的回收期应是包含建设期的投资回收期。

【例5-4】 光明公司的有关资料详见表5-2，分别计算甲、乙两个方案的回收期。

甲方案每年NCF相等，且3 500×5＝17 500（万元）＞10 000万元（原始投资额），所以：

$$甲方案回收期 = \frac{10\ 000}{3\ 500} = 2.86（年）$$

乙方案每年现金净流量不等，所以应先计算其各年尚未回收的投资额（见表5-3）。

$$乙方案回收期 = 3 + \frac{3\ 150}{3\ 350} = 3.94（年）$$

或

$$乙方案回收期 = 4 - \frac{3350 - 3\ 150}{3\ 350} = 3.94（年）$$

因甲、乙两个方案建设期均为0，故所计算出的回收期不需要考虑建设期。

表5-3　　　　　　　　　　投资回收期计算　　　　　　　　　　单位：万元

年度	每年现金净流量	年末尚未回收的投资额
1	4 250	10 750
2	3 950	6 800
3	3 650	3 150
4	3 350	—
5	8 050	—

3. 静态投资回收期指标的决策评价标准

静态投资回收期属于反指标，其数值越小越好。其决策评价标准是：在只有一个备选方案的投资决策中，如果计算的投资回收期小于或等于基准投资回收期，则该方案具有财务可行性，否则就不可行；如果有多个方案，则小于或等于基准投资回收期的方案中，投资回收期最短的为最优方案。

假定该公司设定的基准投资回收期为4年,从上述计算结果可以看出,甲方案投资回收期为2.86年,乙方案投资回收期为3.94年,均低于基准投资回收期,故甲、乙两种方案都具备财务可行性,但甲方案的投资回收期较短,故甲方案为最优方案。

4. 静态投资回收期指标的优缺点

静态投资回收期指标的优点是能够直观地反映原始投资额的返本期限,概念容易理解,而且计算也比较简单;但这一指标的缺点是没有考虑资金的时间价值,没有考虑回收期满后的现金流量状况,因此该方法不科学。

【例5-5】 有两个方案的预计现金流量如表5-4所示,试计算回收期,并比较优劣。

表5-4　　　　　　　　　　预计现金流量　　　　　　　　　　单位:元

t	0	1	2	3	4	5
A方案现金流量	−10 000	4 000	6 000	4 000	4 000	4 000
B方案现金流量	−10 000	4 000	6 000	6 000	6 000	6 000

从上表可以看出两个方案的回收期相同,都是2年。如果用回收期进行评价,两者结果相同,但实际上B方案明显优于A方案,因为B方案回收期满后的各年现金净流量均大大高于A方案。

(二) 平均报酬率

1. 平均报酬率指标的含义

平均报酬率(ARR)是项目投资寿命周期内平均的年投资报酬率,是年平均营业现金净流量与初始投资额的比值。

2. 平均报酬率指标的计算

$$平均报酬率 = \frac{年平均现金净流量}{初始投资额} \times 100\%$$

式中:年平均现金净流量是指一定期间内各年现金净流量之和除以年数。

【例5-6】 承[例5-3],光明公司的资料(见表5-1和表5-2),计算平均报酬率。

甲方案:

$$ARR = \frac{3\,500}{10\,000} \times 100\% = 35\%$$

乙方案:

$$ARR = \frac{(4\,250 + 3\,950 + 3\,650 + 3\,350 + 8\,050) \div 5}{15\,000} \times 100\% = 31\%$$

3. 平均报酬率指标的决策评价标准

平均报酬率属于正指标,其数值越大越好。其决策评价标准是:在只有一个备选方案的投资决策中,如果计算的平均报酬率高于基准的平均报酬率,则该方案具有财务可行性,否则就不可行;如果有多个互斥方案,则平均报酬率最高的方案为最优方案。

假定该企业设定的基准平均报酬率为30%,从上述计算结果可以看出,甲方案的平均报酬率为35%,乙方案的平均报酬率为31%,均高于基准平均报酬率,故甲、乙两种方案都具备财务可行性。但甲方案平均报酬率高于乙方案,故甲方案为最优方案。

4. 平均报酬率指标的优缺点

平均报酬率指标的优点是计算简单、易懂。其主要缺点是没有考虑资金的时间价值,一定期间内各年现金净流量被视为具有相同的价值,很不合理。所以,利用该方法进行投资决策时,有可能会作出错误的结论。

非贴现现金流量指标除了上述两个指标外,还有总投资报酬率和会计收益率等指标,其计算方法和决策标准与平均报酬率很相似。

三、贴现现金流量指标

(一) 净现值

1. 净现值指标的含义

净现值(记作 NPV)是指投资项目投产后各年的现金净流量,按一定的折现率折算为现值,减去初始投资额现值之和以后的余额,或称为企业未来报酬的总现值与初始投资额现值之和的差额。

2. 净现值指标的计算

净现值指标的计算公式为:

$$NPV = \sum_{t=m+1}^{n} \frac{NCF_t}{(1+k)^t} - \sum_{t=0}^{m} \frac{C_t}{(1+k)^t}$$

即:

$$净现值 = 未来报酬总现值 - 初始投资额现值之和$$

式中:NPV 表示净现值;NCF_t 表示第 t 年的现金净流量;k 表示贴现率(资本成本或企业要求的报酬率);m 表示建设期;n 表示项目预计使用年限;C_t 表示建设期内第 t 年的投资额。

当项目建设期为零,原始投资是在建设起点一次投入时,净现值指标的计算公式也可表示为:

$$NPV = \left[\frac{NCF_1}{(1+k)^1} + \frac{NCF_2}{(1+k)^2} + \cdots + \frac{NCF_n}{(1+k)^n} \right] - C = \sum_{t=1}^{n} \frac{NCF_t}{(1+k)^t} - C$$

即:

$$净现值 = 未来报酬的总现值 - 初始投资额$$

式中:C 表示初始投资额。

其计算步骤如下:

第一步:计算每年的营业现金净流量。

第二步:计算未来报酬的总现值。这又可分成三步:

(1) 将每年的营业现金净流量折算成现值。如果每年的营业 NCF 相等,则按普通年金现值计算公式折成现值;如果每年的营业 NCF 不相等,则先对每年的 NCF 进行贴现,然后加以合计。

(2) 将终结现金流量折算成现值。

(3) 计算未来报酬的总现值。

第三步：计算净现值。

$$净现值 = 未来报酬的总现值 - 初始投资额$$

需要说明的是，若各年的营业现金净流量相等，且项目终结点无残值等回收额，则净现值公式可简化为：

$$NPV = NCF_t \times (P/A, K, n) - C$$

净现值的计算还可以应用下列公式：

$$NPV = \sum_{t=0}^{n} \frac{CFAT_t}{(1+k)^t}$$

或

$$NPV = \sum_{t=0}^{n} CFAT_t \times (P/F, K, t)$$

式中：n 表示开始投资至项目寿命终结时的年数；$CFAT_t$ 表示第 t 年的现金流量；K 表示贴现率（资金成本或企业要求的报酬率）。

在这种方法下，净现值的定义可表述为：净现值是指从项目投资开始至项目寿命终结时所有一切现金流量（包括现金流出和现金流入）的现值之和。

【例 5-7】 根据光明公司的资料（见表 5-1 和表 5-2），假设资金成本为 10%，计算净现值如下：

甲方案的年营业 NCF 相等，项目建设期为零，原始投资是在建设起点一次投入，且项目终点无回收额，故可用简化方法计算如下：

甲方案：

$$NPV = 未来报酬的总现值 - 初始投资额$$
$$= NCF \times (P/A, K, n) - 10\,000$$
$$= 3\,500 \times (P/A, 10\%, 5) - 10\,000$$
$$= 3\,500 \times 3.7908 - 10\,000$$
$$= 3\,267.8（万元）$$

乙方案的年营业 NCF 不相等，可列表进行计算，如表 5-5 所示。

表 5-5	乙方案净现值计算		单位：万元
年度	各年的 NCF(1)	现值系数(2)	现值(3)=(1)×(2)
1	4 250	0.9091	3 863.68
2	3 950	0.8264	3 264.28
3	3 650	0.7513	2 742.25
4	3 350	0.6830	2 288.05
5	8 050	0.6209	4 998.25
未来报酬的总现值			17 156.51

(续表)

年度	各年的NCF(1)	现值系数(2)	现值(3)=(1)×(2)
减:初始投资额			15 000
净现值(NPV)			2 156.51

乙方案净现值的计算也可采用下列公式，其计算过程如下：

$$NPV = \sum_{t=0}^{n} CFAT_t \times (P/F, K, t)$$
$$= -15\,000 \times (P/F, 10\%, 0) + 4\,250 \times (P/F, 10\%, 1) + 3\,950 \times (P/F, 10\%, 2) +$$
$$3\,650 \times (P/F, 10\%, 3) + 3\,350 \times (P/F, 10\%, 4) + 8\,050 \times (P/F, 10\%, 5)$$
$$= -15\,000 \times 1 + 4\,250 \times 0.9091 + 3\,950 \times 0.8264 + 3\,650 \times 0.7513 + 3\,350 \times 0.6830 +$$
$$8\,050 \times 0.6209$$
$$= 2\,156.51(万元)$$

两种计算方法结果完全相同。

3. 净现值指标的决策评价标准

净现值指标属于正指标，其数值越大越好。其决策评价标准是：在只有一个备选方案的投资决策中，净现值大于零，则该方案具有财务可行性，净现值小于零则该方案不可行；在有多个备选方案的互斥投资决策中，净现值是正值的方案中，最大者为最优方案。

从上面计算结果可以看出，甲、乙两个方案的净现值分别为3 267.8万元和2 156.51万元，均大于零，故都具有财务可行性，但甲方案的净现值大于乙方案，故甲方案为最优方案。

4. 净现值指标的优缺点

净现值指标的优点是考虑了资金的时间价值，能够反映各种投资方案的净收益，是一种较好的方法。其缺点是不能揭示各个投资方案本身可能达到的实际报酬率。

(二) 净现值率

1. 净现值率指标的含义

净现值率(NPVR)是投资项目的净现值占初始投资额现值之和的比率，也可理解为单位原始投资现值所创造的净现值。

2. 净现值率指标的计算

净现值率指标的计算公式为：

$$净现值率 = \frac{项目的净现值}{初始投资额现值之和}$$

若项目建设期为零且原始投资在建设起点一次投入，则

$$净现值率 = \frac{项目的净现值}{初始投资额}$$

即

$$NPVR = \frac{NPV}{|C|}$$

【例5-8】 根据光明公司的资料（见表5-1和表5-2），计算其净现值率（保留四位

小数)。

根据[例5-7]中净现值计算结果,计算甲、乙两方案的净现值率如下:

甲方案:

$$NPVR = \frac{3\,267.8}{10\,000} \approx 0.3268$$

乙方案:

$$NPVR = \frac{2\,156.51}{15\,000} \approx 0.1438$$

3. 净现值率指标的决策评价标准

净现值率指标属于正指标,其数值越大越好。其决策评价标准与净现值完全相同,故不再重述。

从以上计算结果可知,甲、乙两方案的净现值率分别为 0.3268 和 0.1438,均大于零,故都具有财务可行性,但甲方案的净现值率大于乙方案,故甲方案为最优方案。

4. 净现值率指标的优缺点

净现值率指标的优点是考虑了资金的时间价值,可以从动态的角度反映项目投资的资金投入与净产出之间的关系。其缺点是这一指标同样无法直接揭示各个投资方案本身可能达到的实际报酬率,且计算通常建立在净现值指标的计算基础之上。

(三) 获利指数

1. 获利指数指标的含义

获利指数又称利润指数(PI),是投资项目未来报酬的总现值与初始投资额的现值之和之比。

2. 获利指数指标的计算

获利指数指标的计算公式为:

$$获利指数 = \frac{未来报酬的总现值}{初始投资额现值之和}$$

未来报酬的总现值与初始投资额现值之和的计算方法同净现值指标的计算。若项目建设期为零且原始投资在建设起点一次投入,则

$$获利指数 = \frac{未来报酬的总现值}{初始投资额}$$

即

$$PI = \left[\frac{NCF_1}{(1+i)^1} + \frac{NCF_2}{(1+i)^2} + \cdots + \frac{NCF_n}{(1+i)^n}\right] \div C = \sum_{t=1}^{n} \frac{NCF_t}{(1+i)^t} \div C$$

或

$$PI = \sum_{t=1}^{n} [NCF_t \cdot (P/F, i, t)] \div C$$

获利指数与净现值率的关系为:

$$PI = 1 + NPVR$$

【例 5-9】 根据光明公司的资料（见表 5-1 和表 5-2），计算其获利指数（保留四位小数）。

根据[例 5-6]中的计算资料，计算甲、乙两方案的获利指数如下：

甲方案：

$$PI = \frac{13\,267.8}{10\,000} \approx 1.3268$$

乙方案：

$$PI = \frac{17\,156.51}{15\,000} \approx 1.1438$$

以上计算结果也可用 PI 和 $NPVR$ 的关系验证：根据[例 5-8]中 $NPVR$ 的计算结果可知，甲方案的 $NPVR$ 为 0.3268，故 $PI=1+0.3268=1.3268$；乙方案的 $NPVR$ 为 0.1438，故 $PI=1+0.1438=1.1438$。

3. 获利指数指标的决策评价标准

获利指数指标属于正指标，其数值越大越好。其决策评价标准是：在只有一个备选方案的投资决策中，获利指数大于或等于 1，则该方案具有财务可行性，获利指数小于 1 则该方案不可行。在有多个方案的互斥投资决策中，获利指数超过 1 最多的投资方案为最优方案。

从以上计算结果可知，甲、乙两个方案的获利指数分别为 1.3268 和 1.1438，均大于 1，故都具有财务可行性，但甲方案的获利指数大于乙方案，故甲方案为最优方案。

4. 获利指数指标的优缺点

获利指数指标的优点是考虑了资金的时间价值，能够真实地反映投资项目的盈亏程度，有利于在初始投资额不同的投资方案之间进行对比。其缺点是这一指标也无法直接反映投资项目的实际收益率，而且其概念不便于理解。

（四）内部报酬率

1. 内部报酬率指标的含义

内部报酬率又称内含报酬率（IRR），是使投资项目净现值等于零时的贴现率，也是投资项目实际期望达到的收益率。

2. 内部报酬率指标的计算

根据内部报酬率指标的含义，IRR 应满足下列等式：

$$\sum_{t=0}^{n} \frac{NCF_t}{(1+IRR)^t} = 0$$

或

$$\sum_{t=0}^{n} [NCF_t \cdot (P/F, IRR, t)] = 0$$

若项目建设期为零且原始投资在建设起点一次投入，则

$$\frac{NCF_1}{(1+IRR)^1} + \frac{NCF_2}{(1+IRR)^2} + \cdots + \frac{NCF_n}{(1+IRR)^n} - C = 0$$

即

$$\sum_{t=1}^{n} \frac{NCF_t}{(1+IRR)} - C = 0$$

或

$$\sum_{t=1}^{n} [NCF_t \cdot (P/F, IRR, t)] - C = 0$$

内部报酬率指标的计算方法如下。

(1) 如果项目建设期为零,全部投资均于建设起点一次投入,且每年的营业 NCF 相等,则可采用特殊方法进行计算。其步骤如下:

第一步:计算年金现值系数。

$$年金现值系数 = \frac{初始投资额}{每年 NCF}$$

第二步:查年金现值系数表,在相同的期数内,找到与上述年金现值系数相邻近的较大和较小的两个贴现率。

第三步:根据上述两个邻近的贴现率和已求得的年金现值系数,采用插值法计算出该投资方案的内部报酬率。插值法计算公式为:

$$IRR = i_1 + \frac{\beta_1 - \chi}{\beta_1 - \beta_2} \times (i_2 - i_1)$$

式中:χ 表示年金现值系数;β_1 表示与 χ 相邻的较大的系数;i_1 表示对应的折现率;β_2 表示与 χ 相邻的较小的系数;i_2 表示对应的折现率。

(2) 如果不满足上述条件,则只能采用一般方法进行测算,其步骤如下:

第一步:先预估一个贴现率,并按此贴现率计算净现值。如果计算出的净现值为正数,则表示预估的贴现率小于该项目的实际内部报酬率,应提高贴现率,再进行测算;如果计算出的净现值为负数,则表明预估的贴现率大于该方案的实际内部报酬率,应降低贴现率,再进行测算。经过如此反复测算,找到净现值由正到负和由负到正,并且比较接近于零的两个贴现率。

第二步:根据上述两个邻近的贴现率再使用插值法,计算出方案的实际内部报酬率。

插值法的计算公式为:

$$IRR = i_1 + \frac{NPV_1}{NPV_1 - NPV_2} \times (i_2 - i_1)$$

式中:NPV_1 表示与零相邻较大的净现值;i_1 表示与 NPV_1 对应的贴现率;NPV_2 表示与零相邻较小的净现值;i_2 表示与 NPV_2 对应的贴现率。

【例 5-10】 根据光明公司的资料(见表 5-1 和表 5-2),计算内部报酬率。

由于甲方案符合采用特殊方法的条件,故可采用以下方法计算内部报酬率:

(1) 年金现值系数 $= \dfrac{初始投资额}{每年 NCF} = \dfrac{10\,000}{3\,500} = 2.8571$。

(2)查年金现值系数表,第五年与2.8571相邻近的年金现值系数为20%～24%。
(3)采用插值法计算如下:

贴现率: 年金现值系数:

$$\left.\begin{array}{l}20\% \\ IRR \\ 24\%\end{array}\right\}\left.\begin{array}{l}IRR-20 \\ \end{array}\right\}4\% \qquad \left.\begin{array}{l}2.9906 \\ 2.8571 \\ 2.7454\end{array}\right\}\left.\begin{array}{l}0.1335\end{array}\right\}0.2452$$

$$\frac{IRR-20\%}{4\%}=\frac{0.1335}{0.2452}$$

或 $IIR=20\%+\dfrac{2.9906-2.8571}{2.9906-2.7454}\times(24\%-20\%)$

$IRR=20\%+2.18\%=22.18\%$

乙方案不符合采用特殊方法条件,故只能按一般方法逐次进行测算,测算过程如表 5-6 所示。

表 5-6　　　　　　　　　　内部报酬率测算　　　　　　　　单位:万元

年度	NCF_t	测试 16%		测试 15%	
		复利现值系数	现值	复利现值系数	现值
0	−15 000	1.000	−15 000	1.000	−15 000
1	4 250	0.8621	3 663.925	0.8696	3 695.8
2	3 950	0.7432	2 935.64	0.7561	2 986.595
3	3 650	0.6407	2 338.555	0.6575	2 399.875
4	3 350	0.5523	1 850.205	0.5718	1 915.53
5	8 050	0.4761	3 832.605	0.4972	4 002.46
NPV	—	—	−379.07		0.26

在表 5-6 中,先按 16% 的贴现率进行测算,净现值为 −379.07 万元,再把贴现率调低到 15% 进行第二次测算,净现值为 0.26 万元,符合插值法的应用条件,故用插值法计算如下:

$$IRR=15\%+\frac{0.26}{0.26-(-379.07)}\times(16\%-15\%)=15.07\%$$

由于贴现率为 15% 时,净现值几乎等于零,故也可将该项目的内部报酬率近似确定为 15%。

3. 内部报酬率法的决策评价标准

内部报酬率指标属于正指标,其数值越大越好。其决策标准是:在只有一个备选方案的投资决策中,如果计算的内部报酬率大于或等于企业的资金成本或必要报酬率,则该方案具有财务可行性,否则就不可行;在有多个备选方案的互斥投资决策中,内部报酬率超过资金成本或必要报酬率最多的方案为最优方案。

假定该企业的资金成本为 10%,从以上计算结果可以看出,甲、乙两个方案的内部报酬率分别为 22.18% 和 15.07%,均高于资金成本,故都具有财务可行性。但甲方案的内部报酬率高于乙方案,故甲方案为最优方案。

4. 内部报酬率指标的优缺点

内部报酬率指标的优点是考虑了资金的时间价值,反映了投资项目的真实报酬率,概念也易于理解。但缺点是计算过程比较复杂,特别是每年营业 NCF 不相等的投资项目,一般要经过多次测算才能求得。

第四节 项目投资决策评价指标的运用

了解了项目投资决策评价指标的内涵、计算及决策标准后,就可以在实际项目投资决策评价中进行具体运用。本教材将对固定资产更新决策、资本限量决策、投资开发时机决策和项目寿命周期不等决策等决策中有关决策评价指标的运用加以介绍。

一、固定资产更新决策

由于科技的不断进步,企业的固定资产更新周期大大缩短。因此,固定资产更新决策便成为企业项目投资决策的一项重要内容。固定资产更新决策一般采用净现值法,可以通过计算相关方案净现值的差量,也可以先计算出相关方案的净现值,然后比较其大小,以此来确定固定资产是否进行更新。

【例 5-11】 南方公司考虑用一台新的、效率更高的设备来代替旧设备,以减少成本,增加收益。旧设备原购置成本为 400 000 元,使用 5 年,估计还可使用 5 年,已提折旧 200 000 元,假定使用期满后无残值,如果现在销售可得价款 200 000 元,使用该设备每年可获收入 500 000 元,每年的付现成本为 300 000 元。该公司现准备用一台新设备来代替原有的旧设备,新设备的购置成本为 600 000 元,估计可使用 5 年,期满有残值 100 000 元,使用新设备后,每年收入可达 800 000 元,每年付现成本为 400 000 元。假设该公司的资金成本为 10%,所得税税率为 25%,新、旧设备均用直线法计提折旧。试作出该公司是继续使用旧设备还是对其进行更新的决策。

在本例中,一个方案是继续使用旧设备,另一个方案是出售旧设备而购置新设备。为此,可采用差量分析法来计算一个方案比另一个方案增减的现金流量,所有增减额均用希腊字母"Δ"表示。

从新设备的角度计算两个方案的差量现金流量如下:

(1) 分别计算初始投资额与折旧的现金流量的差量。

$$\Delta 初始投资额 = 600\ 000 - 200\ 000 = 400\ 000(元)$$
$$\Delta 年折旧额 = 100\ 000 - 40\ 000 = 60\ 000(元)$$

(2) 利用表 5-7 来计算各年营业现金流量的差量。

表 5-7　　　　　　　　　各年营业现金流量差量　　　　　　　　　单位:元

项　　目	第一年至第五年
Δ销售收入(1)	300 000(800 000−500 000)
Δ付现成本(2)	100 000(400 000−300 000)
Δ折旧额(3)	60 000
Δ税前净利(4)=(1)−(2)−(3)	140 000
Δ所得税(5)=(4)×25%	35 000

(续表)

项 目	第一年至第五年
△税后净利(6)=(4)-(5)	105 000
△营业现金净流量(7)=(6)+(3) =(1)-(2)-(5)	165 000

(3)利用表 5-8 来计算两个方案各年现金净流量的差量。

表 5-8　　　　　　两个方案各年现金净流量差量　　　　　单位:元

t	0	1	2	3	4	5
△初始投资	-400 000					
△营业净现金流量		165 000	165 000	165 000	165 000	165 000
△终结现金流量						100 000
△现金净流量	-400 000	165 000	165 000	165 000	165 000	265 000

(4)计算净现值的差量。

$$\Delta NPV = 165\,000 \times (P/A, 10\%, 4) + 265\,000 \times (P/F, 10\%, 5) - 400\,000$$
$$= 165\,000 \times 3.1699 + 265\,000 \times 0.6209 - 400\,000$$
$$= 287\,572(元)$$

通过计算可知,更新后,可增加净现值 287 572 元,故应对原设备进行更新。

上述例题,也可通过分别计算两个方案的净现值来进行对比,其结论是一样的。

二、资本限量决策

资本限量是指企业项目投资额受到资金量的限制,不能投资于所有可接受的项目。也就是说,有很多获利项目可供投资,但无法筹集到足够的资金。在这种情况下,为了使企业获得最大的利益,应投资于一组使净现值最大的项目。这样的一组项目必须采用适当的方法进行选择,最常用的方法有获利指数法和净现值法。

(一)获利指数法

该方法的步骤如下:

第一步:计算所有项目的获利指数,不能漏掉任何项目,并列出每一个项目的初始投资额。

第二步:接受 PI≥1 的项目,如果所有可接受的项目都有足够的资金,则说明资本没有限量,这一过程即可完成。

第三步:如果资金不能满足所有 PI≥1 的项目,那么就要对第二步进行修正。这一修正的过程是:对所有项目在资本限量内进行各种可能的组合,计算出各种组合的加权平均获利指数。

第四步:接受加权平均获利指数最大的一组项目。

(二)净现值法

该方案步骤如下:

第一步:计算所有项目的净现值,并列出项目的初始投资额。

第二步:接受 NPV≥0 的项目,如果所有可接受的项目都有足够的资金,则说明资本没有限量,这一过程即可完成。

第三步:如果资金不能满足所有的 NPV≥0 的投资项目,那么就要对第二步进行修正。这一修正的过程是:对所有的项目都在资本限量内进行各种可能的组合,计算出各种组合的净现值总额。

第四步:接受净现值的合计数最大的组合。

【例 5-12】 假设天龙公司有 A_1、B_1、B_2、C_1、C_2 五个可供选择的项目,其中 B_1 和 B_2,C_1 和 C_2 是互斥项目,天龙公司资本的最大限量是 4 000 000 元。详细资料如表 5-9 所示。

表 5-9　　　　　　　　投资项目获利指数与净现值资料　　　　　　　单位:元

投资项目	初始投资	获利指数 PI	净现值 NPV
A_1	1 200 000	1.56	670 000
B_1	1 500 000	1.53	795 000
B_2	3 000 000	1.37	1 110 000
C_1	1 250 000	1.17	210 000
C_2	1 000 000	1.18	180 000

如果天龙公司想选取获利指数最大的项目,那么它将选用 A_1 项目(获利指数为 1.56),B_1 项目(获利指数为 1.53)和 C_2 项目(获利指数为 1.18);如果天龙公司按每一项目的净现值的大小来选取,那么它将优先选用 B_2 项目,另外可选择的只有 C_2 项目。

然而,以上两种选择方法都是错误的,因为它们选择的都不是能使企业净现值最大的项目组合。

为了选出最优的项目组合,必须列出在资本限量内的所有可能的项目组合。可通过表 5-10 来计算所有可能的项目组合的加权平均获利指数和净现值合计数。

表 5-10　　　　　项目组合加权平均获利指数与净现值合计计算汇总　　　　　单位:元

项目组合	初始投资	加权平均获利指数	净现值合计
$A_1 B_1 C_1$	3 950 000	1.420	1 675 000
$A_1 B_1 C_2$	3 750 000	1.412	1 647 000
$A_1 B_1$	2 700 000	1.367	1 465 000
$A_1 C_1$	2 450 000	1.221	880 000
$A_1 C_2$	2 200 000	1.213	850 000
$B_1 C_1$	2 750 000	1.252	1 000 000
$B_2 C_2$	4 000 000	1.322	1 290 000

在表 5-10 中,$A_1 B_1 C_1$ 的组合有 50 000 元资金没有用完,假设这 50 000 元可投资于有价证券,获利指数为 1(以下其他组合也如此)。则 $A_1 B_1 C_1$ 组合的加权平均获利指数可按以下方法计算:

$$\frac{1\ 200\ 000}{4\ 000\ 000}\times 1.56+\frac{1\ 500\ 000}{4\ 000\ 000}\times 1.53+\frac{1\ 250\ 000}{4\ 000\ 000}\times 1.17+\frac{50\ 000}{4\ 000\ 000}\times 1.00=1.42$$

其他组合计算方法同上,故不再列示。

从表 5-10 中可以看出，天龙公司应选用 A_1、B_1 和 C_1 三个项目组成的投资组合，其净现值为 1 675 000 元，在所有项目组合中数额最大。

三、投资开发时机决策

投资开发时机决策是项目投资决策中十分重要。现实生活中，有些资源开发早，可能取得的收入反而会少，而开发晚则可能获得更高的收入。但同时，投资决策又必须考虑资金的时间价值因素，所以，项目投资中经常要研究投资开发时机问题。

在进行此类决策时，决策的基本标准也是寻求使净现值最大的方案，但由于两个方案的开发时间可能不一样，故不能对净现值进行简单对比，而必须把晚开发所获得的净现值换算为在开发的第一年初($t=0$)时的现值，然后再进行对比。

【例 5-13】 东方公司拥有一稀有矿藏，这种矿产品的价格在不断上升。根据预测，6 年后价格将一次性上升 30%，因此，公司要研究现在开发还是 6 年后开发的问题。不论现在开发还是 6 年后开发，初始投资均相同，建设期均为 1 年，从第二年开始投产，投产后 5 年就把矿藏全部开采完。有关资料如表 5-11 所示。

表 5-11　　　　　　　东方公司项目投资开发资料

投资与回收		收入与成本	
固定资产投产	800 万元	年产销量	20 000 吨
营运资金垫支	100 万元	现投资开发每吨售价	0.1 万元
固定资产残值	0 万元	6 年后投资开发每吨售价	0.13 万元
资金成本	10%	付现成本	600 万元
		所得税税率	25%

（一）计算现在开发的净现值

(1) 通过表 5-12 计算现在开发的营业现金流量。

表 5-12　　　　　东方公司现在开发营业现金流量计算　　　　　单位：万元

项目	第二年至第六年
销售收入(1)	2 000
付现成本(2)	600
折旧(3)	160
税前利润(4)	1 240
所得税(5)	310
税后利润(6)	930
营业现金流量(7) [(7)=(1)-(2)-(5) 　　=(3)+(6)]	1 090

(2) 根据营业现金流量、初始投资和终结现金流量编制现金流量表(见表 5-13)。

表 5-13　　　　　　　　　　东方公司现在开发现金流量　　　　　　　　单位:万元

项目	第一年初	第一年	第二年至第五年	第六年
固定资产投资	−800			
营运资金垫支	−100			
营业现金流量		0	1 090	1 090
营运资金回收				100
现金流量	−900	0	1 090	1 190

(3) 计算现在开发的净现值。

$NPV = 1\,090 \times (P/A, 10\%, 4) \times (P/F, 10\%, 1) + 1\,190 \times (P/F, 10\%, 6) - 900$
$= 1\,090 \times 3.1699 \times 0.9091 + 1\,190 \times 0.5645 - 900 = 2\,911.98(万元)$

(二) 计算 6 年后开发的净现值

(1) 通过表 5-14,计算 6 年后开发的营业现金流量。

表 5-14　　　　　　　　东方公司 6 年后开发营业现金流量　　　　　　　单位:万元

项目	第二年至第六年
销售收入(1)	2 600
付现成本(2)	600
折旧(3)	160
税前利润(4)	1 840
所得税(5)	460
税后利润(6)	1 380
营业现金流量(7) [(7)=(1)−(2)−(5) =(3)+(6)]	1 540

(2) 通过表 5-15,计算 6 年后开发的现金流量。

表 5-15　　　　　　　　　东方公司 6 年后开发现金流量　　　　　　　　单位:万元

项目	第一年初	第一年	第二年至第五年	第六年
固定资产投资	−800			
营运资金垫支	−100			
营业现金流量		0	1 540	1 540
营运资金回收				100
现金流量	−900	0	1 540	1 640

(3) 计算 6 年后开发的净现值。

$NPV = 1540 \times (P/A, 10\%, 4) \times (P/F, 10\%, 1) + 1\,640 \times (P/F, 10\%, 6) - 900$
$= 1\,540 \times 3.1699 \times 0.9091 + 1\,640 \times 0.5645 - 900$
$= 4\,463.20(万元)$

(4) 将6年后开发的净现值折算为立即开发的现值。

$$6年后开发的净现值的现值 = 4\,463.20 \times (P/F, 10\%, 6)$$
$$= 3\,512.52 \times 0.5645$$
$$= 2\,519.48(万元)$$

通过上述计算结果可知，早开发的净现值为2 519.48万元，6年后开发的净现值为1 982.82万元，因此，应早开发。

四、项目寿命周期不等的投资决策

大部分固定资产投资都可能涉及两个或两个以上的寿命不同的投资项目的选择问题。由于项目的寿命周期不相等，因此就不能简单地运用净现值、内部报酬率、净现值率和获利指数等指标进行直接比较，这就需要采用其他方法进行比较决策。本教材仅介绍年等额净回收额法和寿命周期统一法这两种方法。

(一) 年等额净回收额法

年等额净回收额法是指通过比较所有投资方案的年等额净回收额指标的大小来选择最优方案的决策方法。年等额净回收额（ANPV）是某方案净现值与相关回收系数（或年金现值系数的倒数）的乘积。其计算公式为：

$$年等额净回收额 = 净现值 \times 回收系数$$

或

$$= 净现值 \times \frac{1}{年金现值系数}$$

即

$$ANPV = NPV \div (P/A, i, n)$$

在该种方法下，年等额净回收额大于零，且最大的方案为最优方案。

【例5-14】 红光公司拟投资建设一条生产线。现有两个方案可供选择：A方案项目的初始投资额为125万元，寿命周期为11年，净现值为95.87万元；B方案项目的初始投资额为110万元，寿命周期为10年，净现值为92万元。该公司行业基准折现率为10%，试用年等额净回收额法作出投资决策。

根据上述资料计算A、B两个方案的年等额净回收额如下：

A方案：
$$ANPV = 95.87 \div (P/A, 10\%, 11) = 95.87 \div 6.4951 = 14.76(万元)$$

B方案：
$$ANPV = 92 \div (P/A, 10\%, 10) = 92 \div 6.1446 = 14.97(万元)$$

从以上计算结果可以看出，A、B两个方案的年等额净回收额分别为14.76万元和14.97万元，均大于零，但B方案的年等额净回收额大于A方案，故B方案为最优方案，应选B方案。

(二) 寿命周期统一法

寿命周期统一法是指通过对寿命周期不相等的多个互斥方案选定统一的计算分析期，

根据该计算期计算的评价指标来选择最优方案的一种方法。它包括最小公倍数法和最短寿命周期法。

1. 最小公倍数法

最小公倍数法是指以各方案寿命周期的最小公倍数作为统一的计算分析期来计算有关指标,并据此进行比较决策的一种方法。该方法的步骤为:

(1) 计算每个方案原寿命周期内的评价指标(一般为净现值)。

(2) 对比每个方案的寿命周期,确定出最小公倍数。

(3) 按最小公倍数分别对每个方案原寿命周期内计算出的净现值进行再折现,并求和。

(4) 比较每个方案的净现值,并按净现值决策标准进行决策。

【例5-15】 宏达公司拟投资建设一条生产线。现有两个方案可供选择:A方案项目的初始投资额为160万元,每年的净现金流量为80万元,项目寿命周期为3年,期满后必须更新且无残值;B方案项目的初始投资额为210万元,每年的净现金流量为64万元,项目寿命周期为6年,期满后必须更新且无残值。假定该公司的资金成本为16%,试用最小公倍数法作出投资决策。

根据上述资料计算并决策如下:

(1) 分别计算A、B两个方案的净现值:

A方案:
$$NPV = 800\,000 \times (P/A, 16\%, 3) - 1\,600\,000$$
$$= 800\,000 \times 2.2459 - 1\,600\,000 = 196\,720(元)$$

B方案:
$$NPV = 640\,000 \times (P/A, 16\%, 6) - 2\,100\,000$$
$$= 640\,000 \times 3.6847 - 2\,100\,000 = 258\,208(元)$$

(2) A、B两方案的项目寿命周期分别为3年和6年,故最小公倍数为6。

(3) 按最小公倍数对A方案进行再折现,并求总现值。
$$NPV = 196\,720 + 196\,720 \times (P/F, 16\%, 3)$$
$$= 196\,720 + 196\,720 \times 0.6407$$
$$\approx 322\,758.5(元)$$

B方案的项目寿命周期即为最小公倍数,故其现值不需要进行调整。

(4) 比较A、B两个方案调整后的净现值,A方案净现值为322 758.5元,大于B方案的258 208元,故A方案为最优方案,应选A方案。

2. 最短寿命周期法

最短寿命周期法是指在将所有方案的净现值还原为年等额净回收额的基础上,再按照最短的寿命周期来计算出相应的净现值,并据此进行比较决策的一种方法。该方法的步骤为:

(1) 将所有方案的净现值还原为年等额净回收额。

(2) 确定所有方案的最短寿命周期。

(3) 对还原的年等额净回收额按最短寿命周期计算出净现值。

(4) 比较所有方案的净现值,并按净现值决策标准进行决策。

【例5-16】 以[例5-15]资料为例,试用最短寿命周期法作出投资决策。

根据上述资料计算并决策如下：

(1) 将 B 方案的净现值还原为年等额净回收额：

$ANPV = 258\ 208 \div (P/A，16\%，6) = 258\ 208 \div 3.6847 = 70\ 075.72(元)$

A 方案的项目寿命周期即为最短寿命周期，故净现值不需还原再计算。

(2) 计算 B 方案按还原后的年等额净回收额计算的净现值：

$NPV = 70\ 075.72 \times (P/A，16\%，3) = 70\ 075.72 \times 2.2459 = 157\ 383.06(元)$

(3) 比较 A、B 两个方案调整后的净现值，A 方案的净现值为 196 720 元，大于 B 方案的 157 383.06 元，故 A 方案为最优方案，应选 A 方案。

本章小结

项目投资是一种以特定项目为对象，直接与新建项目或更新改造项目有关的长期投资行为。它与其他形式的投资相比，具有投资金额大、投资时间长、变现能力差和投资风险高等特点。工业企业投资项目主要包括新建项目和更新改造项目两类，新建项目按其涉及内容又可分单纯固定资产投资项目和完整工业投资项目。项目投资资金投入的方式通常有集中性一次投入和分散性分次投入。企业项目投资决策中的现金流量是指与项目投资决策有关的现金流入和流出的数量。从现金流量的内容上来看，现金流量包括现金流入量、现金流出量和现金净流量三个部分。现金流入量是指项目投资所引起的企业现金收入的增加额；现金流出量是指项目投资所引起的企业现金支出的增加额；现金净流量也称净现金流量，是指一定期间项目投资所引起的现金流入量与流出量的差额。从现金流量的时间上来看，现金流量包括初始现金流量、营业现金流量和终结现金流量三个部分。确定现金流量是计算投资决策评价指标的基础。

企业项目投资决策评价的指标通常有贴现和非贴现现金流量指标。贴现现金流量指标是指考虑资金时间价值的指标，主要包括净现值、内部报酬率、净现值率和获利指数等。非贴现现金流量指标是指不考虑资金时间价值的指标，主要包括静态投资回收期和平均报酬率等。每种投资决策指标都有其优缺点，而且其决策标准也不一样，因此在具体应用时应根据实际情况区别采用。项目投资决策评价指标通常运用于固定资产更新决策、资本限量决策、投资开发时机决策和项目周期不等决策等决策中。

1. 什么是项目投资？它有何特点？
2. 项目投资总额、原始总投资、建设投资这三者之间的数量关系如何？
3. 投资项目现金流量的构成有哪些？
4. 折旧与所得税对现金净流量的计算有何影响？
5. 项目投资决策评价的指标有哪些？如何计算？其各自的决策评价标准和优缺点如何？

6. 项目投资决策指标在实际工作中如何运用?

1. 某企业拟新建一项目,需在建设起点发生固定资产投资 100 万元,无形资产投资 30 万元,流动资金投资 20 万元。除流动资金投资外其他投资额均来源于银行贷款,贷款利率为 10%。预计该项目建设期为 1 年,试计算该投资项目的建设投资额、原始总投资和投资总额。

2. 某企业拟投资一项目,需购买固定资产 200 万元,购买流动资产 50 万元。预计该项目寿命周期为 5 年,期末有净残值 20 万元,按直线法计提折旧。该项目无建设期,在项目寿命周期内每年可获得销售收入 150 万元,发生付现成本 64 万元。企业所得税率为 25%,要求计算该项目各年的税后现金净流量。

3. 某企业拟投资一项目,其各年现金净流量如表 5-16 所示。

表 5-16　　　　　　　　　　某项目现金净流量表　　　　　　　　　单位:万元

年份	0	1	2	3	4	5
NCF	−100	30	20	40	50	60

试计算:①静态投资回收期;②平均报酬率。

4. 某企业有 A、B 两个方案,其计算期分别为 2 年和 3 年,有关资料如表 5-17 所示,折现率为 10%。

表 5-17　　　　　　　　　　净现金流量表　　　　　　　　　　单位:万元

年份	0	1	2	3
A	−500	200	400	—
B	−1 000	200	500	600

要求:分别用寿命周期统一法中的最小公倍数法和最短寿命周期法作出最终的投资决策。

5. 红星公司为扩大生产能力,计划进行固定资产投资,现有 A、B 两个方案可供选择。A 方案需投入 600 000 元,用于购置固定资产,使用寿命为 8 年,采用直线法计提折旧,期末无残值;另外,每年的销售收入为 300 000 元,付现成本为 130 000 元。B 方案需投入 800 000 元,用于购置固定资产,使用寿命也是 8 年,采用直线法计提折旧,期末有残值 80 000 元;另外,需垫支营运资金 40 000 元。该项目每年的销售收入为 400 000 元,第一年的付现成本为 170 000 元,以后随着设备的陈旧,逐年增加设备维修费用 2 000 元。假设该公司所得税税率为 25%,资金成本为 10%。

作为公司财务人员,请完成以下工作:
(1) 计算两个方案的税后现金净流量。
(2) 计算两个方案的净现值。
(3) 计算两个方案的净现值率。

(4) 计算两个方案的获利指数。
(5) 计算两个方案的内部报酬率。
(6) 根据计算结果对两个方案作出决策评价。

6. 东南集团是一家高新技术企业,设备更新速度快。最近企业因生产需要,准备用一台性能更好的 A 设备代替原有 B 设备,以降低成本,提高效益。据资料显示,B 设备购置成本为 120 万元,已使用 6 年,估计还可用 6 年,设备已提折旧 60 万元,预计使用期满后无残值,如果现在销售可得价款 60 万元。使用该设备目前每年可获收入 80 万元,发生付现成本 50 万元。若公司购置 A 设备,需投资 150 万元,估计可使用 6 年,期满有净残值 30 万元。使用 A 设备后,每年收入可达 120 万元,付现成本为 60 万元。

该集团其他有关资料为:按直线法计提折旧;资金成本为 10%;所得税税率为 25%。

要求:作为集团财务人员,请对是否更新设备作出决策。

案例分析题

一、基本案情

伟达相机制造厂是生产相机的中型企业,该厂生产的相机质量优良、价格合理,长期以来一直供不应求。企业为扩大生产能力准备新建一条生产线。负责这项投资决策工作的总会计师经过调查研究后,得到如下有关资料。

(1) 该生产线的原始投资为 12.5 万元,分两年投入。第一年初投入 10 万元,第二年初投入 2.5 万元。第 2 年末项目完工可正式投产使用。投产后每年可生产相机 1 000 部,每部销售价格为 300 元,每年可获销售收入 30 万元,投资项目可使用 5 年,5 年后残值可忽略不计。在投资项目经营期初要垫支流动资金 2.5 万元,这笔资金在项目结束时可全部收回。

(2) 该项目生产的产品总成本构成如下:材料费用 20 万元,付现制造费用 2 万元,人工费用 3 万元,折旧费用 2 万元。总会计师通过对各种资金来源进行分析,得出该厂加权平均资金成本为 10%,所得税税率 33%。

(3) 厂部中层干部意见:①经营副总经理认为,在项目投资和使用期间,通货膨胀率大约在 10% 左右,将对投资项目各有关方面产生影响;②基建处长认为,由于物价变动的影响,初始投资将增长 10%,投资项目终结后,设备残值也将增加到 37 500 元;③生产处长认为,由于物价变动的影响,材料费用每年将增加 14%,人工费用也将增加 10%;④财务处长认为,扣除折旧后的制造费用,每年将增加 4%,折旧费用每年仍为 20 000 元;⑤销售处长认为,产品销售价格预计每年可增加 10%。

二、问题

(1) 分析确定影响伟达相机投资项目决策的各因素。
(2) 根据影响伟达相机投资项目决策的各因素,计算投资项目的回收期、净现金流量、净现值、内含报酬率等指标。
(3) 根据分析计算结果,作出伟达相机项目投资决策。

第六章 企业证券投资管理

 本章学习目的

本章主要阐述了证券投资的基本理论知识及几种常见的证券投资类型。本章学习要求：了解中国资本市场跨越式发展和取得的辉煌成就；理解证券投资的概念、种类、目的及风险与收益等方面的知识；掌握债券、股票、基金三种投资收益率的计算、估价及优缺点；掌握投资组合的风险与收益率的确定方法，以及投资组合的策略与组合方法。

 本章关键词

债券 股票 基金 投资组合 收益率 估价

 本章课程思政点

中国资本市场跨越式发展 次贷危机 证券投资目的 证券投资风险 违约风险

案例导引

美国次贷危机事件

美国次贷危机又称次级房贷危机。它是一场发生在美国，因次级抵押贷款机构破产、投资基金被迫关闭、股市剧烈震荡而引发的全球金融风暴。从2006年春季开始逐步显现的次贷危机，致使全球主要金融市场出现流动性不足危机。美国次级抵押贷款市场通常采用固定利率和浮动利率相结合的还款方式，即购房者在购房后头几年以固定利率偿还贷款，其后以浮动利率偿还贷款。在2006年之前的5年里，由于美国住房市场持续繁荣，加上前几年美国利率水平较低，美国的次级抵押贷款市场迅速发展。随着美国住房市场的降温尤其是短期利率的提高，次级抵押贷款的还款利率也大幅上升，购房者还贷负担大为加重。同时，住房市场持续降温也使购房者出售住房或者通过抵押住房再融资变得困难。这种局面直接导致大批次级抵押贷款的借款人不能按期偿还贷款，进而引发了此次危机。

2007年2月13日美国新世纪金融公司发出2006年第四季度盈利预警。面对来自华尔街174亿美元逼债，作为美国第二大次级抵押贷款公司——新世纪金融在2006年4月2日宣布申请破产保护、裁减54%的员工。

美国第十大抵押贷款机构——美国住房抵押贷款投资公司于2006年8月6日正式

向法院申请破产保护,成为继新世纪金融公司之后美国又一家申请破产的大型抵押贷款机构。

2006年8月9日,法国第一大银行巴黎银行宣布冻结旗下三只基金,同样是因为投资了美国次贷债券而蒙受巨大损失。此举导致欧洲股市重挫。

2006年8月13日,日本第二大银行瑞穗银行的母公司瑞穗集团宣布与美国次贷相关损失为6亿日元。日、韩银行已因美国次级房贷风暴产生损失。

2007年4月,全美第二大次级抵押贷款机构——新世纪金融公司申请破产保护,成为美国地产业低迷时期最大的一宗抵押贷款机构破产案。

2007年8月,为了防止美国次级抵押贷款市场危机引发严重的金融市场动荡,美联储、欧洲央行、日本央行和澳大利亚央行等向市场注入资金。

2007年9月,英国第五大抵押贷款机构诺森罗克银行,因美国次级住房抵押贷款危机出现融资困难,该银行遭遇挤兑风潮。

2007年10月,美林证券财报称,第三季度由于在次贷相关领域遭受约80亿美元损失。美林证券CEO斯坦·奥尼尔随后辞职。

2007年11月,阿联酋主权基金阿布扎比投资管理局将投资75亿美元购入花旗集团4.9%的股份,花旗因次贷事件受到重创。

2007年12月,美国财政部表示,美国政府已经与抵押贷款机构就冻结部分抵押贷款利率达成协议,超过200多万的借款人的"初始"利率有望被冻结5年。

2007年12月,美、欧、英、加、瑞士等国央行宣布,将联手向短期拆借市场注资,以缓解全球性信贷紧缩问题。

资料来源:摘自百度文库,略有改动。

问题:什么是次贷危机?次贷危机是如何发生的?它对经济产生何种影响?

第一节 证券投资概述

一、证券资产与证券投资的含义与特点

(一)证券与证券资产的含义

从法律意义上说,证券是指各类记载并代表一定权利的法律凭证的统称,用以证明持券人有权依其所持证券记载的内容而取得应有的权益。从一般意义上来说,证券是用以证明或设定权利所做成的书面凭证,它表明证券持有人或第三者有权取得该证券拥有的特定权益。本教材所讲的证券是有价证券的简称,它是指票面载有一定金额,代表财产所有权或债权,可以有偿转让的凭证,主要包括股票、债券及基金等的书面证明。证券资产是企业进行金融投资所形成的资产。金融资产是一种以凭证、票据或者合同合约形式存在的权利性资产,如股票、债券、基金及其衍生证券等。

(二) 证券投资的含义

证券投资，又称有价证券投资，是指投资者将资金投资于股票、债券、基金及衍生证券等资产，从而取得投资收益的一种投资行为。它是企业投资的重要组成部分。科学地进行证券投资管理，能增加企业收益，降低风险，有利于财务管理目标的实现。

(三) 证券资产的特点

1. 价值虚拟性

证券资产不能脱离实体资产而完全独立存在，但证券资产的价值不完全由实体资本的现实生产经营活动决定，而是取决于契约性权利所能带来的未来现金流，是一种未来现金流量折现的资本化价值。债券投资代表的是未来按合同规定收取债息和收回本金的权利，股票投资代表的是对发行股票企业的经营控制权、财务控制权、收益分配权、剩余财产追索权等股东权利，基金投资则代表一种信托关系，是一种收益权。证券资产的服务能力在于它能带来未来的现金流量，按未来现金流量折现即为证券资产资本化价值，是证券资产价值的统一表达。

2. 可分割性

实体项目投资的经营资产一般具有整体性要求，如购建新的生产能力，往往是厂房、设备、配套流动资产的结合。证券资产可以分割为一个最小的投资单位，如一股股票、一份债券、一份基金，这就决定了证券资产投资现金流虽比较单一，但依然由原始投资、未来收益或资本利得、本金回收所构成。

3. 持有目的多元性

实体项目投资的经营资产往往是为消耗而持有，为流动资产的加工提供生产条件。证券资产的持有目的是多元的，既可能是为未来积累现金即为未来变现而持有，也可能是为谋取资本利得即为销售而持有，还有可能是为取得对其他企业的控制权而持有。

4. 强流动性

证券资产具有很强的流动性，其流动性表现在：①变现能力强。证券资产往往都是上市证券，一般都有活跃的交易市场可供及时转让。②持有目的可以相互转换。当企业急需现金时，可以立即将为其他目的而持有的证券资产变现。证券资产本身的变现能力虽然较强，但其实际周转速度取决于企业对证券资产的持有目的。当企业将证券资产作为长期投资持有时，一次周转一般都会经历一个会计年度以上。

5. 高风险性

证券资产是一种虚拟资产，会受到公司风险和市场风险的双重影响，不仅发行证券资产的公司业绩影响着它的投资收益率，资本市场的市场平均收益率变化也会给证券资产带来直接的市场风险。

二、证券投资的种类

(一) 证券的种类

证券的种类很多，按不同的标准可以作不同的分类。

1. 按证券的发行主体分类

按照证券的发行主体的不同，可分为政府证券、金融证券和公司证券三种。政府证券是指中央政府或地方政府为筹集资金而发行的证券。金融证券是指银行或其他金融机构为筹措资金而发行的证券。公司证券又称企业证券,是指工商企业为筹集资金而发行的证券。从证券的风险来看,一般来说,政府证券的风险较小,金融证券次之,公司证券的风险则视企业的规模、财务状况和其他情况而定。

2. 按证券的收益状况分类

按照证券收益稳定性的不同,可分为固定收益证券和变动收益证券两种。固定收益证券是指在证券的票面上规定有固定收益率的证券,如债券票面上一般有固定的利息率,优先股票面一般有固定的股息率,这些证券都属于有固定收益的证券。变动收益的证券是指证券的票面不标明固定的收益率,其收益情况随企业经营状况而变动的证券,普通股股票是最典型的变动收益证券。一般来说,固定收益证券的风险较小,但报酬不高;变动收益证券的风险大,但报酬较高。

3. 按证券体现的权益关系分类

按照证券所体现的权益关系,可分为所有权证券和债权证券两种。所有权证券是指证券的持有人便是证券发行单位的所有者的证券,这种证券的持有人一般对发行单位都有一定的管理和控制权。股票是典型的所有权证券,股东便是发行股票的企业的所有者。债券证券是指证券的持有人是发行单位的债权人的证券,这种证券的持有人一般无权对发行单位进行管理和控制。当一个发行单位破产时,债券证券要优先清偿,而所有权证券要在最后清偿,所以所有权证券一般都要承担比较大的风险。

4. 按证券的到期日分类

按照证券到期日的长短,可分为短期证券和长期证券两种。短期证券是指到期日短于1年的证券,如短期国债、商业票据、银行承兑汇票等。长期证券是指到期日长于1年的证券,如股票、债券等。一般而言,短期证券的风险小,变现能力强,但收益率相对较低。长期证券的收益一般较高,但时间长,风险大。

(二) 证券投资的种类

根据证券投资的对象,证券投资的种类主要有股票投资、债券投资、基金投资、期货投资、期权投资和组合投资等。

1. 股票投资

股票投资是指投资者将资金投向股票,通过股票的买卖获取收益的投资行为。根据股票的性质不同,又可分为优先股投资和普通股投资。企业投资于股票,尤其是普通股票,要承担较大的风险,但在通常情况下,也会获得较高收益。

2. 债券投资

债券投资是指投资者购买债券以取得资金收益的一种投资活动。企业将资金投向各种各样的债券,例如国库券、公司债券和短期融资券等都属于债券投资。与股票投资相比,债券投资的风险较小,相应地,其收益也比较低。

3. 基金投资

基金投资是指投资者通过购买投资基金股份或受益凭证来获取收益的投资方式。这种方式可使投资者享受专家服务,有利于分散风险,获得较大投资收益。

4. 期货投资

期货投资是指投资者通过买卖期货合约来规避价格风险或赚取高额利润的一种投资方

式。期货合约,是指由商品交易所制定的统一的标准合约,可在将来一定时期以既定的价格买卖一定数量和质量的商品。它是确定期货交易关系的一种契约,是期货市场的交易对象。

5. 期权投资

期权投资是指投资者为了实现盈利或规避风险而进行期权买卖的一种投资方式。期权也称选择权,是期货合约买卖选择权的简称,是一种能在未来某个特定期间以特定价格买入或卖出一定数量的某种特定商品的权利。

6. 组合投资

组合投资又称证券投资组合,是指企业将资金同时投资于多种证券,例如,既投资于国库券,又投资于企业债券或企业股票、基金等。组合投资可以有效地分散证券投资风险,是企业等法人单位进行投资时常用的投资方式。

后面章节将重点介绍债券投资、股票投资、基金投资和组合投资。

三、证券投资的目的

(一) 分散资金投向,降低投资风险

投资分散化,即将资金投资于多个相关程度较低的项目,实行多元化经营,能够有效分散投资风险。当某个项目经营不景气而利润下降甚至导致亏损时,其他项目可能会获取较高的收益。将企业的资金分成内部经营投资和对外证券投资两个部分,以实现企业投资多元化。而且,与对内投资相比,对外证券投资不受地域和经营范围的限制,投资选择面非常广,投资资金的退出和收回也比较容易,是多元化投资的主要方式。

(二) 利用闲置资金,增加企业收益

企业在生产经营过程中,由于各种原因有时会出现资金闲置、现金结余较多的情况,这些闲置的资金可以投资于股票、债券、基金等有价证券,谋取投资收益。这些投资收益主要表现在股利收入、利息收入、证券买卖差价、基金收益等方面。有时企业资金的闲置是暂时性的,可以投资于在资本市场上流通性和变现能力较强的有价证券,以便随时变卖,收回资金。

(三) 稳定客户关系,保障生产经营

企业生产经营环节中,供应和销售是企业与市场相联系的重要通道。没有稳定的原材料供应来源,没有稳定的销售客户,都会中断企业生产经营活动。为了保持与供销客户良好而稳定的业务关系,可以对业务关系链的供销企业进行投资,购买其债券或股票,甚至达到控制,以便能够通过债权或股权对关联企业的生产经营施加影响和控制,保障本企业的生产经营顺利进行。

(四) 提高资产的流动性,增强偿债能力

资产流动性强弱是影响企业财务安全性的主要因素。除现金等货币资产外,有价证券投资是企业流动性最强的资产,是企业速动资产的主要构成部分。在企业需要支付大量现金,而现有现金储备又不足时,可以通过变卖有价证券迅速获取大量现金,保证企业的及时支付。

四、证券投资的风险和收益

(一) 证券投资的风险

由于证券资产的市价波动频繁,证券投资的风险往往较大。在整个证券投资过程中,都隐藏着风险因素。获取投资收益是证券投资的主要目的,证券投资的风险是投资者无法获

得预期投资收益的可能性。风险既是对投资者进行证券投资行为的约束,同时也提供了获取较高收益的机会。

按风险性质划分,证券投资的风险分为系统性风险和非系统性风险两大类别。

1. 系统性风险

系统性风险是指由于外部经济环境因素变化引起整个金融市场不确定性加强,从而对市场上所有证券都产生影响的共同性风险。例如,1929年美国金融危机,导致美股大幅下挫,1929—1933年,美国股票的平均价格下降了75%,2008年的美国次贷危机,导致全球经济陷入低迷状态。由于系统性风险影响到资本市场上的所有证券,无法通过投资多元化的组合而加以避免,所以也称为不可分散风险或市场风险。

系统性风险波及所有证券资产,最终会反映在资本市场平均利率的提高上,所有的系统性风险几乎都可以归结为利率风险。利率风险是由于市场利率变动引起证券资产价值变化的可能性。市场利率反映了社会平均收益率,投资者对证券资产投资收益率的预期总是在市场利率基础上进行的,只有当证券资产投资收益率大于市场利率时,证券资产的价值才会高于其市场价格。一旦市场利率提高,就会引起证券资产价值的下降,投资者就不易得到超过社会平均收益率的超额收益。市场利率的变动会造成证券资产价格的普遍波动,两者呈反向变化:市场利率上升,证券资产价格下跌;市场利率下降,证券资产价格上升。

具体来说,系统性风险主要包括以下几种。

1) 价格风险

价格风险是指由于市场利率上升,而使证券资产价格普遍下跌的可能性。价格风险来自资本市场买卖双方资本供求关系的不平衡,资本需求量增加,市场利率上升;资本供应量增加,市场利率下降。资本需求量增加,引起市场利率上升,也意味着证券资产发行量的增加,引起整个资本市场所有证券资产价格的普遍下降。需要说明的是,这里的证券资产价格波动并不是指证券资产发行者的经营业绩变化而引起的个别证券资产的价格波动,而是由于资本供应关系引起的全部证券资产的价格波动。

证券资产持有期间的市场利率上升,证券资产价格就会下跌,证券资产持有期限越长,投资者遭受的损失越大。到期风险附加率,就是对投资者承担利率变动风险的一种补偿,期限越长的证券资产,要求的到期风险附加率就越大。

2) 购买力风险

购买力风险是指由于通货膨胀而使货币购买力下降的可能性。在持续而剧烈的物价波动环境下,货币性资产会产生购买力损益:当物价持续上涨时,货币性资产会遭受购买力损失;当物价持续下跌时,货币性资产会带来购买力收益。一般而言,变动收益的证券,其购买力风险会低于固定收益的证券。例如,普通股受通货膨胀的影响较小,而收益长期固定的债券受到的影响较大,前者更适合作为减少通货膨胀损失的避险工具。

证券资产是一种货币性资产,通货膨胀会使证券资产投资的本金和收益贬值,名义收益率不变而实际收益率降低。购买力风险对具有收款权利性质的资产影响很大,债券投资的购买力风险远大于股票投资。如果通货膨胀长期延续,投资人会把资本投向实体性资产以求保值,对证券资产的需求量减少,从而引起证券资产价格下跌。

3) 再投资风险

再投资风险是由于市场利率下降所造成的无法通过再投资而实现预期收益的可能性。

根据流动性偏好理论,长期证券资产的收益率应当高于短期证券资产,这是因为:①期限越长,不确定性就越强。证券资产投资者一般喜欢持有短期证券资产,因为它们较易变现而收回本金。因此,投资者愿意接受短期证券资产的低收益率。②证券资产发行者一般喜欢发行长期证券资产,因为长期证券资产可以筹集到长期资金,而不必经常面临筹集不到资金的困境。因此,证券资产发行者愿意为长期证券资产支付较高的收益率。

为了避免市场利率上升的价格风险,投资者可能会投资于短期证券资产,但短期证券资产又会面临市场利率下降的再投资风险,即无法按预定收益率进行再投资而实现所要求的预期收益。例如,长期债券的利率为 12%,短期债券的利率为 10%,为减少利率风险,投资者买了短期债券。在短期债券到期收回现金时,如果利率降低到 9%,投资者就只能找到报酬率大约 9% 的投资机会,因此,不如当初购买长期债券,现在仍可获得 12% 的收益。

2. 非系统性风险

非系统性风险也称为企业特有风险或可分散风险,是指由于特定经营环境或特定事件变化引起的不确定性,从而对个别证券产生影响的特有性风险。具体来说,非系统性风险主要包括以下几种:

(1) 违约风险。违约风险是指证券发行人无法按期支付利息或偿还本金的可能性。有价证券资产本身就是一种契约性权利资产,经济合同的任何一方违约都会给另一方造成损失。违约风险是投资于收益固定型有价证券资产的投资者经常面临的,多发生于债券投资。例如,财政部发行的国库券,因为有政府作担保,所以没有违约风险;金融机构和其他公司发行的债券则或多或少地存在违约风险。

(2) 变现风险。变现风险是指证券资产持有者无法在市场上以正常的价格平仓出货的可能性,也称为流动性风险。通常那些发行量大、知名度高的有价证券具有较好的流动性;那些发行量小、知名度低的有价证券则流动性风险较大。

(3) 破产风险。破产风险是指在证券资产发行者破产清算时投资者无法收回应得权益的可能性。当证券发行者由于经营管理不善而持续亏损、现金周转不畅而无力清偿债务,或其他原因导致难以持续经营时,他可能会申请破产保护。破产保护会导致债务清偿的豁免,使得投资者无法取得应得的投资收益,甚至无法收回投资的本金。

(二) 证券投资的收益

证券投资收益包括证券交易现价与原价的价差,以及定期的股利或利息收益两部分。证券投资收益的高低是影响证券投资的主要因素。证券投资的收益有绝对数和相对数两种表示方法。在财务管理中通常用相对数,即用收益率来表示。

案例

第二节 企业债券投资

一、债券要素

债券是依照法定程序发行的约定在一定期限内还本付息的有价证券,它反映证券发行者与持有者之间的债权债务关系。债券一般包含以下几个基本要素。

（一）债券面值

债券面值，是指债券设定的票面金额，它代表发行人借入并且承诺于未来某一特定日偿付债券持有人的金额，债券面值包括两方面的内容。

1. 票面币种

即以何种货币作为债券的计价单位，一般而言，在国内发行的债券，发行的对象是国内有关经济主体，则选择本国货币，若在国外发行，则选择发行地国家或地区的货币或国际通用货币（如美元）作为债券的币种。

2. 票面金额

票面金额对债券的发行成本、发行数量和持有者的分布具有影响，票面金额小，有利于小额投资者购买，从而有利于债券发行，但发行费用可能增加；票面金额大，会降低发行成本，但可能减少发行量。

（二）债券票面利率

债券票面利率，是指债券发行者预计一年内向持有者支付的利息占票面金额的比率。票面利率不同于实际利率。实际利率是指按复利计算的一年期的利率，债券的计息和付息方式有多种，可能使用单利或复利计算，利息支付可能半年一次、一年一次或到期一次还本付息，这使得票面利率可能与实际利率存在差异。

（三）债券到期日

债券一般都有规定到期日，以便到期时归还本金。债券到期日，是指偿还债券本金的日期。

二、企业债券投资的目的

企业债券按投资时间长短可分为短期债券投资和长期债券投资。企业进行短期债券投资的目的主要是配合企业对资产的需求，调节现金余额，使现金余额达到合理水平。当企业现金余额太多时，便投资于债券，使现金余额降低；反之，当现金余额太少时，则出售原来投资的债券，收回现金，使现金余额提高。企业进行长期债券投资的目的主要是获得稳定的收益。企业债券投资收益包括债券利息和债券买卖价差两部分。

三、企业债券投资收益率的计算

企业债券投资收益率是指债券投资收益额与债券投资总额的比率，是衡量企业债券投资收益水平高低的基本指标。债券投资收益率通常可按投资期限长短分为短期债券投资收益率和长期债券投资收益率两种。短期债券投资收益率的计算一般比较简单，因为期限短，所以一般不用考虑资金时间价值因素；而长期债券投资收益率，因为期限长，故在计算时要考虑资金时间价值因素。

（一）短期债券投资收益率的计算

短期债券投资收益率计算公式为：

$$K = \frac{S_1 - S_0 + P}{S_0} \times 100\%$$

式中：S_0 表示债券购买价格；S_1 表示债券出售价格；P 表示债券投资报酬（利息）；K 表

示债券投资收益率。

【例6-1】 某企业于2020年1月5日投资800元购进一张面值为1000元,票面利率为5%,每年付息一次的债券,并于2021年1月5日以850元的市价出售。则持有期投资收益率为:

$$K=\frac{850-800+1\,000\times 5\%}{800}\times 100\%=12.5\%$$

需要说明的是,上述公式中的投资收益率是指整个持有期的收益率,若要计算持有期年均收益率,则还要考虑持有的期限,即:

$$持有期年均收益率=\frac{持有期收益率}{实际持有天数}\times 360\times 100\%$$

(二)长期债券投资收益率的计算

长期债券投资收益率是按复利计算的收益率,是指能使未来现金流入现值等于债券买入价格的贴现率。对于按年支付利息的长期债券,企业进行债券投资,一般每年能获得固定的利息,并在债券到期时收回本金或在中途出售而收回资金。因此,长期债券投资收益率的计算方法是求解含有贴现率的方程,即:

$$V=\frac{I}{(1+i)^1}+\frac{I}{(1+i)^2}+\cdots+\frac{I}{(1+i)^n}+\frac{F}{(1+i)^n}$$
$$=I\times(P/A,i,n)+F\times(P/F,i,n)$$

式中:V表示债券的购买价格;I表示每年获得的固定利息;F表示债券到期收回的本金或中途出售收回的资金;i表示长期债券投资收益率;n表示投资期限。

从式中可以看出,投资收益率i无法直接计算出,而只能通过估算并采用插值法才能计算出来。

【例6-2】 某公司于2020年1月1日购入昌盛公司当日发行的一张面值为1000元、期限为6年的债券,票面利率为6%,购入价格为912.50元。该债券每年末付息一次,6年后债券到期按面值收回本金。试计算该债券的投资收益率。

根据长期债券投资收益率的计算公式,则有:

$$912.50=1\,000\times 6\%\times(P/A,i,6)+1\,000\times(P/F,i,6)$$

(1)先采用估算法测试。

当i取7%时,
$$V=1\,000\times 6\%\times(P/A,7\%,6)+1\,000\times(P/F,7\%,6)$$
$$=60\times 4.7665+1\,000\times 0.6663$$
$$=952.29(元)$$

由于952.29元大于912.50元,说明收益率应大于7%。下面用8%再一次测试,其计算为:
$$V=1\,000\times 6\%\times(P/A,8\%,6)+1\,000\times(P/F,8\%,6)$$
$$=60\times 4.6229+1\,000\times 0.6302$$
$$=907.57(元)$$

由于907.57元小于912.50元,说明收益率应小于8%。由此可知,实际投资收益率应在

7%到8%之间。

(2) 再用插值法计算收益率。

$$\left.\begin{array}{l} 7\% \\ i \\ 8\% \end{array}\right\}\left.\begin{array}{l} i-7\% \\ \end{array}\right\}1\% \qquad \left.\begin{array}{l} 952.99 \\ 912.50 \\ 907.57 \end{array}\right\}\left.\begin{array}{l} 40.49 \\ \end{array}\right\}45.42$$

$$\frac{i-7\%}{8\%-7\%}=\frac{912.50-952.29}{907.57-952.29}$$

则
$$i=7\%+0.89\%=7.89\%$$

通过计算可以看出,该公司的债券投资收益率为7.89%。

四、企业债券的估价

债券若作为一种投资,现金流出是其购买价格,现金流入是利息和归还的本金或者出售时得到的现金。债券未来现金流入的现值,称为债券价值。对于投资者来说,一般只有当债券的价值大于或等于购买价格时,才值得购买。

(一) 债券价值计算的基本模型

债券价值计算的基本模型是指一次还本、按复利计息方式计算基本债券价值的方式。其计算公式为:

$$P=\sum_{t=1}^{n}\frac{I}{(1+K)^{t}}+\frac{F}{(1+K)^{n}}=I\times(P/A,K,n)+F\times(P/F,K,n)$$

式中:P 表示债券价值;I 表示债券每年利息;F 表示债券面值;K 表示贴现率,即市场利率或投资者要求的必要收益率;n 表示付息总期数。

【例6-3】 某种债券面值为100元,期限为3年,票面利率为8%。该债券采用一次还本,按年复利计息方式。现有一投资者想要投资这种债券,当时市场利率为10%,则当债券价格为多少时该投资者才能进行投资?

根据上述公式计算如下:

$$P=100\times 8\%\times(P/A,10\%,3)+100\times(P/F,10\%,3)$$
$$=8\times 2.4869+100\times 0.7513$$
$$=95.03(元)$$

即该投资者如果能以低于95.03元的价格买到这种债券,对他来说是合算的,因为债券的价值比他支付的价格高。

(二) 利随本清债券价值的计算

利随本清是指一次还本付息且不计复利的方式。其计算公式为:

$$P=\frac{F+I}{(1+K)^{n}}=(F+F\times i\times n)\times(P/F,K,n)$$

式中:i 表示债券票面利率,其他符号的含义同前式。

【例6-4】 某投资者准备购买一家公司发行的利随本清的公司债券。该债券面值为1 000元,期限为3年,票面利率为8%,不计复利,当时市场利率为6%。则该债券价格为多少时该投资者才能进行投资?

根据上述公式计算如下:
$$P = (1\,000 + 1\,000 \times 8\% \times 3) \times (P/F, 6\%, 3)$$
$$= 1\,240 \times 0.8396$$
$$= 1\,041.10(元)$$

即当该债券价格低于 1 041.10 元时,投资者买入债券比较有利。

(三) 零息债券价值的计算

零息债券又称纯贴现债券,这是以贴现方式发行的债券,一般没有票面利率,只支付终值,即到期按面值偿还。这类债券价值的计算公式为:

$$P = \frac{F}{(1+K)^n} = F \times (P/F, K, n)$$

公式中的符号含义同前式。

【**例 6-5**】 某种债券面值为 1 000 元,期限为 5 年,以折现方式发行,期内不计利息,到期按面值偿还,当时市场利率为 10%。则当债券价格为多少时该投资者才能进行投资?

根据上述公式计算如下:
$$P = 1\,000 \times (P/F, 10\%, 5)$$
$$= 1\,000 \times 0.6209$$
$$= 620.90(元)$$

即当该债券价格低于 620.90 元时,投资者买入债券比较有利。

五、债券投资的优缺点

(一) 债券投资的优点

1. 本金安全性高

与股票相比,债券投资风险比较小。政府发行的债券有国家财力作后盾,其本金安全性非常高,通常视为无风险证券。企业债券的持有者拥有优先求偿权,即当企业破产时,优先于股东分得企业资产,因此,其本金损失的可能性也比较小。

2. 稳定性强

债券票面一般都标有固定利息率,债券的发行人有按时支付利息的法定义务。因此,在正常情况下,债券投资都能获得比较稳定的收入。

3. 流动性好

许多债券都具有较好的流动性。政府及大企业的债券一般都可以在金融市场上迅速出售,流动性很好。

(二) 债券投资的缺点

1. 购买力风险较大

债券的面值和利息率在债券发行时就已经确定,如果投资期间的通货膨胀率比较高,则本金和利息的购买力将不同程度地受到侵蚀。在通货膨胀率非常高时,投资者的实际收益下降。

2. 没有经营管理权

企业投资于债券只能获得固定的利息,而无权对债券发行单位施以影响和控制。

第三节　企业股票投资

一、企业股票投资的目的

企业进行股票投资的目的主要有两种:一是获利,即获取股利收入和股票买卖差价;二是控股,即通过大量购买某一企业的股票达到控制该企业的目的。在第一种情况下,企业只是将股票作为一般的证券投资,因此不应冒险将大量资金投资于某一企业的股票上。而在第二种情况下企业应集中资金投资于被控企业的股票上,这时更多考虑的不应是眼前利益——股票投资收益的高低,而应是长远利益——占有多少股权才能达到控制的目的。

二、企业股票投资收益率的计算

企业进行股票投资,每年获得的股利是经常变动的,当企业出售股票时,也可收回一定资金。企业股票投资收益率的计算也有长短期之分,短期投资收益率的计算与短期债券投资相同。长期股票投资收益率的计算,同样要考虑货币的时间价值,并按复利计算,它是能使未来现金流入的现值等于目前购买价格的贴现率。长期股票投资收益率计算公式为:

$$V = \sum_{j=1}^{n} \frac{D_j}{(1+i)^j} + \frac{F}{(1+i)^n}$$

式中:V 表示股票的购买价格;F 表示股票的出售价格;D_j 表示股票投资报酬(各年获得的股利);i 表示股票投资收益率;n 表示投资期限。

和长期债券投资收益率的计算相似,一般无法直接计算出股票投资收益率,只能采用估算法和插值法来进行计算。

【例 6-6】 盛大公司在 20×6 年 5 月 1 日投资 510 万元购买 A 股票 100 万股,在 20×7 年、20×8 年和 20×9 年的 4 月 30 日每股各分得现金股利 0.5 元、0.6 元和 0.8 元,并于 20×9 年 4 月 30 日以每股 6 元的价格将股票全部出售。试计算该项股票投资的收益率。

现采用估算法来进行测算,逐次测试的结果如表 6-1 所示。

表 6-1　　　　　　　　　　股票投资收益率计算　　　　　　　　　　单位:万元

时间	股利及出售股票的现金流量	测试20%		测试18%		测试16%	
		系数	现值	系数	现值	系数	现值
20×7年	50	0.8333	41.67	0.8475	42.38	0.8621	43.11
20×8年	60	0.6944	41.66	0.7182	43.09	0.7432	44.59
20×9年	680	0.5787	393.52	0.6086	413.85	0.6407	435.68
合计	—	—	476.85	—	499.32	—	523.38

在表 6-1 中,先按 20% 的收益率进行测算,得到现值为 476.85 万元,比原来的投资额 510 万元小,说明实际收益率低于 20%;于是把收益率调到 18%,进行第二次测算,得到的现值为 499.32 万元,还比 510 万元小,说明实际收益率比 18% 还要低;于是再把收益率调到 16%,进行第三次测算,得到的现值为 523.38 万元,比 510 万元大,说明实际收益率要比 16% 高。由此可知,实际投资收益率应在 16%～18% 之间,采用插值法计算如下:

$$\left.\begin{array}{l} \left.\begin{array}{l} 16\% \\ i \\ 18\% \end{array}\right\} i-16\% \end{array}\right\} 2\% \qquad \left.\begin{array}{l} \left.\begin{array}{l} 523.38 \\ 510 \\ 499.32 \end{array}\right\} 13.38 \end{array}\right\} 24.06$$

$$\frac{i-16\%}{18\%-16\%} = \frac{510-523.38}{499.32-523.38}$$

$$i = 16\% + \frac{523.38-510}{523.38-499.32} \times (18\%-16\%) = 17.11\%$$

通过计算可以看出,该公司股票的投资收益率为 17.11%。

三、企业股票的估价

投资于股票预期获得的未来现金流量的现值,即为股票的价值或内在价值、理论价格。股票是一种权利凭证,它之所以有价值,是因为它能给持有者带来未来的收益,这种未来收益包括各期获得的股利、转让股票获得的价差收益、股份公司的清算收益等。股票估价的主要目的是计算其价值,并将它与股票市价比较来决定是否购入该种股票。对投资者来说,只有当股票内在价值高于市场价格时,才值得购买。股份公司的净利润是决定股票价值的基础。股票给持有者带来未来的收益一般是以股利形式出现,因此可以通过股利计算确定股票价值。现介绍几种最常见的股票估价模型。

(一) 股票价值计算的基本模型

股票价值计算的基本模型适用于暂时持有、未来准备出售的股票。在一般情况下,投资者投资于股票,不仅希望得到股利收入,还希望在未来出售股票时从股票价格的上涨中获得收益,即股票的投资收益包括股利收入和出售时得到的价格收入两部分,因此,股票的价值就等于一系列股利与将来出售股票时售价的现值之和。

其基本计算公式为:

$$V = \frac{V_n}{(1+K)^n} + \sum_{t=1}^{n} \frac{D_t}{(1+K)^t}$$

$$= V_n \times (P/F, K, n) + \sum_{t=1}^{n} D_t \times (P/F, K, t)$$

式中:V 表示股票的内在价值;V_n 表示未来出售时预计的股票价格;D_t 表示第 t 期的股利;K 表示贴现率,即投资者要求的必要收益率;n 表示投资期限。

【例 6-7】 某公司拟购买一种股票,预计 3 年后出售可获得 50 000 元的现金收入,该股票在未来的 3 年中每年可获得的股利收入分别为 1 000 元、1 500 元和 1 800 元。该公司要求股票投资的必要报酬率为 15%。试计算该种股票的内在价值。

根据上述公式计算如下:

$$V = 50\,000 \times (P/F, 15\%, 3) + 1\,000 \times (P/F, 15\%, 1) + 1\,500 \times (P/F, 15\%, 2) +$$
$$1\,800 \times (P/F, 15\%, 3)$$
$$= 50\,000 \times 0.6575 + 1\,000 \times 0.8696 + 1\,500 \times 0.7561 + 1\,800 \times 0.6575$$
$$= 36\,062.25(元)$$

即该股票的价格在 36 062.25 元以下时,才值得购买。

(二) 长期持有、股利稳定不变的股票估价模型

在每年股利稳定不变,投资者持有期间很长的情况下,股票股利的支付过程类似一个永续年金的支付。因此,这种股票价值的计算公式可简化为:

$$V = \frac{D}{K}$$

式中: V 表示股票的内在价值; D 表示每年的固定股利; K 表示投资者要求的必要收益率。

【例 6-8】 某公司购买一批股票,该批股票每年每股分配股利 3 元。该公司投资普通股的必要报酬率为 10%,公司准备长期持有这批股票。试计算该批股票每股的价值。

根据上述公式计算如下:

$$V = \frac{3}{10\%} = 30(元)$$

即该股票的价格在 30 元以下时,才值得购买。

(三) 长期持有、股利固定增长的股票估价模型

如果一种股票的股利不断增长,投资者的投资期限又很长,则股票的估价就更困难了,只能计算近似数。其计算公式为:

$$V = \frac{D_0 \times (1+g)}{(K-g)} = \frac{D_1}{K-g}$$

式中: D_0 表示上年股利; D_1 表示第一年股利; g 表示股利增长率; K 表示公司必要报酬率。

【例 6-9】 大华公司购入时代公司的股票,该股票上年每股股利为 3 元,预计以后每年以 2% 的增长率增长。大华公司的投资必要报酬率为 10%。试计算该种股票的内在价值。

根据上述公式计算如下:

$$V = \frac{3 \times (1+2\%)}{10\% - 2\%} = 38.25(元)$$

即时代公司的股票价格在 38.25 元以下时,大华公司才适合购买该股票。

四、股票投资的优缺点

(一) 股票投资的优点

1. 投资收益高

股票的价格虽然不稳定,但从长期看,优质股票的价格大多是上涨的,如果选择得当,就能取得较高的投资收益。

2. 购买力风险低

普通股属变动收益证券,在通货膨胀率比较高时,由于物价普遍上涨,股份公司盈利增加,股利支付也随之增加,因此,与固定收益证券相比,普通股能有效地降低购买力风险。

3. 拥有一定的经营控制权

普通股股东属股份公司的所有者,有权监督和控制企业的生产经营情况,因此,和债券投资相比,股票投资能拥有一定的经营控制权。

(二) 股票投资的缺点

1. 求偿权居后

普通股对企业资产和盈利的求偿权均居于最后。企业破产时,普通股股东原来的投资能否得到全额补偿,主要取决于债权人和优先股股东的清偿情况。

2. 价格不稳定

政治因素、经济因素、投资者的心理因素、企业的盈利状况、风险情况等,都会影响企业股票价格,使其不稳定,这也使股票投资具有较高的风险。

3. 收入不稳定

普通股股利的有无或多少,视企业经营状况和财务状况而定,无法律上的保证,其收入的风险也往往大于固定收益证券。

第四节 企业基金投资

一、企业基金投资的目的和特点

(一) 基金投资的目的

投资基金是一种集合投资方式,投资者通过购买基金份额,将众多资金集中起来,由专业的投资者即基金管理人进行管理,通过投资组合的方式进行投资,实现利益共享、风险共担。其目的是在取得较高投资收益的同时,尽可能通过专家理财和资金规模优势降低投资风险。

(二) 基金投资的特点

1. 集合理财实现专业化管理

基金将投资者的资金集合起来,通过基金管理人进行投资,实现了集合理财。基金管理人具有更加专业的投资技能与丰富的投资经验,将集中起来的资金交由基金管理人进行管理,对于中小投资者来说可以获得更加专业化的投资服务。

2. 通过组合投资实现分散风险目的

资金量较小时无法通过购买多种证券实现投资风险分散目的,而基于基金投资集合理财的特点可以同时购买多种证券,投资者可以通过购买基金份额从而用较少的资金购买"一揽子"股票,实现分散风险的目的。

3. 投资者利益共享且风险共担

基金投资者可以获取的收益等于基金投资收益减去基金应当承担的相关费用,各投资者依据所持有的份额比例进行分配。当收益上升或下降时,各基金投资者获取的收益也按照其持有比例上升或下降相应的金额。参与基金运作的基金管理人和基金托管人仅按照约定的比例收取管理费用和托管费用,无权参与基金收益的分配。

4. 权力隔离的运作机制

参与基金运作的包括基金投资者、托管人、管理人。基金管理人只负责基金的投资工作,而基金财产则交与基金托管人,基金操作权力与资金管理权力相互隔离,形成了互相监督、互相制约的机制,从而有效地保障基金投资者的利益。

5. 严格的监管制度

我国基金监管机构依据《证券投资基金法》及其他相关管理办法对基金行业进行严格监管,严厉打击侵害投资者利益的违法行为。我国的基金业监管采取法定监管机构与自律性组织相结合的监管模式。中国证监会是我国政府的基金监管机构,采取检查、调查取证、限制交易、行政处罚等措施对基金市场进行监管;基金业协会为行业自律性组织,负责制定行业标准、业务规范、从业人员教育、业内交流等工作;证券交易所是证券市场的自律管理者,依据《证券投资基金监管职责分工协作指引》的规定,负责对在交易所进行的基金投资行为进行监管,同时负责基金的信息披露工作。

二、投资基金的种类

投资基金的种类较多,可以按不同的标准进行分类,通常有以下几种分类。

(一) 按组织形态分

按照组织形态的不同,可以分为契约型基金和公司型基金。

1. 契约型基金

契约型基金,又称为单位信托基金,是指把受益人(投资者)、管理人、托管人三者作为基金的当事人,由管理人和信托人通过签订信托契约的形式发行受益凭证而设立的一种基金。契约型基金是基于基金契约原理而组织起来的代理投资行为,通过信托契约来规范三方当事人的行为。

2. 公司型基金

公司型基金,是按照《公司法》,以公司形态组成的股份制投资公司,该投资公司以发行股份的方式募集资金的一种基金。一般投资者购买该公司的股份即为认购基金,也就成为该公司的股东,凭其持有的基金份额依法享有投资收益。

契约型基金与公司型基金相比较,两者资金的性质不同。契约型基金的资金是信托资产,而公司型基金的资金是公司法人的资本。

(二) 按变现方式分

按照变现方式的不同,可分为封闭式基金和开放式基金。

1. 封闭式基金

封闭式基金,是指基金的发起人在设立基金时,限定了基金单位的发行总额,筹集到这个总额后,基金即宣告成立,并进行封闭,在一定时期内不再接受新的投资的一种基金。基金单位的流通采取在交易所上市的办法,投资者以后要买卖基金单位都必须经过证券经纪商,在二级市场上进行竞价交易。封闭式基金的期限是指基金的存续期,即基金从成立之日起到结束之日止的整个时间。

2. 开放式基金

开放式基金,是指基金的发起人在设立基金时,基金单位的总数是不固定的,可视经营策略和发展需要追加发行的一种基金。投资者也可根据市场状况和各自的投资决策,或者要求发行机构按现期净资产值扣除手续费后赎回股份或受益凭证,或者再买入股份或受益凭证,增加基金单位份额的持有比例。

封闭式基金与开放式基金相比较,有以下不同点:

(1) 期限不同。封闭式基金有固定的封闭期;而开放式基金没有固定期限,投资者可随时向基金管理者赎回。

(2) 发行规模要求不同。封闭式基金一般对基金单位的发行规模给予了限定;而开放式基金则没有发行规模的限制。

(3) 基金单位的转让方式不同。封闭式基金的基金单位在封闭期限内不能要求基金公司赎回;而开放式基金的投资者可以在首次发行结束一段时间(一般为3个月)后,随时向基金管理者或中介机构提出购买或赎回申请。

(4) 投资策略不同。封闭式基金的基金单位数不变,资本不会减少,因此可进行长期投资;而开放式基金因基金单位可能随时被赎回,必须保证基金资产的流动性,因此,基金资产不能全部用来投资。

(三) 按投资标的分

按照投资标的不同,可分为股票基金、债券基金、货币基金、期货基金、期权基金、认股权证基金、专门基金和其他基金等。

1. 股票基金

股票基金,是指投资于股票的投资基金,它是所有基金品种中最为流行的一种类型。其投资对象通常包括普通股和优先股,其风险程度较个人投资股票市场要低得多,且具有较强的变现性和流动性,因此它也是一种比较受欢迎的基金类型。

2. 债券基金

债券基金,是投资管理公司为稳健型投资者设计的,投资于政府债券、市政公债、企业债券等各类债券品种的投资基金。债券基金一般情况下定期派息,其风险和收益水平通常较股票基金低。

3. 货币基金

货币基金,是指由货币存款构成投资组合,协助投资者参与外汇市场投资,赚取较高利息的投资基金。其投资工具包括银行短期存款、国库券、政府公债、公司债券、银行承兑票据及商业票据等。这类基金的投资风险小,投资成本低,安全性和流动性较高,在整个基金市场上属于低风险的安全基金。

4. 期货基金

期货基金,是指投资于期货市场以获取较高投资回报的投资基金。期货市场具有高风险和高回报的特点,因此,投资期货基金既可能获得较高的投资收益,同时投资者也面临着较大的投资风险。

5. 期权基金

期权基金,是指以期权作为主要投资对象的基金。期权是一种选择权,是买卖期货合约的选择权利。期权交易就是期权购买者向期权出售者支付一定费用后,取得在规定时期内的任何时候,以事先约定好的协议价格,向期权出售者购买或出售一定数量的某种商品合约的权利的一种买卖。

6. 认股权证基金

认股权证基金,是指以认股权证为主要投资对象的基金。认股权证是指由股份有限公司发行的、能够按照特定的价格,在特定的时间内购买一定数量该公司股票的选择权凭证。由于认股权证的价格是由公司的股价决定的,一般来说,认股权证的投资风险较通常的股票要大得多,因此,认股权证基金也属于高风险基金。

7. 专门基金

专门基金,是由股票基金发展演化而成,属于分类行业股票基金或次级股票基金,它包括黄金基金、资源基金、科技基金、地产基金等,这类基金的投资风险较大,收益水平容易受到市场行情的影响。

8. 其他基金

其他基金包括私募股权基金、风险投资基金、对冲基金等。其中,私募股权基金与风险投资基金均聚焦于未上市企业的股权投资,私募股权基金偏好于成长期的未上市企业,风险投资基金更偏好于初创期的高新技术,两者很好地推动了我国创业企业的发展。目前,在我国较为活跃的私募基金或风投基金有红杉资本、高瓴资本、中信产业基金等。

三、企业基金投资收益率计算

基金投资收益是基金资产在运作过程中所产生的超过自身价值的部分。其投资收益率用以反映基金价值增值的情况,可通过基金净资产的价值变化来衡量。其计算公式为:

基金投资收益率＝(年末基金单位持有份数×年末基金单位净值－年初基金单位持有份数×年初基金单位净值)/(年初持有份数×年初基金单位净值)×100%

如果年初和年末投资基金单位的持有份数相等,其计算公式可简化为:

$$基金投资收益率 = \frac{年末基金单位净值 - 年初基金单位净值}{年初基金单位净值} \times 100\%$$

此时,基金投资收益率就视同基金单位净值在本年内的增减变动率。上式中,年初的基金单位净值有时相当于是购买基金资产的本金投资。

【例6-10】 某企业20×8年初持有A基金单位100万份,基金单位净值为1.2元。20×8年末该企业持有基金单位份数不变,基金单位净值为1.26元。试计算该基金投资收益率。

根据上述公式计算如下:

$$基金投资收益率 = \frac{100 \times 1.26 - 100 \times 1.2}{100 \times 1.2} \times 100\%$$
$$= \frac{1.26 - 1.2}{1.2} = 5\%$$

四、企业投资基金估价

对投资基金进行估价就是计算投资基金的价值,这种价值取决于基金净资产的现在价值,可用基金单位净值表示。所以基金单位净值,实际上就是单位净资产值,是在某一时点每一基金单位所具有的市场价值,其计算公式为:

$$基金单位净值 = \frac{基金资产总额 - 基金负债总额}{基金单位总份数}$$

式中,基金负债总额除了以基金名义以外的融资借款外,还包括应付股利、应付基金公司的首次认购费、经理费用等各项基金费用。

【例 6-11】 某公司 20×8 年初基金总资产市价为 10 000 万元,包括以基金名义对外融资借款的各种基金费用为 4 500 万元。该公司持有基金单位 5 000 万份。试计算该公司 20×8 年初基金单位净值。

根据上述公式计算如下:
$$基金单位净值 = (10\,000 - 4\,500) \div 5\,000 = 1.1(元)$$

五、基金投资的优缺点

(一) 基金投资的优点

1. 具有专家理财优势

投资基金的管理人都是投资方面的专家,他们在投资前均进行多种研究,以降低投资风险,提高投资收益。

2. 具有资金规模优势

我国的投资基金一般拥有资金 20 亿元以上。西方大型投资基金一般拥有百亿美元以上的资金,这种资金优势有利于进行充分的投资组合,能够分散风险,提高收益。

(二) 基金投资的缺点

1. 无法获得很高的投资收益

投资基金在投资组合过程中,在风险分散的同时,也可能会丧失获得巨大投资收益的机会。

2. 投资收益不稳定

基金投资经常会受到股市行情的影响,投资收益有时不够稳定,特别是在股市大盘整体大幅度下跌的情况下,进行基金投资也可能会损失较多,投资人要承担较大风险。

案例

第五节 证券投资组合

一、证券投资组合的目的

证券投资组合又称证券组合,是指在进行证券投资时,不是将所有的资金都投向单一的某种证券,而是有选择地投向一组证券,这种同时投资多种证券的做法称为证券的投资组合。

证券投资组合的目的是通过有效地进行证券投资组合,使证券风险得到分散,从而进一步降低投资风险。

二、证券投资组合的风险与收益率

(一)证券投资组合的风险

证券投资组合的风险可以分为两种性质完全不同的风险,即非系统性风险和系统性风险。

1. 非系统性风险

非系统性风险又称可分散风险或公司特别风险,是指某些因素对单个证券造成经济损失的可能性。它包括行业风险、企业经营风险、企业违约风险等。非系统风险属于个别风险,可通过证券持有的多样化将其分解并有效防范。例如,多买几家公司的股票,其中某些公司的股票收益上升,另一些股票的收益下降,从而将风险抵销。

【例 6-12】 假设 W 股票和 M 股票构成一个证券组合,每种股票在证券组合中各占 50%,它们的收益率和风险的详细情况如表 6-2 所示。

表 6-2　　　　　完全负相关的两种股票构成的证券组合的收益情况

年份	W 股票 K_w	M 股票 K_m	WM 的组合 K_p
20×1	40%	−10%	15%
20×2	−10%	40%	15%
20×3	35%	−5%	15%
20×4	−5%	35%	15%
20×5	15%	15%	15%
平均收益率(K)	15%	15%	15%
标准离差(δ)	22.6	22.6	0

从表 6-2 中可以看出,如果分别持有两种股票,都有很大风险,但如果把它们组合成一个证券组合,则没有风险。

W 股票和 M 股票之所以能组成一个无风险的证券股票组合,是因为它们收益的变化正好成相反的循环:当 W 股票的收益下降时,M 股票的收益正好上升;反之,收益则下降。我们把 W 股票和 M 股票叫做完全负相关,这里相关系数 $r=-1.0$。

与完全负相关相反的是完全正相关($r=1.0$),两个完全正相关的股票的收益将一起上升或下降,这样的两种股票组成的证券组合,不能抵销任何风险。

实际上,大部分股票之间存在着一种正相关关系,但又不完全正相关。若我们随机取两种股票,相关系数为+0.6 左右的最多,而且绝大多数两种股票的相关系数位于+0.5~+0.7,即部分正相关。在这种情况下,把两种股票组合成证券投资组合,能减少证券投资的风险,但不能完全消除风险。不过,如果股票种类较多,则能分散掉大部分非系统风险,而当股票种类足够多时,几乎能把所有的非系统风险分散掉。

2. 系统性风险

系统性风险又称不可分散风险或市场风险,是指由于政治、经济及社会环境的变动而影响证券市场上所有证券的风险,表现为整个股市平均收益率的变动,这类风险不能通过证券组合分散掉,而只能靠更高的收益率来补偿。对投资者来说,这种风险是无法消除的,故称不可分散风险。

系统性风险通常用 β 系数来计量。作为整体的证券市场的 β 系数为1。如果某种股票的风险情况与整个证券市场的风险情况一致,则这种股票的 β 系数等于1;如果某种股票的 β 系数大于1,则说明其风险大于整个证券市场的风险;如果某种股票的 β 系数小于1,则说明其风险小于整个证券市场的风险。比如,某种股票的 β 系数为2.0,则说明该种股票的风险是整个市场股票风险的两倍;某种股票的 β 系数为0.5,则说明该种股票的风险只有整个市场股票风险的一半。

单个证券的 β 系数可以由有关的投资服务机构提供。投资组合的 β 系数是单个证券 β 系数的加权平均数,权数为各种证券在投资组合中所占的比重。其计算公式为:

$$\beta_p = \sum_{i=1}^{n} X_i \beta_i$$

式中:β_p 表示证券组合的 β 系数;n 表示证券组合中股票的数量;X_i 表示证券组合中第 i 种股票所占的比重;β_i 表示第 i 种股票的系数。

【例6-13】 某公司持有共100万元的3种股票。该组合中A股票20万元,B股票40万元,C股票40万元,它们的 β 系数分别是1.5、1.0和0.8。试计算该证券组合的 β 系数。

根据上述公式计算如下:

$$\beta_p = 20\% \times 1.5 + 40\% \times 1.0 + 40\% \times 0.8 = 1.02$$

(二) 证券投资组合的风险收益

证券组合的风险收益是投资者因承担不可分散风险而要求的、超过时间价值的那部分额外收益,可用下列公式计算:

$$R_p = \beta_p (K_m - R_F)$$

式中:R_p 表示证券组合的风险收益率;β_p 表示证券组合的 β 系数;K_m 表示所有股票的平均收益率,也就是由市场上所有股票组成的证券组合的收益率,简称市场收益率;R_F 表示无风险收益率,一般用政府公债的利息率来衡量。

【例6-14】 某企业投资于甲、乙、丙三种股票,构成证券组合,经测算,它们的 β 系数分别为1.0、0.5、1.5。甲、乙、丙三种股票在证券组合中所占的比重分别为20%、30%、50%。股票市场平均收益率为16%,无风险收益率为12%,该企业拟投资的总额为100万元。试计算这种证券组合的风险收益率和风险收益额。

(1) 确定证券组合的 β 系数。

$$\beta_p = 20\% \times 1.0 + 30\% \times 0.5 + 50\% \times 1.50 = 1.10$$

(2) 计算该证券组合的风险收益率。

$$R_p = 1.10 \times (16\% - 12\%) = 4.4\%$$

(3) 计算该证券组合的风险收益额。

风险收益额 $= 100 \times 4.4\% = 4.4$(万元)

从以上计算可以看出,在其他因素不变的情况下,风险收益率的大小主要取决于证券组合的 β 系数。β 系数越大,风险收益率就越大;反之,则风险收益率越小。

（三）证券组合风险和收益率的关系

一般来说，风险越大，投资者期望的收益率越高。因此，风险和收益率的关系密不可分。在实际工作中，揭示证券组合风险和收益率关系的最常用方法是利用资本资产定价模型，这一模型为：

$$K_i = R_F + \beta_i \times (K_m - R_F)$$

式中：K_i 表示第 i 种股票或第 i 种证券组合的必要收益率；R_F 表示无风险收益率；β_i 表示第 i 种股票或第 i 种证券组合的 β 系数；K_m 表示所有股票或所有证券的平均收益率。

【例 6-15】 中兴公司投资 A、B、C 三种股票，其证券组合的 β 系数为 1.5，无风险收益率为 4%，市场上所有股票的平均收益率为 10%。试计算该证券组合的风险收益率和必要收益率。

根据上述公式计算如下：

$$R_p = 1.5 \times (10\% - 4\%) = 9\%$$
$$K_i = 4\% + 9\% = 13\%$$

资本资产定价模型，说明了必要收益率 K 与不可分散风险 β 系数之间的关系。β 值越高，要求的风险收益率就越高，在无风险收益率不变的情况下，必要收益率也就越高。

三、证券投资组合的策略与方法

（一）证券投资组合策略

证券投资组合的策略有很多种，现介绍其中最常见的几种。

1. 保守型策略

这种策略认为，最佳证券投资组合策略是要尽量模拟市场现状，将尽可能多的证券包括进来，以便分散掉全部非系统风险，得到与市场所有证券的平均收益同样的收益。这种投资组合有以下优点：①能分散掉全部可分散的风险；②不需要高深的证券投资的专业知识；③证券投资的管理费比较低。但这种组合获得的收益不会高于证券市场上所有证券的平均收益。因此，它属于收益不高、风险不大的策略，故称为保守型策略。

2. 冒险型策略

这种策略认为，与市场完全一样的组合不是最佳组合，只要组合做得好，就能取得远远高于平均水平的收益。在这种组合中，成长型的股票比较多，而那些低风险、低收益的证券不多，其组合的随意性强，变动频繁。这种策略收益高、风险大，因此称为冒险型策略。

3. 适中型策略

这种策略介于保守型策略与冒险型策略之间。采用这种策略的人，一般都善于对证券进行分析，如行业分析、企业业绩分析、财务分析等，通过分析，选择高质量的股票和债券，组成证券组合。他们认为，股票的价格是由特定企业的经营业绩来决定的，市场上股票价格的一时沉浮并不重要，只要企业经营业绩好，股票一定会升到其本来的价值水平。适中型策略如果做得好，可获得较高的收益，而又不会承担太大风险，是一种最常见的证券组合策略。但进行这种组合的人必须具备丰富的投资经验，拥有进行证券投资的各种专业知识。

（二）证券投资组合方法

进行证券投资组合的方法有很多，但最常见的方法通常有以下几种。

1. 选择足够数量的证券进行组合

这是一种最简单的证券投资组合方法。在采用这种方法时，不是进行有目的的组合，而是随机选择证券。随着证券数量的增加，可分散风险会逐步减少，当证券数量足够多时，大部分可分散风险都可分散掉。

2. 按证券的风险等级组合

这种组合方法又称1/3法，是指把全部资金的1/3投资于风险大的证券，1/3投资于风险中等的证券，1/3投资于风险小的证券。一般而言，风险大的证券对经济形势的变化比较敏感，当经济处于繁荣时期，风险大的证券可获得高收益，但当经济衰退时，风险大的证券会遭到巨额损失；相反，风险小的证券对经济形势的变化则不十分敏感，一般都能获得稳定收益，而不致遭受损失。因此，1/3法是一种进可攻、退可守的组合法，虽不会获得太高的收益，但也不会承担巨大风险，是一种常见的组合方法。

3. 把投资收益呈负相关的证券放在一起进行组合

一种股票的收益上升而另一种股票的收益下降的两种股票，称为负相关股票。把收益呈负相关的股票组合在一起，能有效地分散风险。例如，某企业同时持有一家汽车制造公司的股票和一家石油公司的股票，当石油价格大幅度上升时，这两种股票便呈负相关。因为油价上升，石油公司的收益会增加，但油价的上升，会影响汽车的销售，使汽车公司的收益降低。只要选择得当，这样的组合对降低风险有十分重要的意义。

案例

本 章 小 结

企业证券投资是指投资者将资金投资于股票、债券、基金及衍生证券等资产上，从而获得投资收益的一种投资行为，它是企业投资的重要组成部分。企业证券投资按其对象可分为债券投资、股票投资、基金投资、各种衍生证券资产投资及组合投资等。不同种类的投资，其具体目的不一样，但基本目的都是取得一定的投资收益。证券投资收益一般包括证券买卖价差和利息、股息、红利等方面内容。不同证券投资收益率及价值的计算方法不同。科学地进行证券投资管理，有利于增加投资收益，降低投资风险。证券投资的风险通常包括系统性风险和非系统性风险，前者主要有利率风险、购买力风险和再投资风险等；后者主要有违约风险、变现风险和破产风险。证券投资组合是指同时投资于多种证券的做法，其目的是有效地分散证券的非系统性风险。证券组合的系统性风险通常用β系数来计量。β系数越大，表明风险越大，风险收益率就越高。揭示风险与收益率之间的关系，最常用的方法是采用资本资产定价模型。进行证券投资组合应采取必要的策略和方法。证券投资组合的策略一般有保守型策略、冒险性策略和适中型策略。证券投资组合的方法主要有选择足够数量的证券进行组合、1/3法和把投资收益呈负相关的证券放在一起进行组合等。

复习思考题

1. 什么是证券投资？它有何目的？
2. 证券投资的种类有哪些？
3. 证券投资的风险有哪些？
4. 债券、股票和基金投资的优缺点分别是什么？
5. 债券、股票和基金投资的收益率如何计算？
6. 债券、股票如何估价？
7. 证券投资组合的风险收益率及必要收益率如何计算？
8. 证券投资组合的策略与方法有哪几种？

练习题

1. 20×8年6月30日，甲公司购买乙公司每股市价为20元的股票。20×9年1月，甲公司每股获现金股利1元。20×9年6月30日，甲公司将该股票以每股22.50元的价格出售。要求：计算该种股票的投资收益率。

2. 某企业于20×7年6月10日投资1 800元购进一张面值为2 000元，票面利率为5%，每年付息一次的债券，并于20×8年6月10日以1 850元的价格出售。要求：计算该种债券的投资收益率。

3. 丙公司于20×5年1月31日以1 850元购入一张面值为2 000元的债券，其票面利率为8%，每年1月31日计算并支付一次利息，该债券于20×9年2月1日到期，按面值收回本金。要求：计算该债券的到期收益率。

4. 某债券面值为2 000元，票面利率为10%，期限为5年，该债券采用一次还本，按年复利计息方式。A企业拟对这种债券进行投资，当前的市场利率为12%。要求：计算该债券价格为多少时才能进行投资。

5. B企业拟购买C企业发行的利随本清的企业债券，该债券面值为2 000元，期限为10年，票面利率为12%，不计复利，当前的市场利率为10%。要求：计算该债券的发行价格为多少时企业才能购买。

6. 某债券面值为2 000元，期限为5年，以折现方式发行，期内不计利息，到期按面值偿还，当时市场利率为8%。要求：计算该种债券价格为多少时企业才能购买。

7. H公司准备投资购买Y公司的股票，该股票上年每股股利为2.5元，预计以后每年以6%的增长率递增。经分析后，H公司认为必须得到12%的报酬率才能购买Y公司的股票。要求：计算该种股票的价值。

8. 先锋公司持有A、B、C三种股票构成的证券组合，其β系数分别是1.8、1.5和0.7，在证券组合中所占的比重分别为50%、30%和20%，股票的市场平均收益率为15%，无风险收益率为12%。要求：计算该证券组合的风险收益率和必要收益率。

9. 某公司股票的β系数为2.5,目前无风险收益率为6%,市场上所有股票的平均收益率为10%,若该股票为固定成长股,成长率为6%,预计一年以后的股利为1.5元。要求:①测算该股票的风险收益率;②测算该股票的必要收益率;③计算该股票的价格为多少时可购买。

10. 宏达公司计划利用一笔长期资金投资购买股票。现有M公司股票和N公司股票可供选择,宏达公司只准备投资一家公司股票。已知M公司股票现行市价为每股9元,上年每股股利为0.15元,预计以后每年以6%的增长率增长。N公司股票现行市价为每股7元,上年每股股利为0.60元,股利分配政策将坚持固定股利政策。宏达公司所要求的必要收益率为8%。要求:利用股票估价模型为宏达公司作出股票投资决策。

案例一

一、基本案情

万盛公司是一家以证券投资为主的投资咨询公司。近几年,该公司由于能及时掌握证券市场的有关信息,并认真研究,谨慎决策,因此始终能取得比较好的投资收益,公司的经济实力逐步壮大。近期,万盛公司又进行了两项投资。一项是于20×6年7月1日以51 000元的价格购入一张面值为50 000元的公司债券,其票面利率为8%,并于每年的7月1日和1月1日支付利息。该债券于20×9年7月1日到期,到期按面值收回本金。另一项是于同日投资了140 400元购买了10 000股普通股股票。该股票于20×7年、20×8年和20×9年的7月1日分别发放现金股利每股为0.90元、0.70元和1.40元,并于20×9年7月1日以每股14.50元的价格出售。

二、问题

请你通过计算,说明万盛公司选择哪项投资更有利。

案例二

一、基本案情

天华公司是一家大型家电企业。20×9年初,公司领导召开会议,集体通过了利用手中多余资金1 500万元对外投资的决定。经分析,拟定可供公司选择的投资对象如下:

(1) 国家发行七年期国债,每年付息一次,且实行浮动利率。第一年利率为2.63%,以后每年按当年银行存款利率加利率差0.38%计算支付利息。

(2) 汽车集团发行五年期重点企业债券,票面利率为10%,每半年付息一次。

(3) 春兰股份,代码600854,中期预测每股收益0.45元,股票市场价格22.50元/股,总股本30 631万股,流通股7 979万股。公司主营:设计制造空调制冷产品,空调使用红外遥控。该公司财务状况十分稳定,业绩良好,但成长性不佳。近三年财务数据及市场表现如表6-3所示。

表 6-3 春兰公司近三年财务数据

财务指标	20×8 年	20×7 年	20×6 年
主营收入(万元)	194 737		16 215
净利润(万元)	26 494		24 966
扣除后净利润(万元)	26 290	27 204	24 966
总资产(万元)	232 372	194 198	136 493
股东权益(万元)	153 660	141 690	80 310
每股收益(元)	0.865	1.15	1.57
扣除后每股收益(元)	0.86	1.24	1.65
每股净资产(元)	5.02	6.01	5.07
每股现金流量(元)	0.11	0.51	
净资产收益率(元)	17.24	19.20	31.09

(4) 格力电器,代码0615,中期预测每股收益0.40元,股票市场价格为17.00元/股,总股本29 617万股,流通股21 676万股。公司主营:家用电器、电风扇、清洁卫生器具。该公司空调产量居国内第一位,有行业领先优势,尤其是出口增长迅速,比去年出口增长70.7%,经营业绩稳定增长。近三年财务数据及市场表现如表6-4所示。

表 6-4 格力电器近三年财务数据

财务指标	20×8 年	20×7 年	20×6 年
主营收入(万元)	516 564	429 814	345 166
净利润(万元)	22 916	21 508	21 025
扣除后净利润(万元)	22 916	21 508	21 025
总资产(万元)	342 368	292 591	198 158
股东权益(万元)	105 724	95 814	60 225
每股收益(元)	0.705	0.66	1.40
每股净资产(元)	3.25	2.94	4.01
每股现金流量(元)	1.08	1.75	
净资产收益率(元)	21.68	22.45	34.91

(5) 华工科技,代码0988,中期预测每股收益0.10元,股票市场价格为68.00元/股,总股本11 500万股,流通股3 000万股。公司主营:激光器、激光加工设备及成套设备、激光医疗设备等。该公司科技含量高,成长性好,公积金也高。近三年财务数据及市场表现如表6-5所示。

表 6-5 华工科技近三年财务数据

财务指标	20×8 年	20×7 年	20×6 年
主营收入(万元)	9 340	8 133	5 798
净利润(万元)	3 056	2 221	1 845
总资产(万元)	18 501	13 515	11 878

(续表)

财务指标	20×8年	20×7年	20×6年
股东权益(万元)	14 152	10 625	9 573
每股收益(元)	0.27	0.26	0.22
每股净资产(元)	1.67	1.25	1.13
净资产收益率(元)	21.59	20.91	19.27

二、问题

(1) 根据上述资料,如果公司为了扩大经营规模,实现规模效应,面对上述可供选择的投资方案,应如何进行证券投资组合,以分散或避免投资风险?

(2) 如果公司仅为获得投资收益,面对上述可供选择的投资方案,应如何进行投资组合,以分散或避免投资风险?

第七章 企业营运资金管理

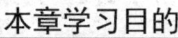 **本章学习目的**

本章主要介绍了营运资金及现金、应收账款和存货的相关理论知识和管理方法。本章学习要求：理解营运资金的有关概念，理解营运资金的管理策略；熟悉和掌握现金、应收账款和存货管理的目标、内容及具体的管理方法。

 本章关键词

营运资金　现金　应收账款　存货

 本章课程思政点

信用政策　应收账款管理　存货功能

 案例导引

那些被拖欠的应收和应付账款

"你知不知道我承担了公司多少的压力，我正在登机去要款。"在笔者前面登机的女士非常焦躁，对电话那一头吼着。

巧合的是，笔者在近期的饭局上，也经常听到上市公司抱怨一些产业链下游的客户并不缺钱，但是一直拖着不付款。

这就是所谓的客大欺店或者店大欺客，从中可以窥见公司在所属行业产业链里的地位。正常情况下，我们都不会为了几笔应收账款与合作伙伴撕破脸皮闹上法庭，毕竟中国人讲究和气生财。然而，曾经热情的合作伙伴为什么不在最后期限付款呢？

在笔者看来，一个原因是与公司治理的水准有关，还有一个原因与公司自身经营是否遇到了困难有关，特别是公司是否有实在的营业收入，在资金流转方面是否顺利。用最坏的想法去揣测，如果公司不是为了占用资金获得资金的使用权，或者至少享有存款的利息，那么一定是现金流方面比较紧张，才会推迟付款。

有一位消费品制造业上市公司的人士告诉笔者，海外大客户的付款比较按时，有的会在付款期限之前支付，晚一些的也会在到期前最后一两天完成付款。不过，国内一些大品牌公司在付款方面需要做一些工作，让他比较头疼。

这与笔者曾经的惯性思维并不相符。笔者本以为,国内的企业客户才是一家人,毕竟都是华夏儿女,国外客户倒是天高皇帝远,就算要不到钱,也很难处理。没料到生意难做的客户,反而在国内,甚至就是同一个城市最熟悉的企业。

整体上,海外客户应收款项的落实难度,应该高于国内客户。但是贸易全球化这么多年,许多行业已经形成左右产业发展的极少数巨头公司,这些巨头公司在公司治理方面相对规范,所以不仅影响着产业链的发展趋势,而且通过高水准的公司治理获得了良好的业内口碑。

上述公司提到拖了几个月还没有付款的下游客户,其实也并不缺钱,账面上有着数十亿元的现金。之所以拖着不付款,是公司主观为之。有观点认为这说明公司有着很强的议价能力,在产业链中地位比较高,所以对公司是好事情,也证明公司股票值得投资者关注和投资。但笔者觉得,良好的产业链合作才是所有公司稳健发展的基石,损害任何一方的利益,最终都将损害合作共赢的基础。

对于主动支付款项的客户,正常情况下我们都会心怀感激;能够配合应付款项处理工作的客户,也是积极履行合同、重视商业信誉的典范。如果客户通过各种主观、客观原因延期支付,在一定的范畴内同样可以接受,但是多多少少都会影响合作关系。而且,如果超出了一定的限度,那么在能更换合作伙伴的时候一定会予以更换,有多少公司愿意无限地忍耐下去?

当前,我国宏观经济发展进入了关键阶段,许多行业也从高速增长转向稳健发展或者下滑,有关应收和应付账款的故事会越来越丰富。年报披露在即,我们从年报里可以查阅公司的收入确认政策等各种财务数据,从而判断公司在产业链中的话语权情况。

资料来源:摘自《证券时报》,略有改动。

问题:应收账款、应付账款是如何产生的?应收账款对企业发展有何影响?

第一节 营运资金概述

一、营运资金及其管理目标

在市场经济条件下,资金是企业的血液。企业要生存和发展,就必须筹集、掌握一定数量的资金,营运资金就是其中非常重要的一部分。

(一)营运资金的含义

营运资金是指在企业生产经营活动中占用在流动资产上的资金。营运资金有广义和狭义之分,广义的营运资金是指一个企业流动资产的总额;狭义的营运资金是指流动资产减去流动负债后的差额。这里指的是狭义的营运资金概念。营运资金在衡量企业的资产流动性、流动资产变现能力和短期偿债能力方面有着重要意义。

流动资产是指可以在一年或者超过一年的一个营业周期内变现或运用的资产,包括现金、各种存款、短期投资、应收账款及预付账款、存货等,是企业全部资产中最活跃的部分。流动负债是指将在一年内或者超过一年的一个营业周期内偿还的债务。流动负债又称短期融资,具有成本低、偿还期短的特点,流动负债主要包括短期借款、应付票据、应付账款、应付职工薪酬、应交税费及应付股利等。

(二)营运资金管理目标

营运资金是企业日常生产经营活动的重要基础,企业持有一定数量的营运资金是十分必要的。企业对营运资金的管理目标是:在经营过程中要使营运资金保持一个适当的量,既要满足生产经营的需要,又要避免持有过多。因为营运资金虽流动性较强,持有的营运资金数量越多,风险越小,但持有过多就会降低企业资金的总体收益;而持有过少,会对企业的生产经营带来不利影响,可能会增加企业经营风险。因此,企业要在风险和收益之间进行权衡,将营运资金的持有量控制在适当的范围内。

案例

二、营运资金的特点

营运资金一般具有如下特点。

(一)营运资金的来源具有多样性

企业筹集长期资金的方式一般较少,只有吸收直接投资、发行股票、发行债券等方式。与筹集长期资金的方式相比,企业筹集营运资金的方式较为灵活多样,通常有银行短期借款、短期融资券、商业信用、应交税费、应付股利、应付职工薪酬等内外部多种融资方式。

(二)营运资金的数量具有波动性

流动资产的数量会随企业内外条件的变化而变化,时高时低,波动很大。季节性企业如此,非季节性企业也如此。随着流动资产数量的变动,流动负债的数量也会相应发生变动。

(三)营运资金的周转具有短期性

企业占用在流动资产上的资金,通常会在一年或超过一年的一个营业周期内收回,对企业影响的时间比较短。根据这一特点,营运资金可以用商业信用、银行短期借款等短期筹资方式来解决。

(四)营运资金的实物形态具有变动性

企业营运资金的占用形态是经常变化的,营运资金的每次循环都要经过采购、生产、销售等过程,一般按照现金、材料、在产品、产成品、应收账款、现金的顺序转化。为此,在进行流动资产管理时,必须在各项流动资产上合理配置资金数额,做到结构合理,以促进资金周转顺利进行。同时,交易性金融资产、应收账款、存货等流动资产一般具有较强的变现能力,如果遇到意外情况,企业出现资金周转不灵、现金短缺时,便可迅速变卖这些资产,以获取现金,这对财务上应付临时性资金需求具有重要意义。

三、营运资金管理策略

(一)营运资金持有政策

营运资金持有量的确定实际上就是对收益和风险两者之间的关系进行权衡与选择。具体而言,就是要确定一个既能维持企业正常生产经营活动,又能在减少或不增加风险的前提下,给企业带来尽可能多利润的营运资金水平。

一个企业必须选择与其业务需要和管理风格相符合的营运资金投资策略。如果企业管理政策趋于保守,就会保持较高的营运资金与销售收入比率,保证更高的流动性(安全性),但盈利能力也更低;如果管理者偏向于为了更高的盈利能力而愿意承担风险,那么将保持一个低水平的营运资金与销售收入比率。

1. 营运资金持有政策

企业的营运资金持有政策可以分为以下三种。

1) 宽松的营运资金持有政策

在宽松的营运资金持有政策下,企业通常会维持高水平的流动资产与销售收入比率。也就是说,企业将保持高水平的现金和有价证券、高水平的应收账款(通常给予客户宽松的付款条件)和高水平的存货。在这种持有政策下,由于较高的流动性,企业的财务与经营风险较小。但是,过多的流动资产投资,无疑会承担较大的流动资产持有成本,提高企业的资金成本,降低企业的收益水平。

2) 适中的营运资金持有政策

适中的营运资金持有政策要求企业在一定的销售水平上保持适中的流动资产,既不过高也不过低,流入的现金恰好满足支付的需要,存货也恰好满足生产和销售需要。这种政策的特点是收益和风险相平衡。在企业能够比较准确地预测未来的资金需求时,可采用该政策。

3) 紧缩的营运资金持有政策

在紧缩的营运资金持有政策下,企业维持低水平的流动资产与销售收入比率。需要说明的是,这里的流动资产通常只包括生产经营过程中产生的存货、应收款项,以及现金等生产性流动资产,而不包括股票、债券等金融性流动资产。

紧缩的营运资金持有政策可以节约流动资产的持有成本,例如节约持有资金的机会成本。但与此同时也可能伴随着更高风险,这些风险表现为更紧的应收账款信用政策和较低的存货占用水平,以及缺乏现金用于偿还应付账款等。但是,只要不可预见的事件没有损坏企业的流动性而导致严重的问题发生,紧缩的营运资金持有政策就会提高企业效益。

采用紧缩的营运资金持有政策,无疑对企业的管理水平有较高的要求。因为一旦失控,由于流动资产的短缺,会对企业的经营活动产生重大影响。根据最近几年的研究,美国、日本等一些发达国家的流动资产与销售收入比率呈现越来越小的趋势。这并不意味着企业对流动性的要求越来越低,而主要是因为在流动资产管理方面,尤其是应收账款与存货管理方面取得了一些重大进展,适时制库存控制系统便是其中一个突出代表。

2. 营运资金持有政策考虑的因素

1) 资产的收益与风险

制定营运资金持有政策时,需要权衡资产的收益性与风险性。增加流动资产投资会增加流动资产的持有成本,降低资产的收益性,但会提高资产的流动性;反之,减少流动资产投资会降低流动资产的持有成本,增加资产的收益性,但资产的流动性会降低,增加短缺成本。因此,从理论上来说,最优的流动资产投资应该使流动资产的持有成本与短缺成本之和最低。

2) 企业内外部环境

制定营运资金持有政策时还应充分考虑企业经营的内外部环境。通常,银行和其他借款人对企业流动性水平非常重视,因为流动性是这些债权人确定信用额度和借款利率的主要依据之一。有些企业因为融资困难,通常采用紧缩的营运资金持有政策。

3) 产业因素

一个企业的营运资金持有政策可能还受产业因素的影响。在销售边际毛利较高的产业,如果从额外销售中获得的利润超过额外应收账款所增加的成本,宽松的信用政策可能为企业带来更为可观的收益。流动资产占用具有明显的行业特征。在机械行业,存货居于流动资产项目中的主要位置,通常占用全部流动资产的50%左右。其他行业的流动资产占用往往与机械行业会有很大不同。比如,在商业零售行业,其流动资产占用要超过机械行业。

4) 决策者的偏好

营运资金持有政策的另一个影响因素是那些影响企业政策的决策者。保守的决策者更倾向于宽松的营运资金持有政策,而风险承受能力较强的决策者则倾向于紧缩的营运资金持有政策。

(二) 营运资金融资政策

企业的营运资金融资政策就是如何对临时性流动资产、永久性流动资产和固定资产的资金来源进行管理。有三种可供企业选择的融资政策。

1. 配合型融资政策

配合型融资政策是指企业的负债结构与企业资产的寿命周期相对应,其特点是临时性流动资产所需资金用临时性流动负债筹集,永久性流动资产和固定资产所需资金用自发性流动负债和长期负债、权益资本筹集,如图7-1所示。这一政策可以用以下两个公式来表示:

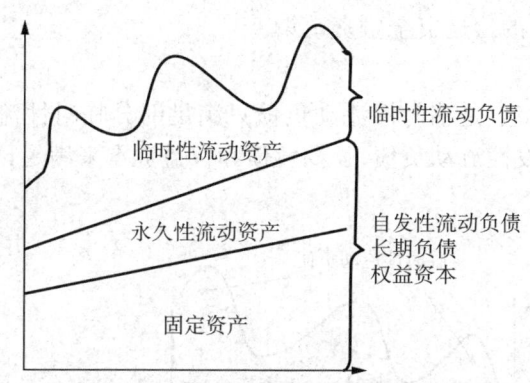

图7-1 配合型融资政策

临时性流动资产＝临时性流动负债

永久性流动资产＋固定资产＝自发性流动负债＋长期负债＋权益资本

资金来源的有效期与资产的有效期的匹配,只是一种战略性的观念匹配,而不要求实际金额完全匹配。实际上,企业也做不到完全匹配。其原因是:①企业不可能为每一项资产按其有效期配置单独的资金来源,只能分为短期来源和长期来源两大类来统筹安排筹资;②企业必须有所有者权益筹资,它是无限期的资本来源,而资产总是有期限的,不可能完全匹配;③资产的实际有效期是不确定的,而还款期是确定的,必然会出现不匹配。

2. 激进型融资政策

激进型融资政策的特点是临时性流动负债不但要满足临时性流动资产的需要，还要满足一部分永久性流动资产的需要，如图7-2所示。可用以下两个公式来表示：

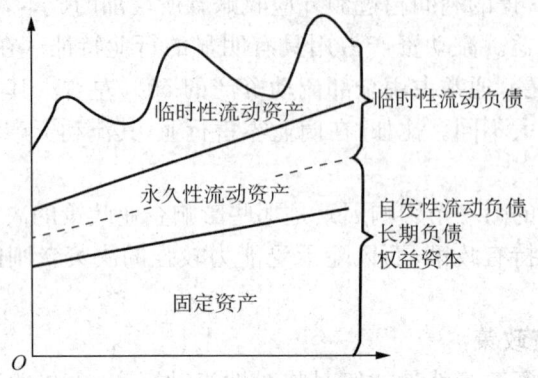

图 7-2　激进型融资政策

临时性流动资产＋部分永久性流动资产＝临时性流动负债

$$\dfrac{永久性}{流动资产}-\dfrac{靠临时性流动}{负债筹得的部分}+固定资产=\dfrac{自发性}{流动负债}+长期负债+权益资本$$

但是，由于企业为了满足永久性流动资产长期、稳定的资金需要，必然要在临时性流动负债到期后重新举债或申请债务延期，这又加大了筹资和还债的风险。因此，激进型融资政策是一种收益高、风险大的营运资金融资政策。

3. 稳健型融资政策

稳健型融资政策的特点是临时性流动负债只满足部分临时性流动资产的需要，其他流动资产和长期资产用自发性流动负债、长期负债和权益资本来满足，如图7-3所示。可以用以下两个公式来表示：

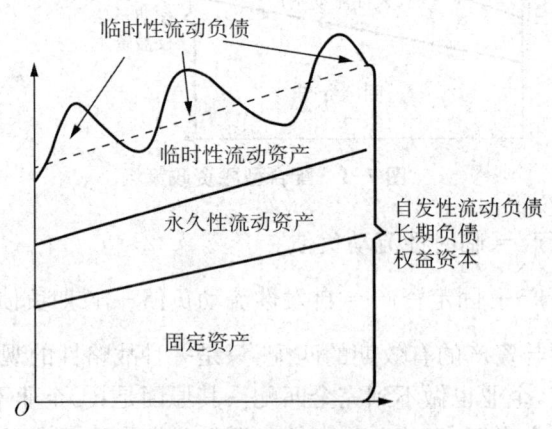

图 7-3　稳健型融资政策

部分临时性流动资产＝临时性流动负债

$$\begin{matrix}永久性\\流动资产\end{matrix}+\begin{matrix}靠临时性流动负债未\\筹足临时性流动资产\end{matrix}+固定资产=\begin{matrix}自发性\\流动负债\end{matrix}+长期负债+权益资本$$

在稳健型融资政策中,长期融资支持非流动资产、永久性流动资产和部分波动性流动资产。企业通常以长期融资来源为波动性流动资产的平均水平融资,短期融资仅用于融通剩余的波动性流动资产,融资风险较低。这种政策通常最小限度地使用短期融资,但由于长期负债成本高于短期负债成本,就会导致融资成本较高,收益较低。

如果长期负债以固定利率为基础,而短期融资方式以浮动或可变利率为基础,则利率风险可能降低。因此,这是一种风险低、成本高的融资政策。

第二节 现金管理

一、现金及其管理目标

现金有广义和狭义之分。广义的现金是指在企业的生产经营过程中以货币形态存在的资金,主要包括企业的库存现金、银行存款和其他货币资金等。狭义的现金仅指库存现金。本教材所讲的现金是广义的现金。

现金在企业所有的资产中流动性最强,代表着企业直接的支付能力和应变能力,具有普遍的可接受性。企业持有一定数量的现金不仅能满足日常生产经营开支的各种需要,也是还本付息和履行纳税义务的保证。有价证券是企业现金的一种转换形式。有价证券的变现能力强,可以随时兑换成现金。企业有多余现金时,常将其兑换成有价证券;在需要补充现金时,再出让有价证券换回现金。在这种情况下,有价证券就成了现金的替代品。

二、企业持有现金的动机

企业持有现金是出于三种需求:交易性需求、预防性需求和投机性需求。

(一) 交易性需求

企业的交易性需求是指企业为了维持日常周转及正常商业活动所需持有的现金额。企业每天都在发生许多收入和支出,这些收入和支出在数额上不相等,在时间上不匹配,因此企业需要持有一定现金来调节,以使生产经营活动能继续进行。企业为满足交易要求所持有的现金余额主要取决于企业的销售水平。企业销售扩大,销售量增加,则所需现金的余额也会随之增加;反之,则会随之减少。另外,企业业务的季节性,要求企业逐渐增加存货以等待季节性的销售高潮。这时,一般会发生季节性的现金支出,企业现金余额下降,随后随着销售高潮的到来,存货逐渐减少,现金又逐渐恢复到原来的水平。

(二) 预防性需求

预防性需求是指企业需要持有一定量的现金,以应付突发事件。这种突发事件的原因可能是社会经济环境变化,也可能是企业的某大客户违约导致企业突发性偿付等。尽管财务人员试图利用各种手段来较准确地估算企业需要的现金数额,但这些突发事件会使原本很好的财务计划失去效果。因此,企业为了应付突发事件,有必要维持比日常正常运转所需金额更多的现金。

确定预防性需求的现金数额时,需要考虑以下因素:①企业愿冒现金风险的程度;②企业预测现金收支可靠的程度;③企业临时融资的能力。希望尽可能减少风险的企业倾向于保留大量的现金余额,以应付其交易性需求和大部分预防性资金需求。现金收支预测可靠性程度较高,信誉良好,与银行关系良好的企业,预防性需求的现金持有量一般较低。

(三) 投机性需求

投机性需求是企业需要持有一定量的现金以抓住突然出现的获利机会。这种机会大多是一闪即逝的。例如,在证券价格突然下跌时,企业若没有用于投机的现金,就会错过机会。通常,企业为投机性需求而保存的现金数量很少。

需要说明的是,由于各种动机所需的现金可以调剂使用,且上述动机所需保持的现金,并不一定要求必须是货币形态,因此,企业持有的现金余额并不完全等于上述三种动机所需现金余额的简单加总,前者一般小于后者。

三、现金的成本

企业现金的成本一般由以下三部分组成。

(一) 持有成本

现金的持有成本是指企业因保留一定数量的现金余额而增加的管理费用和丧失的再投资收益。

管理费用是指企业为管理现金而发生的相关费用,如现金管理人员的工资、必要的安全防范措施费等。这部分费用属固定成本,在一定范围内与现金持有量多少关系不大,因此它是现金管理决策的无关成本。

再投资收益是指企业不能同时用该现金进行有价证券投资所产生的机会成本,这种成本在数量上与资金成本相等,在性质上属变动成本,它与现金持有量多少成正比例关系。现金持有量越多,机会成本越大;反之,机会成本越小。因此,它是现金管理决策的相关成本。

(二) 转换成本

现金的转换成本是指企业用现金购买有价证券或出售有价证券换取现金时所发生的交易费用,即现金与有价证券之间相互转换的成本,如委托买卖佣金、委托手续费、证券过户费、实物交割手续费等。

转换成本可以分为两类:一类是变动性转换成本,即与委托成交金额相关的费用,如委托买卖佣金和证券交易的印花税等,其数额大小是按照委托成交金额的一定比例计算的,它与成交金额成正比,而与现金持有量和转换的次数关系不大。因此,它是现金管理决策的无关成本。另一类是固定性转换成本,即与委托成交金额无关,而与转换次数有关的费用,如证券过户费、委托手续费等,其数额大小是按照交易次数和每次固定的交易费用计算的,它与交易次数成正比,与现金持有量成反比。现金持有量越多,交易的次数越少,转换成本越小;反之,转换成本越大。因此,固定性转换成本是现金管理决策的相关成本。

(三) 短缺成本

现金的短缺成本是指因现金余额不足并又无法及时弥补而给企业带来的损失,包括直接损失和间接损失。直接损失是由于现金短缺致使企业的生产经营及投资活动受到影响而造成的损失。如由于现金短缺而不能购进急需的材料,使企业生产经营中断而遭受的损失。间接损失是由于现金短缺而给企业造成的无形损失。如由于现金短缺而不能及时足额偿付本息,从而影响企业的信用和形象,由此产生的经济损失。

短缺成本是否属于现金管理决策的相关成本,主要取决于企业是否允许出现现金短缺。如果企业不允许出现现金短缺,则该项成本不存在,属无关成本;如果企业允许出现现金短缺,则该项成本就属于相关成本,而且与现金持有量成反比例关系。通常,企业持有的现金越多,则短缺成本越小;反之,短缺成本越大。

四、最佳现金持有量的确定

最佳现金持有量是指企业现金管理的相关总成本最小时的现金持有量,其确定模式通常有以下三种。

(一)成本分析模式

成本分析模式是根据现金的相关成本,分析预测其总成本最低时现金持有量的一种方法。该模式涉及的现金的相关成本只包括持有现金产生的机会成本和短缺成本,而不包括管理费用和转换成本。其计算公式为:

$$现金管理相关总成本 = 机会成本 + 短缺成本$$

其中:机会成本=现金持有量×机会成本率(有价证券利率或投资报酬率)

在成本分析模式下,最佳现金持有量就是持有现金所产生的机会成本与短缺成本之和最小时的现金持有量。

【例 7-1】 某企业现有甲、乙、丙、丁四种备选方案,有关成本资料如表 7-1 所示。

表 7-1　　　　　　　　　　　现金持有量备选方案　　　　　　　　　　单位:元

项目	甲	乙	丙	丁
现金持有量	300 000	400 000	500 000	600 000
机会成本率	10%	10%	10%	10%
短缺成本	45 000	33 000	20 000	12 000

根据表 7-1,采用成本分析模式可编制该企业最佳现金持有量测算表,如表 7-2 所示。

表 7-2　　　　　　　　　　　最佳现金持有量测算　　　　　　　　　　单位:元

方案	机会成本	短缺成本	相关总成本
甲	30 000	45 000	75 000
乙	40 000	33 000	73 000
丙	50 000	20 000	70 000
丁	60 000	12 000	72 000

通过上表测算结果可知,丙方案的相关总成本为 70 000 元,在四种方案中最低,故该方案下的现金持有量 500 000 元,即为企业最佳现金持有量。

(二)存货模式

存货模式是根据存货经济订货量模型,分析预测现金管理相关总成本最低时现金持有量的一种方法。该模式的相关成本只包括持有现金产生的机会成本和固定性转换成本,而不包括管理费用、变动性转换成本和短缺成本。其计算公式为:

现金管理相关总成本＝持有现金的机会成本＋固定性转换成本

在存货模式下,最佳现金持有量就是指持有现金所产生的机会成本与固定性转换成本之和最小时的现金持有量。

假设一定时间内的现金需求总量为 T,现金持有量为 M,每次的转换成本为 b,持有现金的相关总成本为 C,有价证券的年利率为 i,则一定时期内出售有价证券的总交易成本为:

$$交易成本 = \frac{T}{M} \times b$$

一定时期内持有现金的总机会成本表示为:

$$机会成本 = \frac{M}{2} \times i$$

则:

$$现金持有总成本 = 机会成本 + 交易成本 = \frac{M}{2} \times i + \frac{T}{M} \times b$$

式中:机会成本是按现金持有量的一半来计算的,因为随着生产经营活动的不断进行,现金持有量逐步减少,它不可能始终保持在最高持有水平上,因此对其进行平均计算较为合理。

现金管理相关总成本与机会成本、固定性转换成本的关系如图 7-4 所示。

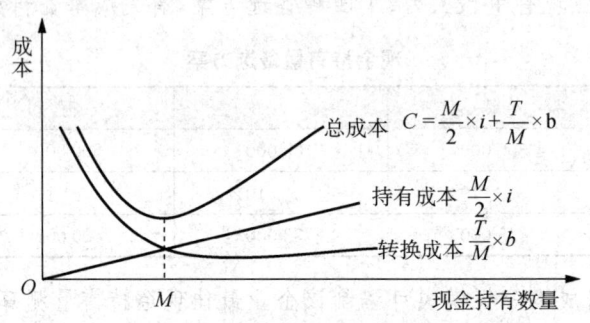

图 7-4 存货模式

从图 7-4 可以看出,C 是一条凹形曲线,由数学定理可证明当机会成本与固定性转换成本相等时,现金管理的相关总成本最低,该点所对应的现金持有量便是最佳现金持有量。也可用求导方法得出最小值,令 C 的一阶导数等于零,可以得出令总成本 C 最小的 M 值。

最佳现金持有量:

$$M^* = \sqrt{\frac{2Tb}{i}}$$

最低现金管理总成本:

$$C = \sqrt{2Tbi}$$

【例 7-2】 某企业现金收支状况比较稳定,预计全年需要现金 800 000 元,现金与有价证券的转换成本为每次 100 元,有价证券的年利息率为 10%。则:

最佳现金持有量 $=\sqrt{\dfrac{2\times 800\,000\times 100}{10\%}}=40\,000$（元）

最低现金管理相应总成本 $=\sqrt{2\times 800\,000\times 100\times 10\%}=4\,000$（元）

其中：有价证券转换次数 $=800\,000\div 40\,000=20$（次）

转换成本 $=(800\,000\div 40\,000)\times 100=2\,000$（元）

持有机会成本 $=(40\,000\div 2)\times 10\%=2\,000$（元）

需要说明的是，采用存货模式确定最佳现金持有量，是以下列假设为前提的：

（1）企业预算期内现金总量可以预测。

（2）企业所需要的现金可以通过证券变现取得，且证券变现的不确定性很小。

（3）现金的支出过程比较稳定，波动较小，且不允许出现现金短缺。

（4）证券利率或报酬率及每次固定性转换成本可以获悉。

如果以上条件得不到满足，则不能采用该模式。

（三）随机模式

在实际工作中，企业现金流量往往具有很大的不确定性。假定每日现金流量的分布接近正态分布，每日现金流量可能低于也可能高于期望值，其变化是随机的。由于现金流量波动是随机的，只能对现金持有量确定一个控制区域，定出上限和下限。当企业现金余额在上限和下限之间波动时，表明企业现金持有量处于合理的水平，无须进行调整。当现金余额达到上限时，则将部分现金转换为有价证券；当现金余额下降到下限时，则卖出部分证券。

图 7-5 显示了随机模型（米勒—奥尔模型），该模型有两条控制线和一条回归线。最低控制线 L，取决于模型之外的因素，其数额是在综合考虑短缺现金的风险程度、企业借款能力、企业日常周转所需资金、银行要求的补偿性余额等因素的基础上确定的。回归线 R 可按下列公式计算：

$$R=\sqrt[3]{\dfrac{3b\times \delta^2}{4i}}+L$$

式中：b 表示证券转换为现金或现金转换为证券的成本；δ 表示企业每日现金流量变动的标准差；i 表示以日为基础计算的现金机会成本。

最高控制线 H 的计算公式为：

$$H=3R-2L$$

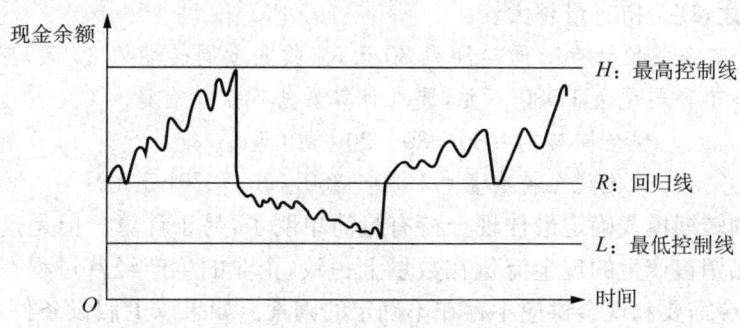

图 7-5 米勒—奥尔模型

【例7-3】 设某企业确定 L 值应为 10 000 元,估计企业现金流量标准差 δ 为 1 000 元,持有现金的日机会成本为 0.00039,b=150 元。根据随机模型,可得:

$$R = \sqrt[3]{\frac{3 \times 150 \times 1\,000^2}{4 \times 0.00039}} + 10\,000 = 16\,607(元)$$

$$H = 3 \times 16\,607 - 2 \times 10\,000 = 29\,821(元)$$

该企业目标现金余额为 16 607 元。若现金持有额达到 29 821 元,则买进 13 214 元的证券;若现金持有额降至 10 000 元,则卖出 6 607 元的证券。

运用随机模型求现金最佳持有量符合随机思想,即企业现金支出是随机的,收入是无法预知的,所以,适用于所有企业现金最佳持有量的测算。另外,随机模型建立在企业的现金未来需求总量和收支可预测的前提下,因此,计算出来的现金持有量比较保守。

(四)现金周转期模式

现金周转期模式是根据现金周转速度来确定最佳现金持有量的一种方法。当企业一定时期的现金需求总量一定的情况下,现金平均余额的大小将取决于现金本身的周转期的长短,周转期越长,则现金持有量越大;周转期越短,则现金持有量越小。

现金周转期是指自现金投入生产经营活动开始到最终又以现金形式回归所需的时间长短。它大致包括以下三个方面。

1. 存货周转期

存货周转期是指将原材料转化成产成品并出售所需要的时间。

2. 应收账款周转期

应收账款周转期是指将应收账款转换为现金所需要的时间,即从产品销售到收回现金的期间。

3. 应付账款周转期

应付账款周转期是指从收到尚未付款的材料开始到现金支出之间的时间。

其数量关系用公式表示为:

现金周转期 = 存货周转期 + 应收账款周转期 - 应付账款周转期

现金周转期确定后,企业可以根据现金周转期确定最佳现金持有量。其计算公式为:

最佳现金持有量 = (年现金需求总额 ÷ 360) × 现金周转期

从式中可以看出,最佳现金持有量与现金周转期成正比例关系,现金周转期越短,现金持有量越小;反之,现金持有量越大。

【例7-4】 某企业预计存货周转期为 80 天,应收账款周转期为 30 天,应付账款周转期为 20 天,预计全年需要现金 1 080 万元,要求计算最佳现金持有量。

现金周转期 = 80 + 30 - 20 = 90(天)

最佳现金持有量 = 1080 ÷ 360 × 90 = 270(万元)

采用现金周转期模式确定最佳现金持有量简单明了,易于计算。但是这种方法需假设材料采购与产品销售产生的现金流量在数量上一致,企业的生产经营过程在一年中持续稳定地进行,即现金需要和现金供应不存在不确定的因素。如果以上假设条件不存在,则求得的最佳现金持有量将发生误差。

五、现金收支日常管理

（一）收款管理

1. 收款系统

一个高效率的收款系统能够使收款成本和收款浮动期达到最小，同时能够保证与客户汇款及其他现金流入来源相关的信息的质量。

（1）收款成本。收款成本包括浮动期成本、管理收款系统的相关费用（如银行手续费）及第三方处理费用或清算相关费用。在获得资金之前，收款在途项目使企业无法利用这些资金，也会产生机会成本。信息的质量包括收款方得到的付款人的姓名、付款的内容和付款时间。信息要求及时、准确地到达收款人一方，以便收款人及时处理资金，作出发货的安排。

（2）收款浮动期。收款浮动期是指从支付开始到企业收到资金的时间间隔。收款浮动期主要是由纸基支付工具导致的，有下列三种类型：①邮寄浮动期，是指从付款人寄出支票到收款人或收款人的处理系统收到支票的时间间隔；②处理浮动期，是指支票的接受方处理支票和将支票存入银行以收回现金所花的时间；③结算浮动期，是指通过银行系统进行支票结算所需的时间。

2. 收款方式的改善

电子支付方式对比纸基（或称纸质）支付方式是一种改进。电子支付方式有如下优点：

（1）结算时间和资金可用性可以预计。

（2）向任何一个账户或任何金融机构的支付具有灵活性，不受人工干扰。

（3）客户的汇款信息可与支付同时传送，更容易更新应收账款。

（4）客户的汇款从纸基方式转向电子方式，减少或消除了收款浮动期，降低了收款成本，收款过程更容易控制，并且提高了预测精度。

（二）付款管理

现金支出管理的主要任务是尽可能延缓现金的支出时间。当然，这种延缓必须是合理合法的。控制现金支出的目标是在不损害企业信誉条件下，尽可能推迟现金的支出。

1. 使用现金浮游量

现金浮游量是指由于企业提高收款效率和延长付款时间所产生的企业账户上的现金余额和银行账户上的企业存款余额之间的差额。

2. 推迟应付款的支付

推迟应付款的支付是指企业在不影响自己信誉的前提下，充分运用供货方所提供的信用优惠，尽可能地推迟应付款的支付期。

3. 汇票代替支票

汇票分为商业承兑汇票和银行承兑汇票，与支票不同的是，承兑汇票并不是见票即付。这一方式的优点是推迟了企业调入资金支付汇票的实际所需时间。这样企业就只需在银行中保持较少的现金余额。它的缺点是某些供应商可能并不喜欢用汇票付款，银行也不喜欢处理汇票，它们通常需要耗费更多的人力。同支票相比，银行会对汇票收取较高的手续费。

4. 改进员工工资支付模式

企业可以为支付工资专门设立一个工资账户，通过银行向职工支付工资。为了最大限度地减少工资账户的存款余额,企业要合理预测开出支付工资的支票到职工去银行兑现的具体时间。

5. 透支

即企业开出支票的金额大于活期存款余额。它实际上是银行向企业提供的信用。透支的限额,由银行和企业共同商定。

6. 争取现金流出与现金流入同步

企业应尽量使现金流出与流入同步,这样,就可以降低交易性现金余额,同时可以减少有价证券转换为现金的次数,提高现金的利用效率,节约转换成本。

7. 使用零余额账户

即企业与银行合作,保持一个主账户和一系列子账户。企业只在主账户保持安全储备,而在一系列子账户不需要保持安全储备。当从某个子账户签发的支票需要现金时,所需要的资金立即从主账户划拨过来,从而使更多的资金可以用作他用。

第三节 应收账款管理

一、应收账款及其管理目标

应收账款是企业因销售产品或提供劳务等业务,应向购货单位或接受劳务单位收取的款项,是企业流动资产投资的重要组成部分。

随着社会商品经济的发展,商业信用在商业往来中日益重要。企业提供商业信用,采用赊销方式,可以扩大产品销售,提高产品的市场占有率,从而增加销售收入和利润,但企业在销售收入增加的同时,由于应收账款数额大大增加,也必然会增加相关的成本费用,如机会成本、管理成本和坏账成本等。因此,企业必须加强对应收账款的管理。企业应收账款管理的目标是:在应收账款增加的收益与增加的成本之间进行权衡,对企业是否提供商业信用作出科学合理的选择;同时尽量加速应收账款回收,降低应收账款的相关成本。

二、应收账款的功能

应收账款的功能是指应收账款在企业生产经营中所具有的作用,主要有以下两个方面。

(一)扩大销售

企业产品销售方式有现销和赊销两种,通常后者对客户具有更大的吸引力,所以在市场竞争比较激烈的情况下,赊销是扩大销售的一种重要方式。当今市场是买方市场,企业面临激烈的市场竞争,不论是从巩固原有市场还是从开拓新市场的角度,赊销都是战胜众多竞争对手的极为重要的一种手段。

(二)减少存货

企业大量地采用赊销增加应收账款的同时,也会使企业的存货减少。存货减少必然使存货管理的相关费用,如管理费、仓储费和保险费等支出降低。相反,企业持有应收账款数额较少,也有可能说明存货积压较多,存货占用资金也较多。

三、应收账款的成本

企业在采取赊销方式扩大销售、减少存货的同时,也会因为持有应收账款而付出一定的代价,这种代价就是应收账款的成本。其内容包括以下几个方面。

(一) 机会成本

应收账款的机会成本是指将资金投放于应收账款而丧失的其他投资收益。企业资金如果不被占用在应收账款上,便可用于其他投资并获得收益,如投资于有价证券会有利息收入。

通常,机会成本与应收账款占用资金成正比例关系,应收账款占用资金越多,机会成本就越大。其计算步骤如下:

第一步,计算应收账款平均余额。

$$应收账款平均余额 = 每日销售额 \times 平均收账期$$

第二步,计算应收账款占用资金。

$$应收账款占用资金 = 应收账款平均余额 \times 变动成本率$$

第三步,计算应收账款机会成本。

$$应收账款机会成本 = 应收账款占用资金 \times 资金成本$$

以上计算公式中:资金成本率可按有价证券利息率表示;变动成本率为变动成本总额与销售收入的比例;每日销售额为年赊销总额除以 360 天(假定一年以 360 天计算);平均收账期按以享受和不享受折扣的客户比例为权数加权平均计算。如果企业不提供现金折扣,则平均收账期即为信用期。上述公式也可表达为:

$$应收账款机会成本 = (年销售额 \div 360) \times 平均收账期 \times 变动成本率 \times 资金成本$$

【例 7-5】 某企业预计本年度销售总额为 600 万元,应收账款平均收账天数为 60 天,变动成本率为 60%,设资金成本为 15%,则应收账款的机会成本可计算如下:

$$应收账款平均余额 = (600 \div 360) \times 60 = 100(万元)$$
$$应收账款占用资金 = 100 \times 60\% = 60(万元)$$
$$应收账款机会成本 = 60 \times 15\% = 9(万元)$$

或

$$应收账款机会成本 = (600 \div 360) \times 60 \times 60\% \times 15\% = 9(万元)$$

(二) 管理成本

应收账款的管理成本是指企业对应收账款进行管理而发生的各种费用,主要包括:①调查客户信用情况的费用;②收集各种信息的费用;③账簿的记录费用;④收账费用;⑤其他费用等。其中,收账费用所占比重较大,所以有时企业的管理成本也仅指收账费用。管理成本的高低往往会影响到坏账成本的水平,即企业管理水平越高,投入的管理费用越多,则发生坏账的可能性就会相应降低。

(三) 坏账成本

应收账款的坏账成本是指应收账款不能收回而发生的损失,它与应收账款数额成同方向变动。一般来说,应收账款数额越大,发生坏账损失的机会就越大,由此形成的坏账成本也就越大。收款期越长,应收账款发生坏账的可能性越大;反之,发生坏账的可能性就越小。坏账成本可按赊销收入和预计的坏账损失率来计算。其计算公式为:

$$坏账损失 = 赊销收入 \times 预计坏账损失率$$

四、应收账款信用政策

信用政策也称应收账款的管理政策,是指企业对应收账款进行管理与控制而制定的基本方针和策略,包括信用标准、信用条件和收账政策三部分内容。在成本效益分析的基础上制定适当的应收账款信用政策,是企业财务决策的一个重要组成部分,是实现企业财务管理目标、贯彻经营战略的重要管理工具,有利于提高企业资金使用效率,减轻信用交易行为带来的财务风险,促进企业信用风险管理能力提升;通过市场信用机制挤出和排除缺乏诚信经营行为的无良企业,有利于推动社会信用环境改善,促进市场公平公正。

(一)信用标准

信用标准是指客户获得企业商业信用所应具备的最低条件,通常以预期的坏账损失率表示。如果顾客达不到信用标准,便不能享受企业的信用或只能享受较低的信用优惠。信用标准的制定,受多种因素的影响,其中最重要的是评估客户的信用风险。信用风险是在以信用关系为纽带的交易过程中,交易一方不能履行给付承诺而给另一方造成损失的可能性。信用风险评估是企业对客户信用的整体评价,主要包括研究客户的还款意愿和还款能力两个方面。信用风险评估的方法很多,常用的有以下三种方法。

1. "5C"评估法

企业在设定某一客户的信用标准时,往往要先评估其赖账的可能性,这可以通过"5C"评估法来进行,这是对客户信用标准的定性分析。所谓"5C"评估法是指评估顾客信用品质的五个方面,即品质、能力、资本、抵押品、条件,由于这五个方面都是以字母 C 开头,所以称为"5C"评估法。

(1) 品质(Character),指顾客的信誉条件,即履行偿债义务的可能性。这一点常被视为评价客户信用的首要因素,主要通过考察客户以往的还款记录来评价。

(2) 能力(Capacity),指客户的偿债能力,一般取决于客户流动资产的数量和质量。可根据客户的经营状况、规模,以及流动资产的规模和质量、流动资产和流动负债的比例、现金流量等状况来评价。

(3) 资本(Capital),指顾客的财务实力和财务状况,表明了顾客可能偿还债务的背景条件。

(4) 抵押品(Collateral),指客户为获取信用,而提供给债权人的作为抵押的资产。如果客户能提供抵押品,可减少企业提供商业信用的风险。

(5) 条件(Condition),指影响顾客付款能力的经济环境条件,包括宏观和微观经济环境,如客户所处的市场环境、国家的经济政策等。

通过以上五个方面的分析,基本可以判断客户的信用状况,为最后决定是否向客户提供商业信用做好准备。

2. 信用评分法

这是一种广泛运用的统计方法,在实际工作中,往往根据需要增加或减少一些变量。如外国某知名公司分析影响客户即期付款的因素时,主要考察利息保障倍数、速动比率、资产负债率、经营年限等变量,并给有关变量确定相应的权数,计算反映客户信用质量的评估分数。其计算公式为:

$$信用评价分数 = 3.5 \times 利息保障倍数 + 10 \times 速动比率 - 25 \times 资产负债率 + 1.3 \times 经营年限$$

在采用信用评分法进行信用评估时,分数低于40分,说明信用风险大;分数在40~50分为平均风险;高于50分说明风险较小。

3. 借助信用评级中介机构的力量

客户信用等级可以通过信用机构取得。信用机构关注的主要因素有行业风险、商业风险和财务风险,其中行业风险是评级决策中最为重要的指标。按照国际惯例,企业信用一般分为三级九等,即A级、B级和C级,AAA、AA、A、BBB、BB、B、CCC、CC、C九个等级,每个等级分别对应不同的信用风险水平。通常认为,对A级以上的企业授信是安全的。

(二)信用条件

信用条件是指企业提供信用时对客户提出的付款要求,主要包括信用期限、折扣期限和现金折扣率等。

国际上,信用条件一般用"n/t"或"$d/t_1,n/t$"表示。"n/t"的含义是,信用期限为t天;"$d/t_1,n/t$"的含义是,如果客户在t_1天付款,可享受$d\%$的现金折扣,否则,需在t天内全额付清。例如"$1/10,n/30$",其含义为:若客户在发票开出后的10天内付款,可以享受1%的现金折扣;如果放弃现金折扣,则必须在30天内付清全部货款。该表示方法中,30天是信用期限,10天是折扣期限,1%是现金折扣率。

1. 信用期限

信用期限是指企业允许客户从购货到支付货款的时间间隔。客户必须在信用期限内支付货款,否则,就属于违约。通常,信用期限与企业产品销售量之间存在着一定的依存关系。若延长信用期限,可以在一定程度上增加销售量,从而增加毛利,但也会相应地使应收账款成本上升;若缩短信用期限,可以降低应收账款成本,但也会一定程度上减少销售量,从而减少毛利。所以,企业应进行成本效益分析,确定合理的信用期限。一般来说,如果企业延长信用期限所增加的边际收入大于增加的边际成本,即税前净收益大于零,就可以采用延长信用期限的信用条件,否则,就不能采用。

【例7-6】 某公司原来采用30日按发票金额付款的信用条件,现拟放宽信用期限,延长至60日(按发票金额不提供折扣),该公司资金成本为15%,有关资料如表7-3所示。

表7-3　　　　　　　　　　信用条件备选方案　　　　　　　　　　单位:元

项目	A(30日付款)	B(60日付款)
销售量(件)	100 000	120 000
单价	5	5
赊销额	500 000	600 000
销售成本:变动成本(每件4元)	400 000	480 000
固定成本	50 000	50 000

(续表)

项　　目	A(30日付款)	B(60日付款)
毛利	50 000	70 000
收账费用	3 000	4 000
坏账损失	5 000	9 000

要求:选择对企业有利的信用条件。

在决策时,可采用差量分析法来比较放宽信用期增加的收益与增加的成本之间的大小,然后作出选择。其计算过程如下:

(1) 增加的收益:

　　增加的收益=增加的销售量×单位边际贡献
　　　　　　=(120 000−100 000)×(5−4)=20 000(元)

(2) 应收账款机会成本的增加额:

A方案的机会成本=(500 000/360)×30×(400 000/500 000)×15%=5 000(元)
B方案的机会成本=(600 000/360)×60×(480 000/600 000)×15%=12 000(元)
机会成本增加额=12 000−5 000=7 000(元)

(3) 收账费用和坏账损失增加额:

　　收账费用增加额=4 000−3 000=1 000(元)
　　坏账损失增加额=9 000−5 000=4 000(元)

(4) 延长信用期的税前净收益

　　延长信用期的税前净收益=增加的收益−增加的成本
　　　　　　　　　　=20 000−(7 000+1 000+4 000)=8 000(元)

由于增加的收益大于增加的成本,即税前净收益大于零,所以采用延长信用期的信用条件,即信用期为60天的B方案对企业有利。

本例也可以通过计算比较A、B两个方案的税前净收益大小来进行决策。其计算过程如下:

　　A方案的税前净收益=毛利−(机会成本+收账费用+坏账损失)
　　　　　　　　=50 000−(5 000+3 000+5 000)=37 000(元)
　　B方案的税前净收益=70 000−(12 000+4 000+9 000)=45 000(元)

B方案与A方案的税前净收益差额为:45 000−37 000=8 000(元)>0,故采用信用期为60天的B方案对企业有利。由此可见,采用该方法的决策结果与采用差量分析法相同。

2. 现金折扣和折扣期限

现金折扣是指企业对客户在规定的优惠期限内提前支付货款而给予的一种现金收入扣减,它通常等于赊销额与现金折扣率的乘积。折扣期限是指企业为鼓励客户提前付款而给予享受现金折扣的一定优惠期间。企业采用现金折扣的信用条件后,会大大缩短应收账款的平均收款期,从而降低相应的应收账款成本。但现金折扣也使企业的销售收入减少,使实际收益下降。所以,企业同样要进行成本效益分析,确定合适的信用条件。一般来说,如果企业提供现金折扣后降低的应收账款成本大于现金折扣对收入的抵减额,就可以采用提供现金折扣的信用条件,否则,就不能采用。

【例 7-7】 承[例 7-6]，如果企业为加速收款，决定将信用条件改为"2/10，1/20，$n/60$"（称 C 方案），预计约有 50%的客户（按赊销额计算）将利用 2%的折扣；30%的客户将利用 1%的折扣。假定在该信用条件下，坏账损失降为 6 000 元，收账费用降为 2 000 元，其他条件不变。该企业能否改变原信用条件？

根据上述资料，计算 B、C 两种信用条件方案净收益如表 7-4 所示。

表 7-4　　　　　　两种信用条件方案净收益计算　　　　　　单位:元

项目	B 方案	C 方案
赊销额	600 000	600 000
减：现金折扣	—	7 800
赊销净额	600 000	592 200
减：变动成本总额	480 000	480 000
固定成本	50 000	50 000
毛利	70 000	62 200
减：机会成本	12 000	4 600
坏账成本	9 000	6 000
收账费用	4 000	2 000
税前净收益	45 000	49 600

表中：C 方案现金折扣＝600 000×(2%×50%+1%×30%)＝7 800(元)

机会成本＝(600 000÷360)×(10×50%+20×30%+60×20%)×(480 000÷600 000)×15%＝4 600(元)

通过上表计算结果可知，C 方案的净收益 49 600 元，比 B 方案的净收益 45 000 元高，因此，企业可以改变原信用条件，采用新的信用条件。

以上分析也可通过将 C 方案提供现金折扣所降低的应收账款成本总和 12 400 元[(12 000－4 600)＋(9 000－6 000)＋(4 000－2 000)]与现金折扣减少的收入额 7 800 元进行比较，前者大于后者，故 C 方案可行，其结论与上述列表分析方法相同。

(三) 收账政策

收账政策是指当客户违反信用条件时，企业采取的收账策略。企业如果采用较积极的收账政策，可能会减少应收账款占用资金，减少机会成本和坏账损失，但要增加收账成本。如果采用较消极的收账政策，则可能会增加应收账款占用资金，进而增加机会成本和坏账损失，但会减少收账费用。一般而言，收账费用支出越多，机会成本和坏账损失越少，但这两者并不一定存在线性关系。因此，若前者小于后者，则说明制定的收账政策是可取的。在制定信用政策时，应权衡增加收账费用与减少应收账款机会成本和坏账损失之间的得失。若前者小于后者，则采用积极的收账政策；反之，则采用消极的收账政策或维持原来的收账政策。

【例 7-8】 某企业拟变更收账政策，其当前收账方案和新方案的有关资料如表 7-5 所示。

表 7-5　　　　　　　　　　收账政策备选方案资料

项目	当前方案	新方案
收账费用(万元)	40	50
平均收账期(天)	90	60
坏账损失率	5%	3%

设该企业年赊销额为 300 万元,变动成本占销售额的比率为 80%,资金成本为 10%。该企业能否变更收账政策?

根据上述资料,相关计算和决策过程如下:

当前方案应收账款的机会成本 = 300÷360×90×80%×10% = 6(万元)

新方案应收账款的机会成本 = 300÷360×60×80%×10% = 4(万元)

采用新方案减少的机会成本 = 6－4 = 2(万元)

当前方案应收账款的坏账损失 = 300×5% = 15(万元)

新方案应收账款的坏账损失 = 300×3% = 9(万元)

采用新方案减少的坏账损失 = 15－9 = 6(万元)

采用新方案减少的机会成本和坏账损失合计为 8 万元(2＋6),小于增加的收账费用 10 万元(50－40),因此,该企业不能变更收账政策。

五、应收账款的日常管理

应收账款的管理难度比较大,在确定合理的信用政策之后,还要做好应收账款的日常管理工作,包括对客户的信用调查和分析评价、应收账款的催收工作等。

(一)调查客户信用

信用调查是指收集和整理反映客户信用状况有关资料的工作。信用调查是企业应收账款日常管理的基础,是正确评价客户信用的前提条件。企业对顾客进行信用调查主要通过两种方法。

1. 直接调查

直接调查是指调查人员通过与被调查单位进行直接接触,通过当面采访、询问、观看等方式获取信用资料的一种方法。直接调查可以保证收集资料的准确性和及时性,但也有一定的局限,即其获得的往往是感性资料,同时若不能得到被调查单位的合作,则会使调查工作难以开展。

2. 间接调查

间接调查是以被调查单位以及其他单位保存的有关原始记录和核算资料为基础,通过加工整理获得被调查单位信用资料的一种方法。这些资料主要来自以下几个方面:

(1)财务报表。通过财务报表分析,可以基本掌握一个企业的财务状况和信用状况。

(2)信用评估机构。专门的信用评估部门评估方法先进,评估调查细致,评估程序合理,可信度较高。在我国,信用评估机构主要有三种形式:第一种是独立的社会评级机构,它们只根据自身的业务邀请有关专家参加,不受行政干预和集团利益的牵制,独立自主地开办信用评估业务;第二种是政策性银行、政策性保险公司负责组织的评估机构,一般由银行、保险公司有关人员和各部门专家进行评估;第三种是由商业银行、商业性保险公司组织的评估机构,由商业性银行、商业性保险公司组织专家对其客户进行评估。

（3）银行。银行是信用资料的一个重要来源,许多银行都设有信用部,为其顾客服务,并负责对其顾客信用状况进行记录、评估。但银行的资料一般仅在内部及同行间进行交流,而不向其他单位提供。

（4）其他途径。如财税部门、市场监督管理部门、消费者协会等机构都可能提供相关的信用状况资料。

（二）应收账款的账龄分析

应收账款的账龄分析,是应收账款日常管理的重要手段。通过账龄分析,密切注意应收账款的回收情况,可提高应收账款回款率。企业可通过编制账龄分析表,对应收账款进行监督。

账龄分析表是显示应收账款在外时间长短的报告。通过账龄分析表可以知道,有多少客户在折扣期内付款;有多少客户在信用期内付款;有多少客户在信用期后才付款;有多少赊销款已拖欠太久,可能形成坏账。对付款情况不同的客户,分别采取不同的收账方法,对可能发生的坏账损失,应充分估计其可能对企业损益产生的影响。

（三）加强应收账款的日常管理

应收账款发生后,企业应采取各种措施,尽量争取按期收回款项,否则会因拖欠时间过长而发生坏账,使企业蒙受损失。因此,企业必须在对收账的收益与成本进行比较分析的基础上,制定切实可行的收账政策。通常企业催收账款的程序是:信函通知,电话催收,派人员面谈,法律行动。当客户拖欠账款时,要先给客户一封有礼貌的通知信件;接着,可寄出一封措词较直率的信件;可进一步通过电话催收;如再无效,企业的收账员可直接与客户面谈,协商解决;如果谈判不成,就只好诉诸于法律。需要注意的是,企业不到迫不得已,应尽量避免采取法律行动,否则会影响企业与客户的关系。

催收账款会发生费用,某些催款方式的费用还会很高。一般来说,收账的花费越大,收账措施越有力,可收回的账款越多,坏账损失也就越小。因此,制定收账政策时,要在收账费用和所减少坏账损失之间作出权衡。制定有效、得当的收账政策很大程度上是靠有关人员的经验。从财务管理的角度讲,也有一些数量化的方法可以参照。根据应收账款总成本最小化的原则,可以通过比较各收账方案成本的大小对其加以选择。

（四）应收账款保理

保理又称托收保付,是指卖方（供应商或出口商）与保理商间存在的一种契约关系。根据契约,卖方将其现在或将来的基于其与买方（债务人）订立的货物销售（服务）合同所产生的应收账款转让给保理商,由保理商提供下列服务中的至少两项:贸易融资、销售账户管理、应收账款的催收、信用风险控制与坏账担保。可见,保理是一项综合性的金融服务方式,其同单纯的融资或收账管理有本质区别。

应收账款保理是企业将赊销形成的未到期应收账款,在满足一定条件的情况下转让给保理商,以获得流动资金,加快资金的周转。保理可以分为有追索权保理（非买断型）和无追索权保理（买断型）、明保理和暗保理、折扣保理和到期保理。

有追索权保理指供应商将债权转让给保理商,供应商向保理商融通货币资金后,如果购货商拒绝付款或无力付款,保理商有权向供应商要求偿还预付的货币资金,如购货商破产或无力支付,只要有关款项到期未能收回,保理商都有权向供应商进行追索,因而保理商具有全部"追索权",这种保理方式在我国采用较多。无追索权保理是指保理商将销售合同完全买断,并承担全部的收款风险。

明保理是指保理商和供应商需要将销售合同被转让的情况通知购货商,并签订保理商、供应商、购货商之间的三方合同。暗保理是指供应商为了避免让客户知道自己因流动资金不足而转让应收账款,并不将债权转让情况通知客户,货款到期时仍由销售商出面催款,再向银行偿还借款。

折扣保理又称为融资保理,即在销售合同到期前,保理商将剩余未收款部分先预付给销售商,一般不超过全部合同额的 70%～90%。到期保理是指保理商并不提供预付账款融资,而是在赊销到期日才支付,届时不管货款是否收到,保理商都必须向销售商支付货款。

应收账款保理对于企业而言,其财务管理作用主要体现在:一是融资功能;二是减轻企业应收账款管理负担;三是减少坏账损失、降低经营风险;四是能改善企业的财务结构。

第四节 存 货 管 理

一、存货及其管理目标

存货是指企业在生产经营过程中为销售或者耗用而储备的物资,包括原材料、燃料、低值易耗品、在产品、半成品、协作件、外购商品等。

存货占短期资产的比重非常大,通常约为 40%～60%。存货利用的好坏对企业财务状况的影响极大。因此,加强存货的规划与控制、使存货保持在最优水平,便成为财务管理的一项重要内容。

企业持有充足的存货,不仅有利于生产过程的顺利进行和销售的实现,而且避免了因存货不足而带来的损失。但存货的增加必然要占用更多的资金,使企业的储存成本和管理费用增加,从而影响企业的收益。因此,存货的管理目标是:在存货的作用(收益)与成本之间进行权衡,在充分发挥存货作用的同时降低成本、增加收益。

二、存货的功能

存货的功能是指存货在企业生产经营中所具有的作用,主要有以下五个方面。

(一)维持生产的连续性

生产过程中所需要的原材料,是生产中必需的物质资料。为了保证生产顺利进行,避免停工待料,必须适当地储备一些材料。存货在生产不均衡和商品供求波动时,可起到缓和矛盾的作用。即使生产能按事先规定好的程序来进行,但要每天都采购材料从经济上考虑也并不现实。所以,为了保证生产正常进行,储存适当的原材料是必需的。

(二)适应市场的变化

一定数量的存货储备能够增加企业适应市场变化的能力,防止在市场需求量激增时,因产品储备不足失去销售良机。同时,由于顾客为节约采购成本和其他费用,一般倾向于成批采购;企业为了达到运输上的最优批量也会组织成批发运,所以保持一定量的存货有利于及时的市场销售。

（三）维持均衡生产

针对季节性产品或需求波动大的产品，若根据需求组织生产，可能导致生产能力有时得不到充分利用，有时又超负荷，使得生产成本上升。一定量的原材料和产成品储备可以有效缓解这一问题，实现均衡生产，降低生产成本。

（四）降低存货取得成本

企业大批量集中进货，可以减少订货次数，并容易享受价格折扣，以降低购置成本和订货成本，从而使总的进货成本降低。

（五）防止意外事件发生

企业在采购、运输、生产和销售过程中，都可能发生意料之外的事故，保持必要的存货保险储备，可以避免或减少意外事件带来的损失。

三、存货的成本

企业为发挥存货的功能，必然储备一定的存货，但这同时也会发生相关支出，这就是存货的成本。其内容包括以下几个方面。

（一）采购成本

采购成本又称购置成本，是指存货本身的价值，是由买价、运杂费等构成的。采购成本一般与采购数量成正比例变化。一定时期在购进数量和单价既定的情况下，企业每次订购的数量多少并不影响存货的采购成本（假设无数量折扣），因而此项成本在存货决策中属无关成本。

（二）订货成本

订货成本是指企业为订购材料、商品而发生的成本费用，如采购的差旅费、邮资、通信费、专设采购机构的经费等。

订货成本分为变动性订货成本和固定性订货成本。变动性订货成本与订货量成反比例关系，与订货次数成正比例关系，订货量越少，订货次数越多，变动性订货成本越高，如采购人员差旅费、通信费等，因此，它属存货管理决策相关成本；固定性订货成本与订货次数无关，如专设采购机构的经费支出，因此，它属存货管理决策无关成本。

（三）储存成本

储存成本是指企业为储存存货而发生的费用，主要包括存货资金占用利息、仓储费、保险费，以及存货的变质与过期的损失等。储存成本也分为变动性储存成本和固定性储存成本。变动性储存成本与存货的储存数量成正比例关系，存货储存的越多，储存成本越高，如存货资金的应计利息、存货残损和变质损失、存货的保险费用等，因此，它属存货管理决策相关成本；固定性储存成本与存货的储存数量无关，如仓库折旧费、仓库保管员的固定月工资等，因此，它属存货管理决策的无关成本。

（四）短缺成本

短缺成本是指由于存货储存不足而给企业造成的经济损失，包括由于材料供应中断造成的停工损失、成本供应中断导致延误发生的信誉损失和丧失销售机会的损失等。

短缺成本能否作为存货管理决策的相关成本，应取决于企业是否允许存货短缺。若企业允许缺货，则短缺成本属决策相关成本，它与存货数量成反方向变动关系，存货数量越少，短缺成本越高;若企业不允许缺货,则短缺成本属决策无关成本。

四、经济订货量的确定

(一) 经济订货基本模型

经济订货量也称经济批量(EOQ),是指使一定时期储存成本和订货成本总和最低的采购批量(如图7-6中点A的订货量)。

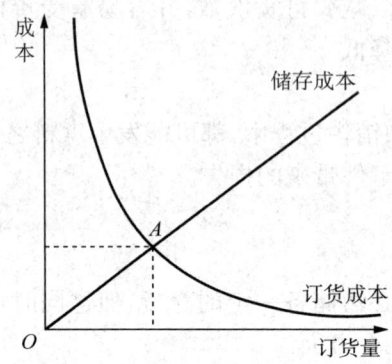

图7-6 经济订货量下的存货总成本

通过对存货成本分析可知,存货管理决策的相关成本包括变动性订货成本、变动性储存成本和允许缺货时的短缺成本。不同的成本与订货数量之间存在着不同的变动关系。减少订货量,会导致变动性订货成本和短缺成本的上升,变动性储存成本的下降;增加订货量,则会使变动性订货成本和短缺成本下降,但变动性储存成本会上升。所以,这就要求企业协调各成本间的关系,使其相关总成本保持最低水平。

经济订货基本模型以下列假设为前提:

(1) 企业一定时期内的订货总量可以准确地预测。
(2) 存货的耗用或销售比较均衡。
(3) 存货的价格稳定,无数量折扣。
(4) 不允许出现缺货情况。
(5) 存货的订货数量和订货日期完全由企业确定,并且当存货量降为零时,下一批存货均能马上一次到位。
(6) 仓储条件和所需资金不受限制。
(7) 所需存货市场供应充足。

根据上述前提条件,在经济订货基本模型下,存货管理相关总成本只包括变动性订货成本和变动性储存成本,即:

$$存货管理相关总成本 = 变动性订货成本 + 变动性储存成本$$

基本模型下的经济订货量就是指变动性订货成本和变动性储存成本之和达到最低时的订货数量。

假设一定时间的存货需求总量为 A,经济订货数量为 Q,每次订货成本为 F,单位存货年储存成本为 C,存货管理相关总成本为 T,则:

$$T = A \div Q \times F + Q \div 2 \times C$$

令 T 的一阶导数等于零，可求出 T 的最小值，即最低存货管理相关总成本。解得：

$$Q = \sqrt{\frac{2AF}{C}}$$

$$T = \sqrt{2AFC}$$

【例 7-9】 某公司全年需要甲零件 60 000 件，单位采购成本为 200 元，每次订货成本为 100 元，每件年储存成本为 3 元，则：

$$Q = \sqrt{\frac{2AF}{C}} = \sqrt{\frac{2 \times 60\,000 \times 100}{3}} = 2\,000(件)$$

$$T = \sqrt{2 \times 60\,000 \times 100 \times 3} = 6\,000(元)$$

其中：

订货成本 = (60 000÷2 000)×100 = 3 000(元)

储存成本 = (2 000÷2)×3 = 3 000(元)

最低存货管理总成本 = 3 000+3 000 = 6 000(元)

经济订货批量平均占用资金 = (2 000÷2)×200 = 200 000(元)

经济订货次数 = 60 000÷2 000 = 30(次)

（二）经济订货基本模型的扩展

经济订货基本模型是建立在一系列假设的基础上的，为了与实际情况更接近，我们可以逐步放宽假设条件，对模型加以改进。

1. 有数量折扣的经济订货量模式

销售企业为鼓励客户更多地购买商品，往往会给予不同程度的数量折扣，即当客户的一次订货量达到某一数量时，就可能给予价格上的优惠。每次订货量越多，给予的价格优惠越大。在这种情况下，存货的采购成本就成为存货管理决策的相关成本。

在经济订货基本模式其他各种假设条件均具备的前提下，同时存在数量折扣时的存货管理相关成本可按下式计算：

存货管理相关总成本 = 采购成本+变动性订货成本+变动性储存成本

即

$$T = A \times P + A \div Q \times F + Q \div 2 \times C$$

式中：P 表示存货单位采购成本。

存在数量折扣的经济订货量一般按下列步骤进行确定：

(1) 按照存货经济订货基本模式确定的存货经济订货量，计算存货管理相关总成本。

(2) 按给予数量折扣的经济订货量计算不同折扣下的存货管理相关成本。

(3) 比较经济订货基本模式下计算的相关总成本与不同数量折扣下计算的相关总成本，总成本最低的订货量就是经济订货量。

【例 7-10】 某公司全年需要甲零件 16 000 件，每件标准单价为 20 元。销售企业规定：客户每批购买量不足 1 000 件的，按照标准价计算；每批购买量在 1 000 件以上、2 000 件以下的，价格优惠 2%；每批购买量 2 000 件以上的，价格优惠 3%。已知该公司每次订货成本为 600 元，每件年储存成本为 30 元，则：

按经济订货基本模式确定的经济订货量为：
$$Q=\sqrt{2\times16\,000\times600\div30}=800(件)$$
每次进货800件时的存货管理相关总成本为：
$$T=16\,000\times20+16\,000\div800\times600+800\div2\times30=344\,000(元)$$
每次订货1 000件时的存货管理相关总成本为：
$$T=16\,000\times20\times(1-2\%)+16\,000\div1\,000\times600+1\,000\div2\times30=338\,200(元)$$
每次订货2 000件时的存货管理相关总成本为：
$$T=16\,000\times20\times(1-3\%)+16\,000\div2\,000\times600+2\,000\div2\times30=345\,200(元)$$
通过对上述计算结果进行比较可知，每次订货为1 000件时的存货管理相关总成本为338 200元，小于其他几种情况下的相关总成本，所以此时的1 000件即为该企业的经济订货量。

2. 再订货点

一般情况下，企业的存货不能做到随时补充，因此需要在存货没用完之前，提前订货。在提前订货时，企业再次发出订货单时，尚余存货的数量称为再订货点，用 R 表示，它等于交货时间和每日需求量的乘积，即 $R=L\times d$＝交货时间×每日需求量。

订货提前期对经济订货量并无影响，只不过在到达再订货点时要发出订货单。存货的流转过程如图7-7所示。

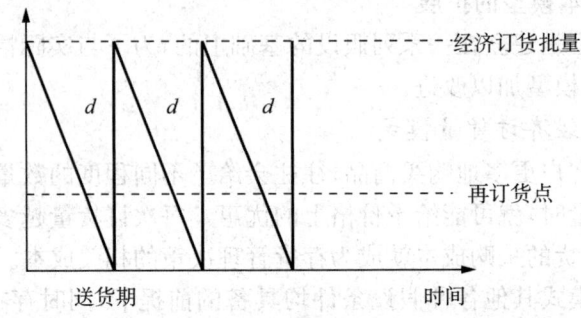

图 7-7 订货提前期下存货的流转过程

3. 存货陆续供应和使用

在存货实际采购过程中，经常会出现存货不是一次入库，而是陆续入库，存货的库存量也陆续增加，形成了存货边入库边耗用的情形。这与基本模型中假设存货能集中到货不同，尤其是产品转移和产成品入库时更是如此。

假设每日送货和入库量为 p，每日耗用或领用量为 d，每批订货数量为 Q，则该批存货全部入库所需天数（即送货期）为 Q/p，入库期间的耗用量或领用量为 $d\times Q\div p$，因此存货的最高库存量为 $Q-d\times Q\div p$。

与批量有关的总成本为变动订货成本和变动储存成本，用公式表示为：
$$T=K\times A\div Q+C\times(1-d\div p)\times Q\div 2$$
对上式求关于 Q 的一阶导数，令其等于零，求出经济订货量为：

$$Q = \sqrt{\frac{2AK}{C \times \left(1 - \frac{d}{p}\right)}}$$

此时,最低存货管理相关总成本为:

$$T = \sqrt{2AKC \times \left(1 - \frac{d}{p}\right)}$$

【例 7-11】 某零件年需要量为 16 200 件,每日需求量为 45 件,日供应量 60 件,一次订货成本 25 元,单位储存成本 1 元/年。假设需求是均匀的,不设置保险库存并且按照经济订货量进货,则经济订货量为:

$$Q = \sqrt{\frac{2 \times 16\,200 \times 25}{1 \times \left(1 - \frac{45}{60}\right)}} = 1\,800(件)$$

这时最低存货管理相关总成本为:

$$T = \sqrt{2 \times 16\,200 \times 25 \times 1 \times \left(1 - \frac{45}{60}\right)} = 450(元)$$

(三) 保险储备

前面讨论的经济订货量是以供需稳定为前提的。但实际情况并非完全如此,企业对存货的需求量可能发生变化,交货时间也可能会延误。在交货期内,如果发生需求量增大或交货时间延误,就会发生缺货。为防止由此造成的损失,企业应有一定的保险储备。图 7-8 显示了在具有保险储备时的存货水平。图 7-8 中在再订货点,企业按经济订货量订货。在交货期内,如果对存货的需求量很大,或交货时间由于某种原因被延误,企业可能发生缺货。为防止存货中断,再订货点应等于交货期内的预计需求与保险储备之和。其计算公式为:

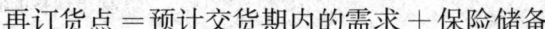

再订货点 = 预计交货期内的需求 + 保险储备

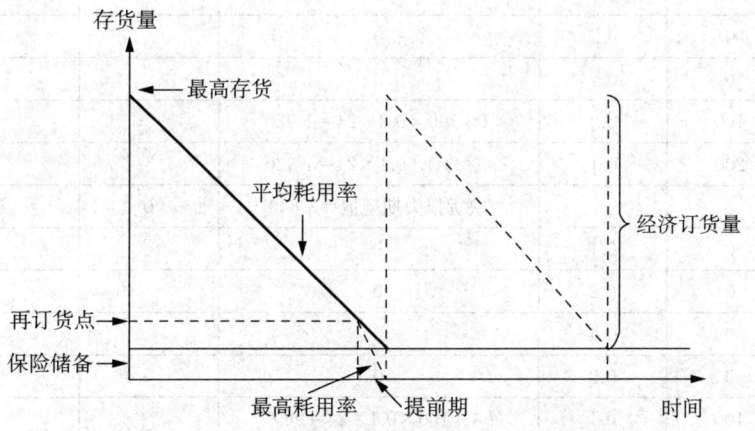

图 7-8 不确定需求和保险储备下的存货水平

那么,企业应保持多少保险储备才合适呢?这取决于存货中断的概率和存货中断的损失。较高的保险储备可降低缺货损失,但也增加了存货的储存成本。因此,最佳的保险储备应该使缺货损失和保险储备的储存成本之和达到最低。

(四) 考虑不确定性的存货成本

由于存在不确定性，企业的年度存货成本除了订货成本和储存成本，还应包括缺货成本。企业的年度存货成本可以表示为三种成本之和(见图 7-8)，其计算公式为：

$$年存货成本 = 订货成本 + 储存成本 + 缺货成本$$

缺货成本可以根据存货中断的概率和存货中断造成的损失计算。保险储备的存在虽然可以减少缺货成本，却增加了储存成本，最优的存货管理政策就是在成本之间权衡，使总成本最低的再订货点和保险储备量。

【例 7-12】 ABC 公司计划年度耗用某材料 100 000 千克，材料单价 50 元，经济订货量 25 000 千克，全年订货 4 次(100 000÷25 000)，预计交货期内的需求为 1 200 千克。单位材料年储存成本为材料单价的 25%，单位材料缺货损失为 24 元。在交货期内，生产需要量及其概率如表 7-6 所示。

表 7-6　　　　　　　　　　　生产需要量及其概率

生产需要量(千克)	概率
1 000	0.1
1 100	0.2
1 200	0.4
1 300	0.2
1 400	0.1

ABC 公司最佳保险储备的计算如表 7-7 所示。

表 7-7　　　　　　　　　　　保险储备分析

保险储备量(千克)	缺货量(千克)	缺货概率	缺货损失(元)	保险储备的储存成本(元)	总成本(元)
0	0	0.1	0		
	0	0.2	0		
	0	0.4	0		
	100	0.2	4×100×0.2×24=1 920		
	200	0.1	4×200×0.1×24=1 920		
			缺货损失期望值=3 840	0	3 840
100	0	0.1	0		
	0	0.2	0		
	0	0.4	0		
	0	0.2	0		
	100	0.1	4×100×0.1×24=960		
			缺货损失期望值=960	100×50×0.25=1 250	2 210

(续表)

保险储备量（千克）	缺货量（千克）	缺货概率	缺货损失（元）	保险储备的储存成本（元）	总成本（元）
200	0	0.1	0		
	0	0.2	0		
	0	0.4	0		
	0	0.2	0		
	0	0.1	0		
			缺货损失期望值＝0	200×50×0.25＝2 500	2 500

注：缺货损失＝每年订货次数×缺货数量×缺货概率×单位缺货损失。

从表 7-7 可以看出，当保险储备为 100 千克时，缺货损失与储存成本之和最低。因此 ABC 公司保险储备量为 100 千克比较适当。

五、存货的控制

存货管理不仅需要各种模型帮助确定适当的存货水平，还需要建立相应的存货控制系统。传统的存货控制系统有定量控制系统和定时控制系统两种。定量控制系统是指当存货下降到一定水平时即发出订货单，订货数量是固定的和事先决定的。定时控制系统是每隔一段固定时期，无论现有存货水平多少，都会发出订货申请。

这两种系统都较简单和易于理解，但不够精确。现在许多大型企业都已采用了计算机存货控制系统。当存货数据输入计算机后，计算机即对这批货物进行跟踪。此后，每当有该货物被取出时，计算机就及时作出记录并修正库存余额。当存货下降到订货点时，计算机自动发出订单，并在收到订货时记下所有的库存量。计算机系统能对大量种类的存货进行有效管理，这也是为什么大型企业愿意采用这种系统的原因之一。对于大型企业而言，其存货种类数以十万计，要使用人力及传统方法来对众多库存进行有效管理，及时调整存货水平，避免出现缺货或浪费现象简直是不可能的，但计算机系统对此却能作出迅速有效的反应。

随着业务流程重组的兴起以及计算机行业的发展，存货管理系统也得到了很大的发展。从 MRP（物料资源规划）发展到 MRP－Ⅱ（制造资源规划），再到 ERP（企业资源规划），以及后来的柔性制造和供应链管理，甚至是外包（outsourcing）等管理方法的快速发展，都大大地提高了企业存货管理方法的发展。这些新的生产方式把信息技术革命和管理进一步融为一体，提高了企业的整体运作效率。以下将对两个典型的存货控制系统进行介绍。

（一）ABC 分类控制

ABC 分类控制系统就是把企业种类繁多的存货，依据其重要程度、价值大小或者资金占用等标准划分为 A、B、C 三类，分别实行分品种重点管理、分类别一般控制和按总额灵活掌握的存货管理方法。A 类高价值存货，品种数量占整个存货的 10%～15%，但价值占全部存货的 50%～70%；B 类中等价值存货，品种数量占全部存货的 20%～25%，价值占全部存货的 15%～20%；C 类低价值存货，品种数量多，占整个存货的 60%～70%，价值占全部存货的 10%～35%。针对不同类别的存货分别采用不同的管理方法，A 类存货应作为管理的重点,实行重点控制、严格管理;而对 B 类和 C 类存货的重视程度则可依次降低,采取一般管理。

运用 ABC 控制法控制存货资金,一般分如下几个步骤:

(1) 计算每一种存货在一定时间内(一般为 1 年)的资金占用额。

(2) 计算每一种存货资金占用额占全部资金占用额的百分比,并按大小顺序排列,编成表格。

(3) 根据事先测定好的标准,把最重要的存货划为 A 类,把一般存货划为 B 类,把不重要的存货划为 C 类,并画图表示出来。

(4) 对 A 类存货进行重点规划和控制,对 B 类存货进行次重点管理,对 C 类存货只进行一般管理。

(二) 适时制库存控制系统

适时制库存控制系统又称零库存管理、看板管理系统。它最早由丰田公司提出并应用于实践,具体是指工业企业事先和供应商、客户协调好:只有当工业企业在生产过程中需要原料或零件时,供应商才会将原料或零件送来;而产品生产出来就会被客户拉走。这样工业企业的存货持有水平就可以大大下降,企业的物资供应、生产和销售形成连续的同步运动过程。显然,适时制库存控制系统需要的是稳定而标准的生产程序以及诚信的供应商,否则,任何一环出现差错都将导致整个生产线的停止。目前,已有越来越多的企业利用适时制库存控制系统减少甚至消除对存货的需求,即实行零库存管理,如沃尔玛、海尔等。适时制库存控制系统进一步的发展被应用于企业整个生产管理的过程中——集开发、生产、库存和分销于一体,大大提高了企业运营管理效率。

案例

本 章 小 结

营运资金是指一个企业维持日常经营所需要的资金,通常指流动资产总额减去流动负债总额后的余额。营运资金的特征主要体现在流动资产和流动负债的特征上。流动资产具有流动性、短期性、并存性、继起性和波动性等特点,流动负债具有筹资速度快、筹资成本低、筹资风险高和筹资弹性大等特点。企业营运资金数量越大,风险越小,但收益率也越低;营运资金数量越小,风险越大,但收益率也越高。企业需要在风险和收益率之间进行权衡。

企业对流动资产的管理主要包括对现金、应收账款和存货的管理。广义的现金是指在企业的生产经营过程中暂时处于货币形态的资金,主要包括企业的库存现金、银行存款、银行本票、银行汇票等。企业现金管理的目标是:在保证企业生产经营所需现金的同时,节约使用资金,并从暂时闲置的现金中获得最多的利息收入。现金管理包括最佳现金持有量的确定和现金的日常管理。应收账款是企业因对外赊销商品、材料、供应劳务等方面向购货或接受劳务的单位收取的款项。企业应收账款管理的目标是:在应收账款增加的收益与增加的成本之间进行权衡,对企业是否提供商业信用作出科学合理地选择;同时尽量加速应收账款回收,降低应收账款的相关成本。应收账款的管理主要是制订包括信用标准、信用条件和收账政策三方面内容在内的信用政策及应收账款的日常管理。存货是指企业在日常活动中持有以备出售的产成品或商品、处在生产过程中的在产品、在生产过程或提供劳务过程中耗用的材料和物料等。企业存货的管理目标是：在存货的功能（收益）与成本之间进行权衡，在充分发挥存货功能的同时降低成本、增加收益。存货管理包括确定经济订货量和存货的日常管理。

复习思考题

1. 什么是营运资金？它有何特征？
2. 企业现金管理的目标和持有现金的动机是什么？
3. 企业现金的成本通常有哪些？最佳现金持有量的确定方法有哪几种？
4. 现金日常管理的内容有哪些？
5. 企业应收账款管理的目标是什么？应收账款有哪些功能和成本？
6. 如何确定应收账款的信用政策？
7. 应收账款日常管理的内容有哪些？
8. 企业存货的管理目标是什么？存货有哪些功能和成本？
9. 经济订货批量的确定方法有哪几种？
10. 存货日常管理的内容有哪些？

练习题

1. 某公司现金收支平衡，预计全年现金需要量为400 000元，现金与有价证券转换成本每次为200元，有价证券利率为10%。

要求：

（1）计算最佳现金持有量。
（2）计算最低现金管理成本、转换成本、持有成本。
（3）计算有价证券交易次数、有价证券交易间隔期。

2. 某企业预测的年度赊销额为300万元，应收账款平均收账天数为60天，变动成本率为60%，资金成本率为10%，试计算该企业持有应收账款的机会成本。

3. 某公司拟考虑修改现行的信用政策，现有甲、乙两个放宽信用政策的备选方案，有关数据如表7-8所示。

表7-8　　　　　　　　　　　某公司信用政策情况

项目	现行收账政策	甲方案	乙方案
年销售额（万元/年）	2 400	2 600	2 700
收账费用（万元/年）	40	20	10
平均收账期（天）	60	90	120
坏账损失率	2%	2.5%	3%

已知该公司的变动成本率为80%，资金成本为10%。假设不考虑所得税的影响，要求：通过计算，分析该公司是否应改变现行的收账政策？如果要改变，要如何改变？

4. 某企业计划年度甲材料耗用总量为7 200千克，每次订货成本为800元，该材料的单价为30元/千克，单位储存成本为2元。

要求：

(1) 计算该材料的经济订货批量。

(2) 计算该材料经济订货批量时的相关总成本。

5. 某企业每年耗用甲材料5 000吨，每吨标准价为80元，单位储存成本为8元，平均每次进货费用为200元。销货企业规定客户每批购买量不足1 000吨，按标准价计算，在1 000吨以上2 000吨以下的购买价格优惠2%，2 000吨以上的价格优惠3%。

要求：

(1) 计算不考虑数量折扣和不允许缺货下的经济订货量和相关总成本。

(2) 计算考虑数量折扣的经济订货量。

6. 某企业全年需要某种零件36 000件，每日进货量为300件，每日耗用量为100件，每次订货成本为25元，单位存货年储存成本为2元。假设企业对存货的需求是均匀的，不设置保险库存并且按照经济订货量进货。

要求：计算经济订货量和最低存货管理相关总成本。

案例分析题

一、基本案情

东方公司是一家拥有近亿元资产的民营企业，前些年由于其产品价廉物美深受广大用户欢迎，产品销售和资金回笼情况十分良好，公司也随之不断发展壮大。但最近两年该公司产品面临的市场竞争越来越激烈，出现了产品销售量增长缓慢、应收账款回收困难、财务危机逐步加大等问题，严重影响了企业的进一步发展。为此，公司总经理专门召开办公会议分析原因商讨对策。会上财务经理王刚根据有关方面的信息，结合公司实际情况进行了较为全面客观的分析。他认为造成公司这种状况的原因除了市场等一些客观因素外，还有企业自身因素，特别是原来的信用条件存在一定的问题，需要根据目前的市场状况进行调整。他提出了两种方案，具体如下：

方案一：将原信用条件调整为"1/10, n/30"。据预测，调整信用条件后公司的销售额将在上一年的基础上下降5%，但坏账损失率降至4%，公司对所有客户进行的资信调查和收账费用降至50万元，公司的固定成本、变动成本率和资金成本率维持去年水平不变。另外，预计有40%的客户会享受现金折扣，其他客户均能在信用期内付款。

方案二：将原信用条件调整为"2/10, 1/20, n/60"。据预测，调整信用条件后公司的销售额将在上一年的基础上增长10%，同时坏账损失率降至5%，公司的资信调查费用和收账费用降至60万元，公司的固定成本、变动成本率和资金成本仍然维持去年水平不变。另外，预计分别有40%的客户会享受两种不同的现金折扣，其他客户也均能在信用期内付款。

财务经理还列举了公司年底的有关财务数据:

(1) 全年销售额为 8 000 万元,固定成本为 2 000 万元,信用条件是:$n/60$,平均收账期为 75 天,变动成本率、资金成本分别为 60% 和 8%。

(2) 本年坏账损失率为 10%,公司对所有客户进行的资信调查和收账费用为 100 万元。

二、问题

对财务经理王刚提出的两种调整信用条件的方案和原方案进行比较分析,并指出该公司是否应调整原方案,若调整应怎样调整。

第八章 企业收益分配管理

本章学习目的

本章主要介绍了企业收益分配管理的基本理论知识、收益分配的顺序和收益分配政策等内容。本章学习要求：了解企业收益分配的概念、原则及企业收益分配的顺序；把握企业职工要素分配管理的内容，理解影响收益分配政策的因素和收益分配政策的类型及其优缺点；掌握股利支付形式、支付程序及股票回购、分割的相关知识；培养和提高在特定业务情境中分析问题和决策设计的能力；结合"职业道德与企业伦理"的行业规范或标准，判别企业行为的善恶，强化个人职业道德。

本章关键词

净利润分配　　　职工要素分配　　　股利政策　　　股利发放　　　股票分割与回购

本章课程思政点

收益分配原则　　股票回购

案例导引

员工持股典范：华为的收益分享计划

CEO 和一般员工所得的差距，各国都大到惊人。国际货币基金组织（IMF）研究指出，过度的不平等会使经济成长趋缓，最后自寻苦果，而且行为经济学的观点也表示这种情况有害员工的士气和生产力；此外，如果发放大笔的高层红利，对公司的公关形象而言简直就是噩梦一场。

中国的电信巨擘华为，股权几乎都在员工手中。

从华为草创初期，任正非就设计了员工持股制度（ESOP），当时他对于西方的各种奖励制度并不熟悉，还不知道股票选择权这种制度。

在任正非看来，员工希望有归属感、希望能因为身处某个团体而自豪，但也希望能和别人有所不同。华为的 ESOP 能够满足两种需求，一方面强调华为属于所有员工；另一方面也强调期望所有员工都能像公司负责人全心全力投入。

资料来源：摘自12reads，有删改。

问题：如何认识华为的收益分配政策？

第一节　企业收益分配管理概述

一、企业收益分配的概念

企业收益分配是指分配主体对分配对象（企业经营收益）在各个分配参与者之间进行的分割和平衡。具体讲就是企业将净收益在投资者、经营者以及其他有特殊贡献的职工、企业留存之间进行的合理有效的分配。企业收益分配是企业财务管理的重要内容，它有广义的收益分配和狭义的收益分配之分。广义的收益分配是指对企业收入和收益总额进行的分配；狭义的收益分配一般指对企业净收益的分配。本教材讨论的是狭义的收益分配，即对企业净收益的分配。

企业收益分配管理，从企业内部看，体现着企业是否遵守了国家有关收益分配的规定，是否贯彻了多贡献多回报的分配原则，是否实施了公平和效率的分配原则，是否存在个别主体侵害其他分配主体利益的不公平现象。从企业外部看，体现了国家引导和监督企业合理确定对经营成果分配的办法和标准，以保证企业之间、职工之间应有的公平，保护分配主体的合法权益，保障国家财经纪律的有效执行和经济秩序的正常运转。

二、企业收益分配的原则

作为企业的一项重要财务活动，企业收益分配必须遵循一定的原则。

（一）依法分配的原则

为了规范企业的收入分配行为，维护各利益相关者的合法权益，国家颁布了相关法规。例如：《公司法》《民法典》等对社会成员之间的分配关系作出了基本的规定，《企业财务通则》和相关政策、制度对企业收益分配的内容、顺序等进一步作出了具体的规定。因此，企业实现的收益应严格遵照这些规定的要求进行分配，这是正确处理企业同各方面利益关系的关键，企业应当认真执行，不得违反。

（二）投资与收益对等的原则

企业收益分配应体现投资与收益对等的原则。收入分配应当体现"谁投资，谁受益"、收入大小与投资比例相对等的原则。这是正确处理投资者利益关系的核心。投资者进行投资的主要目的之一就是获得投资收益，按照这一原则，有利于提高投资者的投资积极性，实现企业财务目标。企业在向投资者分配收入时，应本着平等一致的原则，按照投资者投资额的比例进行分配，不允许任何一方随意多分多占，以从根本上实现收入分配中的公开、公平和公正，保护投资者的利益。但是，公司章程或协议明确规定出资比例与收入分配比例不一致的除外。

（三）分配与积累并重的原则

企业进行收益分配时，应充分考虑眼前利益与长远利益的关系、局部利益与全局利益的关系，即坚持分配与积累并重的原则。企业的未来发展需要企业对剩余收益进行适当的留存。这一方面不仅能为企业扩大再生产提供一定的资金来源，而且还会有效地改变企业资本结构，降低综合资本成本，增强企业抵抗财务风险的能力，有利于企业的长远发展，最终投资者也会从中得益。

（四）兼顾各方利益的原则

企业的收益分配必须由相关的利益主体按与企业收益相关的要素进行分配。对这些分配主体、分配对象以及这些要素相互关系的调整办法，应当以企业章程、内部管理制度、股东大会决议等形式进行规定，收入分配必须兼顾各方面的利益。企业是经济社会的基本单元，企业的收入分配涉及国家、企业股东、债权人、职工等多方面的利益。正确处理它们之间的关系，协调其矛盾，对企业的生存、发展至关重要。企业在进行收入分配时，应当统筹兼顾，维护各利益相关者的合法权益。

企业利润分配不仅影响企业筹资和投资决策，而且涉及国家、企业、投资者、职工等多方利益关系，有关企业长远利益与近期利益、整体利益与局部利益的协调。因此，利润分配必须兼顾各方面的利益，做到投资与收益对等，公开公平公正。如果企业利润分配不公，会影响企业和谐健康发展。

三、企业收益分配的顺序

收益分配是指对利润进行的分配。利润是收入弥补成本费用后的余额。由于成本费用包括的内容与表现的形式不同，利润所包含的内容与形式也有一定的区别。若成本费用不包括利息和所得税，则利润表现为息税前利润；若成本费用包括利息而不包括所得税，则利润表现为利润总额；若成本费用包括了利息和所得税，则利润表现为净利润。

本章所指收益分配是指对净利润的分配。利润分配关系着国家、企业及所有者等各方面的利益，必须严格按照国家的法律法规和制度执行。根据我国《公司法》及相关法律制度的规定，公司净利润的分配应按照下列顺序进行。

（一）弥补以前年度亏损

企业在提取法定公积金之前，应先用当年利润弥补以前年度亏损。企业年度亏损可以用下一年度的税前利润弥补，下一年度不足弥补的，可以在5年之内用税前利润连续弥补，连续5年未弥补的亏损则用税后利润弥补。其中，税后利润弥补亏损可以用当年实现的净利润，也可以用盈余公积转入。企业实现的净利润在以前年度亏损未弥补完之前，不得提取法定公积金。

（二）提取法定公积金

根据《公司法》的规定，法定公积金的提取比例为当年税后利润（弥补亏损后）的10%。累计提取的公积金总额达到注册资本50%以后，可以不再提取。需要说明的是，提取法定公积金的基数，不是累计盈利，也不一定是本年的税后利润。只有在年初没有未弥补亏损的情况下，才能按本年净利润计算提取数。法定公积金提取后，根据企业的需要，可用于弥补亏损或转增资本，但企业用法定公积金转增资本后，法定公积金的余额不得低于转增前公司注册资本的25%。提取法定公积金的主要目的是增加企业内部积累，以利于企业扩大再生产。

（三）提取任意公积金

企业提取法定公积金后，企业章程对提取任意公积金有规定的，按企业章程的规定提取任意公积金；企业章程没有规定的，可以根据股东（大）会决议的比例提取任意公积金。国有企业可以将任意公积金与法定公积金合并提取。这是为了满足企业经营管理的需要，控制向投资者分配利润的水平,以及调整各年度利润分配的波动。

(四) 向投资者分配利润

根据《公司法》的规定,公司弥补亏损和提取公积金后所余税后利润,应当按照"同股同权、同股同利"的原则,向投资者分配利润。企业以前年度未分配的利润,可以并入本年度一并进行分配。在弥补企业以前年度亏损和提取法定公积金之前,企业不得向投资者分配利润,若违反规定已分配的,则要求股东必须将分配的利润退还公司。

此外,近年来,以期权形式或类期权形式进行的股权激励在一些大公司逐渐流行起来。从本质上来说,股权激励是企业对管理层或者员工进行的一种经济利益分配。

第二节 企业职工要素分配的管理

一、企业职工要素分配的特点及原则

(一) 企业职工要素分配的特点

职工是价值的创造者,是企业收入和利润的源泉。通过薪资的支付以及各种福利的提供,可以提高职工的工作热情,为企业创造更多价值。因此,为了正确、合理地处理好企业各方利益相关者的需求,就必须对企业所实现的收入进行合理分配。《企业财务通则》则对经营者和其他职工以管理、技术等智力要素参与企业收益分配的财务行为进行了规范。

与实物资产、货币资金等生产要素不同,经营者和其他职工的技术、管理等智力要素参与企业收益分配,有其自身的特点,主要表现在以下几方面:①自身价值不容易度量;②对企业收益的贡献度大小不易准确确定;③因存在个体差异而难以模仿,因须依托于企业其他生产要素才能发挥作用而难以鉴别;④因仅存在于少数人身上或仅为少数人掌握而具有稀缺性,可为企业创造超常效益。

(二) 企业职工要素分配的原则

职工要素参与企业收益分配正是因为具有自身特点,因此在实施时应遵循一定的原则。

1. 分配与贡献挂钩原则

经营者和其他职工凭借智力要素获得的报酬或分得的收益,应当与其智力要素的转换效益结合起来。任何一项智力要素,如果它本身具有价值,但并未对企业的收益产生贡献,就不能参与对收益的分配。

2. 效率优先原则

智力要素对其他生产要素的转化和使用具有促进和催化作用,但其发挥作用的程度及对收益产生的影响很难标准化、制度化及精确化,且具有较大的弹性。因此,企业在制定收益分配制度时,应当规定相应的保障措施,明确将智力资本的作用充分发挥出来,体现出其最大的效率。

3. 以激励为主要目的原则

智力要素参与企业收益分配,其主要目的应该是激励经营者和其他职工最大限度地发挥潜能,实现智力要素资本的价值,提高企业的劳动效率和经济效益。

4. 合法合理原则

智力要素参与企业收益分配,要符合国家相关法律、法规和企业财务制度的规定,避免内部人控制或者分配的随意性,防止分配不当给国家、投资者和企业其他利益相关者造成损失和侵害。

二、企业实行职工要素分配的条件和要求

(一)企业实行职工要素分配的条件

企业对经营者和其他职工进行激励,通常采取中长期股权激励方式,因此,一般应具备以下条件:①法人治理结构规范,股东会、董事会、经理层组织健全,职责明确,外部董事占董事会成员半数以上;②发展战略明确,产权清晰;③内部控制制度和绩效考核体系健全,基础管理制度规范,建立了符合市场经济和现代企业制度要求的劳动用工、薪酬福利制度;④资产质量和财务状况良好,经营业绩稳健,企业财务会计报告真实,近3年无违法违规行为和不良记录。

(二)企业实行职工要素分配的要求

企业对拟参与分配的智力要素,应考虑以下要求:①这些要素能使企业资本增值,有利于实现企业价值最大化的财务目标。②这些要素的价值可以量化。参与分配的智力要素本身可以通过评估确定,或者通过参考这些要素为企业创造的超额贡献进行估算,或者通过比较企业收益或者净资产的数额及其变化情况加以确定。③这些要素与其他生产要素有密切关系。智力要素只有依赖于其他生产要素,才能发挥转化作用。

三、企业职工要素分配的主要方式

(一)股权激励方式

股权激励方式包括股票期权、限制性股票以及法律、行政法规允许的其他方式。股票期权是指上市公司授予激励对象在未来一定期限内以预先确定的价格和条件购买本公司一定数量股票的权利。限制性股票是上市公司按照预先确定的条件授予激励对象一定数量的本公司股票,激励对象只有在工作年限或业绩目标符合股权激励计划规定的条件时,才可出售限制性股票,并从中获益。

(二)自主创新激励分配制度

根据财政部、国家发展改革委、科技部和劳动保障部联合颁发的《关于企业实行自主创新激励分配制度的若干意见》,企业可以实行自主创新激励分配制度。如企业在实施公司制改建、增资扩股或者创设新企业的过程中,对职工个人合法拥有的、企业发展需要的知识产权,可以依法吸收为股权投资,并办理权属变更手续;企业实现科技成果转化,且近3年税后利润形成的净资产增值额占实现转化前净资产总额30%以上的,对关键研发人员可以根据其贡献大小,按一定价格系数将一定比例的股权(股份)出售给有关人员。

(三)企业国有产权向管理层转让

根据国家国资委、财政部联合印发的《企业国有产权向管理层转让暂行规定》,国有资产监督机构已经建立或政府已经明确国有资产保值增值行为主体和责任主体的地区或部门,可以探索中小型国有及国有控股企业国有产权向管理层转让,包括向管理层直接或间接出资设立的企业转让。企业国有产权向管理层转让后仍保留国有股份(权)的,受让国有产权

的管理层不得作为改制企业的国有股股东代表。

四、企业职工要素分配的一般程序与财务处理

(一) 企业职工要素分配的一般程序

职工要素参与企业收益分配一般应遵循以下程序：

（1）确定分配对象和智力要素。即确定哪些人、哪些智力要素可以参加企业收益分配。根据《企业财务通则》规定，经营者、核心技术人员和其他职工属于分配对象。其中，经营者包括企业的董事、对公司决策、经营、管理负有领导责任的经理、副经理、财务负责人、董事会秘书等高级管理人员，以及对上市公司整体业绩和持续发展有直接影响的管理骨干，不包括监事、独立董事，以及来自上市公司控股以外的外部董事；核心技术人员主要是指关键技术成果的主要完成人、重大研发项目的负责人或者对企业主导产品、核心技术进行重大创新、改进的主要技术人员。

（2）对分配标准进行评估和量化。企业在确定参与收益分配的对象和智力要素后，要对这些要素的价值和作用，聘请具备资质的评估机构进行评估，获得进行股权激励等分配的参考依据。评估结果应当由企业董事会或其他类似机构和特有智力要素的个人双方共同确认。

（3）确定分配方式。企业可以采用不同的方式确定管理、技术等智力要素参与收益分配的形式。

（4）拟定实施方案。实施方案应当明确激励对象、激励方式、激励条件、激励数量、激励价格、行权时间、绩效考核、权利义务、违约责任等内容。

（5）报批实施方案。实施方案应当由董事会提出，提交股东大会审议批准。

（6）实施分配方案。由董事会对经过批准的分配方案予以兑现。

(二) 职工要素分配的财务处理

企业经营者和其他职工以管理、技术等要素参与企业收益分配的，应当按照国家有关规定在企业章程或者有关合同中对分配办法作出规定，并区别以下情况处理：

（1）取得企业股权的，与其他投资者一同参与利润分配。

（2）没有取得企业股权的，在相关业务实现的利润限额和分配标准内，从当期费用中列支。

第三节 企业收益分配政策

一、影响企业收益分配政策的因素

企业收益分配政策是指在国家法律允许的范围内，可供企业选择的关于净利润分配若干事项的方针及策略，如是否分配净利润、分配比例、分配方式、分配日期等。对股份公司而言，该政策也称股利政策。企业收益分配政策不仅在一定程度上决定企业对外再筹资的能力，而且还决定企业市场价值的大小。因此，如何制订和选择科学合理的分配政策，对企业的发展至关重要。但企业收益分配政策的确定又受到多方面因素的影响，对此企业应有充

分的认识。

（一）法律因素

为保护债权人和投资者权益，国家对企业收益分配从法律上作出了一定的限制和约束，主要有以下三个方面。

1. 资本保全约束

资本保全约束要求企业分配的收益，只能来源于当期净利润或留存收益，而不能用原始投资或股本进行分配，其目的是保证企业资本的安全与完整，防止企业任意减少资本结构中的所有者权益的比例，切实保护企业完整的产权基础，保护投资者和债权人的权益。

2. 资本积累约束

资本积累约束要求企业必须按照一定的比例和基数提取各种公积金，股利只能从企业的可供分配收益中支付。企业的可供分配收益是指企业当期的净利润按照规定弥补亏损及提取各种公积金后，与过去累积的留存收益之和。资本积累约束还要求企业必须贯彻"无利不分"的原则，即当企业出现年度亏损时，一般不进行利润分配。

3. 偿债能力约束

偿债能力是企业按时、足额偿付各种到期债务的能力。如果当期没有足够的现金派发股利，则不能保证企业在短期债务到期时有足够的偿债能力，这就要求公司考虑现金股利分配对偿债能力的影响，确定在分配后仍能保持较强的偿债能力，以维持公司的信誉和借贷能力，从而保证公司正常的资金周转；若有影响，则限制收益分配。其目的是保护债权人利益，维护公司的信誉和借贷能力。

4. 超额累积利润约束

由于资本利得与股利收入的税率不一致，如果公司为了股东避税而使得盈余的保留大大超过了公司目前及未来的投资需要时，将被加征额外的税款。

（二）企业因素

企业发展受各种因素制约，因此基于短期经营和长期发展的考虑，在确定收益分配政策时，应充分考虑这些因素的影响，主要有以下几个方面。

1. 盈余稳定性

企业收益分配政策在很大程度上会受其盈利稳定性的影响。如果企业盈余较多且相对稳定，则有可能向投资者支付较高的利润或红利；反之，则采取较低的支付率政策。

2. 筹资能力

企业的筹资能力往往也会影响企业的收益分配政策。如果公司具有较强的筹资能力，随时能筹集到所需资金，那么它会具有较强的股利支付能力。另外，留存收益是企业内部筹资的一种重要方式，同发行新股或举债相比，它不需花费筹资费用，同时增加了公司权益资本的比重，降低了财务风险，便于以低成本取得债务资本。如果企业筹资能力强，则有可能采取较为宽松的收益分配政策；反之，则采取较紧的收益分配政策。

3. 资产流动状况

保持一定的资产流动性是企业正常运转的基础和必备条件，因此企业的资产流动状况对企业的股利支付能力和支付方式会产生重要影响。如果企业资产流动性强，现金的来源较充裕，则有可能采取支付现金股利及多分利润政策；反之，即使企业收益较多，也不宜采取支付现金股利及多分利润政策。

4. 未来投资机会

企业收益分配政策应当考虑未来投资需求的影响。如果企业未来有良好的投资机会，投资后能获取较高的收益率，则企业应先考虑将实现的净收益用于再投资，从而减少收益分配的数额；反之，则可能增加收益分配的数额。此外，如果公司将留存收益用于再投资所得报酬低于股东个人单独将股利收入投资于其他投资机会所得的报酬时，公司就不应多留留存收益，而应多发放股利，这样有利于股东价值的最大化。

5. 资本结构

留存收益是企业内部筹资的一种重要方式，它同发行新股或举债相比，具有成本低的优点。因此，很多企业在确定收益分配政策时，一般会将企业净利润作为筹资的首选来源，特别是在企业负债资金较多、资本结构欠佳时，企业更会通过减少收益分配的数额来增加留存收益，以此改善其资本结构。

6. 现金流量

由于会计规范的要求和核算方法的选择，公司盈余与现金流量并非完全同步，净收入的增加不一定意味着可供分配的现金流量的增加。公司在进行利润分配时，要保证正常的经营活动对现金的需求，以维持资金的正常周转，使生产经营得以有序进行。

7. 其他因素

由于股利的信号传递作用，公司不宜经常改变其利润分配政策，应保持一定的连续性和稳定性。此外，利润分配政策还会受其他因素的影响，如不同发展阶段、不同行业的公司股利支付比例会有差异，这就要求公司在进行政策选择时要考虑发展阶段以及所处行业状况。

(三) 投资者因素

企业的投资者出于对自身利益的考虑，有可能对企业的收益分配提出一些限制性的要求，主要有以下几个方面。

1. 控制权要求

收益分配政策会受到现有投资者对控制权要求的影响。当公司面临新的投资机会而外部又无适当的筹资渠道可以筹集资金时，一些老股东为了保证其一定的控制权，往往不愿意增发新股，而要求公司限制股利支付，以便从内部保留更多的盈余。

2. 稳定收入要求

公司一些收入水平不高的股东为了维持其正常的收入水平，往往会要求公司支付较多且较为稳定的股利，而反对留存过多。另外，有些股东认为留存收益使公司股票价格上升而获得资本利得具有较大的不确定性，取得现实的股利比较可靠，也会倾向于多分配股利。

3. 规避风险要求

一些风险意识较强的股东，为了规避市场股价变动的风险，往往会要求公司定期支付股利，而反对不分股利。

4. 避税要求

政府对企业利润征收所得税以后，还要对自然人股东征收个人所得税，股利收入的税率要高于资本利得的税率。一些高股利收入的股东出于避税的考虑，往往倾向于较低的股利支付水平。

(四) 债务合同限制因素

一般来说,企业股利支付水平越高,留存收益越少,财务支付压力越大,企业面临的破产风险也越大,这就越有可能损害债权人的合法权益。因此,企业的债权人为了保护自己的利益不受损害,通常在签订债务合同,特别是一些长期债务合同时,以及在债券契约、租赁合约中,增加一些限制企业发放股利的条款。其主要有以下几个方面:①未来的股利只能以签订合同之后的收益来发放,而不能用以前的留存收益发放;②将一部分净利润以偿债基金的形式留存下来;③营运资金低于某一规定的数额时不得发放股利;④利息保障倍数低于某一规定的水平时,不得发放股利。

(五) 通货膨胀因素

通货膨胀会带来货币购买力水平下降,导致固定资产重置资金不足,此时,企业往往不得不考虑留用一定的利润,以便弥补由于购买力下降而造成的固定资产重置资金缺口。因此,在通货膨胀时期,企业一般会采取偏紧的利润分配政策。

二、企业收益分配政策的类型

收益分配政策由企业在不违反国家有关法律、法规的前提下,根据本企业具体情况制定。收益分配政策既要保持相对稳定,又要符合公司财务目标和发展目标。在实际工作中,股份有限公司经常采用的收益分配政策有以下四种。

(一) 剩余股利政策

剩余股利政策是指公司可供分配的利润应先满足下年度投资对权益资本的需要,然后剩余部分才能向股东分配股利的政策。在这种政策下,剩余多,多发股利;剩余少,少发股利;如果没有剩余,则不发股利。剩余股利政策的理论依据是股利无关理论。根据股利无关理论,在完全理想的资本市场中,公司的股利政策与普通股每股市价无关,故而股利政策只需随着公司投资、融资方案的制定而自然确定。因此,采用剩余股利政策时,公司要遵循如下三个步骤:

(1) 设定目标资本结构。根据公司的目标资本结构及投资计划确定公司资金需求量中所需要的权益资本数额。其计算公式为:

满足下年度投资需要的权益资本数额 = 下年度投资额 × 权益资本比率

(2) 确定公司可供分配的利润额。根据公司的目标资本结构预计资金需求中所需增加的权益资本数额,最大限度地使用留存收益来满足资金需求中所需增加的权益资本数额。如果公司以前年度有未分配利润,则可并入本年度利润,作为公司可供分配的利润额。其计算公式为:

可供分配的利润额 = 实现的净利润 − 用税后利润弥补以前年度亏损的数额 − 提取公积金

(3) 确定公司可向股东发放的股利数额。其计算公式为:

可发放股利额 = 可供分配的利润 − 满足下年度投资需要的权益资本数额

【例 8-1】 某公司 2021 年度在提取了公积金之后的净利润为 2 000 万元,2022 年公司计划投资额为 2 500 万元,目标资金结构为权益资本占 60%,债务资本占 40%。要求:确定该公司2021年度可向股东发放的股利数额。

（1）满足下年度投资需要的自有资金数额＝2 500×60％＝1 500(万元)；

（2）公司可向股东发放的股利数额＝2 000－1 500＝500(万元)。

该公司2021年度可向股东发放的股利数额为500万元。若公司当年流通在外的普通股为1 000万股，则每股股利为：

$$500 \div 1\,000 = 0.5(元/股)$$

剩余股利政策的优点主要体现在：充分利用公司留存收益，在保持公司理想的资本结构的前提下，降低再投资的筹资成本，从而使公司综合资本成本下降，有利于实现企业价值的最大化。

剩余股利政策的缺点主要体现在：若完全遵照执行剩余股利政策，股利发放额就会每年随着投资机会和盈利水平的波动而波动。在盈利水平不变的前提下，股利发放额与投资机会的多少呈反方向变动；而在投资机会维持不变的情况下，股利发放额将与公司盈利呈同方向波动。因此，剩余股利政策不利于投资者安排收入与支出，也不利于公司树立良好的形象，一般适用于公司初创阶段。

（二）固定或稳定增长股利政策

固定或稳定增长的股利政策是指公司将每年派发的股利额固定在某一特定水平或是在此基础上维持某一固定比率逐年稳定增长。公司只有在确信未来盈余不会发生逆转时才会宣布实施固定或稳定增长的股利政策。在这一政策下，应先确定股利分配额，而且该分配额一般不随资金需求的波动而波动。

固定或稳定增长股利政策的优点主要体现在：

（1）稳定的股利向市场传递着公司正常发展的信息，有利于树立公司的良好形象，增强投资者对公司的信心，稳定股票的价格。

（2）稳定的股利额有助于投资者安排股利收入和支出，有利于吸引那些打算进行长期投资并对股利有很高依赖性的股东。

（3）固定或稳定增长的股利政策可能会不符合剩余股利理论，但考虑到股票市场会受多种因素影响（包括股东的心理状态和其他要求），为了将股利或股利增长率维持在稳定的水平上，即使推迟某些投资方案或暂时偏离目标资本结构，也可能比降低股利或股利增长率更为有利。

固定或稳定增长股利政策的缺点主要体现在：

（1）公司股利发放与盈利状况相脱离，造成投资风险与收益的不对称。

（2）不论公司盈利多少，均要支付固定的或按固定比率增长的股利，这可能导致企业资金紧缺，财务状况恶化。此外，企业在无利可分的情况下，若依然实施固定或稳定增长的股利政策，将违反《公司法》的规定。

因此，采用固定或稳定增长的股利政策，要求公司对未来的盈利和支付能力作出准确判断。一般来说，公司确定的固定股利额不宜太高，以免陷入无力支付的被动局面。固定或稳定增长的股利政策通常适用于经营比较稳定或正处于成长期的企业，但很难被长期采用。

（三）固定股利支付率政策

固定股利支付率政策是指公司按事先确定的股利支付率来向股东发放股利的政策。股利支付率是发放的股利额占净利润的比例。在这种政策下,公司实现的净利润越多,可发放的股利就越多;反之,可发放的股利就越少。

固定股利支付率政策的优点主要体现在:

(1) 股利与净利润保持一定的比例关系,体现了投资风险与收益对等原则。

(2) 股利与公司盈利状况紧密结合,体现多得多分、少得少分、不得不分原则,有利于股东关心公司经营状况与经营业绩。

固定股利支付率政策的缺点主要体现在:

(1) 股利发放的波动会给股东传递公司经营不稳定的信息,从而引起股票价格波动。

(2) 公司每年按固定的股利支付率支付股利,会使公司面临较大的财务压力,而且使财务缺乏弹性。

固定股利支付率政策一般只适用于发展稳定的公司和公司的财务状况处于稳定阶段。

(四) 低正常股利加额外股利政策

低正常股利加额外股利政策是指公司每年都按期支付一个较低的正常性股利额,然后再根据盈利状况决定在年末是否增加一笔额外的股利。在这种政策下,公司规定了分配额外股利必须达到的盈利水平。一般来说,只有公司的盈利水平超过限定标准的部分才能按比例发放额外股利。

【例 8-2】 某公司 2021 年实现净利润 800 万元。该公司规定的低正常股利为 0.2 元/股,同时规定当公司净利润超过 500 万元时,可追加发放额外股利。该公司 2021 年发行在外的普通股股数为 2 000 万股。要求:确定该公司向股东发放的每股股利额。

$$额外每股股利额 = (800 - 500) \div 2\,000 = 0.15(元/股)$$

$$向股东发放的每股股利额 = 0.2 + 0.15 = 0.35(元/股)$$

低正常股利加额外股利政策的优点主要体现在:

(1) 具有较大的灵活性。企业是否加发额外股利,主要取决于盈利状况,盈利多,多发股利;盈利少,少发股利。

(2) 具有较强的稳定性。即使企业盈利状况不是很好,股东仍然能获得较低的正常股利,这不仅有利于股价的稳定,而且还有利于树立公司良好的形象。

(3) 具有较好的激励性。股东要想获得额外股利,必须千方百计使公司的盈利水平增加,这有利于调动股东的积极性,更好地激励股东关心公司发展,参与公司经营管理和决策,努力实现公司的财务目标。

该政策的缺点主要体现在:如果公司经营状况一直良好,股东就会长期享受到额外股利的分配,这很容易让股东产生把额外股利当成正常股利的错觉,不断提高对股利发放的期望水平。而一旦公司因经营状况不佳,盈利水平下降而导致额外股利减少或无额外股利,就会引起股东的不满。

低正常股利加额外股利政策一般适用于那些盈利水平随着经济周期而波动较大的企业或行业。

以上四种收益分配政策中,固定股利政策和低正常股利加额外股利政策被广大投资者所认可,因此也为大多数公司采用。

第四节 股利支付形式和支付程序

一、股利支付形式

股份有限公司支付股利的形式通常有现金股利、股票股利、财产股利和负债股利等。在我国目前主要多为前两种形式,或是两者的结合。

(一) 现金股利

现金股利是指公司以现金形式发放给股东的股利,它是股利支付的最常见的形式,也最受投资者欢迎。我国上市公司股利分配方案中的"派",就是指发放现金股利。如 10 派 2,就是指每 10 股发放 2 元的现金股利。

公司发放现金股利的多少主要取决于公司的股利政策、经营业绩和现金支付能力。如果公司的经营业绩良好,现金支付能力较强且采取的是多分股利政策,则股东可获得较多的现金股利。反之,股东则获得较少的现金股利。

公司选择发放现金股利除了要有足够的留存收益,还要有足够的现金,而现金充足与否往往会成为公司发放现金股利的主要制约因素。现金股利形式有利于增加投资者的投资积极性,树立公司良好的形象。但发放现金股利必然增加公司的现金流出量,造成现金支付的压力。特别是在公司财务状况不佳时,会加剧矛盾,引发财务危机。

(二) 股票股利

股票股利是指公司以增发股票的形式发放给股东的股利,我国实务中通常也称其为"红股"。我国上市公司股利分配方案中的"送",就是指发放股票股利。如 10 送 3,就是指每 10 股送 3 股的股票股利。

公司发放股票股利,不会发生现金流出,它相当于老股东对公司的再投资。因此,这种股利支付形式不会增加现金支付压力,从而避免引发财务危机,同时也不会引起每位股东所持股票市场价值总额的变化。另外,保留下来的现金可用于追加投资,扩大企业经营规模,节约筹资费用。但发放股票股利必然会使公司股东权益内部结构发生变化,也会因为普通股股数的增加而引起每股净资产和每股收益的下降,进而可能导致股价下跌。

【例 8-3】 某公司所有者权益账户余额如下:普通股(每股面值 5 元)为 500 万元,资本公积为 300 万元,未分配利润为 2 200 万元,股东权益总额为 3 000 万元。该公司股票现行市价为 50 元。如果公司准备发放 10%(10 送 1)的股票股利。要求:①计算该公司发放股票股利后的所有者权益账户金额;②比较发放股票股利前后该公司的每股净资产有何变化。

(1) 增加股数=(500÷5)×10%=10(万股);
发放股票股利应冲减的未分配利润=10×50=500(万元);
普通股股本增加额=10×5=50(万元);
资本公积增加额=10×(50-5)=450(万元)。

(2) 发放股票股利前公司每股净资产为:3 000÷(500÷5)=30(元/股)。

发放股票股利后公司每股净资产为：3 000÷(100+10)＝27.28(元/股)。

发放股票股利后的权益账户金额为：普通股(每股面值5元)550万元,资本公积750万元,未分配利润1 700万元,股东权益总额3 000万元。发放股票股利后该公司的每股净资产由发放前的30元下降为27.28元。

由此可见,发放股票股利不会对公司的所有者权益总额产生影响,但会引起所有者权益内部结构发生变化,而且会使公司每股净资产下降。

(三) 财产股利

财产股利是指公司以现金以外的实物或证券资产形式发放给股东的股利,如公司拥有的存货或有价证券。

(四) 负债股利

负债股利是以负债方式支付的股利,通常以公司的应付票据支付给股东,有时也以发放公司债券的方式支付股利。

财产股利和负债股利实际上是现金股利的替代,但这两种股利支付形式在我国公司实务中都很少使用。

二、股利支付的程序

公司支付股利必须遵循法定的程序。通常是由董事会提出股利分配预案,然后提交股东大会审议,股东大会决议通过分配预案之后,向股东宣告股利发放的方案,并确定股权登记日、除息日和股利支付日。

(一) 股利宣告日

股利宣告日就是董事会以公告的形式向股东宣布股利支付情况的日期。公告中包括每股发放的股利、股权登记日、除息日和股利支付日等事项。

(二) 股权登记日

股权登记日是指有权领取本次股利的股东资格登记截止日期。只有在股权登记日或之前在公司股东名册上有名的股东,才有权分享本次股利,在此之后才取得股票的股东无权分享本次股利。证券交易所的中央清算登记系统为股权登记提供了很大的便利,一般在营业结束的当天即可打印出股东名册。

(三) 除息日

除息日是指股东领取股利的权利与股票相互分离的日期。除息日应为股权登记日的下一个交易日。如股权登记日为2020年3月9日,则除息日为2020年3月10日。在除息日之前,股利从属于股票,股票持有者享有领取股利的权利。从除息日开始,股利享有权与股票相分离,所购入的股票就不能分享股利。由于除息日前的股票价格中包含股利,因此,其价格往往高于除息日之后进行交易的股票价格。

(四) 股利发放日

股利发放日是指公司正式向股东发放股利的日期。从这一天开始的几天内,公司按公布的分红方案向股权登记日在册的股东实际支付股利。

第五节 股票分割和股票回购

一、股票分割

(一)股票分割的概念

股票分割是指通过成比例地降低股票面值而增加普通股的数量,即将一张面额较高的股票拆成几张面额较低的股票,简称拆股。若上市公司认为本公司的股票市场价格太高,就有可能将其股票一分为几,使在外流通的股数成倍增加,这样每股净收益和每股净资产也会随之下降,以此推动股价下调。

股票分割对公司的资本结构不会产生任何影响,一般只会使发行在外的股票数量增加,而资产负债表中各股东权益账户的余额都保持不变,股东权益的总额也保持不变,唯一变化的是股票的面值。

【例 8-4】 某上市公司 2021 年末股东权益账户余额如下:普通股(每股面值 10 元,流通在外 1 000 万股)为 10 000 万元,资本公积为 6 000 万元,未分配利润为 4 000 万元,股东权益总额为 20 000 万元。假设该公司按照 1∶5 的比例进行股票分割。

试问:该公司股票分割后股东权益账户金额及每股净资产的变化情况如何?

股票分割后的股票面值、流通在外的普通股股数及每股净资产为:

$10 \div 5 = 2(元/股)$

$1\,000 \times 5 = 5\,000(万股)$

每股净资产 $= 20\,000 \div 5\,000 = 4(元/股)$

股票分割前的每股净资产 $= 20\,000 \div 1\,000 = 20(元/股)$

该公司股票分割后股票面值由原来的 10 元下降为 2 元,流通在外的普通股股数由 1 000 万股上升为 5 000 万股,每股净资产由 20 元下降为 4 元,而普通股股本、资本公积、未分配利润及股东权益总额均未发生任何变化。

(二)股票分割的作用

1. 降低股票价格

股票分割可以使公司股票处于一个价位较低且理想的交易范围内,有利于促进股票的流通和交易。流通性的提高和股东数量的增加,会在一定程度上加大对公司股票恶意收购的难度。此外,降低股票价格还可以为公司发行新股做准备,因为股价太高会使许多潜在投资者力不从心而不敢轻易对公司股票进行投资。

2. 传递"公司发展前景良好"的信号

股票分割可以向社会传递公司继续发展的信息,有利于提高投资者对公司的信心。

3. 降低每股市价

股票分割可以使公司每股市价降低,有利于公司发行新股。

(三)反分割

与股票分割相反,如果公司认为其股票价格过低,不利于其在市场上的声誉和未来的再筹资时,为提高股票的价格,会采取反分割措施。反分割又称为股票合并或逆向分割,是指将多股股票合并为一股股票的行为。反分割显然会降低股票的流通性,提高公司股票投资的门槛,它向市场传递的信息通常是不利的。

二、股票回购

(一) 股票回购的概念

股票回购是指上市公司出资将其发行的流通在外的股票以一定的价格购买回来予以注销或作为库存股的一种资本运作方式。

案例

根据我国《公司法》的规定,公司回购本公司股份属于减少公司注册资本的,应当自收购之日起10日内注销;属于与持有本公司股份的其他公司合并或股东因对股东大会作出的公司合并、分立决议持异议两种情形的,应当在6个月内转让或者注销;属于将股份奖励给本公司职工的,回购的股份应当在1年内转让给职工。对于股份有限公司依法回购后暂未转让或者注销的股份,不具有投票权、收益分配权、优先认股权、资产清偿权以及相关义务,不得参与利润分配。对于因实施股权激励办法而回购股份的,其资金来源应当从公司的税后利润中支出。股票回购决策会影响多方利益,在此过程中,应强调可持续发展,超越把利润作为唯一目标的传统理念,注重企业对环境、消费者以及对社会的贡献。

(二) 股票回购的动机

对于上市公司而言,股票回购的动机有以下几种。会影响多方利润,在此过程中,股票回购决策应强调可持续发展,超越把利润作为唯一目标的传统理念,注重企业对环境、消费者以及对社会的贡献。

1. 提高每股收益

每股收益通常是以流通在外的股份数为计算基础,因此有些公司为了自身形象、上市需求和投资人渴望高回报等原因,采取股票回购方式来减少实际支付股利的股份数,从而提高每股收益。

2. 稳定或提高公司股价

股价过低会对公司发展产生负面影响。因此,如果公司认为其股票被低估时,可以通过股票回购,来向市场和投资者传递公司真实的投资价值,以此支撑公司股价,改善公司形象。

3. 改善资本结构

当公司认为权益资本在资本结构中所占比重过大时,可以利用现金或负债来回购自己的股份,减少公司资本,从而改善资本结构。

4. 巩固既定控制权或转移公司控制权

许多股份公司的大股东为了保证其所代表股份公司的控制权不被削弱,一般采取直接或间接的方式回购自己的股份,从而巩固既定的控制权。一些股份公司的法定代表人如果不是公司大股东的代表,为保证其在公司的地位不被改变,他们往往采取股票回购方式来分散或削弱原控股股东的控制权,以此实现公司控制权的转移。

5. 防止敌意收购

股票回购在国外经常是作为一种重要的反收购手段而被运用。回购将提高本公司的股价,减少在外流通的股份,给收购方造成更大的收购难度。同时,股票回购有可能加剧公司的财务负担,从而减小收购公司的兴趣。

6. 现金股利的替代

现金股利政策会对公司产生未来的派现压力,而股票回购不会。当公司有富余资金时,通过购回股东所持股票将现金分配给股东,这样,股东就可以根据自己的需要选择继续持有股票,或出售以获得现金。

(三) 股票回购的影响

1. 对上市公司的影响

(1) 股票回购会导致公司操纵股价。公司回购自己的股票,会导致其利用内幕消息进行炒作,或通过掌控财务信息操纵股价。因此,世界各国为了保护债权人的利益,维护证券市场的正常交易秩序,大多都对股票回购作出了较具体的限制性规定。我国《公司法》规定,公司不得回购本公司股份,但符合规定情形的除外。

(2) 股票回购会加重公司财务负担。股票回购通常需要大量资金支付回购的成本,容易造成资金紧张。而在公司的负债率较高时进行股票回购,则会使公司的资产流动性进一步降低,偿债能力下降,从而恶化公司的财务状况。

(3) 股票回购会损害公司的根本利益。股票回购可能使公司的发起人股东更注重创业利润的兑现,而忽视公司长远的发展,最终会使公司的根本利益受到损害。

2. 对股东的影响

(1) 股票回购使股东获取的资本利得,与现金股息相比会产生节税效应。

(2) 股东对公司股票回购具有可选择性。即公司实施股票回购时,股东可以根据自己需要有权决定是否出售股票,这与现金股利不同。公司分配现金股利,股东只能接受,没有选择权。

(3) 公司股票回购的价格过高或过低都会对股东产生不利影响。如果公司为急于回购相当数量的股票而提高售价,使售价偏离均衡价格,必然导致回购行动后的股票价格出现回归性下跌,这对未出售股票的股东不利。相反,如果公司为避免损害未出售股票股东的利益,而确定较低的回购价格,那么这对出售股票的股东不利。

本章小结

企业收益分配是指分配主体对分配对象(企业经营收益)在各个分配参与者之间进行的分割和平衡。具体讲就是企业将净收益在投资者、经营者以及其他有特殊贡献的职工、企业留存之间进行的合理有效的分配。企业收益分配管理是财务管理的一项重要内容,它关系到国家、投资者、经营者、职工和债权人等多方面的经济利益关系,因此必须遵循一定的原则,按照法定的顺序进行分配。目前,职工要素分配也成为企业收益分配管理的一项重要内容。企业职工要素参与分配应具备一定的条件,符合相关要求。职工要素分配的主要方式有股权激励、自主创新激励和企业国有产权向管理层转让等。影响企业收益分配政策的因素通常有法律因素、公司因素、股东因素和债务合同限制因素等。股份公司股利政策的类型一般有剩余股利政策、固定股利政策、固定股利支付率政策和低正常股利加额外股利政策,每一种政策都有其各自的优缺点。实际工作中固定股利政策和低正常股利加额外股利政策为大多数公司所采用。公司股利支付的形式有现金股利、股票股利、财产股利和负债股利,前两者是主要形式,后两者是现金股利的替代形式。股利支付程序包括股利宣告日、股权登记日、除息日和股利发放日。股票分割简称拆股,是指通过成比例地降低股票面值而增加普通股的数量,它对股份公司的资本结构不会产生任何影响。股票回购是指上市公司出资将其发行的流通在外的股票以一定的价格购买回来予以注销或作为库存股的一种资本运作方式,这种运作方式往往出于一定的动机。股票回购对公司和股东都会产生有利或不利的影响,对此必须有足够的认识。

1. 什么是企业的收益分配?它应遵循哪些原则?
2. 企业收益分配的顺序如何?
3. 什么是职工要素分配?实行职工要素分配的条件、要求及主要方式有哪些?如何进行财务处理?
4. 企业确定收益分配政策时应考虑的因素有哪些?
5. 股份公司常见的股利政策类型有哪几种?它们各自的优缺点是什么?
6. 股份公司支付股利有哪几种形式?如何发放股利?
7. 什么是股票分割?它有何作用?
8. 什么是股票回购?公司进行股票回购的动机有哪些?股票回购对公司及股东会产生哪些影响?

某公司 2021 年利润总额是 1 000 万元,所得税税率为 25%,公司分别按 10% 和 5% 的比例提取法定公积金和公益金,预计 2022 年公司投资需资金 800 万元。该公司的目标资本结构为自有资金占 60%,借入资金占 40%,公司流通在外的普通股总数为 1 000 万股,无优先股。

要求:(1) 计算该公司当年可供分配的股利额度。
(2) 计算在剩余股利政策下,该公司 2022 年可发放的股利额和每股股利。

案例一

一、基本案情

美利华股份有限公司是一家以生产美利华系列饮料为主的饮品公司,总股本为 15 000 股。该公司前些年产品市场占有率一直较高,经营业绩也随之稳步上升,因此制定了固定股利政策,每年按 0.2 元/股发放现金股利。但随着形势的发展,饮料行业的市场竞争日趋激烈,该公司的市场占有率和经营业绩有不断下降的趋势,对此,公司于2020年年初召开董事会,就目前公司的现状进行分析,研究对策,同时制定2019年的股利分配方案。

1. 公司目前状况

主要生产三大类产品,其中有40%的生产能力生产传统饮料产品,这种产品目前销售市场已趋饱和,产品销售利润率偏低;有50%的生产能力生产第二大类产品,这类产品市场需求旺盛,销售利润率较高,是目前公司获得利润的主要来源。另外,公司于2019年初还新开发生产了绿色纯果汁饮品系列,一年来这种产品由于比较符合消费者的需求,因此市场销售势头强劲,预计该产品将成为公司未来新的利润增长点,但目前公司只有10%的生产能力。为抓住市场机遇,公司已在着手积极调整企业的生产结构,逐步缩小第一类产品的生产规模和能力而扩大市场前景看好的绿色纯果汁饮品的生产能力。该公司拟引进一条新的生产线以及相应的配套设施,预计完成此项投资需8 000万元资金,项目投产后当年即可获得收益,预计投资报酬率将达25%左右。另外,该公司在下年将投入2 000万元继续用于新产品的研制。

2. 公司优势

虽然目前面临的产品市场竞争很激烈,但该公司在饮品行业中仍然具有一定的优势:①公司产品质量一直优良且价格合理,企业市场形象好;②公司有一支实力强劲的科研队伍,科研开发能力强,产品更新换代快;③公司的地理位置优越,原材料充裕,原材料和劳动力成本低,而且产品销售能涉及城市和农村两大市场。

3. 公司2018年、2019年的财务状况(见表8-1)

表8-1　　　　　　　　　　　　　　有关财务指标

项目	2019年	2018年
主营业务收入(万元)	18 000.00	20 400.00
主营业务成本(万元)	12 500.00	14 000.00
主营业务利润(万元)	4 800.00	5 660.00
利润总额(万元)	4 600.00	5 100.00
净利润(万元)	3 082.00	3 417.00
年初未分配利润(万元)	1 704.00	1 800.00
可供分配的利润(万元)	4 786.00	5 217.00
提取法定盈余公积金(万元)	308.20	341.70
提取法定公益金(万元)	154.10	170.85
可供股东分配的利润(万元)	4 323.70	4 704.45
应付普通股股利(万元)		3 000.00
未分配利润(万元)		1 704.45
每股净收益(元)	0.21	0.23

4. 公司其他有关方面的资料

(1) 资产负债率为35%,行业平均资产负债率为40%。

(2) 根据调查有30%的股东比较偏好资本收益,有20%的股东比较偏好现金收益,有50%的股东无特别偏好。

(3) 当前股市中,如果发行新股筹资,每股发行价为 5~6 元,发行费率为 4%。公司目前的市盈率为 5 倍,在同行业中偏低,而投资者对本行业的期望投资报酬率为 20% 左右。预计公司完成投资计划后,业绩有所改善,市盈率将上升到 10 倍,接近同行业水平。

(4) 公司有较好的银企关系,银行能随时为公司提供 500 万元左右的流动资金贷款。如果公司准备筹集长期债务资金,可能的长期债务资本成本如表 8-2 所示。

表 8-2　　　　　　　　　可能的长期借款资本成本

资产负债率	0~20%	20%~45%	45%~60%	60%~100%
资本成本	5%	6%	7%	10%

(5) 公司的现金流量情况:每年的销售收入中,有 40% 为赊销收入,其中,有 80% 的客户信用较好,一般可于半年内付款,有 15% 的客户要拖到一年后付款,有 2% 的客户可能延至一年半后付款,另有 3% 的客户可能形成坏账。另外,公司于下一年 6 月将有 2 200 万元的长期借款到期。

二、问题

对公司原来的股利分配政策进行评价,并对公司 2019 年的股利分配方案进行决策。

案例二

一、基本案情

健康元 2011 年 1 月 18 日发布的股份回购预案表示,近期公司股价在证券市场持续下跌,价格表现与公司的内在价值极不相符,公司的投资价值被严重低估。出于维护公司形象和保护股东利益的需要,公司决定在二级市场上回购股票。

著名独立财经评论员皮海洲认为,不排除健康元的这一行为是另有企图。他认为,尽管近期股市行情较为低迷,健康元也出现了持续下跌的走势,但从历史的角度来看,目前,健康元股市距离历史低谷还很遥远。即便是在 2010 年 7 月,健康元的股价也到过 6.68 元的低点,而健康元出台回购股份计划之前的股价是 10.98 元,较去年的 6.68 元高出 64.37%。可以说,现在还远远未到需要上市公司出手来稳定股价的时候。投资者担心上市公司的股份回购徒有虚名,股份回购只是上市公司市场炒作的一个借口,甚至不排除另有目的。

投资者的担心是有道理的,海马股份就是一个前车之鉴。其以与健康元类似的理由进行股份回购,事后投资者发现,海马股份回购只是为公司债转股服务,同时公司的二股东借机套现 1.4 亿元。皮海洲认为,如果健康元真的认为公司股价被低估了,那么公司的大股东完全可以通过增持的方式来维护公司股价的稳定,此举更加有利于公司的发展。

资料来源:陈诚.《上市公司回购计划被质疑作秀》,凤凰网。

二、问题

我国上市公司股份回购的目的是什么?

第九章 企业财务预算管理

📖 **本章学习目的**

本章主要阐述了财务预算的基本理论知识及其编制方法。本章学习要求：了解财务预算的概念、地位及预算方法的分类；掌握现金预算和预计利润表的编制方法；强化预算编制中的职业道德规范意识。

 本章关键词

预算方法　日常业务预算　现金预算　预计财务报表

 本章课程思政点

预算管理原则　预算编制　预算执行

 案例导引

失落的世界——"家世界"

1996年，南开大学经济学教授杜厦组建了全国首家专门经营建筑装饰材料的大型仓储式自选超市，此后，又创办百货连锁超市。

1999年，"家世界"连锁商业集团有限公司正式注册成立。因为对零售业有过深思熟虑，所以起初的"家世界"集团立足天津，不轻易跨区域经营，并大力挖掘物流、IT、仓储的能力。杜厦让"家世界"集团有了抗击外来零售企业的实力。2003年，"家世界"销售额52.7亿元，居全国连锁企业第19名。2004年，居商务部评出的"年度零售连锁30强"中的第22位，销售额达到了近50亿元人民币，成为商务部、天津市政府扶持的重点单位之一。

然而，光环背后的危机是无法预计的，2004年已然成为"家世界"集团的顶峰。当国内的零售集团物美、国美等纷纷在香港成功上市后，熟悉资本运作却没能上市的杜厦无疑深受触动。从此，"家世界"也开始疯狂地扩张，开始将注意力转向全国市场，连续在沈阳、石家庄及郑州开办连锁超市。2005年，"家世界"连锁店覆盖了8个省区的16个城市，北方城市共开设了58家连锁店。到了2006年，其门店总数已经超过80家，遍布天津、北京、西安、郑州、沈阳、兰州等城市，成为中国北方最大的连锁集团之一。

"虽然门店数量增加了，可是大多数门店并没有盈利。"一位曾任"家世界"连锁超市店长的受访者对当时"家世界"集团扩张后的经营状况颇为担忧，"亏损的门店拉平盈利门店的利润。"事实上，他的担忧只是"家世界"集团快速扩张过程中众多问题之一。随着门店经营的展开，物流配送系统无法跟上，不能保证货源，也就无法保证降低成本。因为门店经营不善，加之开店速度过快，资金短缺，拖欠供应商巨额货款便成了必然。

资金的危机是致命的，可是如果能成功上市融资，也就不是问题。然而，世事不会总如人愿，尽管经过2年多的努力，"家世界"始终没能上市。不过，此时"家世界"集团还有花旗银行、国际私人股权投资等资金来源。但是，即便是拥有资金，"家世界"也未能解决本身存在的管理软肋，"家世界"集团缺乏真正的职业经理人，不懂得如何进行门店选址、管理门店，盲目地扩展只是满足了规模效应，并未实现应有的盈利。

对于管理上的漏洞，杜厦早有察觉。他曾对媒体公开坦承自己的人情管理缺陷，并开始摸索制度化管理。基于长期被神化，防止个人决断出错，"家世界"集团成立了董事会，聘请知名经济学家担任独立董事，并稀释股权，客观上避免独断专行。杜厦还作为集团董事长兼总裁，与具体负责经营的下属公司在年初的时候约法三章：在这一年当中每一个公司都是一个利润中心，职业经理人经营的权力是100%，杜厦不得干预。

为了制度化管理，清除"人情"，杜厦还开始劝退创业元老，这在当时造成了集团内部的混乱。当时离职的经理抱怨很深，直到今天还有人将这次决断看成是"家世界"集团陨落的重要原因，认为斥资从国外请来职业经理人，这与在中国零售业起步之初，杜厦派100名员工到海外进修归来，成为集团中坚力量不同，这些洋经理不仅在沟通上存在问题，也不适应中国零售业的现状。

事实上，制度化管理设想与实际情况是有差异的。为了上市引进的国际化管理思维和管理团队，最后不仅被外界看作是生搬硬套，还为"家世界"集团在其管理的软肋上再插上一把尖刀。

2006年，"家世界"出现资金链条断裂，供应商大举讨要货款。在种种压力下，"家世界"集团从2006年9月起，把视为生命线的零售业务分时段全部变卖，为两年来的恶性扩张买单。起初"家世界"向建材零售大亨家得宝出售建材超市，回笼资金7亿元；后来，又将旗下9家超市门店以5000万元的价格转让给山西美特好。截至2007年3月，华润股份有限公司以37亿元收购了"家世界"家居超市100%的股权。至此，"家世界"轰然倒塌。

资料来源：摘自《华夏时报》，略有改动。

问题：资金短缺问题是不是"家世界"倒闭的最主要原因？为什么？

第一节 企业财务预算管理概述

案例

一、预算的特征与作用

（一）预算的特征

预算是用货币形式表现的，用于控制企业未来经济活动的计划，是企业经营决策所确定目标的货币表现。预算是一种可据以执行和控制经济活动的、最为具体的计划,是对目标的具体化,是实现企业战略导向预定目标的有力工具。

预算具有两个特征:首先,预算与企业的战略目标保持一致,因为预算是为实现企业目标而对各种资源和企业活动所做的详细安排;其次,预算是数据化的并具有可执行性,因为预算作为一种数据化的详细计划,它是对未来活动的细致、周密安排,是未来经营活动的依据。数据化和可执行性是预算最主要的特征。

(二) 预算的作用

预算的作用主要表现在以下三个方面。

1. 预算通过规划、控制和引导经济活动,使企业经营达到预期目标

通过预算指标可以控制实际活动过程,随时发现问题,采取必要措施,纠正不良偏差,避免经营活动漫无目的、随心所欲,通过有效的方式实现预期目标。因此,预算具有规划、控制、引导企业经济活动有序进行、以最经济有效的方式实现预期目标的功能。

2. 预算可以实现企业内部各个部门之间的协调

从系统论的观点来看,局部计划的最优化,对全局来说不一定是最合理的。为了使各个职能部门向着共同的战略目标前进,它们的经济活动必须密切配合,相互协调,统筹兼顾,全面安排,搞好综合平衡。各部门预算的综合平衡,能促使各部门管理人员清楚地了解本部门在全局中的地位和作用,尽可能地做好部门之间的协调工作。各部门职责的不同,往往会出现相互冲突现象。各部门之间只有协调一致,才能最大限度地实现企业整体目标。例如,企业的销售、生产、财务等各部门可以分别制订出对自己来说是最好的计划,但该计划在其他部门却不一定能行得通。如销售部门根据市场预测提出了一个庞大的销售计划,生产部门却没有那么大的生产能力;生产部门可能编制了一个充分利用现有生产能力的生产计划,但销售部门可能无力将这些产品销售出去;销售部门和生产部门都认为应该扩大生产能力,财务部门却认为无法筹到必要的资金。全面预算经过综合平衡后可以提供解决各部门冲突的最佳办法,代表企业的最优方案,可以使各部门的工作在此基础上协调地进行。

3. 预算是业绩考核的重要依据

预算作为企业财务活动的行为标准,使各项活动的实际执行有章可循。各部门责任考核必须以预算标准为基础。经过分解落实的预算规划目标能与部门、责任人的业绩考评结合起来,成为奖勤罚懒、评估优劣的重要依据。

二、预算的分类

(一) 按内容分

根据内容不同,企业预算可以分为经营预算、专门决策预算和财务预算。

1. 经营预算

经营预算,又称日常业务预算,是指与企业日常经营活动直接相关的经营业务的各种预算。其主要包括:销售预算、生产预算、直接材料消耗及采购预算、税金及附加预算、直接人工预算、制造费用预算、产品成本预算、期末存货预算、销售费用预算、管理费用预算等内容。这类预算通常与企业利润表的计算有关,大多以实物量指标和价值量指标分别反映企业收入与费用的构成情况。这些预算前后衔接,相互勾稽,既有实物量指标,又有价值量指标和时间量指标。

2. 专门决策预算

专门决策预算是指企业重大的或不经常发生的、需要根据特定决策编制的预算,包括投融资决策预算等。专门决策预算直接反映相关决策的结果,是实际中已选方案的进一步规划。如资本支出预算,其编制依据可以追溯到决策之前搜集到的有关资料,只不过预算比决策估算更细致、更精确一些。例如,企业对一切固定资产购置都必须在事先做好可行性分析的基础上来编制预算,具体反映投资额需要多少、何时进行投资、资金从何筹得、投资期限多长、何时可以投产、未来每年的现金流量是多少。

3. 财务预算

企业财务预算是企业依据战略要求和发展规划,在财务预测、决策基础上,利用价值形式对未来一定期间的财务活动进行规划和安排,以明确财务目标,落实财务管理措施,并提供财务考核及奖惩标准的一种管理手段。它是一系列专门反映企业未来一定预算期内预计财务状况和经营成果,以及现金收支等价值指标的各种预算的总称。它主要包括现金预算和预计财务报表,而预计财务报表具体又包含预计资产负债表、预计利润表、预计利润分配表和预计现金流量表等报表。企业财务预算作为全面预算体系中的最后环节,可以从价值方面总括地反映经营期特种决策预算与业务预算的结果,亦称为总预算。其余预算则相应称为辅助预算或分预算。

在现代企业财务管理中,财务预算必须服从决策目标的要求。同时,财务预算又能使决策目标具体化、系统化和定量化,能够明确规定企业有关生产经营人员各自的职责及相应的奋斗目标,做到人人事先心中有数,财务预算还有助于财务目标的顺利实现。通过财务预算,可以建立评价企业财务状况的标准,以预算数作为标准的依据,将实际数与预算数对比,及时发现问题和调整偏差,使企业的经济活动按预定的目标进行,从而实现企业的财务目标。由此可见,企业财务预算在全面预算体系中占有举足轻重的地位。

(二) 按时间长短分

根据预算指标覆盖的时间长短,企业预算可分为短期预算和长期预算。

通常将预算期在 1 年以内(含 1 年)的预算称为短期预算,预算期在 1 年以上的预算称为长期预算。预算的编制时间可以根据预算的内容和实际需要而定,可以是 1 周、1 月、1 季、1 年或若干年等。在预算编制过程中,往往应结合各项预算的特点,将长期预算和短期预算结合使用。一般情况下,企业的经营预算和财务预算多为 1 年期的短期预算,年内再按季或月细分,而且预算期间往往与会计期间保持一致。

三、预算体系

各种预算是一个有机联系的整体。一般将由经营预算、专门决策预算和财务预算组成的预算体系,称为全面预算体系。其结构如图 9-1 所示。

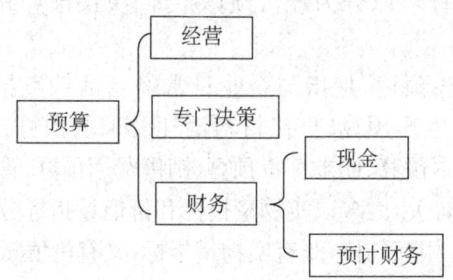

图 9-1 全面预算体系

四、预算管理的概念和原则

案例小知识

预算管理,是指企业以战略目标为导向,通过对未来一定期间内的经营活动和相应的财务结果进行全面预测和筹划,科学、合理配置企业各项财务和非财务资源,并对执行过程进行监督和分析,对执行结果进行评价和反馈,指导经营活动的改善和调整,进而推动达成企业战略目标,实现企业高质量发展的管理活动。

企业进行预算管理,一般应遵循以下原则:

(1) 战略导向原则。预算管理应围绕企业的战略目标和业务计划有序开展,引导各预算责任主体聚焦战略、专注执行、达成绩效。

(2) 过程控制原则。预算管理应通过及时监控、分析等把握预算目标的实现进度并实施有效评价,对企业经营决策提供有效支撑。

(3) 融合性原则。预算管理应以业务为先导、以财务为协同,将预算管理嵌入企业经营管理活动的各个领域、层次、环节。

(4) 平衡管理原则。预算管理应平衡长期目标与短期目标、整体利益与局部利益、收入与支出、结果与动因等关系,促进企业可持续发展。

(5) 权变性原则。预算管理应刚性与柔性相结合,强调预算对经营管理的刚性约束,又可根据内外环境的重大变化调整预算,并针对例外事项进行特殊处理。

五、预算管理工作的组织

企业实施预算管理应当设立相应的机构,配备相应的人员,建立必要的制度。预算管理的机构设置、职责权限和工作程序应与企业的组织架构和管理体制互相协调,保障预算管理各环节职能衔接,流程顺畅。

企业应建立健全预算管理制度、会计核算制度、定额标准制度、内部控制制度、内部审计制度、绩效考核和激励制度等内部管理制度,夯实预算管理的制度基础;应充分利用现代信息技术,规范预算管理流程,提高预算管理效率。

我国《公司法》规定:公司的年度财务预算方案、决算方案由公司董事会制订,经股东会审议批准后方可执行。预算工作的组织包括决策层、管理层、执行层和考核层,具体如下:

(1) 企业董事会或类似机构应当对企业预算的管理工作负总责。企业董事会或者经理办公会可以根据情况设立预算管理委员会或指定财务管理部门负责预算管理事宜,并对企业法定代表人负责。

(2) 预算管理委员会审批公司预算管理制度、政策,审议年度预算草案或预算调整草案并报董事会等机构审批、监控、考核本单位的预算执行情况并向董事会报告,协调预算编制、预算调整及预算执行中的有关问题等。

(3) 企业财务管理部门具体负责企业预算的跟踪管理,监督预算的执行情况,分析预算的实际执行的差异及原因,提出改进管理的意见与建议。

(4) 企业内部生产、投资、物资、人力资源、市场营销等职能部门具体负责本部门业务涉及的预算编制、执行、分析等工作,并配合预算管理委员会或财务管理部门做好企业总预算的综合平衡、协调、分析、控制与考核等工作。其主要负责人参与企业预算管理委员会的工作,并对本部门预算执行结果承担责任。

(5)企业所属基层单位是企业预算的基本单位,在企业财务管理部门的指导下,负责本单位现金流量、经营成果和各项成本费用预算的编制、控制、分析工作,接受企业的检查、考核。其主要负责人对本单位财务预算的执行结果承担责任。

六、企业财务预算管理的程序

企业财务预算管理一般应遵循以下程序。

(一) 财务预算的编制

在企业财务预算编制中要秉持职业道德操守,基于"上下结合、分级编制、逐级汇总"的原则,按照预算管理组织流程(主要包括下达目标、编制上报、审查平衡、审议批准、下达执行五个步骤),遵循合法性、真实性、完整性、科学性、稳妥性、重点性、透明性和绩效性工作方针进行企业财务预算编制。

(二) 财务预算的执行与控制

企业财务预算一经批复下达,各预算执行单位就必须认真组织实施,严格执行销售或营业、生产和成本费用预算,努力完成利润指标。财务管理部门应强化对现金流量的预算管理,建立预算报告制度,要求各预算执行单位定期报告财务预算的执行情况,同时,应利用财务信息管理系统监控财务预算的执行情况。

(三) 财务预算的调整

企业正式下达执行的财务预算,一般不予调整,但遇市场环境、经营条件、政策法规等发生重大变化而使财务预算执行结果产生重大偏差时,可由预算执行单位逐级向企业财务预算委员会报请调整方案,最后由企业董事会或经理办公会审议批准并下达新的调整方案。

(四) 财务预算的分析与考核

企业应当建立财务预算分析制度,定期开展财务预算分析,并经常组织财务预算审计,纠正财务预算执行中存在的问题,充分发挥内部审计的监督作用。预算年度终了,财务预算委员会应当向董事会或者经理办公会报告财务预算执行情况,并根据财务预算完成情况和财务预算审计情况对预算执行单位进行考核。

七、企业财务预算管理的意义

企业财务预算能够将企业的经营活动对企业价值的影响反映出来,它同时具有资源统筹配置、规划、沟通和协调、营运控制和绩效评估等功能,是保证企业财务目标得以实施的有效管理手段。

企业实施财务预算管理,对于规范资金筹集、资金投放、资金运营、收益分配等财务活动,提高决策的科学性和准确性,增强预算的约束力具有非常重大的意义。

第二节 企业财务预算的编制方法

一、预算的编制方法

企业一般按照分级编制、逐级汇总的方式,采用自上而下、自下而上、上下结合或多维度相协调的流程编制预算。预算编制流程与编制方法的选择应与企业现有管理模式相适应。常见的预算编制方法主要包括固定预算法与弹性预算法、增量预算法与零基预算法、定期预算法与滚动预算法,这些方法广泛应用于营业活动有关预算的编制。

(一) 固定预算法与弹性预算法

按业务量基础的数量特征不同,财务预算编制方法可分为固定预算法和弹性预算法。

1. 固定预算法

1) 固定预算法的概念

固定预算法简称固定预算,又称静态预算,是指在编制预算时,只根据预算期内正常的、可实现的某一固定业务量(如生产量、销售量、作业量等与预算项目相关的弹性变量)水平作为唯一基础来编制预算的一种方法。传统预算大多采用固定预算的方法。

2) 固定预算法的特点及适用范围

固定预算存在机械呆板、可比性差的缺点,一般只能适用于那些业务量水平较为稳定的企业或在为非营利组织编制预算时采用。

固定预算法的缺点表现在两个方面:

(1) 适应性差。因为编制预算的业务量基础是事先假定的某个业务量,在这种方法下,不论预算期内业务量水平实际可能发生哪些变动,都只按事先确定的某一个业务量水平作为编制预算的基础。

(2) 可比性差。当实际的业务量与编制预算所依据的业务量发生较大差异时,有关预算指标的实际数与预算数就会因业务量基础不同而失去可比性。

2. 弹性预算法

1) 弹性预算法的概念

弹性预算法简称弹性预算,又称为变动预算或滑动预算,是为克服固定预算的缺点而设计的,它是指在成本习性分析的基础上,以业务量、成本和利润之间的依存关系为依据,按照预算期可预见的各种业务量水平,编制能够适应多种情况预算的一种方法。编制弹性预算所依据的业务量可以是产量、销售量、直接人工工时、机器工时、材料消耗量和直接人工工资等。

2) 弹性预算法的特点及适用范围

弹性预算的优点是预算范围宽、可比性强。

由于未来业务量的变动会影响到成本费用、利润等各个方面,因此,弹性预算从理论上讲适用于编制全面预算中所有与业务量有关的各种预算,但从实用角度看,主要用于编制弹性成本费用预算和弹性利润预算等。在实务中,由于收入、利润可按概率的方法进行风险分析预算,直接材料、直接人工可按标准成本制度进行标准预算,只有制造费用、摊销及行政管理费等间接费用应用弹性预算频率较高,以至于有人将弹性预算误认为只是编制费用预算的一种方法。

3) 弹性成本费用预算的编制方法

弹性成本费用预算的编制方法一般有以下几个步骤:

(1) 确定某一相关范围,一般来说应定在正常生产能力的 70%~110%,也可以历史上最高业务量和最低业务量为其上下限。

(2) 选择业务量的计量单位。编制弹性预算,要选用一个最能代表生产经营活动水平的业务量计量单位。例如,以手工操作为主的车间,应选用人工工时;制造单一产品或零件的部门,可以选用实物数量;修理部门可以选用直接修理工时等。

(3) 按照成本性态分析的方法,将企业的成本分为固定成本和变动成本两大类,并确定成本函数 $y=a+bx$。其中,y 为成本费用的弹性预算额;a 为固定成本总额;b 为单位变动成本;x 为弹性业务量。

(4) 确定预算期内各业务量水平的预算额。

4) 弹性利润预算的编制方法

弹性利润预算是根据成本、业务量和利润之间的依存关系,为适应多种业务量变化而编制的利润预算。弹性利润预算是以弹性成本费用预算为基础编制的,其主要内容包括销售量、价格、单位变动成本、边际贡献和固定成本。

弹性利润预算的编制方法包括因素法和百分比法。因素法是根据受业务量影响的有关收入、成本等因素与利润的关系,列表反映不同业务量条件下利润水平的预算方法。这种方法适用于单一品种经营或采用分算法处理固定成本的多品种经营的企业。百分比法,又称销售额百分比法,是按不同销售额的百分比来编制弹性利润预算的一种方法。这种方法主要适用于多品种经营的企业。

(二) 增量预算法和零基预算法

按编制成本费用预算出发点的特征不同,财务预算编制方法可分为增量预算法和零基预算法。

1. 增量预算法

1) 增量预算法的概念

增量预算法简称增量预算,又称调整预算法,是指以基期成本费用水平为基础,结合预算期业务量水平及有关影响成本因素的未来变动情况,通过调整有关原有费用项目而编制预算的一种方法。传统的预算编制方法基本上采用的是增量预算法,即以基期的实际预算为基础,对预算值进行增减调整。

这种方法的基本假定是:企业现有的每项业务活动都是企业不断发展所必需的;原有的费用开支水平是合理且必须的;增加费用预算是值得的。

2) 增量预算法的特点

增量预算比较简单,但它以过去的水平为基础,实际上是承认过去是合理的,无需改进,因循沿袭下去。这样一方面可能使原来不合理的费用开支继续存在下去,造成预算的浪费;另一方面也可能造成预算的不足。

2. 零基预算法

1) 零基预算法的概念

零基预算法简称零基预算,又称零底预算。它是指在编制成本费用预算时,不考虑以往会计期间所发生的费用项目或费用数额,而是将所有的预算支出均以零为出发点,一切从实际需要与可能出发,逐项审议预算期内各项费用的内容及开支标准是否合理,在综合平衡的基础上编制费用预算的一种方法。

2) 零基预算法的特点及适用范围

零基预算法的优点是:①不受费用项目的限制;②不受现行预算的约束;③有利于调动各方面节约费用的积极性,促使各基层单位合理使用资金。其缺点主要是:编制预算前要确认不可避免费用项目与可避免费用项目、不可延缓费用项目与可延缓费用项目,因此工作量较大。

零基预算特别适用于产出较难辨认的服务性部门费用预算的编制。

3) 零基预算法的基本做法

(1) 企业内部各有关部门,根据企业的总体目标和各该部门的具体任务,提出预算期内需要发生的各种业务活动及其费用开支的性质、目的和数额。

(2) 对各项预算方案进行成本效益分析。即对每一项业务活动的所费与所得进行对比,权衡得失,据以判断各项费用开支的合理性及优先顺序。

(3) 根据生产经营的客观需要与一定期间资金供应的实际可能,在预算中对各个项目进行择优安排,分配资金,落实预算。

(三) 定期预算法和滚动预算法

按预算期的时间特征不同,财务预算编制方法可分为定期预算法和滚动预算法。

1. 定期预算法

1) 定期预算法的概念

定期预算法,是指在编制预算时以固定会计期间(如日历年度)作为预算期的一种编制预算的方法。

2) 定期预算法的特点

定期预算法能使预算期与会计年度一致,便于实际数与预算数的比较,有利于预算执行情况和执行结果的分析和评价,但远期指导性差、灵活性差、连续性差。

2. 滚动预算法

1) 滚动预算法的概念

滚动预算法,又称连续预算或永续预算,是指企业根据上一期预算执行情况和新的预测结果,按既定的预算编制周期和滚动频率,对原有的预算方案进行调整和补充,逐期滚动、持续推进的预算编制方法。

按照预算编制周期,可以将滚动预算分为中期滚动预算和短期滚动预算。中期滚动预算的预算编制周期通常为 3 年或 5 年,以年度作为预算滚动频率。短期滚动预算通常以 1 年为预算编制周期,以月度、季度作为预算滚动频率。短期滚动预算通常使预算期始终保持 12 个月,每过 1 个月或 1 个季度,立即在期末增列 1 个月或 1 个季度的预算,逐期往后滚动,因而在任何一个时期都使预算保持为 12 个月的时间长度。这种预算能使企业各级管理人员对未来始终保持整整 12 个月时间的考虑和规划,从而保证企业的经营管理工作能够稳定有序地进行。

2) 滚动预算法的特点

滚动预算法保证了预算的完整性和连续性;能从动态的角度进行分析,指导性强;预算的准确度高。但其编制手续繁琐,工作量大。

3) 滚动预算方法的做法

滚动预算方法的具体做法是:每过一个季度(或月份),立即根据前一个季度(或月份)的预算执行情况,对以后季度(或月份)进行修订,并增加一个季度(或月份)的预算。这样以逐期向后滚动、连续不断的预算形式规划企业未来的经营活动。

4) 滚动预算方法的种类

滚动预算按其预算编制和滚动的时间单位不同,可分为逐月滚动、逐季滚动和混合滚动三种方式。

（1）逐月滚动方式。逐月滚动方式是指在预算编制过程中，以月份为预算的编制和滚动单位，每个月调整一次预算的方法。例如，在20×8年1月至12月的预算执行过程中，需要在1月末根据当月预算的执行情况，修订2月至12月的预算，同时补充20×9年1月的预算；在2月末根据当月预算的执行情况，修订3月至20×9年1月的预算，同时补充20×9年2月的预算；……以此类推。具体如图9-2所示。逐月滚动编制的预算比较精确，但工作量太大。

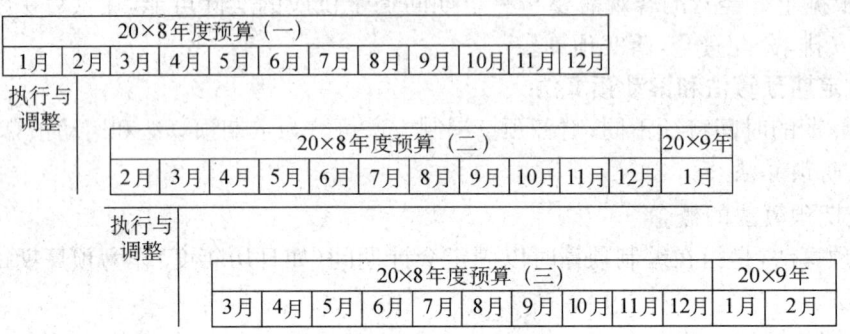

图9-2　逐月滚动预算方式

（2）逐季滚动方式。逐季滚动方式是指在预算编制过程中，以季度为预算的编制和滚动单位，每个季度调整一次预算的方法。例如：在20×8年第一季度至第四季度的预算执行过程中，需要在第一季末根据当季预算的执行情况，修订第二季度至第四季度的预算，同时补充20×9年第一季度的预算；第二季末根据当季预算的执行情况，修订第三季度至20×9年第一季度的预算，同时补充20×9年第二季度的预算；以此类推。逐季滚动编制的预算比逐月滚动的工作量小，但预算精度较差。

（3）混合滚动方式。混合滚动方式是指在预算编制过程中，同时使用月份和季度作为预算的编制和滚动单位的方法。这是滚动预算的一种变通方式。这种方式的理论依据是：人们对未来的了解程度具有对近期的预计把握较大，对远期的预计把握较小的特征。例如：对20×8年1月至3月的3个月逐月编制详细预算，4月至12月分别按季编制粗略预算；3月末根据第一季度预算的执行情况，编制4月至6月的详细预算，并修订第三至第四季度的粗略预算，同时补充20×9年第一季度的预算；6月末根据当季预算的执行情况，编制7月至9月的详细预算，并修订第四季度至20×9年第一季度的预算，同时补充20×9年第二季度的预算；以此类推。具体如图9-3所示。

二、企业财务预算的编制程序

企业编制预算，一般应按照"上下结合、分级编制、逐级汇总"的程序进行。

（一）下达目标

企业董事会或经理办公会根据企业发展战略和预算期经济形势的初步预测，在决策的基础上，提出下一年度企业预算目标，包括销售或营业目标、成本费用目标、利润目标和现金流量目标，并确定预算编制的政策，由预算管理委员会下达至各预算执行单位。

20×8年度预算（一）			
第一季度	第二季度	第三季度	第四季度
1月 | 2月 | 3月	预算总数	预算总数	预算总数

执行与调整

20×8年度预算（二）			20×9年
第二季度	第三季度	第四季度	第一季度
4月 | 5月 | 6月	预算总数	预算总数	预算总数

执行与调整

20×8年度预算（三）		20×9年	
第三季度	第四季度	第一季度	第二季度
7月 | 8月 | 9月	预算总数	预算总数	预算总数

图 9-3 混合滚动预算方式

（二）编制上报

各预算执行单位按照企业预算管理委员会下达的预算目标和政策，结合自身特点以及预算的执行条件，提出本单位详细的预算方案，上报企业财务管理部门。

（三）审查平衡

企业财务管理部门对各预算执行单位上报的财务预算方案进行审查、汇总，提出综合平衡的建议。在审查、平衡过程中，预算管理委员会应当进行充分协调，对发现的问题提出初步调整意见，并反馈给有关预算执行单位予以修正。

（四）审议批准

企业财务管理部门在有关预算执行单位修正调整的基础上，编制出企业预算方案，报企业预算管理委员会讨论。对于不符合企业发展战略或者预算目标的事项，企业预算管理委员会应当责成有关预算执行单位进一步修订、调整。在讨论、调整的基础上，企业财务管理部门正式编制企业年度预算草案，提交董事会或经理办公会审议批准。

（五）下达执行

企业财务管理部门对董事会或经理办公会审议批准的年度总预算，一般在次年3月底以前分解成一系列的指标体系，由预算管理委员会逐级下达各预算执行单位执行。

第三节 企业财务预算的编制

财务预算的编制主要包括现金预算与预计财务报表的编制，本书重点讲解现金预算的编制。

一、现金预算的编制

现金预算亦称现金收支预算，它是以日常业务预算和特种决策预算为基础所编制的反映现金收支情况的预算。这里的现金是指企业的库存现金和银行存款等货币资金。

现金预算的内容，包括现金收入、现金支出、现金多余或不足的计算，以及不足部分的筹措方案和多余部分的利用方案等。它可以分开编成短期现金收支预算和短期信贷预算两个预算,也可以合在一起编成一个预算。

现金预算实际上是其他预算有关现金收支部分的汇总,以及收支差额平衡措施的具体计划。它的编制要以其他各项业务预算为基础,或者说其他预算在编制时要为现金预算做好数据准备。

下面分别介绍各项业务预算,以及它们如何为编制现金预算准备数据。

(一) 销售预算

销售预算是指为规划一定预算期内因组织销售活动而引起的预计销售收入而编制的一种日常业务预算。销售预算需要在销售预测的基础上,根据企业年度目标利润确定的预计销售量和销售价格等参数进行编制,它是整个预算编制的起点,其他预算的编制都以销售预算作为基础。其计算公式为:

$$预算期销售收入总额 = \sum (该期某种产品预计单价 \times 该期该产品预计销售量)$$

为了编制现金预算,在编制销售预算的基础上,还应编制与销售收入有关的经营现金收入预算表,以反映全年及各季销售所得现销收入和回收以前期应收账款的现金收入。其计算公式为:

$$\text{预算期经营现金收入} = \text{该期销售收入总额} \times \text{该期预计现销率} + \text{该期回收以前期的应收账款}$$

【例 9-1】 常兴公司于 20×7 年只生产和销售一种产品,每季销售产品的收回款占每季销售额的 60%,其余部分在下季收回。20×6 年末,应收账款余额为 50 000 元,预计于 20×7 年第一季度收回。根据以上资料,编制公司 20×7 年销售预算,如表 9-1 所示。

表 9-1　　　　　　　　　常兴公司 20×7 年销售预算　　　　　　　　　单位:元

项目	第一季度	第二季度	第三季度	第四季度	全年
(1) 预计销售量(件)	2 000	3 000	4 000	3 600	12 600
(2) 销售单价(元/件)	90	90	90	90	90
(3) 预计销售收入	180 000	270 000	360 000	324 000	1 134 000
(4) 现销收入	108 000	162 000	216 000	194 400	680 400
(5) 回收前期应收账款	50 000	72 000	108 000	144 000	374 000
(6) 现金收入合计	158 000	234 000	324 000	338 400	1 054 400

注:(3)=(1)×(2);(4)=(3)×60%;(5)=前期(3)×40%(第一季度除外);(6)=(4)+(5)。

(二) 生产预算

生产预算是指为规划一定预算期内预计生产量水平而编制的一种日常业务预算。生产预算需要根据预计的销售量按品种分别编制。由于企业的生产和销售不能做到"同步同量",必须设置一定的存货,以保证均衡生产。因此,预算期间除必须备有充足的产品以供销售外,还应考虑预计期初存货和预计期末存货等因素。预计期末存货通常按下期销售量的一定百分比确定,期末存货确定以后,各期预计生产量就可以按下列公式计算:

预计生产量＝预计销售量＋预计期末存货量－预计期初存货量

【例 9-2】 承[例 9-1]，假定常兴公司各季度的期末存货按下一季度销售量的 10% 预计，预算年度初存货量为 200 件，预算年度末预计存货量为 400 件。根据有关资料，编制公司 20×7 年生产预算，如表 9-2 所示。

表 9-2　　　　　　　　　　　常兴公司 20×7 年生产预算　　　　　　　　　　　单位：件

项目	第一季度	第二季度	第三季度	第四季度	全年
预计销售量（销售预算）	2 000	3 000	4 000	3 600	12 600
加：预计期末存货量	300	400	360	400	400
减：期初存货量	200	300	400	360	200
预计生产量	2 100	3 100	3 960	3 640	12 800

（三）直接材料采购预算

直接材料采购预算是指为规划一定预算期内因组织生产活动和材料采购活动预计发生的直接材料需用量、采购数量和采购成本而编制的一种经营预算。该预算的编制依据是生产预算、材料单耗和材料采购单价等资料。

通常，直接材料采购预算的编制，是在生产预算的基础上，结合材料期初、期末的库存情况来确定采购数量，然后按照预计的材料单价计算出所需要的采购资金数额；同时，考虑前期应付购料款的偿还、本期购料款的支付情况。其计算步骤如下：

1. 预计预算期直接材料采购金额

$$预算期直接材料采购金额 = \sum(某种材料单价 \times 该材料该期预计采购量)$$

材料预计采购量的计算公式为：

$$某种直接材料的预计采购量 = 该材料预计需用量 + 该材料预计期末库存量 - 该材料预计期初库存量$$

其中：

$$材料预计需用量 = \sum(某种产品耗用该材料的消耗定额 \times 该产品该期预计生产量)$$

材料预计期末库存量通常按下期需要经验数据确定。实际工作中，可按下期的预计需用量的一定比例估算；材料预计期初库存量等于上期期末库存量。

2. 计算预算期直接材料采购现金支出

$$预算期直接材料采购现金支出 = 该期预计采购金额 \times 该期预计付现率 + 该期支付以前期的应付账款$$

【例 9-3】 承[例 9-2]，常兴公司单位产品材料用量为 9 千克，20×7 年初材料库存量预计为 6 000 千克，年末材料库存量预计为 8 000 千克，其余各期末材料库存量按下期生产需用量的 20% 确定，材料计划单价为 3 元/千克，假定所定材料货款于当季支付 60%，于下季支付 40%，20×6 年末应付账款余额为 37 000 元。根据有关资料，编制公司 20×7 年直接材料采购预算，如表 9-3 所示。

表 9-3　　　　　　　　　常兴公司 20×7 年直接材料采购预算　　　　　　　单位：元

项目	第一季度	第二季度	第三季度	第四季度	全年
(1) 预计生产量	2 100	3 100	3 960	3 640	12 800
(2) 单位产品材料用量(千克/件)	9	9	9	9	9
(3) 材料生产需用量(千克)	18 900	27 900	35 640	32 760	115 200
(4) 材料预计期末库存量(千克)	5 580	7 128	6 552	8 000	8 000
(5) 材料预计期初库存量(千克)	6 000	5 580	7 128	6 552	6 000
(6) 预计材料采购量(千克)	18 480	29 448	35 064	34 208	117 200
(7) 材料计划单价(元/千克)	3	3	3	3	3
(8) 预计材料采购金额	55 440	88 344	105 192	102 624	351 600
(9) 当期采购现金支出	33 264	53 006	63 115	61 574	210 959
(10) 偿付前期所欠应付账款	37 000	22 176	35 338	42 077	136 591
(11) 现金支出合计	70 264	75 182	98 453	103 651	347 550

注：(3)＝(1)×(2)；(4)＝下期(3)×20%；(5)＝上期(4)；(6)＝(3)＋(4)－(5)；(8)＝(6)×(7)；(9)＝(8)×60%；(10)＝前期(8)×40%(第一季度除外)；(11)＝(9)＋(10)(以上计算保留到整数)。

(四) 税金预算

税金预算是指在规划一定预算期内预计发生的应交增值税和税金及附加金额而编制的一种经营预算。税金及附加预算包括对消费税、城市维护建设税、资源税和教育费附加等项目预算，不包括预交所得税和直接计入管理费用的印花税。

由于税金需要及时缴清，为简化预算方法，可假定预算期发生的各项税金均于当期以现金形式支付。税金预算需要根据销售预算、材料采购预算的相关数据和适用税率来编制。其计算公式为：

$$预算期预计税金＝预算期预计的税金及附加＋预算期预计应交增值税$$

其中：

$$\begin{aligned}预计税金\\及附加\end{aligned}＝预计应交消费税＋预计应交资源税＋预计应交城市维护建设税＋预计教育费附加$$

$$预计应交增值税＝预计应交增值税销项税额－预计应交增值税进项税额$$

【例 9-4】　常兴公司 20×7 年各季度预计的增值税销项税额和进项税额资料分别按表 9-1 预计销售收入资料和表 9-3 材料采购金额资料计算，增值税税率为 13%。假定该公司流通环节只交纳增值税，并于实现销售的当期(每季度)用现金完税，公司附加税费率为 7%。根据有关资料，编制公司 20×7 年应交税金及附加预算，如表 9-4 所示。

表 9-4　　　　　　　　　常兴公司 20×7 年应交税金及附加预算　　　　　　　单位：元

季度	1	2	3	4	全年	资料来源
增值税销项税额	23 400	35 100	46 800	42 120	147 420	根据表 9-1 资料计算
增值税进项税额	7 207	11 485	13 675	13 341	45 708	根据表 9-3 资料计算
应交增值税	16 193	23 615	33 125	28 779	101 712	销项－进项
税金及附加	1 619	2 362	3 313	2 878	10 171	应交增值税×10%
现金支出合计	17 812	25 977	36 438	31 657	111 883	

注：以上计算保留到整数。

（五）直接人工预算

直接人工预算是指为规划一定预算期内人工工时的消耗水平和人工成本水平而编制的一种经营预算。

该预算是以生产预算为基础编制的,根据生产预算中预计的生产量和生产单位产品所需的直接人工工时计算出各期所需直接人工小时数,乘以小时工资率,计算出某种产品各期预计的直接人工成本,再把所有产品的直接人工成本进行加总,便可求得直接人工的总成本。单位产品所需的直接人工小时数,可根据规定的劳动定额和历史资料来确定。预算期预计直接人工总成本的计算公式为：

$$预算期预计直接人工总成本 = \sum 预计某种产品耗用直接人工成本$$

其中：预计某种产品耗用直接人工成本＝单位工时工资率×(某种产品单位工时定额×预计该产品生产量)。

需要说明的是,上述直接人工成本中不仅包括工资,还包括与此相关的其他直接费用,如福利费等。实际工作中直接人工成本大多数均由现金开支。本教材假定直接人工成本全部以现金支付。

【例9-5】 承[例9-2],假定常兴公司生产中所需用的直接人工,只有一个工种,该工种每小时工资为4元,生产单位产品需用直接人工小时数为5小时。根据有关资料,编制公司20×7年直接人工预算,如表9-5所示。

表9-5 　　　　　　　　　常兴公司20×7年直接人工预算　　　　　　　　　单位:元

项目	第一季度	第二季度	第三季度	第四季度	全年
(1)预计生产量	2 100	3 100	3 960	3 640	12 800
(2)单位产品工时定额(小时)	5	5	5	5	5
(3)直接人工总工时(小时)	10 500	15 500	19 800	18 200	64 000
(4)单位工时工资率	4	4	4	4	4
(5)预计直接人工成本	42 000	62 000	79 200	72 800	256 000
(6)现金支出	42 000	62 000	79 200	72 800	256 000

注：(3)=(1)×(2);(5)=(3)×(4)。

（六）制造费用预算

制造费用预算是指为规划一定预算期内除直接材料和直接人工预算以外预计发生的其他生产费用水平而编制的一种日常业务预算。

当以变动成本法为基础编制制造费用预算时,可按变动性制造费用和固定性制造费用两部分内容分别编制。变动性制造费用预算根据预计生产量或直接人工工时和预计变动费用分配率计算。其计算公式为：

$$预计变动性制造费用 = 预计变动性制造费用分配率 \times 各期预计直接人工总工时$$

其中：

$$预计变动性制造费用分配率 = \frac{变动性制造费用预算总额}{相关分配标准预算总额}$$

上述公式中分母可在生产量预算或直接人工工时总额预算中选择,多品种条件下,一般可按后者进行分配。

固定性制造费用可在上期的基础上根据预期变动加以适当修正进行预计,并作为期间成本直接列入利润表内作为收入的扣除项目。固定性制造费用预算编制时一般是将全年费用总额在预算期内的各个不同时期进行平均分摊。其计算公式为:

$$预计固定性制造费用 = 预算期内固定性制造费用总额 \div 分摊期数$$

制造费用项目中,大部分是需要在当期以现金支付的,但也有一部分是非付现成本,比如固定资产折旧费等。因此,为了便于编制现金预算,在编制制造费用预算时也应包括一个预算现金支出的部分。

【例9-6】承[例9-1]至[例9-5],常兴公司根据有关资料,编制20×7年制造费用预算,如表9-6所示。

表9-6　　　　　　　常兴公司20×7年制造费用预算　　　　　　　单位:元

固定性制造费用	金额	变动性制造费用	金额
管理人员工资	10 500	间接人工	29 240
维修费	10 000	间接材料	27 060
折旧费	29 700	维修费用	7 500
保险费	4 900	水电费用	13 000
其他	6 292	合计	76 800
合计	61 392	直接人工总工时	64 000
其中:付现费用	31 692	预计变动性制造费用分配率	1.2

项目	第一季度	第二季度	第三季度	第四季度	全年合计
(1) 变动性制造费用	12 600	18 600	23 760	21 840	76 800
(2) 付现的固定性制造费用	7 923	7 923	7 923	7 923	31 692
(3) 现金支出小计	20 523	26 523	31 683	29 763	108 492

注:预计变动性制造费用分配率=76 800÷64 000=1.2;(1)=预计变动性制造费用分配率×各季度预计直接人工总工时(见表9-5);(2)=31 692÷4=7 923;(3)=(1)+(2)。

(七) 产品成本预算

产品成本预算是指为规划一定预算期内每种产品的单位产品成本、生产成本、销售成本等项内容而编制的一种日常业务预算。产品成本可以按制造成本法计算,也可按变动成本法计算。

本预算需要在生产预算、直接材料预算、直接人工预算和制造费用预算的基础上编制;同时,也为编制预计利润表和预计资产负债表提供数据。

【例9-7】承[例9-1]至[例9-6],常兴公司根据有关资料,编制20×7年度产品成本预算(采用变动成本法计算销售成本),如表9-7所示。

表9-7　　　　　　　常兴公司20×7年产品成本预算　　　　　　　单位:元

成本项目	单位成本			变动生产成本 (12 800件)	期末存货成本 (400件)	期初存货成本 (200件)	销售成本 (12 600件)
	单价(元)	用量	成本(元)				
直接材料	3	9千克	27	345 600	10 800	5 400	340 200

(续表)

成本项目	单位成本			变动生产成本（12 800 件）	期末存货成本（400 件）	期初存货成本（200 件）	销售成本（12 600 件）
	单价（元）	用量	成本（元）				
直接人工	4	5 小时	20	256 000	8 000	2 000	252 000
变动性制造费用	1.2	5 小时	6	76 800	2 400	1 200	75 600
合计			53	678 400	21 200	10 600	667 800

（八）销售及管理费用预算

销售及管理费用预算是指为规划一定预算期内企业在销售阶段和日常行政管理活动中预计发生的各项费用水平而编制的一种日常业务预算。该预算类似于制造费用预算，需要划分为变动性销售及管理费用预算和固定性销售及管理费用预算，一般按项目反映全年预计水平，它的编制依据主要是销售预算及其各费用项目的具体发生额。

变动性销售及管理费用通常根据销售量和单位产品标准费用额进行计算；固定性销售及管理费用一般是将全年预算费用额在预算期内各个不同时期进行平均分摊。

【例 9-8】 承[例 9-1]至[例 9-7]，常兴公司根据有关资料，编制 20×7 年度销售及管理费用预算，如表 9-8 所示。

表 9-8 常兴公司 20×7 年销售及管理费用预算 单位：元

变动性销售及管理费用		固定性销售及管理费用	
项目	单位产品标准费用额	项目	全年预算费用额
销售佣金	1.1	管理人员工资	9 000
销售人员工资	1.15	广告费	14 000
运输费	0.4	保险费	5 000
其他	0.85	其他	8 000
合计	3.5	合计	36 000

项目	第一季度	第二季度	第三季度	第四季度	全年合计
销售量（件）	2 000	3 000	4 000	3 600	12 600
变动性销售及管理费用现金支出	7 000	10 500	14 000	12 600	44 100
固定性销售及管理费用现金支出	9 000	9 000	9 000	9 000	36 000
现金支出小计	16 000	19 500	23 000	21 600	80 100

注：为简化起见，本教材将销售费用与管理费用预算合并编制，并假设销售费用与管理费用均需用现金开支。

（九）资本预算

资本预算，又称专门决策预算，是指企业涉及长期投资及其重大资本经营举措的财务预算。它不仅是编制现金预算的依据，也是编制预计资产负债表的依据。这种预算通常是企业不经常发生的、一次性的业务预算。资本预算的编制依据主要是投资项目财务可行性资料，以及企业筹资决策资料。

【例9-9】 承前例,常兴公司预计在预算期内第二季度购置车床一台50 000元,第三季度购置铣床一台20 000元,第四季度购置一般设备8 000元。根据有关资料,编制公司20×7年资本支出预算,如表9-9所示。

表9-9　　　　　　　　　　常兴公司20×7年资本支出预算　　　　　　　　　单位:元

项目	第一季度	第二季度	第三季度	第四季度	全年合计
车床		50 000			50 000
铣床			20 000		20 000
一般设备				8 000	8 000
合计		50 000	20 000	8 000	78 000

(十) 现金预算

现金预算是预算期现金收入与现金支出安排平衡的预算,是全部经济活动有关现金收支方面的汇总反映。现金预算包括期初现金余额、现金收入、现金支出、现金余缺、资金筹措及运用、期末现金余额六个方面。当现金结余高于规定的期末现金余额最低限额时,应首先偿还借款本息,如还有多余,就应拿出一部分现金用于有价证券投资;当现金结余低于规定的期末现金余额最低限额时,应暂缓还本付息,通过抛售有价证券或向银行借款等措施来筹措到规定的现金余额。

现金预算编制中涉及的相关公式为:

某期现金余缺＝该期期初余额＋该期现金收入－该期现金支出

某期期末现金余额＝该期现金余缺±该期现金的筹措及运用

【例9-10】 承[例9-1]至[例9-9],假设根据税法规定,常兴公司预算期预计交纳所得税78 088元,预计于预算期第二、第四季度末各向投资者分配股利15 000元;另外,每季末现金的最低余额为10 000元,不足此数时,需向银行借款,且借款金额必须是10 000元的整数倍。假定借款在期初,还款在期末,年利息率为5%。常兴公司编制20×7年现金预算,如表9-10所示。

表9-10　　　　　　　　　　常兴公司20×7年现金预算　　　　　　　　　　单位:元

项目	第一季度	第二季度	第三季度	第四季度	全年合计	备注
(1)期初现金余额	10 000	16 398	18 701	12 819	10 000	
(2)现金收入	158 000	234 000	324 000	338 400	1 054 400	表9-1
(3)可动用现金合计	168 000	250 398	342 701	351 219	1 064 400	(1)+(2)
(4)经营性现金支出	186 121	243 704	288 296	293 993	1 012 113	
其中:采购直接材料	70 264	75 182	98 453	103 651	347 550	表9-3
支付直接人工	42 000	62 000	79 200	72 800	256 000	表9-5
支付制造费用	20 523	26 523	31 683	29 763	108 492	表9-6
支付销售和管理费用	16 000	19 500	23 000	21 600	80 100	表9-8
支付税金	17 812	25 977	36 438	31 657	111 883	表9-4
预交所得税	19 522	19 522	19 522	19 522	78 088	预计数

（续表）

项目	第一季度	第二季度	第三季度	第四季度	全年合计	备注
预分股利		15 000		15 000	30 000	预计数
(5) 资本性现金支出		50 000	20 000	8 000	78 000	
其中：购置固定资产		50 000	20 000	8 000	78 000	表9-9
(6) 现金支出合计	186 121	293 704	308 296	301 993	1 090 113	(4)+(5)
(7) 现金余缺	-18 121	-43 306	34 405	49 226	-25 713	(3)-(6)
(8) 资金筹措及运用	40 000	70 000	-10 375	-21 000	78 625	
加：借入现金	40 000	70 000			110 000	期初借款
减：归还借款			-10 000	-20 000	-30 000	期末还款
支付利息			-375	-1 000	-1 375	
(9) 期末现金余额	21 879	26 694	24 030	28 226	52 912	(7)+(8)

注：借款实行一次还款付息。第三季度支付利息=10 000×5‰×3÷4=375（元）（式中的10 000元为第一季度借款的其中一部分，借款时间为9个月）；第四季度支付利息=20 000×5‰=1 000（元）（式中的20 000元为第一季度借款的其中一部分，借款时间为1年）。

二、预计财务报表编制

（一）预计利润表的编制

预计利润表是指以货币形式综合反映预算期内企业经营活动成果（包括利润总额、净利润）计划水平的一种财务预算。编制预计利润表的主要依据是销售预算、产品成本预算、销售及管理费用预算、制造费用预算等有关资料，预计利润表通常是按年度进行编制的。

【例9-11】承［例9-1］至［例9-10］，常兴公司根据有关预算资料，编制20×7年预计利润表，如表9-11所示。

表9-11　　　　　　　　　　常兴公司20×7年预计利润表　　　　　　　　　　单位：元

项目	金额	资料来源
销售收入	1 054 400	表9-1
减：销售成本	667 800	表9-7
销售税金及附加	146 309	表9-4
边际贡献	240 291	
减：销售及管理费用	80 100	表9-8
固定性制造费用	61 392	表9-6
财务费用（利息）	1 375	表9-10
利润总额	97 424	
减：所得税（预计）	78 088	表9-10
净利润	19 336	

注：销售成本按变动成本法计算，以上计算结果保留到整数。

（二）预计资产负债表的编制

预计资产负债表是指用于总括反映企业预算期末财务状况的一种财务预算，它与实际资产负债表在内容、格式上应基本一致。预计资产负债表的编制是利用本预算期的期初资产负债表,根据前述各项预算的有关数据加以分析、调整而填列的。它是编制全面预算的终点。

预计财务报表除了预计利润表和预计资产负债表外,还包括预计利润分配表、预计现金流量表等。

案例

本章小结

财务预算是一系列专门反映企业未来一定预算期内预计财务状况和经营成果,以及现金收支等价值指标的各种预算的总称。它主要包括现金预算和预计财务报表,而预计财务报表又包含预计资产负债表、预计利润表、预计利润分配表和预计现金流量表等报表。企业财务预算作为全面预算体系中的最后环节,在全面预算体系中占有举足轻重的地位。企业财务预算管理的内部组织结构通常有法定代表人、财务预算委员会、企业财务管理部门、企业基层单位和企业内部职能部门五个层次。企业财务预算管理的程序一般包括财务预算的编制、财务预算的执行与控制、财务预算的调整和财务预算的分析与考核等四个方面。企业实施财务预算管理,对于规范资金筹集、资金投放、资金运营、收益分配等财务活动,提高决策的科学性和准确性,增强预算的约束力具有非常重大的意义。

企业财务预算的编制方法有多种,按业务量基础的数量特征不同,可分为固定预算法和弹性预算法;按编制成本费用预算出发点的特征不同,可分为增量预算法和零基预算法;按预算期的时间特征不同,可分为定期预算法和滚动预算法。每种预算方法都有其各自的特点和适用范围。

财务预算中的现金预算亦称现金收支预算,它是以日常业务预算和特种决策预算为基础所编制的反映现金收支情况的预算。日常业务预算主要包括销售预算、生产预算、直接材料预算、应交税金及附加预算、直接人工预算、制造费用预算、产品成本预算、销售及管理费用预算等。特种决策预算主要指资本预算。现金预算包括期初现金余额、现金收入、现金支出、现金余缺、资金筹措及运用、期末现金余额等六个方面。当现金结余高于规定的期末现金余额限额时,应先偿还借款本息,如还有多余,就应拿出一部分现金用于有价证券投资;当现金结余低于规定的期末现金余额限额时,应暂缓还本付息,通过抛售有价证券或向银行借款等措施来筹措到规定的现金余额。预计利润表是指以货币形式综合反映预算期内企业经营活动成果(包括利润总额、净利润)计划水平的一种财务预算。预计资产负债表是指用于总括反映企业预算期末财务状况的一种财务预算,它与实际资产负债表在内容、格式上应基本一致。

1. 什么是财务预算?它包括哪些内容?它在全面预算体系中的地位如何?
2. 企业财务预算管理的程序如何?

3. 企业财务预算编制的方法按不同类型分类有哪些？其各自的特点如何？
4. 什么是现金预算？它包括哪些内容？
5. 如何编制企业的现金预算？

1. 某企业20×9年生产A产品耗用材料有关资料如下：
（1）A产品4个季度预计各季度的销售量分别为1 000件、1 200件、800件和1 000件，各季末的存货量按下季度预计销量的10%估算，预计20×4年末存货量为100件，20×3年末实际存货量为80件。
（2）A产品材料消耗定额为2千克，甲材料单价为10元。
（3）甲材料各季期末存量分别为300千克、280千克、340千克和440千克，20×4年初材料存量为180千克。
（4）假定每季材料采购总额的60%用现金支付，其余40%在下季付讫，20×3年末应收账款余额为7 800元。
要求：根据以上资料编制该企业20×9年甲材料采购预算。

2. 某企业20×9年生产A产品，预计各季度的产量分别为2 000件、2 200件、2 400件和2 500件，直接人工消耗定额和小时工资率分别为5小时/件和2元/小时，假定直接人工成本均以现金支付。预计全年变动性制造费用为22 750元，固定性制造费用为16 000元，其中固定资产折旧为4 000元，其余均为各季均衡发生的付现成本。
要求：根据以上资料编制A产品20×9年各季度的直接人工预算和制造费用预算。

3. 某企业20×8年度有关资料如下：
（1）预计各季度的现金收入分别为300 000元、350 000元、320 000元和430 000元。
（2）预计各季度的经营性现金支出分别为320 000元、345 000元、310 000元和360 000元，第二和第四季度还分别发生资本性现金支出30 000元、20 000元。
（3）企业上年度末现金余额为8 000元。预计现金不足时，可向银行借款；现金多余时可归还银行借款（为10 000元的整数倍）。借款在期初，还款在期末，借款利率为10%。该企业要求每季度的期末现金余额为10 000～20 000元。
要求：根据以上资料编制该企业20×8年现金预算。

案例一
一、基本案情
宏达公司生产甲、乙两种产品。20×9年有关资料如下：
（1）甲、乙产品预计销售量分别为3 000件和2 000件，预计单价分别为100元和80元，预计期初应收账款余额为130 000元，预算期将全部收回，预算期销售情况为现销和赊销各占 50%。

（2）甲、乙产品期初产成品存货分别为 400 件和 800 件，预计期末产成品存货分别为 300 件和 500 件。

（3）假定甲、乙产品只耗用 A 种原材料，单位产品 A 材料消耗定额分别为 5 千克和 4 千克，A 种材料期初结存量 2 800 千克，预计期末结存量为 2 500 千克，A 种材料单价为 8 元/千克。预算期初应付账款余额 62 800 元，预算期内将全部偿还，预算期材料采购的货款有 40% 在本期内付清，另外 60% 下期内支付。

（4）假定期初、期末在产品数量没有变动，其他直接支出已被并入直接人工成本统一核算。单位产品直接人工工时甲产品为 4 小时，乙产品为 3 小时，小时工资率为 5 元/小时，直接人工成本均以现金支付。

（5）预计制造费用、销售费用及管理费用如下：全年变动性制造费用为 23 400 元，固定性制造费用为 36 740 元，其中固定资产折旧费为 12 140 元，其余均为发生的付现成本。销售费用及管理费用合计为 18 000 元。制造费用按预计直接人工工时总数进行分配。

（6）其他资料如下：预交所得税 6 000 元，期初现金余额 3 100 元，期末现金余额不低于 5 000 元，现金余缺可通过归还短期借款或取得短期借款解决，借款金额应是 1 000 元的整数倍，利率为 8%。企业适用的增值税税率为 13%，流通环节只交纳增值税，并于实现销售的当期用现金完成，附加税费率为 10%。

二、问题

如果你是公司财务经理，请编制宏达公司 20×9 年的现金预算并简要说明。

案例二

一、基本案情

潍坊亚星集团于多年前从德国引进年产 6 000 吨的 CPE 装置，目前已达年产 5 万吨，为企业年创收 6 亿多元，无论从产量还是数量上都已经超过了美国、德国和日本。但是集团董事长华森认识到：企业有两个轮子，如果只有一个轮子在转动，那这个企业只能在原地打转，而不会前进。因此，亚星集团确立了以财务管理为中心的企业管理机制。

实施以财务管理为中心，要从组织上、制度上、行为上和监督上体现出来。比如，曾有一个车间提出购买冷冻压缩机用的一种钢管，报了一个计划，物资采购部门和仓储部门也不知道是做什么用的，结果就买回来了，财务部门则付款了事，后来检查发现，钢管的数量足够他们用 100 年。为解决物资采购方面存在的问题，集团实施了"购销比价管理"。通过一系列具体措施，做好了财务管理的基础工作，这些都是和全面预算控制有机地结合在一起的。

1. 全面预算控制制度的作用

全面预算控制可以起到如下作用：

（1）全面预算控制可以规划企业在某一个时期的活动和成果，董事会通过的全面预算控制下达以后，财务人员可以根据它进行财务支出的控制。虽然这样看起来亚星集团的工作很繁琐，但从另一个方面来讲，操作起来又很容易。因为它不需要某个人具体地去操纵它，每个部门的工作和业务量已定，企业就会自动转起来。

（2）全面预算控制是财务部门间接进行经济活动的依据。

（3）全面预算控制可以作为评价各个部门业绩的标准。

(4) 全面预算控制可以帮助各部门明确自己的工作目标方向。比如公司规定小车班一个月4万元的维修费,那它就必须控制在4万元以内,多一分也不行,而且不能透支,这样可以约束自己。

(5) 全面预算控制有利于企业整体目标的完成。

全面预算控制可以帮助我们管好企业,否则,就会出现一系列的问题。比如,集团下的一个企业,尽管一直强调要建立全面预算控制制度,但就是建立不起来。如今这个企业已经经营不下去了,甚至到了欠职工工资不发的境地。

2. 全面预算控制制度的执行

1) 精心、科学地编制

这个编制是有重点的,其主线是资金流。未来一个月或几个月资金的运作满足两个条件:一是现有资金要能够维持企业的经营活动;二是持有的资金要满足企业机会成本的要求。

预算计划是这样安排的,一个是收,一个是支,把所有的收入项以及各部门在未来一段时间内费用支出列出来,交到分管副总那里,分管副总再交给总经理,总经理合并起来,看收大于支还是支大于收,然后再把它带到办公会上进行讨论。盘子定下来以后,总经理要做的就是年度计划的分解,并对不合理之处进行讨论、调整。

全面预算编制的原则有16个字:先急后缓、实事求是、量入为出、统筹兼顾。预算计划的审议批准程序是年度计划由股东大会审议批准,月度预算由董事会审议批准。

2) 严格控制执行

(1) 全面预算控制由总经理负责。控制各预算项目实际发生值与预算控制计划值月度差额比例为4%~5%。

(2) 由财务部门控制,对资金流进行动态跟踪。

(3) 维护全面预算的权威性。财务预算的确定部门是刚性的,尽管执行过程中有弹性,但对执行部门来说是刚性的;预算的调整过程是弹性的,但预算的调整程序是刚性的。

(4) 加强监控。一个途径是以日控为单元,另一个途径是在计算机内查看。在监控进程中,最要紧的是资金流量,这是每个经理都关心的,因为这个月的资金流量,关系到下个月的工作安排。

3. 全面预算的效果

通过实施全面预算管理,企业的成本得到了控制,资金也得到了控制,各种漏洞得以堵塞。同时带来了企业管理观念的转变,确保了企业经济利益的最大化。举个例子:如果让你去买东西,却没有钱怎么办? 在这次国际石油价格猛涨之前,估计到了油价的上涨趋势,赶快把多余的原料在涨价之前买进来,但这些原料没在预算计划之内,这时采购员一方面要付厂家保证金,另一方面又要货到付款。在这种情况下,既不要付款,又要拿东西,怎么办呢? 那就给大家开远期承兑,待事实发生之后付钱,因为企业的信誉好,到时就可以把货款提出来。这些手段的执行,都要看全面预算计划。

4. 实施全面预算控制的体会

(1) 实施全面预算控制,必须建立在企业高层决策人员认识统一的基础之上,仅凭某个分管财务的人员去做,就难以行得通。

(2) 实施全面预算控制,必须要有完善的法人治理结构作为依托,即要有明确的权责关系和正确的履行机制,如果一个企业各部门权责关系不清楚,制度就难以实施。

(3) 实施全面预算控制,必须先有规范严密的财务管理制度。

(4) 实施全面预算控制,要把激励机制与奖惩机制结合起来。

二、问题

本案例给你什么启示?

第十章 企业财务会计报告分析与评价

 **本章学习目的**

本章主要阐述了企业财务会计报告分析与评价的基本理论和基本方法。本章学习要求：了解财务分析与评价的概念、作用和财务分析的目的、依据；掌握财务分析的基本方法，熟练掌握各种财务指标的经济意义与计算方法；灵活运用各种财务指标对企业偿债能力、营运能力、盈利能力、发展能力和社会贡献能力等进行一般分析，并掌握杜邦财务分析体系等综合分析的方法；增强诚信意识、风险意识和高质量发展意识。

 **本章关键词**

财务会计报告　基本分析方法　指标分析　综合分析

 本章课程思政点

财务分析的依据　偿债能力　盈利能力　社会贡献能力　发展能力

 案例导引

万科的业绩评价

2018年3月26日，万科企业股份有限公司（以下简称万科）发布了2017年度报告。年报显示，2017年，万科实现营业收入2 429亿元，实现归属于上市公司股东的净利润为280.5亿元，增长33.4%；每股基本盈利2.54元，增长33.4%；全面摊薄的净资产收益率提升至21.1%，同比增加2.61%；2017年公司上缴税金566亿元。根据同日披露的2017年度分红派息预案，万科每10股拟派送人民币9.0元（含税）现金股息，以此计算，2017年度万科现金股利约为99.35亿元。万科在"财富世界500强"位列第307位，比上一年提升49位。报告期内，万科在全国商品房市场份额上升至3.96%，较2016年上升0.86%。在开发业务已进入的76个境内城市中，万科在22个城市销售金额超百亿元；在37个城市销售排名位列当地前三，其中22个城市销售排名第一。

2017年万科获得绿色建筑标识项目面积达到4 372.4万平方米，绿色建筑面积累计达到1.12亿平方米。2017年开工的面积中，84%采用工业化技术，主流产品相比传统工艺实现工期提效20%。为最大限度地节约资源、保护环境和减少污染，持续推广绿色建筑而不懈努力。

面对房地产行业调控和融资收紧的宏观环境，万科坚持"以现金流为基础的持续

真实价值创造"理念,持续强化资金管控。

2017年,万科实现经营性现金净流入823.2亿元,同比增长108%;截至2017年底,持有货币资金1 741.2亿元,远高于短期借款和一年内到期长期借款的总和(622.7亿元);截至2017年底,万科净负债率(有息负债减去货币资金,除以净资产)为8.8%,继续保持行业较低水平。

资料来源:摘自中国经济网,有删改。

问题:

1. 什么是上市公司年度报告?反映企业财务状况及经营成果的财务指标有哪些?如何进行分析与评价?

2. 请对万科公司的财务状况与经营成果作简要评价。

第一节 企业财务会计报告分析与评价概述

企业财务会计报告分析简称财务分析,是以企业财务会计报告反映的财务指标为主要依据,对企业的财务状况和经营成果进行评价和剖析,以反映企业在经营过程中的利弊得失、财务状况及发展趋势的一种方法。财务分析能为改进企业财务管理工作和优化经营决策提供重要的财务信息。

一、财务分析的作用

财务分析既是已完成的财务活动的总结,又是财务预测的前提,在财务管理工作中起着承上启下的作用。财务分析具有以下作用。

(一)财务分析是评价财务状况、衡量经营业绩的重要依据

通过对企业财务报告进行分析,可以了解企业偿债能力、营运能力、盈利能力、发展能力和社会贡献能力,便于企业管理当局及其他报表使用者了解企业财务状况和经营成果,合理评价经营者的工作业绩,据此奖优罚劣,以促使经营者不断改进工作。

(二)财务分析是挖掘内部潜力,提高企业经济效益的重要手段

企业进行财务分析,不仅能对过去的财务状况和经营成果进行检查、总结,也能查找企业经营的潜力。例如,可以检查生产能否发展,成本能否降低,销售能否扩大,企业人力、设备有无闲置,物资使用是否浪费等。通过查找潜力,可以对这些潜力充分加以利用,从而促进企业经济效益的进一步提高。

(三)财务分析是防范风险,科学实施投资决策的重要步骤

通过对企业财务报告的分析,可以了解企业获利能力的高低、偿债能力的强弱及营运能力的大小等,可以了解投资后的收益水平和风险程度,从而为投资者科学实施投资决策提供必要的信息。

二、财务分析的目的

财务分析按分析主体,可以分为内部分析和外部分析。内部分析是由企业经营管理人员所进行的分析,外部分析主要是投资人、债权人和其他利益相关的单位所进行的分析。总的来说,不同的人员和单位都要通过财务分析作出正确的财务决策和财务预测,以便取得最佳的经济效益。具体地说,各个主体分析的目的又有所不同。

(一) 企业经营管理人员分析的目的

企业经营管理人员是企业生产经营的指挥者和组织者,他们有责任保证企业全部资产合理使用,并得到保值和增值。在生产经营活动中,他们既要保持企业较强的偿债能力和良好的营运能力,又要为投资者赚取较多的利润。因此,他们对企业财务分析的目的与要求是全面的。通过分析,要评价企业前一个时期的经营业绩,如销售收入的大小、利润数额的多少、投资报酬率的高低等;要衡量企业当前的财务状况,如企业财务状况是否稳定、财务结构是否合理、企业资金的余缺情况如何等;还要预测企业未来的发展趋势,为进行财务决策提供依据。

(二) 企业投资者分析的目的

企业的投资者向企业投入资本,是企业的所有权人。他们的利益与企业的财务成果有密切的联系,与企业休戚与共,各个投资者在企业有利共享,有亏同担,因此,他们密切关心企业经营状况和财务成果。投资者对企业投资后,享有与投资额相适应的权益,可以通过一定的组织形式参与企业的决策,这也需要通过对企业财务活动的分析来评价企业管理人员的业绩,考核他们作为资产的经营者是否称职。投资者还需要通过财务分析,评价企业资金的盈利能力、各种投资的发展前景和投资的风险程度等方面,以作为进行投资决策的依据。

(三) 债权人分析的目的

债权人与企业之间存在着借贷关系,对他们借给企业的资金,企业要按时付息,定期还本。债权人的利益与企业的财务成果不挂钩,与企业的关系不如投资者那么密切。尽管如此,企业经营管理的好坏,对银行、原材料供应者、债券持有者等方面的利益也会有很大的影响。若企业经营不好,不能及时偿还债务,债权人的资金就会发生困难;如果企业发生亏损,资不抵债,债权人就会发生坏账损失甚至无法收回借款。因此,债权人也密切关注企业的财务状况、偿债能力,分析企业资产的流动性、负债对所有者权益的比率等。

(四) 政府及中介部门分析的目的

政府及中介部门主要包括财政、税务、工商、银行等部门及会计师事务所等单位。政府部门关心的是企业是否遵循各项财政与会计法规、准则以及财会程序的完整性,通过税费的缴纳等方面对企业进行分析,以便取得宏观调控需要的资料。会计师事务所作为社会中介机构,要对企业年中、年末的财务报告进行查证、分析,并向投资者和有关单位提供企业经营成果和财务状况的报告。

三、财务分析的依据

进行财务分析所依据的主要资料,是企业的财务会计报告。企业财务会计报告是企业对外提供的反映企业某一特定日期财务状况和某一会计期间经营成果、现金流量的文件。财务会计报告包括会计报表、会计报表附注和财务情况说明书。

会计报表是财务会计报告的主要组成部分,包括资产负债表、利润表、现金流量表以及相关附表。会计报表附注是指对在会计报表中列示项目所作的进一步说明,以及对未能在这些报表中列示项目的说明等,其内容主要包括:所采用的主要会计处理方法和会计处理方法的变更情况、变更原因以及对财务状况和经营成果的影响,非经常性项目的说明,会计报表中有关重要项目的明细资料,其他有助于理解和分析报表需要说明的事项。会计报表附注往往能为财务分析提供许多重要的具体情况,所以在分析中应予以重视。财务情况说明书是为了评价企业财务状况和经营成果所提供的书面资料,其内容主要包括:说明企业的生产经营情况、利润实现和分配情况、资金增减和周转情况、税金交纳情况、各项财产物资变动情况;对本期或者下期财务状况发生重大影响的事项;资产负债表编制日至报出财务报告前发生的重大财务事项;其他需要说明的事项。

需要说明的是,企业财务会计报告的内容真实与否,直接影响到财务分析结果的准确性,进而影响到最终的评价与决策。因此,企业财务管理者应恪守诚信原则,增强诚信意识,严格遵守会计职业道德,按照国家财经法律制度及相关方面的规定,不做假账,确保所提供信息资料的合法性、真实性、准确性和完整性。这也是一名财务管理人员必备的道德素质要求。

四、财务评价

财务评价是对企业财务状况和经营情况进行的总结、考核和评价。它以企业的财务报表和其他财务分析资料为依据,注重对企业财务分析指标的综合考核。

财务综合评价的方法有很多,包括杜邦分析法、沃尔评分法、经济增加值等。2002年财政部等五部委联合发布了《企业绩效评价操作细则(修订)》,其中的绩效评价体系,既包括财务评价指标,又包括了非财务评价指标,克服了单纯从财务方面评价绩效的片面性。

案例

运用科学的评价手段对财务绩效实施综合评价,不仅可以真实反映企业经营绩效状况,判断企业的财务管理水平,而且有利于适时揭示财务风险,引导企业持续、快速、健康地发展。

第二节 财务分析的一般方法

进行财务分析,就需要运用一定的分析方法。财务分析的一般方法主要有趋势分析法、比率分析法、因素分析法等。

一、趋势分析法

趋势分析法又称水平分析法,是通过对比两期或连续数期财务报告中的相同指标,确定其增减变动的方向、数额和幅度,用来说明企业财务状况或经营成果的变动趋势的一种方法。

趋势分析法的具体运用主要有三种方式:一是重要财务指标的比较;二是会计报表金额的比较;三是会计报表项目构成的比较。

(一)重要财务指标的比较

重要财务指标的比较,是将不同时期财务报告中的相同指标或比率进行比较,直接观察其增减变动情况及变动幅度,考察其发展趋势,预测其发展前景。

对不同时期财务指标的比较,可以有以下两种方法。

1. 定基动态比率

定基动态比率是以某一时期的数额为固定的基期数额而计算出来的动态比率。其计算公式为:

$$定基动态比率=\frac{分析期数额}{固定基期数额}\times100\%$$

2. 环比动态比率

环比动态比率是以每一分析期的前期数额为基期数额而计算出来的动态比率。其计算公式为:

$$环比动态比率=\frac{分析期数额}{前期数额}\times100\%$$

(二) 会计报表金额的比较

会计报表金额的比较是将连续数期的会计报表的金额并列起来,比较其相同指标的增减变动金额和幅度,据以判断企业财务状况和经营成果发展变化的一种方法。

会计报表的比较,可以有资产负债表的比较、利润表的比较和现金流量表的比较等。比较时,既要计算出表中有关增减变动的绝对额,又要计算出增减变动的百分比。

(三) 会计报表项目构成的比较

这是在会计报表比较的基础上发展而来的。它是以会计报表中的某个总体指标作为100%,再计算出其各组成指标占该总体指标的百分比,从而来比较各个项目百分比的增减变动,以此来判断有关财务活动的变化趋势。它既可以用于同一企业不同时期财务状况的纵向比较,又可以用于不同企业之间的横向比较。同时,这种方法能消除不同时期(不同企业)之间业务规模差异的影响,有利于分析企业的费用水平和盈利水平。

二、比率分析法

比率分析法是通过计算经济指标的比率,来确定经济活动的变动程度的分析方法。比率是相对数,采用这种方法,要把分析对比的数值变成相对数,计算出各种比率指标进行比较,以利于进行分析。

比率指标主要有三类:构成比率、效率比率和相关比率。

(一) 构成比率

构成比率又称结构比率,是某项财务指标的各个组成部分数值占总体数值的百分比,反映部分与总体的关系。其计算公式为:

$$构成比率=\frac{某个组成部分数额}{总体数额}\times100\%$$

比如,企业资产构成比率和负债构成比率等。利用构成比率,可以考察总体中某个部分的形成与安排的合理性,以协调各项财务活动。

(二) 效率比率

效率比率是反映经济活动中投入与产出、所费与所得的比率。利用效率比率指标,可以进行得失的比较,以考察经营成果,评价经济效益。如将利润项目与销售成本、销售收入、资本金等项目加以对比,可计算出成本利润率、销售利润率及资本金利润率等指标,从不同角度观察比较企业获利能力的高低及其增减变化情况。

(三) 相关比率

相关比率是以某个项目和与其有关但又不同的项目加以对比所得的比率,反映有关经济活动的相互关系。如流动比率、负债权益比率、资产周转率等指标都属于这种相关比率。利用相关比率指标,可以考察企业有联系的相关业务安排得是否合理,以保障运营活动顺畅进行。

比率分析法的优点是:计算简便,计算结果也比较容易判断,而且可以使某些指标在不同规模的企业之间进行比较,甚至也能在一定程度上超越行业间的差别进行比较。但采用该方法时应当注意以下三点:①对比项目的相关性;②对比口径的一致性;③衡量标准的科学性。

三、因素分析法

因素分析法是依据分析指标与其影响因素的关系,从数量上确定各因素对分析指标影响方向和影响程度的一种方法。采用这种方法的出发点在于,当有若干因素对分析指标发生影响作用时,假定其他各个因素都无变化,顺序确定每一个因素单独变化时产生的影响。

因素分析法具体有两种:连环替代法和差额分析法。

(一) 连环替代法

连环替代法是指确定影响因素,并按照一定的替代顺序逐个因素替换,计算出各个因素对综合性经济指标影响程度的一种方法。举例说明如下。

【例 10-1】 某企业 20×9 年产品销售收入与产品销售量、产品销售单价资料,如表 10-1 所示。

表 10-1　　　　　　　　某企业 20×9 年产品销售资料

项目	本年	上年	差异
产品销售收入(万元)	1 000	800	+200
销售数量(台)	500	320	+180
销售单价(万元)	2	2.5	−0.5

要求:试用因素分析法分析销售数量、销售单价的变动对销售收入差异数的影响。

根据表 10-1 中资料,产品销售收入本年与上年的差异数为 200 万元,这是分析对象。运用连环替代法,可以计算出各个因素对产品销售收入差异的影响如下:

上年产品销售收入为:$320 \times 2.5 = 800$(万元) ①
第一次替代:以本年销售数量替代　$500 \times 2.5 = 1\,250$(万元) ②
第二次替代:以本年销售单价替代　$500 \times 2 = 1\,000$(万元) ③

利用以上计算结果,可以测算出销售数量和销售单价两个因素的变动对产品销售收入差异数的影响额:

销售数量变动对差异额的影响额 = ② − ① = 1 250 − 800 = 450(万元)
销售单价变动对差异额的影响额 = ③ − ② = 1 000 − 1 250 = −250(万元)

汇总两个因素影响额＝销售数量影响额＋销售单价影响额＝450＋(－250)＝200(万元)

根据上述测算可得出如下评价：本年产品销售收入比上年产品销售收入增加200万元，主要是销售数量本年比上年增加180台，从而使销售收入增加450万元；由于销售单价本年比去年降低0.5万元，从而使销售收入减少250万元。因此，增加市场销售量应为今后的努力方向。

(二)差额分析法

差额分析法是连环替代法的一种简化形式，它是利用各个因素的比较值与基准值之间的差额，来计算各因素对分析指标的影响。

【例10-2】 承[例10-1]，举例如下。

(1) 计算各因素的差额：

$$销售数量差额＝500－320＝180(台)$$
$$销售单价差额＝2－2.5＝－0.5(万元)$$

(2) 测算各因素变动对产品销售收入差异数的影响额：

$$销售数量变动的影响额＝180×2.5＝450(万元)$$
$$销售单价变动的影响额＝(－0.5)×500＝－250(万元)$$

(3) 汇总两个因素的影响额：

$$产品销售收入差异数＝450＋(－250)＝200(万元)$$

(三)因素分析法的注意问题

因素分析法既可以全面分析各个因素对某一经济指标的影响，也可以单独分析某个因素对某一经济指标的影响，在财务分析中应用颇为广泛。但在应用这一方法时必须注意以下几个问题。

1. **因素分解的关联性**

即在运用因素分析法进行分析时，必须首先依据因果关系合理确定影响因素，并依据各个影响因素的依存关系确定计算公式。这是运用因素分析法的基础。

2. **因素替代的顺序性**

替代因素时，必须按照各因素的依存关系，排列成一定的顺序并依次替代，不可随意加以颠倒，否则就会得出不同的计算结果。一般而言，确定正确排列因素替代程序的原则是：按分析对象的性质，从诸因素相互依存的关系出发，并使分析结果有助于分清责任。

3. **顺序替代的连环性**

连环替代法在计算每一个因素变动的影响时，都是在前一次计算的基础上进行，并采用连环比较的方法确定因素变化影响的结果。因为只有保持计算程序上的连环性，才能使各个因素影响之和等于分析指标变动的差异，以全面说明分析指标变动的原因。

4. **计算结果的假定性**

连环替代法计算的各个因素变动的影响数，会因替代顺序的不同而有差别，因而其计算结果不免带有假定性，即它不可能使每一个因素计算的结果都达到绝对的准确。它只是在某种假定的前提下的影响结果，离开了这种假定前提条件，也就不会有这种结果。

第三节 基本的财务报表分析

基本的财务报表分析主要是运用财务比率分析法,通过对财务报表数据的相关关系分析,来揭示企业经营管理、财务状况及经营业绩等方面的情况。基本的财务报表分析包括偿债能力指标、营运能力指标、盈利能力指标、发展能力指标和社会贡献能力指标的分析等。

为了便于说明,本节各项财务比率的计算主要以天宝公司作为实例,该公司的资产负债表和利润表如表10-2和表10-3所示。

表10-2　　　　　　　　　　　　　资产负债表(简表)

编制单位:天宝公司　　　　　　　20×9年12月31日　　　　　　　　　　单位:万元

资产	年末数	年初数	负债及所有者权益	年末数	年初数
流动资产:			流动负债:		
货币资金	1 300	675	短期借款	1 550	1 175
交易性金融资产	200	350	交易性金融负债	0	0
衍生金融资产	0	0	衍生金融负债	0	0
应收票据	250	325	应付票据	175	150
应收账款	10 000	5 025	应付账款	2 550	2 775
预付款项	350	150	预收账款	300	150
			应付职工薪酬	450	525
			应交税费	275	350
其他应收款	600	600	其他应付款	1 475	900
存货	3 025	8 200			
持有待售资产	0	0	持有待售负债	0	0
一年内到期的非流动资产	1 725	0	一年内到期的非流动负债	1 300	0
其他流动资产	500	325	其他流动负债	125	175
流动资产合计	17 950	15 650	流动负债合计	8 200	6 200
非流动资产:			非流动负债:		
			长期借款	11 300	6 175
			应付债券	6 050	6 550
长期应收款	0	0			
长期股权投资	800	1 175	其他流动负债	1 800	1 925
固定资产	30 950	23 875	非流动负债合计	19 150	14 650
在建工程	500	925	负债合计	27 350	20 850
			所有者权益:		
无形资产	500	600	实收资本(股本)	15 000	15 000
递延所得税资产	175	425	资本公积	450	300
其他非流动资产	125	350	盈余公积	1 900	1 050

(续表)

资产	年末数	年初数	负债及所有者权益	年末数	年初数
非流动资产合计	33 050	27 350	未分配利润	6 300	5 800
			所有者权益合计	23 650	22 150
资产总计	51 000	43 000	负债及所有者权益总计	51 000	43 000

表 10-3　　　　　　　　　　　利润表(简表)

编制单位：天宝公司　　　　　　20×9 年度　　　　　　　　　　单位：万元

项目	本年金额	年初金额
一、营业收入	32 000	23 000
减：营业成本	27 600	19 000
税金及附加	360	300
销售费用	240	220
管理费用	500	440
研发费用	0	0
财务费用	1 160	1 100
资产减值损失	0	0
加：其他收益	0	0
投资收益	500	240
公允价值变动收益	200	320
资产处置收益	0	0
二、营业利润	2 840	2 500
加：营业外收入	100	320
减：营业外支出	60	100
三、利润总额	2 880	2 620
减：所得税费用	720	680
四、净利润	2 160	1 940

一、偿债能力分析

偿债能力是指企业偿还到期债务(包括本息)的能力。偿债能力分析是为了解企业到期能否偿还债务而对其变现能力和债务物质保障程度所进行的一种分析。通过偿债能力分析，可以了解企业融资风险的大小，有助于企业开展风险预警，加强风险防范，保证企业健康发展。若偿债能力强，说明企业的融资风险小，财务负担轻；若偿债能力弱，说明企业存在融资风险；如果过弱，说明融资风险大，很有可能引发企业的财务危机，甚至让企业面临破产。因此，企业财务人员要增强风险防范意识，重视开展偿债能力分析，根据分析结果及时采取相应对策，有效防范和化解融资风险。

根据偿还债务的时间长短，偿债能力分析分为短期偿债能力分析和长期偿债能力分析。

(一) 短期偿债能力分析

短期偿债能力是指企业以流动资产偿还流动负债的能力,是衡量企业当前财务能力,特别是流动资产变现能力的重要标志。

企业短期偿债能力分析时常用的衡量指标主要有流动比率、速动比率、现金比率和现金流动负债比率四项,前三项属于存量指标,后一项属于流量指标。

1. 流动比率

流动比率是指企业某一时点上流动资产与流动负债的比率。它是衡量企业短期流动性的最常用的比率之一,表明企业每一元流动负债有多少流动资产作为偿还保障,反映企业可在短期内转变为现金的流动资产偿还流动负债的能力。其计算公式为:

$$\text{流动比率} = \frac{\text{流动资产}}{\text{流动负债}}$$

一般来说,流动比率越高,反映企业短期偿债能力越强,债权人的权益越有保障。一般认为生产企业流动比率为 2 较为合适,它表明企业财务状况稳定可靠,除了满足企业日常生产经营的流动资金需要外,还有足够的财力偿还到期的短期债务。如果流动比率过低,则表示企业可能难以如期偿还到期的短期债务。当然,也不是说流动比率越高越好,因为流动比率过高,就意味着企业流动资产占用较多,会影响资金的使用效率和企业的筹资成本,进而影响企业的获利能力。所以,企业流动比率究竟多少合适,有时还应和同行业平均流动比率、本企业历史流动比率进行比较,这样才更具客观性和可比性。

【例 10-3】 根据表 10-2,该公司 20×9 年度流动比率为:

年初流动比率 = 15 650 ÷ 6 200 = 2.52

年末流动比率 = 17 950 ÷ 8 200 = 2.19

计算结果表明,该公司 20×9 年初和年末流动比率均超过 2 的一般公认标准,说明该公司具有较强的短期偿债能力。

流动比率这一指标只能大概反映流动资产的整体变现能力,并不能揭示流动资产具体的构成内容,所以有时容易产生假象。因为如果像存货这类变现能力较弱的资产过多时,可能会影响企业的短期偿债能力。

2. 速动比率

速动比率是指企业某一时点上速动资产与流动负债的比率。它用来衡量企业流动资产中可以立即用于偿付流动负债的能力。速动资产是指流动资产减去变现能力较差且不稳定的存货、预付款项、一年内到期的非流动资产和其他流动资产后的余额。它包括货币资金、交易性金融资产和各种应收款项。这些资产可以在短期内变现。速动比率表明每一元流动负债有多少速动资产作为偿还保障。速动比率较流动比率能够更加准确、可靠地评价企业资产的流动性及其偿还短期负债的能力。其计算公式为:

$$\text{速动比率} = \frac{\text{速动资产}}{\text{流动负债}}$$

式中:

速动资产 = 流动资产 - 存货 - 预付款项 - 一年内到期的非流动资产 - 其他流动资产

一般情况下,速动比率越高,表明企业偿还流动负债的能力越强。通常认为正常的速动比率为1较为适当。速动比率过低,会使企业面临很大的偿债风险;但速动比率过高,尽管债务的安全性很高,却会因企业现金及应收账款资金占用过多而大大增加企业的机会成本。当然,由于所有的应收账款并不一定都能转化为现金,特别是对于季节性生产的企业,其应收账款金额存在着季节性变动,因此根据某一时点计算的速动比率并不一定能客观反映企业短期偿债能力。此外,使用该指标分析时还应充分考虑行业的差异性。

【例10-4】 根据表10-2,该公司20×9年的速动比率为:

年初速动比率=(675+350+325+5 025+600)÷6 200=1.13

或:

年初速动比率=(15 650−150−8 200−325)÷6 200=1.13

年末速动比率=(1 300+200+250+10 000+600)÷8 200=1.51

或:

年末速动比率=(17 950−350−3 025−1 725−500)÷8 200=1.51

计算结果表明,该公司20×9年初和年末的速动比率均超过1的一般公认标准,且年末较年初有较大上升,说明有足够的能力偿还短期债务。但也应看到,该公司有较多的不能盈利的现款和应收账款,同时,应收账款年初和年末分别占到流动资产的72.04%和80.97%,如果这部分款项不能如期收回,也会影响到企业的短期偿债能力。

在分析时需注意的是:尽管速动比率较之流动比率更能反映出流动负债偿还的安全性和稳定性,但并不能认为速动比率较低的企业其流动负债到期就肯定不能偿还。实际上,如果企业存货流转顺畅,变现能力较强,即使速动比率较低,只要流动比率高,企业仍然有望偿还到期的债务本息。

3. 现金比率

现金比率是指企业某一时点上现金资产与流动负债的比率。这里的现金资产包括货币资金和交易性金融资产等。现金比率是对速动比率的进一步分析,表明企业每一元的流动负债有多少现金资产作为偿还保障,是衡量企业用现金偿还流动负债的能力。其计算公式为:

$$\text{现金比率} = \frac{\text{现金资产}}{\text{流动负债}}$$

一般情况下,现金比率越高,表明企业偿还流动负债的能力越强,短期债务越有保障。通常认为现金比率为0.2可以接受。现金比率过低,表明企业用现金资产偿还流动负债的能力弱,偿债风险大。当然,该比率同样也不是越高越好,比率过高意味着企业拥有过多的非盈利性现金资产从而影响到企业的盈利能力。

【例10-5】 根据表10-2,该公司20×9年的现金比率为:

年初现金比率=(675+350)÷6 200=0.17

年末现金比率=(1 300+200)÷8 200=0.18

计算结果表明,该公司20×9年初和年末的现金比率均低于可接受的0.2的标准,说明企业短期偿债能力还是有一定的风险,应加大应收账款的回收力度,加速应收账款资金的周转。

4. 现金流动负债比率

现金流动负债比率是企业一定时期的经营现金净流量同流动负债的比率。现金流动负债比率表明企业每一元的年末流动负债有多少现金净流量作为偿还保障,它可以从现金流量角度来反映企业当期偿付短期负债的能力。其计算公式为:

$$\text{现金流动负债比率} = \frac{\text{年经营现金净流量}}{\text{年末流动负债}}$$

式中,年经营现金净流量指一定时期内,企业经营活动所产生的现金及现金等价物流入量与流出量的差额。

现金流动负债比率是从现金流入和流出的动态角度对企业的实际偿债能力进行考察。用该指标评价企业偿债能力更加谨慎。该比率越高,表明企业经营活动产生的现金净流量越多,越能保障企业按期偿还到期债务,但也并不是越高越好,该比率过高则表明企业流动资金利用不充分,盈利能力不强。

【例 10-6】 根据表 10-2,同时假设该公司 20×8 年度和 20×9 年度的经营现金净流量分别为 4 150 万元和 5 720 万元(经营现金净流量的数据可以从公司的现金流量表中获得)。则该公司 20×8 年度和 20×9 年度的现金流动负债比率分别为:

20×8 年度的现金流动负债比率 = 4 150 ÷ 6 200 = 0.67

20×9 年度的现金流动负债比率 = 5 720 ÷ 8 200 = 0.70

计算结果表明,该公司 20×9 年度的现金流动负债比率比 20×8 年度略有提高,说明该公司的短期偿债能力稍有增强。

(二) 长期偿债能力分析

长期偿债能力是指企业偿还长期负债的能力,是反映企业财务安全与稳定程度的重要标志。从长期来看,企业不仅要偿还流动负债,还要偿还非流动负债,因此长期偿债能力衡量的是企业对所有负债的清偿能力,其大小取决于企业的总资产水平。

企业长期偿债能力的衡量指标主要有资产负债率、产权比率、权益乘数、已获利息倍数、长期资本负债率、或有负债比率、带息负债比率等,本教材只介绍前四种指标。其中,资产负债率、产权比率、权益乘数属于存量指标,已获利息倍数属于流量指标。

1. 资产负债率

资产负债率又称负债比率,是指企业某一时点上负债总额与资产总额的比率。它表示在企业资产总额中债权人提供资金所占的比重,表明了企业偿还全部债务的能力,也反映了企业利用债权人提供的资金进行经营活动的能力,同时也能反映企业对债权人权益的保障程度。其计算公式为:

$$\text{资产负债率} = \frac{\text{负债总额}}{\text{资产总额}} \times 100\%$$

一般情况下,资产负债率越低,表明企业长期偿债能力越强。在我国,一般认为资产负债率不应高于 50%。当资产负债率高于 50% 时,表明企业资产来源更多地依赖于负债,财务风险较大;当资产负债率低于 50% 时,表明企业资产来源主要依赖于所有者权益,财务风险较小,财务比较稳健。但是,也并非说该比率越低越好,因为不同的利益主体看待该指标的视角也不同,同时也应结合行业的平均资产负债率来考虑。对债权人来说,资产负债比率越低越好,企业偿债有保证,偿债风险小。但从企业所有者的立场看,他们最关心的是举债效益。在全部资本利润率大于借款利率的情况下,资产负债率越高越好,因为此时所有者获得利润的机会就越大。从经营者的立场来看,更多是关注如何实现风险和收益均衡。资产负债率较低表明财务风险较低,但同时也意味着可能没有充分利用财务杠杆,盈利能力也较低;而较高的资产负债率表明较大的财务风险和较高的盈利能力。因此,在企业经营状况良好的情况下,当负债增加的收益大于增加的风险时,经营者一般会考虑借入负债。当然,在风险和收益均衡时,是选择较高的负债水平还是较低的负债水平,还取决于经营者的风险偏好等多种因素。

【例 10-7】 根据表 10-2,该公司 20×9 年的资产负债率为:

年初资产负债率 $= 20\,850 \div 43\,000 \times 100\% = 48.49\%$

年末资产负债率 $= 27\,350 \div 51\,000 \times 100\% = 53.63\%$

计算结果表明,该公司 20×9 年初资产负债率低于公认标准 50%,年末资产负债率高于 50%,年末较年初比率有所提高,说明该公司的长期偿债能力减弱,但是否就说明公司偿债风险大,则还应结合行业水平进行分析。若低于行业平均资产负债率,则说明偿债风险仍然较低。

2. 产权比率

产权比率也称资本负债率,是指企业某一时点上负债总额与所有者权益总额的比率,它反映企业所有者对债权人权益的保障程度。其计算公式为:

$$产权比率 = \frac{负债总额}{所有者权益总额} \times 100\%$$

一般情况下,产权比率越低,表明企业的长期偿债能力越强,债权人权益的保障程度越高,承担的风险越小。但当产权比率过低时,所有者权益比重过大,意味着企业不能发挥负债的财务杠杆效应。所以,企业在评价产权比率适度与否时,应从提高获利能力和增强偿债能力两个方面综合进行,即在保障债务偿还安全的前提下,应尽可能提高产权比率。产权比率也反映了企业的财务结构。

【例 10-8】 根据表 10-2,该公司 20×9 年度的产权比率为:

年初产权比率 $= 20\,850 \div 22\,150 \times 100\% = 94.13\%$

年末产权比率 $= 27\,350 \div 23\,650 \times 100\% = 115.64\%$

计算结果表明,该公司 20×9 年末产权比率较年初有较大上升,说明该公司举债经营程度增加,长期偿债能力减弱,财务风险增大。

产权比率实际上是资产负债率的另一种表现形式,只是表达得更为直接、明显,更侧重于揭示企业财务结构的稳健程度以及所有者权益对偿债风险的承担能力。

3. 权益乘数

除了产权比率外,资产负债率还有一种表现形式,即权益乘数,它是企业某一时点上资产总额与所有者权益总额的比率,它也从侧面反映企业所有者对债权人权益的保障程度。其计算公式为:

$$权益乘数 = \frac{资产总额}{所有者权益总额}$$

一般情况下,权益乘数越大,表明所有者投入企业的资本占全部资产的比重越小,企业负债比率越高,债权人权益受保障的程度越低。

【例 10-9】 根据表 10-2,该公司 20×9 年度的权益乘数为:

$$年初权益乘数 = 43\,000 \div 22\,150 \times 100\% = 1.94$$

$$年末权益乘数 = 51\,000 \div 23\,650 \times 100\% = 2.16$$

计算结果表明,该公司 20×9 年末权益乘数较年初有较大上升,说明该公司负债比率提高,债权人权益受保障程度有所降低。

资产负债率、产权比率、权益乘数三者的关系是:

$$权益乘数 = 1 + 产权比率 = \frac{1}{1 - 资产负债率}$$

根据[例 10-7][例 10-8][例 10-9]的计算结果,上述三者关系可验证为:(保留两位小数)

$$年初权益乘数(1.94) = 1 + 年初产权比率(94.13\%)$$
$$= \frac{1}{1 - 年初资产负债率(48.49\%)}$$

$$年末权益乘数(2.16) = 1 + 年末产权比率(115.64\%)$$
$$= \frac{1}{1 - 年初资产负债率(53.63\%)}$$

4. 已获利息倍数

已获利息倍数又称利息保障倍数,是指企业一定时期息税前利润总额与应付利息的比率,反映企业支付借款利息的保障程度。其计算公式为:

$$已获利息倍数 = \frac{息税前利润总额}{应付利息}$$

式中:

$$息税前利润总额 = 利润总额 + 利息支出 = 净利润 + 所得税 + 利息支出$$

利息支出为利润表中财务费用中的利息费用。

$$应付利息 = 财务费用中的利息费用 + 计入固定资产成本的资本化利息$$

资本化利息虽然不在利润表中扣除,但仍需偿还,故应计入本期实际发生的全部应付利息中。

已获利息倍数不仅反映了企业的获利能力的大小,而且反映了获利能力对偿还到期债务的保证程度,它既是企业举债经营的依据,也是衡量企业长期偿债能力大小的重要标志。一般情况下,已获利息倍数越高,表明企业长期偿债能力越强。国际上通常认为,该指标为 3 时较为适当。从长期来看,若要维持正常的偿债能力,已获利息倍数至少要大于 1。如果已获利息倍数过小,企业将面临亏损以及偿债的安全性与稳定性下降的风险。当然,对利息倍数进行分析时,同样要结合本行业平均水平,有时还要比较企业连续多个会计年度(如 5 年)的利息保障倍数,以此说明企业付息能力的稳定性。

【例10-10】 根据表10-3,同时假设该表中的财务费用全部为利息费用,且无资本化利息,该公司20×8年度和20×9年度的已获利息倍数分别为:

20×8年度已获利息倍数=(2 620+1 100)÷1 100=3.38
20×9年度已获利息倍数=(2 880+1 160)÷1 160=3.48

计算结果表明,该公司20×8年度和20×9年度的已获利息倍数均高于公认标准3,且20×9年度较20×8年度有所提高,说明该公司有较强的偿付利息费用的能力。

二、营运能力分析

营运能力是指通过经营企业资金周转速度的有关指标所反映出来的企业资金利用的效率。它表明企业管理人员经营管理、运用资金的能力。企业生产占用资金周转的速度越快,表明企业资金利用的效果越好,效率越高,企业管理人员的经营能力越强。营运能力分析包括人力资源营运能力分析和生产资料营运能力分析。人力资源营运能力分析主要是通过劳动效率这一指标来进行的,其分析目的主要是如何充分调动劳动者的积极性和能动性,提高其经营效率。生产资料营运能力分析主要通过对流动资产营运能力分析、固定资产营运能力分析和总资产营运能力分析,来评价生产资料的利用效率。本教材重点介绍生产资料营运能力分析。

(一)流动资产营运能力分析

企业的流动资金在生产经营过程中,从货币资金开始,然后经过存货、应收账款,又回到货币资金,周而复始地不断循环和周转。对流动资产营运能力的分析在营运能力分析中具有重要意义。反映流动资产营运能力的指标主要有应收账款周转率、存货周转率和流动资产周转率。

1. 应收账款周转率

应收账款在流动资产中具有举足轻重的地位,其数额的大小不仅影响企业的短期偿债能力,也反映出企业管理应收账款的效率,影响着资金的利用效率。应收账款周转率是企业一定时期赊销收入净额与应收账款平均余额的比率,即企业的应收账款在一定时期内(通常为一年)的周转次数,反映了企业应收账款的周转速度。其计算公式为:

$$应收账款周转率(周转次数)=\frac{全年赊销收入净额}{应收账款平均余额}$$

式中:

赊销收入净额=赊销收入总额-销售退回与折扣

应收账款平均余额=(年初应收账款余额+年末应收账款余额)÷2

需要说明的是,上述公式中的赊销收入净额在无法取得真实数据时,也可用营业收入指标代替。应收账款包括会计核算中的"应收账款"和"应收票据"数额,应收账款应为未扣除坏账准备的金额。

反映企业应收账款周转速度的指标也可以用应收账款周转期表示。其计算公式为:

$$应收账款周转期(周转天数)=\frac{应收账款平均余额\times 360}{全年赊销收入净额}$$

或：

$$应收账款周转期（周转天数）＝360÷应收账款周转次数$$

应收账款周转率反映了企业应收账款变现速度的快慢及管理效率的高低。应收账款周转率高，周转次数多，周转天数少，表明企业应收账款回收速度快，账龄较短，企业经营管理的效率高，资产流动性强，短期偿债能力强；同时，较高的应收账款周转率，可有效地减少收费费用和坏账损失，从而相对增加企业流动资产的投资收益。

【例10-11】 根据表10-2和表10-3，该公司20×9年度的应收账款周转率和周转期为：

应收账款平均余额＝(5 025＋325＋10 000＋250)÷2＝7 800(万元)
应收账款周转率＝32 000÷7 800＝4.10(次)
应收账款周转期＝7 800×360÷32 000＝87.75(天)

或：

应收账款周转期＝360÷4.1＝87.80(天)（计算结果有微小出入是小数近似所致）

计算结果表明，该公司20×9年度的应收账款周转率为4.1次，周转期为87.75天，说明周转速度较快。当然，运用应收账款周转率指标评价企业应收账款管理效率时，应将计算出的指标与该企业前期、与行业平均水平或其他类似企业相比较进行判断，这样更科学合理。

2. 存货周转率

存货在流动资产中所占比重较大，其流动性将直接影响到企业流动资产的周转效率。存货周转率是企业一定时期营业成本与存货平均余额的比率，反映了企业流动资产的流动性，也是衡量企业生产经营各环节中存货运营效率的一个综合性指标。其计算公式为：

$$存货周转率（周转次数）＝\frac{营业成本}{存货平均余额}$$

式中：

$$存货平均余额＝（年初存货余额＋年末存货余额）÷2$$

反映企业存货周转速度快慢的指标也可以用存货周转期表示，其计算公式为：

$$存货周转期（周转天数）＝\frac{存货平均余额\times360}{营业成本}$$

或：

$$存货周转期（周转天数）＝360÷存货周转次数$$

存货周转速度的快慢，不仅反映出企业采购、储存、生产、销售各环节管理工作状况的好坏，而且对企业的偿债能力及获利能力也产生决定性的影响。一般情况下，存货周转率越高越好。在存货平均水平一定的条件下，存货周转率越高，周转次数越多，表明企业的存货周转速度越快，资产流动性越强，其变现能力越快，资金占用水平越低。因此，通过存货周转分析，有利于找出存货管理存在的问题，尽可能降低存货资金占用水平。但是需要注意的是并不是存货周转率越高越好，因为有时存货过少会影响企业生产周转，不能满足生产经营的需要，所以在特定的生产经营条件下企业应保持一个最佳的存货水平，而不是纯粹的越少越好。

【例 10-12】 根据表 10-2 和表 10-3,该公司 20×9 年度的存货周转率和周转期为:

存货周转率=27 600÷[(8 200+3 025)÷2]=4.92(次)

存货周转期=(8 200+3 025)÷2×360÷27 600=73.21(天)

或:

存货周转期=360÷4.92=73.17(天)(计算结果有微小出入是小数近似所致)

计算结果表明,该公司 20×9 年度的存货周转率为 4.92 次,存货周转期为 73.21 天,说明周转速度较快。当然,运用存货周转率这一指标分析时,应结合应收账款周转情况和信用政策进行分析,同时也要考虑对存货中原材料、在产品、自制半成品、产成品及低值易耗品之间的比例关系进行合理地分析。

3. 流动资产周转率

流动资产周转率是企业一定时期营业收入与流动资产平均余额的比率,反映了企业流动资产的周转速度。其计算公式为:

$$流动资产周转率(周转次数)=\frac{营业收入净额}{流动资产平均余额}$$

式中:

营业收入净额=营业收入-销售退回和折扣

流动资产平均余额=(年初流动资产总额+年末流动资产总额)÷2

反映流动资产周转速度快慢的指标也可以用流动资产周转期表示。其计算公式为:

$$流动资产周转期(周转天数)=\frac{流动资产平均余额×360}{营业收入净额}$$

或:

流动资产周转期(周转天数)=360÷流动资产周转次数

在一定时期内,流动资产周转率越高,周转次数越多,流动资产周转速度越快,会相对节约流动资产,等于相对扩大资产投入,表明企业流动资产的经营利用效果越好,企业的经营效率越高,进而使企业的偿债能力和盈利能力得到增强。

【例 10-13】 根据表 10-2 和表 10-3,该公司 20×9 年度的流动资产周转率和周转期为:

流动资产平均余额=(15 650+17 950)÷2=16 800(万元)

流动资产周转率=32 000÷16 800=3.267=1.91(次)

流动资产周转期=16 800×360÷32 000=189(天)

或:

流动资产周转期=360÷1.91=188.48(天)(计算结果有微小出入是小数近似所致)

计算结果表明该公司 20×9 年度的流动资产周转率为 1.91 次,平均 189 天周转一次。需要注意的是,对流动资产周转率分析还应与本企业上年的指标水平、企业目标及同行业水平相比较。

(二)固定资产营运能力分析

反映固定资产营运能力的主要指标是固定资产周转率,它是企业一定时期营业收入与平均固定资产的比率,是衡量固定资产利用效率的一项指标。其计算公式为:

$$固定资产周转率(周转次数)=\frac{营业收入净额}{平均固定资产净值}$$

式中:

$$平均固定资产净值=(年初固定资产+年末固定资产)\div 2$$

反映固定资产周转情况的指标也可以用固定资产周转期表示,其计算公式为:

$$固定资产周转期(周转天数)=\frac{平均固定资产净值\times 360}{营业收入净额}$$

或:

$$固定资产周转期(周转天数)=360\div 固定资产周转次数$$

一般情况下,固定资产周转率越高,表明企业固定资产的利用越充分,同时也能表明企业固定资产投资得当,固定资产结构合理,能够发挥效率;反之,如果固定资产周转率不高,则表明固定资产使用效率不高,提供的生产成果不多,企业的营运能力不强。

【例10-14】 根据表10-2和表10-3,该公司20×9年度的固定资产周转率和周转期为:

平均固定资产=(23 875+30 950)÷2=27 412.5(万元)

固定资产周转率=32 000÷27 412.5=1.17(次)

固定资产周转期=27 412.5×360÷32 000=308.39(天)

或:

固定资产周转期=360÷1.17=307.69(天)(计算结果有微小出入是小数近似所致)

计算结果表明,该公司20×9年度固定资产周转率为1.17次,平均308.39天周转一次。需要注意的是,对固定资产周转率分析还应与本企业上年的指标水平、企业目标及同行业水平相比较。

(三)总资产营运能力分析

反映企业总资产营运能力的指标是总资产周转率。总资产周转率是企业一定时期营业收入与平均资产总额的比值,它反映企业全部资产的利用效率。其计算公式为:

$$总资产周转率(周转次数)=\frac{营业收入净额}{平均资产总额}$$

式中:

$$平均资产总额=(年初资产总额+年末资产总额)\div 2$$

反映企业总资产周转情况的指标也可以用总资产周转期表示。其计算公式为:

$$总资产周转期(周转天数)=\frac{平均资产总额\times 360}{营业收入净额}$$

或：

$$总资产周转期(周转天数) = 360 \div 总资产周转次数$$

企业的总资产周转率反映企业总资产的周转速度。总资产周转率越高，周转次数越多，表明企业总资产周转速度越快，说明企业全部资产的使用效率越高，从而使企业的偿债能力和获利能力越强；反之，如果该指标过低，则表明企业进行全部资产的使用效率差，最终会影响企业的盈利能力。

【例 10-15】 根据表 10-2 和表 10-3，该公司 20×9 年度的总资产周转率和周转期为：

平均资产总额 =（43 000+51 000）÷2=47 000（万元）

总资产周转率 =32 000÷47 000=0.68（次）

总资产周转期 =（47 000×360）÷32 000=528.75（天）

或：

总资产周转期 =360÷0.68=529.41（天）（计算结果有微小出入是小数近似所致）

计算结果表明，该公司 20×9 年度总资产周转率为 0.68 次，平均 528.75 天周转一次。需要注意的是，对总资产周转率分析还应与本企业上年的指标水平、企业目标及同行业水平相比较。

三、盈利能力分析

企业从事生产经营活动的主要目的，就是使投资人获得合理的利润和维持企业适度的增长。获利是最具有综合性的企业的发展目标，体现了企业经营的出发点和归宿。需要注意的是，获利不是企业的唯一目的，企业还应切实履行社会责任，注重高质量发展和可持续发展。盈利能力是指企业运用其所支配的资源赚取

案例

利润的能力。不论是投资人、债权人还是企业的经营管理者以及政府有关部门，都非常重视和关心企业的获利能力，因而对企业的盈利能力的分析，就成为企业财务分析的重点。

盈利能力分析通常包括经营盈利能力分析、资产盈利能力分析、资本盈利能力分析、收益质量分析和上市公司盈利能力分析。

（一）经营盈利能力分析

经营盈利能力分析的指标主要有营业毛利率、营业利润率、营业净利率、成本费用利润率等。

1. 营业毛利率

营业毛利率也称销售毛利率，是指企业一定时期毛利与营业收入净额的比率。毛利是营业收入净额与营业成本的差额。其计算公式为：

$$营业毛利率 = \frac{营业收入净额 - 营业成本}{营业收入净额} \times 100\%$$

营业毛利率反映产品每一元营业收入中包含多少毛利，体现企业实现商品价值的获利水平。一般情况下，营业毛利率越高，说明营业收入净额中营业成本所占的比重越小，毛利额越大，企业盈利能力越强，获利水平越高。

【例 10-16】 根据表 10-3，该公司 20×8 年度和 20×9 年度的营业毛利率分别为：

20×8 年度营业毛利率=(23 000－19 000)÷23 000×100%=17.39%

20×9 年度营业毛利率=(32 000－27 600)÷32 000×100%=13.75%

计算结果表明,该公司 20×9 年度的营业毛利率较 20×8 年度有所下降,说明企业盈利能力减弱,获利水平下降。其原因主要是营业收入增长幅度(28.13%)小于营业成本增长的幅度(31.16%)。

2. 营业利润率

营业利润率也称销售利润率,是指企业一定时期营业利润与营业收入净额的比率。其计算公式为:

$$营业利润率 = \frac{营业利润}{营业收入净额} \times 100\%$$

营业利润率反映每一元营业收入能获得多少营业利润,体现企业营业收入实现营业利润的能力。一般情况下,营业利润率越高,说明企业市场竞争力越强,发展潜力越大,盈利能力也越强。

【例 10-17】 根据表 10-3,该公司 20×8 年度和 20×9 年度的营业利润率分别为:

20×8 年度营业利润率=2 500÷23 000×100%=10.87%

20×9 年度营业利润率=2 840÷32 000×100%=8.88%

计算结果表明,该公司 20×9 年度的营业利润率较 20×8 年度下降,说明企业市场竞争力减弱,盈利能力下降。其原因主要是营业利润增长幅度不大(11.97%),且远远低于营业收入增长的幅度(28.13%)。

3. 营业净利率

营业净利率也称销售净利率,是指企业一定时期净利润与营业收入净额的比率。其计算公式为:

$$营业净利率 = \frac{净利润}{营业收入净额} \times 100\%$$

营业净利率反映每一元营业收入最终获得多少净利润,体现企业营业收入实现净利润的能力。一般情况下,营业净利率越高,说明企业销售质量越高,盈利能力越强。

【例 10-18】 根据表 10-3,该公司 20×8 年度和 20×9 年度的营业净利率分别为:

20×8 年度营业净利率=1 940÷23 000×100%=8.43%

20×9 年度营业净利率=2 160÷32 000×100%=6.75%

计算结果表明,该公司 20×9 年度的营业净利率较 20×8 年度有所下降,说明企业销售质量下降,盈利能力减弱。其原因主要是净利润增长幅度不大(10.19%),且远远低于营业收入增长的幅度(28.13%)。

以上三个指标分别从不同的角度来反映企业营业收入的获利能力,说明其对盈利的贡献大小。

4. 成本费用利润率

成本费用利润率是指企业一定时期利润总额与成本费用总额的比率。其计算公式为:

$$成本费用利润率 = \frac{利润总额}{成本费用总额} \times 100\%$$

其中：

成本费用总额＝营业成本＋税金及附加＋销售费用＋管理费用＋财务费用＋研发费用

成本费用利润率反映每消耗一元成本费用所实现的利润总额，体现企业的成本效益。该指标越高，说明企业为取得利润而付出的代价越小，成本费用控制的越好，盈利能力越强。

【例10-19】 根据表10-3，该公司20×8年度和20×9年度的成本费用利润率分别为：

20×8年度成本费用利润率＝2 620÷(19 000＋360＋240＋500＋1 160)×100％＝12.32％

20×9年度成本费用利润率＝2 880÷(27 600＋300＋220＋440＋1 100)×100％＝9.71％

计算结果表明，该公司20×9年度的成本费用利润率比20×8年度下降幅度较大，说明企业成本费用控制的不好，盈利能力下降。其原因主要是企业成本费用增长过大（28.32％），且远远大于利润增长的幅度（9.03％），公司应当深入检查分析，以便扭转指标下降的状况。

（二）资产盈利能力分析

资产盈利能力分析的指标主要有总资产利润率、总资产报酬率、总资产净利率等。

1. 总资产利润率

总资产利润率是指企业一定时期内实现的利润总额与平均资产总额的比率。它是反映企业全部资产取得综合效益的指标。其计算公式为：

$$总资产利润率 = \frac{利润总额}{平均资产总额} \times 100\%$$

总资产利润率反映企业的综合效益。一般情况下，该指标越高，说明企业资产的利用效果越好，综合效益也越高。

【例10-20】 根据表10-2和表10-3，同时该公司20×7年度的年末资产总额为38 000万元。该公司20×8年度和20×9年度总资产利润率分别为：

20×8年度总资产利润率＝2 620÷[(38 000＋43 000)÷2]×100％＝6.47％

20×9年度总资产利润率＝2 880÷[(43 000＋51 000)÷2]×100％＝6.12％

计算结果表明，该公司的总资产利润率不高，说明资产利用效果不好，且20×9年度比20×8年度有所下降，说明综合效益下降。其原因主要是利润总额增长幅度不大（9.03％），同时，还需要对公司资产的增加与使用情况进行分析，以改进管理，提高效益。

2. 总资产报酬率

总资产报酬率是指企业一定时期内获得的报酬总额与平均资产总额的比率。它是反映企业资产综合利用效果的指标，也是衡量企业利用债权人和所有者权益总额所取得盈利的重要指标。其计算公式为：

$$总资产报酬率 = \frac{息税前利润总额}{平均资产总额} \times 100\%$$

总资产报酬率全面反映了企业全部资产的获利水平。一般情况下，该指标越高，说明企业的资产利用率越高，整个企业的盈利能力越强。

【例10-21】 根据表10-2、10-3和[例10-20]，同时假设其财务费用全部为利息支出。该公司20×8年度和20×9年度总资产报酬率分别为：

20×8 年度总资产报酬率=(2 620+1 100)÷[(38 000+43 000)÷2]×100%=9.19%
20×9 年度总资产报酬率=(2 880+1 160)÷[(43 000+51 000)÷2]×100%=8.60%

计算结果表明,该公司的总资产报酬率不高,说明资产利用率不高,且 20×9 年度比 20×8 年度有所下降,说明盈利能力减弱。其原因主要是息税前利润增长幅度不大(7.92%),同时,还需要对公司资产的增加与使用情况进行分析,以采取措施,提高效益。

3. 总资产净利率

总资产净利率是指企业一定时期内实现的净利润与平均资产总额的比率。它也是反映企业资产综合利用效果的重要指标。其计算公式为：

$$总资产净利率=\frac{净利润}{平均资产总额}\times 100\%$$

总资产净利率反映了企业全部资产的净收益水平。一般情况下,该指标越高,说明企业资产综合利用效果越好,净收益水平越高,盈利能力越强。

【例 10-22】 根据表 10-2、10-3 和[例 10-20],该公司 20×8 年度和 20×9 年度总资产净利率分别为：

20×8 年度总资产净利率=1 940÷[(38 000+43 000)÷2]×100%=4.79%
20×9 年度总资产净利率=2 160÷[(43 000+51 000)÷2]×100%=4.60%

计算结果表明,该公司的总资产净利率不高,说明企业资产综合利用效果不好,且 20×9 年度比 20×8 年度有所下降,说明企业盈利能力减弱。其原因主要是净利润增长幅度不大(10.19%),同时,还需要对公司资产的增加与使用情况进行分析,以采取措施,提高效益。

(三) 资本盈利能力分析

资本盈利能力分析的指标主要有净资产收益率、资本收益率、每股收益、每股净资产、每股股利、市盈率等。

1. 净资产收益率

净资产收益率是企业一定时期净利润与平均净资产的比率。企业的净资产等于资产减负债,也就是所有者权益。其计算公式为：

$$净资产收益率=\frac{净利润}{平均净资产}\times 100\%$$

其中：

平均净资产=(年初所有者权益+年末所有者权益)÷2

净资产收益率是评价企业自有资本及其积累获取报酬水平的最具有综合性与代表性的指标,反映企业资本运营的综合效益。一般情况下,净资产收益率越高,企业自有资本获取收益的能力越强,运营效益越好,对企业投资人、债权人的保证程度越高。

【例 10-23】 根据表 10-2 和表 10-3,同时假设该公司 20×7 年度年末净资产总额为 21 000 万元。则该公司 20×8 年度、20×9 年度的净资产收益率为：

20×8 年度净资产收益率=1 940÷[(21 000+22 150)÷2]×100%=8.99%
20×9 年度净资产收益率=2 160÷[(22 150+23 650)÷2]×100%=9.43%

计算结果表明,该公司净资产收益率不高,说明企业净资产获取收益的能力不强,但

20×9年度比20×8年度略有提高,说明运营效益有增长趋势。

2. 资本收益率

资本收益率是指企业一定时期净利润与平均资本(实收资本及其资本溢价)的比率。反映企业当年资本获得回报的水平。其计算公式为:

$$资本收益率=\frac{净利润}{平均资本}\times 100\%$$

其中:

$$平均资本=\frac{(实收资本年初数+资本公积年初数)+(实收资本年末数+资本公积年末数)}{2}$$

上式中的资本公积是实收资本(股本)中的溢价。

一般情况下,资本收益率越高,表明企业资本获得回报的水平越高,投资人的权益越能得到保障。

需要说明的是,并非资本公积中的所有金额都属于所有者投入的资本,只有其中的资本溢价(股本溢价)属于资本性投入。

【例10-24】 根据表10-2和表10-3,同时假定该公司20×7年度的年末实收资本为14 500万元,资本公积(股本溢价)为200万元。该公司20×8年度和20×9年度的资本公积均为资本溢价,则资本收益率分别为:

20×8年度资本收益率=1 940÷{[(14 500+200)+(15 000+300)]÷2}×100%=12.93%

20×9年度资本收益率=2 160÷{[(15 000+300)+(15 000+450)]÷2}×100%=14.05%

计算结果表明,该公司20×9年度的资本收益率较20×8年度有一定上升,其主要原因是净收益有所增加,而公司资本增长很少,说明公司资本获得回报的水平有所提高。

(四) 收益质量分析

收益质量分析主要是评价企业收益的结构和稳定性,其指标主要是盈余现金保障倍数。

盈余现金保障倍数是企业一定时期经营现金净流量与净利润的比率。它反映了企业当期净利润中现金收益的保障程度,从动态的角度真实反映了企业盈余的质量,是评价企业盈利状况的重要辅助指标。其计算公式为:

$$盈余现金保障倍数=\frac{经营现金净流量}{净利润}$$

一般情况下,盈利企业的盈余现金保障倍数等于或大于1,说明企业的利润具有相应的现金流量为保障。该指标越大,表明企业经营活动产生的净利润对现金的贡献越大。

【例10-25】 根据表10-3和[例10-6],该公司20×8年度和20×9年度的盈余现金保障倍数分别为:

20×8年度的盈余现金保障倍数=4 150÷1 940=2.14

20×9年度的盈余现金保障倍数=5 720÷2 160=2.65

计算结果表明,该公司20×9年度的盈余现金保障倍数比20×8年度有很大的提高,其原因主要是经营现金净流量有较大的增长,说明公司收益的流动性增强,经营活动所产生的净利润对现金的贡献较大,公司的利润具有相应的现金流量作为保障。

需要说明的是,收益质量分析有时也可以用净收益营运指数进行分析。净收益营运指数是指经营净收益与净利润之比,其计算公式为:

$$净收益营运指数 = 经营净收益 \div 净利润$$

其中:

$$经营净收益 = 净利润 - 非经营净收益$$

净收益营运指数越小,非经营收益所占比重越大,收益质量越差,因为非经营收益不反映公司的核心经营能力及正常的收益能力,缺乏持续性。

(五) 上市公司盈利能力分析

若企业为上市公司,则经常使用的盈利能力分析指标还有每股收益、每股股利、市盈率和每股净资产等。

1. 每股收益

每股收益,也称每股利润或每股盈余,包括基本每股收益和稀释每股收益。

(1) 基本每股收益。基本每股收益是指公司净利润与年末普通股总数的比率。它综合反映普通股的获利水平,是衡量上市公司盈利能力时最常用的财务分析指标。其计算公式为:

$$基本每股收益 = 净利润 \div 年末普通股总数$$

其中,净利润应是归属于公司普通股股东的净利润,通常要扣除优先股股利;由于公司年度内存在发行新股和回购普通股情况,因此,年末普通股总数应是发行在外的普通股加权平均数比值。其计算公式为:

$$\begin{aligned}发行在外的\\普通股加权平均数\end{aligned} = 期初发行在外普通股股数 + \left(\begin{aligned}当期新发\\普通股股数\end{aligned} \times 已发行时间 \div 报告期时间\right) - \left(\begin{aligned}当期回购\\普通股股数\end{aligned} \times 已回购时间 \div 报告期时间\right)$$

每股收益是上市公司发行在外的普通股所取得的利润,它可以反映公司的获利能力的大小。每股利润越高,说明公司的获利能力越强。

【例 10-26】 某上市公司 20×9 年度归属于普通股股东的净利润为 5 000 万元。20×8 年末的股数为 2 000 万股,20×9 年 2 月 5 日,经公司 20×8 年度股东大会决议,以截至 20×8 年末公司总股数为基础,向全体股东配送红股 1 000 万股,工商注册登记变更完成后公司总股数变为 3 000 万股。20×9 年 7 月 1 日回购普通股 500 万股,同年 10 月 30 日发行新股 900 万股。

基本每股收益 = 5 000 ÷ (3 000 + 900 × 2 ÷ 12 − 500 × 6 ÷ 12) = 1.72 (元/股)

上面计算中,该公司 20×8 年度分配送股导致股数增加 1 000 万股,由于配送红股是将公司以前年度的未分配利润转为普通股,转化与否都一直作为资本使用,因此新增的这 1 000 万股不需要按照实际增加的月份加权计算,可以直接计入期初数;而该公司 20×9 发行了新股 900 万股,这部分股份由于在 10 月底增加,对全年的利润贡献只有 2 个月,因此,应该按照 2/12 的权数进行加权计算。该公司当年 7 月 1 日回购 500 万元,实际回购时间为 6 个月,故按 6/12 的权数进行加权计算扣除。

(2) 稀释每股收益。稀释每股收益是指企业存在稀释性潜在普通股的,考虑该股票影响后而计算的每股收益。稀释性潜在普通股指假设当期转换为普通股会减少每股收益的潜在普通股。潜在普通股主要包括可转换公司债券、认股权证和股份期权等。

对于可转换公司债券,计算稀释每股收益时,分子的调整项目为可转换公司债券当期已确认为费用的利息等的税后影响额;分母的调整项目为假定可转换公司债券当期期初或发行日转换为普通股股数的加权平均数。

对于认股权证和股份期权,当其行权价格低于当期普通股平均市场价格时,应当考虑其稀释性。计算稀释每股收益时,作为分子的净利润金额一般不变;分母的调整项目为考虑时间权数后增加的普通股股数。

$$\text{认股权证或股份期权行权增加的普通股股数} = \text{行权认购的股数} \times \left(1 - \frac{\text{行权价格}}{\text{普通股平均市价}}\right)$$

在分析上市公司公布的信息时,投资者应注意区分公布的每股收益是按原始股股数还是按完全稀释后的股份计算规则计算的,以免产生误解。

2. 每股股利

每股股利是指上市公司本年发放的普通股现金股利总额与年末普通股总数的比率。其计算公式为:

$$\text{每股股利} = \text{普通股现金股利总额} \div \text{年末发行在外的普通股总数}$$

每股股利是上市公司普通股股东从公司实际分得的每股利润,它反映上市公司当期利润的积累和分配情况。

3. 市盈率

市盈率是上市公司普通股每股市价与每股收益的比率,反映投资者对上市公司每一元净利润愿意支付的价格,可以用来估计股票的投资报酬和风险。其计算公式为:

$$\text{市盈率} = \text{普通股每股市价} \div \text{普通股每股收益}$$

市盈率是投资者用来衡量某种股票投资价值和投资风险的常用指标。一般情况下,市盈率越高,表明投资者对该公司的发展前景看好,愿意出较高的价格购买该公司股票,愿意承担较大的投资风险。不过,市盈率过高,也说明投资者投入的成本收回较难,投资风险过大。市盈率越低,投资风险也越小,但是也有可能说明该公司发展前景欠佳,缺乏对投资者的吸引力。

4. 每股净资产

每股净资产是上市公司年末净资产(即股东权益)与年末普通股总数的比率,也称每股账面价值。其计算公式为:

$$\text{每股净资产} = \text{年末股东权益} \div \text{年末发行在外的普通股总数}$$

每股净资产反映了每股股票代表的公司净资产价值,它是支撑股票市场价格的重要基础。例如,公司净资产为20亿元,总股本为10亿股,它的每股净资产为2元。每股净资产越大,表明公司每股股票代表的财富越雄厚,通常创造利润的能力和抵御外来因素影响的能力越强。

四、发展能力分析

发展能力是指企业在生存的基础上,扩大自身规模、壮大实力的潜在能力。一般来说,发展能力指标越高,说明企业发展能力状况越好。当前,我国经济进入了高质量发展阶段,也迫切要求企业走高质量发展之路。因此,企业财务管理人员要重视发展能力分析,充分了解企业的发展能力状况,不断改进措施,提出合理建议,从而推动企业高质量发展。

企业发展能力指标主要包括收入增长能力分析、盈利增长能力分析、资产增长能力分析、资本增长能力分析和技术投入增长能力分析。其中,技术投入增长能力分析最为重要。

(一) 收入增长能力分析

收入增长能力分析的指标主要有营业收入增长率和营业收入三年平均增长率。

1. 营业收入增长率

营业收入增长率是企业本年营业收入增长额与上年营业收入总额的比率。它反映企业营业收入的增减变动情况,是评价企业成长状况和发展能力的重要指标。其计算公式为:

$$营业收入增长率 = \frac{本年营业收入增长额}{上年营业收入总额} \times 100\%$$

其中:

$$本年营业收入增长额 = 本年营业收入总额 - 上年营业收入总额$$

营业收入增长率是衡量企业经营状况和市场占有能力、预测企业经营业务拓展趋势的重要标志。该指标若大于0,则说明企业本年的营业收入有所增长,指标值越高,说明增长速度越快,企业市场前景越好;该指标若小于0,则说明企业产品或服务不适销对路,销售出现问题,市场份额萎缩。

【例10-27】 根据表10-3,该公司20×9年度的营业收入增长率为:

$$营业收入增长率 = (32\,000 - 23\,000) \div 23\,000 \times 100\% = 39.13\%$$

计算结果表明,该公司的营业收入增长率为39.13%,说明销售上升幅度很大,市场前景乐观,公司有较好的发展能力。

2. 营业收入三年平均增长率

营业收入三年平均增长率表示企业营业收入连续三年的增长情况,体现企业的持续发展态势和市场扩张能力。其计算公式为:

$$营业收入三年平均增长率 = \left(\sqrt[3]{\frac{本年营业收入总额}{三年前营业收入总额}} - 1\right) \times 100\%$$

其中,三年前营业收入总额是指企业以本年营业收入总额为基数向前推两年,即在评价20×9年度业绩状况时,三年前营业收入总额是指20×6年的营业收入总额。

营业收入三年平均增长率指标反映企业的经营业务增长趋势和稳定程度。一般情况下,该指标值越大,说明企业经营业务持续增长势头越好,市场扩张能力越强。

【例 10-28】 根据表 10-3,同时假定该公司 20×6 年度的营业收入为 21 000 万元。该公司营业收入三年平均增长率为:

$$营业收入三年平均增长率 = \left(\sqrt[3]{\frac{32\,000}{21\,000}} - 1\right) \times 100\% = 15.07\%$$

计算结果表明该公司营业收入三年平均增长率为 15.07%,说明公司经营业务持续增长势头较好,有一定的市场扩张能力。

(二) 盈利增长能力分析

盈利增长能力分析的指标主要有营业利润增长率和净利润增长率。

1. 营业利润增长率

营业利润增长率是指企业本年营业利润增长额与上年营业利润的比率。它反映企业营业利润的增减变动情况,是衡量企业盈利增长能力的重要指标之一。其计算公式为:

$$营业利润增长率 = \frac{本年营业利润增长额}{上年营业利润} \times 100\%$$

其中:

$$营业利润增长额 = 本年营业利润总额 - 上年营业利润总额$$

营业利润增长率指标若大于 0,则说明企业本年营业利润有所增长,指标值越大,说明企业营业利润增长得越快,企业经营效益越好;该指标若小于 0,则说明企业经营效益不佳。

【例 10-29】 根据表 10-3,该公司 20×9 年度的营业收入增长率为:

$$营业利润增长率 = (2\,840 - 2\,500) \div 2\,500 \times 100\% = 13.6\%$$

计算结果表明,该公司营业利润增长率为 13.6%,说明营业利润有较大幅度上升,公司经营效益较好,有良好的发展能力和发展前景。

2. 净利润增长率

净利润增长率是指企业本年净利润增长额与上年净利润总额的比率。它反映企业净利润的增减变动情况,也是衡量企业发展能力的重要指标。其计算公式为:

$$净利润增长率 = \frac{本年净利润增长额}{上年净利润总额} \times 100\%$$

其中:

$$本年净利润增长额 = 本年净利润总额 - 上年净利润总额$$

净利润增长率指标若大于 0,则说明企业本年净利润有所增长,指标值越高,说明增长速度越快,企业经济效益和发展前景越好;该指标若小于 0,则说明企业经营状况不佳,销售或成本费用等方面出现了问题,应引起重视。

【例 10-30】 根据表 10-3,该公司 20×9 年度的净利润增长率为:

$$净利润增长率 = (2\,160 - 1\,940) \div 1\,940 \times 100\% = 11.34\%$$

计算结果表明,该公司的净利润增长率为 11.34%,说明净利润有较大幅度上升,公司经济效益较好,发展前景乐观。

(三) 资产增长能力分析

资产增长能力分析的指标主要有固定资产增长率和总资产增长率。

1. 固定资产增长率

固定资产增长率是指企业本年固定资产增长额与本年初固定资产总额的比率。它反映企业固定资产的增减变动情况，是衡量企业规模扩大、实力增强以及未来发展能力的重要指标。其计算公式为：

$$固定资产增长率 = \frac{本年固定资产增长额}{本年初固定资产总额} \times 100\%$$

其中：

$$本年固定资产增长额 = 本年末固定资产总额 - 本年初固定资产总额$$

固定资产增长率指标若大于 0，则说明企业本年固定资产规模有所扩大，指标值越高，说明企业扩张得越快，发展潜力越大。该指标若小于 0，则说明企业规模收缩，生产经营能力有所下降，发展速度减缓。

【例 10-31】 根据表 10-2，该公司 20×9 年度的固定资产增长率为：

$$固定资产增长率 = (30\ 950 - 23\ 875) \div 23\ 875 \times 100\% = 29.63\%$$

计算结果表明，该公司的固定资产增长率为 29.63%，说明固定资产规模增加幅度较大，生产经营能力得到增强，企业有较大扩张趋势。

2. 总资产增长率

总资产增长率是指企业本年总资产增长额与本年初资产总额的比率。它反映企业资产的增减变动情况，是衡量企业价值增长和自身发展的重要指标。其计算公式为：

$$总资产增长率 = \frac{本年总资产增长额}{本年初资产总额} \times 100\%$$

其中：

$$本年总资产增长额 = 本年末资产总额 - 本年初资产总额$$

总资产增长率是从企业资产总量扩张方面来衡量企业的发展能力，表明企业规模增长水平对企业发展后劲的影响。该指标值越高，表明企业一定时期内资产经营规模扩张的速度越快。

【例 10-32】 根据表 10-2，该公司 20×9 年度的总资产增长率为：

$$总资产增长率 = (51\ 000 - 43\ 000) \div 43\ 000 \times 100\% = 18.60\%$$

计算结果表明，该公司的总资产增长率为 18.60%，增长幅度较大，说明企业资产经营规模有较大扩张。

(四) 资本增长能力分析

资本增长能力分析的指标主要有资本积累率、资本三年平均增长率和资本保值增值率。

1. 资本积累率

资本积累率是指企业本年所有者权益增长额与本年初所有者权益总额的比率。它反映

企业当年资本的积累能力,是衡量企业发展能力的重要指标。其计算公式为:

$$资本积累率 = \frac{本年所有者权益增长额}{本年初所有者权益总额} \times 100\%$$

其中:

$$本年所有者权益增长额 = 本年末所有者权益总额 - 本年初所有者权益总额$$

资本积累率是企业当年所有者权益的增长率,反映了企业资本的积累情况,是企业发展壮大的标志。该指标值越高,表明企业的资本积累能力越强,发展潜力越大。

【例 10-33】 根据表 10-2 资料,该公司 20×9 年度的资本积累率为:

$$资本积累率 = (23\,650 - 22\,150) \div 22\,150 \times 100\% = 6.77\%$$

计算结果表明,该公司的资本积累率为 6.77%,有较小增幅,说明企业有一定的资本积累能力和发展潜力。

2. 资本三年平均增长率

资本三年平均增长率表示企业资本连续三年的积累情况,在一定程度上体现企业的持续发展水平和发展趋势。其计算公式为:

$$资本三年平均增长率 = \left(\sqrt[3]{\frac{年末所有者权益总额}{三年前年末所有者权益总额}} - 1\right) \times 100\%$$

其中,三年前年末所有者权益总额的确定方法同三年前营业收入总额的确定方法。

资本三年平均增长率指标反映企业资本积累或资本扩张的历史状况,以及企业稳步发展的趋势。一般情况下,该指标值越大,说明企业所有者权益得到的保障程度越大,企业可以长期使用的资金越充足,抗风险和持续发展的能力越强。

【例 10-34】 根据表 10-2,同时假定该公司 20×6 年末所有者权益总额为 20 000 万元。该公司的资本三年平均增长率为:

$$资本三年平均增长率 = \left(\sqrt[3]{\frac{23\,650}{20\,000}} - 1\right) \times 100\% = 5.75\%$$

计算结果表明该公司资本三年平均增长率为 5.75%,说明公司所有者权益有一定的保障程度,抗风险和持续发展的能力较强。

3. 资本保值增值率

资本保值增值率是指所有者权益的期末总额与期初总额的比率,反映了企业当年资本在企业自身的努力下的实际增减变动情况。该指标也可作为评价企业财务效益状况的辅助指标。其计算公式为:

$$资本保值增值率 = \frac{期末所有者权益总额}{期初所有者权益总额} \times 100\%$$

一般情况下,资本保值增值率越高,表明企业的资本保全状况越好,所有者权益增长越快,债权人的债务越有保障,企业发展的后劲越足。该指标通常应大于 100%,如果小于 100%,则意味着所有者权益遭受损失,企业应给予充分的重视。

【例 10-35】 根据表 10-2,同时假定该公司 20×7 年度的年末所有者权益总额为

21 200万元。则该公司20×8年度和20×9年度资本保值增值率为：

20×8年度资本保值增值率＝22 150÷21 200×100％＝104.48％
20×9年度资本保值增值率＝23 650÷22 150×100％＝106.77％

计算结果表明，该公司20×9年度和20×8年度资本保值增值率均大于100％，并有小幅增长，表明该公司资本保值和增值状况良好。

（五）技术投入增长能力分析

技术投入比率是企业本年科技支出与当年营业收入的比率。它反映企业在科技进步方面的投入，是衡量企业发展能力的核心指标。其计算公式为：

$$技术投入比率=\frac{本年科技支出合计}{本年营业收入}\times 100\%$$

其中，企业的科技支出一般包括研究开发、技术改造、科技创新和技术转让费等方面的支出。

一般情况下，该比率越高，说明企业的科技投入越大，未来的发展能力越强；反之，说明企业的科技投入小，未来的发展能力弱。

［例10-36］ 根据表10-3资料，同时假定该公司20×8年度和20×9年度的科技支出总额分别为1 280万元和1 750万元。该公司20×8年度和20×9年度的技术投入比率为：

20×8年度技术投入比率＝1 280÷23 000×100％＝5.57％
20×9年度技术投入比率＝1 750÷32 000×100％＝5.46％

计算结果表明，虽然该公司20×9年度科技支出总额比20×8年度有较大幅度提升，但技术投入比率略有下降，说明公司科技投入的力度还不够，还需加大投入，这样才能保持良好的发展潜力。

技术投入比率是衡量企业产品技术含量和创新发展能力的重要指标。当前，我国实施创新驱动发展战略，企业作为创新主体必须重视科技创新与成果转化，不断加大科技投入，加快产品研发，形成自主品牌，拥有更多"掐脖子"技术。只有这样，才能推动产品及产业转型升级，使自己始终立于市场不败之地。

五、社会贡献能力分析

社会贡献能力主要衡量企业对国家或社会贡献水平的高低，社会贡献能力越大，反映企业为国家和社会所作的贡献越大。企业对国家和社会的贡献既是企业履行社会责任的要求，也是企业树立社会形象和企业品牌，促进自身发展的需要。社会贡献能力的大小也体现企业高质量发展的水平。因此，企业的财务管理人员要重视企业对国家和社会贡献能力的分析，不断改进措施，提高企业的社会贡献能力，为国家作出更多的贡献。

（一）社会贡献率

社会贡献率是企业社会贡献总额与平均资产总额的比率，它反映了企业占用社会经济资源所产生的社会经济效益大小，是社会进行资源有效配置的基本依据。其计算公式为：

$$社会贡献率 = \frac{企业社会贡献总额}{企业平均资产总额} \times 100\%$$

式中,社会贡献总额包括工资(含奖金、津贴等工资性收入)、社会保险费支出、公益救济性捐赠支出、利息支出净额、应交税金、净利润等。

一般情况下,社会贡献率指标值越大,说明企业对国家和社会的贡献越大,企业的社会声誉就越好。该项指标也能从侧面反映出企业盈利能力和发展能力的大小。

【例10-37】 根据表10-2及[例10-20],同时假定该公司20×8年度和20×9年度的社会贡献总额分别为7 280万元和10 040万元。该公司20×8年度和20×9年度社会贡献率为:

20×8年度社会贡献率=7 280÷[(38 000+43 000)÷2]×100%=17.98%

20×9年度社会贡献率=10 040÷[(43 000+51 000)÷2]×100%=21.36%

计算结果表明,该公司20×9年度的社会贡献率比20×8年度有一定程度上升,说明公司对社会的贡献能力增强。

(二) 社会积累率

社会积累率是企业上交国家财政总额与企业社会贡献总额的比率,它反映了企业社会贡献的积累程度。其计算公式为:

$$社会积累率 = \frac{上交国家财政总额}{企业社会贡献总额} \times 100\%$$

其中,上交国家财政总额包括应交税费及政府非税收入等。

【例10-38】 根据上例资料,同时假定该公司20×8年度和20×9年度上交国家财政总额分别为1 280万元和1 420万元。该公司20×8年度和20×9年度社会积累率为:

20×8年度社会积累率=1 280÷7 280×100%=17.58%

20×9年度社会积累率=1 420÷10 040×100%=14.14%

计算结果表明,该公司20×9年度的社会积累率比20×8年度有小幅下降,说明公司社会贡献的积累程度有所降低,应引起重视。

第四节 财务指标综合分析与评价

一、财务指标综合分析的概念及特点

(一) 财务指标综合分析概念

财务指标综合分析也称综合指标分析,就是将偿债能力、营运能力、盈利能力和发展能力等方面的指标分析纳入一个有机的整体之中,全面地对企业的财务状况和经营成果进行揭示与披露,最终评价企业经济效益的好坏。

(二) 财务指标综合分析特点

财务指标综合分析的特点主要表现在对财务指标体系的要求上。而一个健全有效的综

合财务指标体系应具备三个基本要素。

1. 指标要素要齐全

这是指所设计的评价指标体系能够涵盖企业偿债能力、营运能力、盈利能力和发展能力等方面的分析考核要求。

2. 主辅指标功能匹配

这里主要强调两个方面：

（1）在确立偿债能力、营运能力、盈利能力和发展能力等方面评价指标的同时，进一步明晰各项指标在总体结构中的主辅地位。

（2）不同范畴的主要考核指标所反映的经营成果、财务状况的不同侧面与不同层次的信息有机统一，应当能够全面而详实地揭示企业经营理财的实绩。

3. 满足多方面信息需要

这要求评价指标体系必须能够提供多层次、全方位的信息资料，既能满足企业内部管理当局实施决策的需要，又能满足外部投资者和政府经济管理机构决策及宏观调控的需要。

二、杜邦财务分析体系法

财务指标综合分析的方法很多，常用的有杜邦财务分析体系法、沃尔比重评分法和经济增加值法。本教材主要介绍杜邦财务分析体系法。

杜邦财务分析体系法是利用各项财务指标间的内在关系，对企业综合经营理财及经济效益进行系统分析评价的方法。它是由美国杜邦公司创造并成功运用的，故称为杜邦财务分析体系法。该方法以净资产收益率为核心，将其分解为若干财务指标，通过分析各分解指标的变动对净资产收益率的影响，来揭示企业的获利能力及其变动原因。杜邦财务分析体系如图10-1所示。

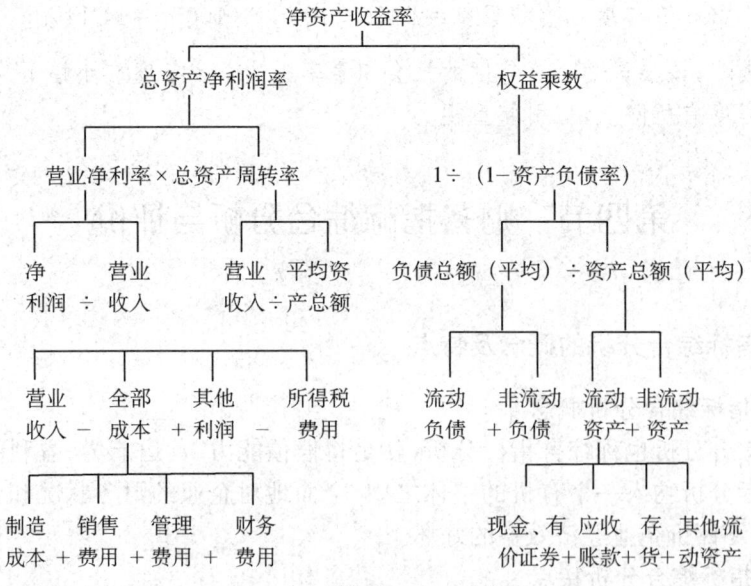

图10-1　杜邦财务分析体系

杜邦财务分析体系各主要指标之间的关系为：

净资产收益率＝总资产净利率×权益乘数
　　　　　＝营业净利率×总资产周转率×权益乘数

其中：

营业净利率＝净利润÷营业收入

总资产周转率＝营业收入÷平均资产总额

权益乘数＝资产总额÷所有者权益总额＝1÷（1－资产负债率）

【例10-39】 根据表10-2、表10-3，杜邦财务分析体系各指标计算如下：

20×9年度净资产收益率＝9.43%[例10-23]

20×9年度总资产净利润率＝4.60%[例10-22]

20×9年度权益乘数＝1÷[1－(20 850＋27 350)÷2÷(43 000＋51 000)÷2]×100%＝2.05（因权益乘数是存量指标，而其他指标都是流量指标，为了计算口径一致，故在计算年度权益乘数时资产和负债应使用期初和期末平均数）

20×9年营业净利率＝6.75%[例10-18]

20×7年总资产周转率＝0.68（次）[例10-15]

以上指标间的相互关系可验证为：

净资产收益率(9.43%)＝总资产净利润率(4.6%)×权益乘数(2.05)
　　　　　　　　　　＝营业净利率(6.75%)×总资产周转率(0.68)×权益乘数(2.05)

以上计算过程中，由于小数保留位数原因，有关指标计算结果可能会有微小的误差，属正常情况，不影响指标间相互关系的验证。

上例中，杜邦财务分析体系就是把最具有综合性的指标进行层层分解，进而与历史水平相比较或与同行业先进水平相比较，可以指出企业存在什么问题或有哪些经验，即把净资产收益率发生升降变化的原因具体化，以便及早作出改正决策。通过分析可以了解，企业要想提高净资产收益率，就必须通过扩大销售、降低成本来提高营业净利率；通过加速资产的周转来提高总资产周转率；通过改善资本结构来提高权益乘数，以防范风险，提高资产的流动性。

杜邦财务分析体系的指标设计也具有一定的局限性，它更偏重于企业所有者的利益。从杜邦财务分析体系来看，在其他因素不变的情况下，资产负债率越高，净资产收益率就越高。这是因为利用较多负债，可以利用财务杠杆作用的结果，但是没有考虑财务风险的因素，即负债越多，财务风险越大，偿债压力越大。因此，还要结合其他指标综合分析。

三、综合绩效评价

（一）综合绩效评价的意义

综合绩效评价，是指以投入产出分析为核心，通过建立综合评价指标体系，对照相应的评价标准，定量分析与定性分析相结合，横向对比与纵向对比相补充，对企业一定经营期间的盈利能力、资产质量、债务风险、经营增长及管理状况进行的综合评判。综合绩效评价是财务综合分析的一种方法,通常考虑的是企业所有者(投资人)。

企业开展综合绩效评价的主要原因是现代企业中所有权与经营权的分离,为保障资本所有者的利益,加强对经营者的约束与监督,防止经营者利益目标与所有者相背离。因此,综合绩效评价的意义主要有:

(1) 有利于为企业综合衡量经营业绩与努力程度,从而正确引导企业增强市场竞争力提供决策依据。

(2) 有利于为企业出资人有效加强对企业经营者的激励、监管和约束提供重要依据。

(3) 有利于为政府加强对企业监管与服务,实施宏观调控政策提供可靠依据。

(4) 有利于为企业股东、债权人、内部职工、客户及其他利益相关者提供有效信息。

(二) 综合绩效评价的内容

企业综合绩效评价由财务绩效定量评价和管理绩效定性评价两部分组成。

1. 财务绩效定量评价

财务绩效定量评价是指对企业一定期间的盈利能力、资产质量、债务风险和经营增长四个方面进行定量对比分析和评判。

(1) 企业盈利能力分析与评判主要通过资本及资产收益水平、成本费用控制水平和经营现金流量状况等方面的财务指标,综合反映企业的投入产出水平、盈利质量和现金保障状况。

(2) 企业资产质量分析与评判主要通过资产周转速度、资产运行状态、资产结构以及资产有效性等方面的财务指标,综合反映企业所占用经济资源的利用效率、资产管理水平与资产的安全性。

(3) 企业债务风险分析与评判主要通过债务负担水平、资产负债结构、或有负债情况、现金偿债能力等方面的财务指标,综合反映企业的债务水平、偿债能力及其面临的债务风险。

(4) 企业经营增长分析与评判主要通过销售增长、资本积累、效益变化以及技术投入等方面的财务指标,综合反映企业的经营增长水平及发展后劲。

2. 管理绩效定性评价

管理绩效定性评价是指在企业财务绩效定量评价的基础上,通过采取专家评议的方式,对企业一定期间的经营管理水平进行定性分析与综合评判。

管理绩效定性评价主要是围绕企业发展战略的确立与执行、经营决策、发展创新、风险控制、基础管理、人力资源、行业影响、社会贡献等方面进行的定性分析与综合评判。

(三) 综合绩效评价指标

企业综合绩效评价指标由22个财务绩效定量评价指标和8个管理绩效定性评价指标组成。

1. 财务绩效定量评价指标

财务绩效定量评价指标由反映企业盈利能力状况、资产质量状况、债务风险状况和经营增长状况四个方面的基本指标和修正指标构成。

其中,基本指标反映企业一定期间财务绩效的主要方面,并得出财务绩效定量评价的基本结果。修正指标是根据财务指标的差异性和互补性,对基本指标的评价结果作进一步的补充和矫正。

（1）企业盈利能力状况以净资产收益率、总资产收益率两个基本指标和营业利润率、利润现金保障倍数、成本费用利润率、资本收益率四个修正指标进行评价，主要反映企业一定经营期间的投入产出水平和盈利质量。

（2）企业资产质量状况以总资产周转率、应收账款周转率两个基本指标和不良资产比率、流动资产周转率、资产现金回收率三个修正指标进行评价，主要反映企业所占用经济资源的利用效率、资产管理水平与资产的安全性。

（3）企业债务风险状况以资产负债率、已获利息倍数两个基本指标和速动比率、现金流动负债比率、带息负债比率、或有负债比率四个修正指标进行评价，主要反映企业的债务负担水平、偿债能力及其面临的债务风险。

（4）企业经营增长状况以营业增长率、资本保值增值率两个基本指标和营业利润增长率、总资产增长率、技术投入比率三个修正指标为依据进行评价，主要反映企业的经营增长水平、资本增值状况及发展后劲。

2. 管理绩效定性评价指标

企业管理绩效定性评价指标包括战略管理、发展创新、经营决策、风险控制、基础管理、人力资源、行业影响、社会贡献八个方面的指标，主要反映企业在一定经营期间所采取的各项管理措施及其管理成效。

（1）战略管理评价主要反映企业所制定战略规划的科学性，战略规划是否符合企业实际，员工对战略规划的认知程度，战略规划的保障措施及其执行力，以及战略规划的实施效果等方面的情况。

（2）发展创新评价主要反映企业在经营管理创新、工艺革新、技术改造、新产品开发、品牌培育、市场拓展、专利申请及核心技术研发等方面的措施及成效。

（3）经营决策评价主要反映企业在决策管理、决策程序、决策方法、决策执行、决策监督、责任追究等方面采取的措施及实施效果，重点反映企业是否存在重大经营决策失误。

（4）风险控制评价主要反映企业在财务风险、市场风险、技术风险、管理风险、信用风险和道德风险等方面的管理与控制措施及效果，包括风险控制标准、风险评估程序、风险防范与化解措施等。

（5）基础管理评价主要反映企业在制度建设、内部控制、重大事项管理、信息化建设、标准化管理等方面的情况，包括财务管理、对外投资、采购与销售、存货管理、质量管理、安全管理、法律事务等。

（6）人力资源评价主要反映企业人才结构、人才培养、人才引进、人才储备、人事调配、员工绩效管理、分配与激励、企业文化建设、员工工作热情等方面的情况。

（7）行业影响评价主要反映企业主营业务的市场占有率、对国民经济及区域经济的影响与带动力、主要产品的市场认可程度、是否具有核心竞争能力以及产业引导能力等方面的情况。

（8）社会贡献评价主要反映企业在资源节约、环境保护、吸纳就业、工资福利、安全生产、上缴税收、商业诚信、和谐社会建设等方面的贡献程度和社会责任的履行情况。

各指标评价内容与权重如表10-4所示。

表 10-4　　　　　　　　　企业综合绩效评价指标与权重

评价内容与权重		财务绩效(70%)				管理绩效(30%)	
		基本指标	权重	修正指标	权重	评议指标	权重
盈利能力状况	34	净资产收益率 总资产收益率	20 14	销售(营业)利润率 利润现金保障倍数 成本费用利润率 资本收益率	10 9 8 7	战略管理 发展创新 经营决策 风险控制 基础管理 人力资源 行业影响 社会贡献	18 15 16 13 14 8 8 8
资产质量状况	22	总资产周转率 应收账款周转率	10 12	不良资产比率 流动资产周转率 资产现金回收率	9 7 6		
债务风险状况	22	资产负债率 已获利息倍数	12 10	速动比率 现金流动负债比率 带息负债比率 或有负债比率	6 6 5 5		
经营增长状况	22	销售(营业)增长率 资本保值增值率	12 10	销售(营业)利润增长率 总资产增值率 技术投入比率	10 7 5		

(四) 企业综合绩效评价标准

综合绩效评价标准分为财务绩效定量评价标准和管理绩效定性评价标准。

1. 财务绩效定量评价标准

财务绩效定量评价标准包括国内行业标准和国际行业标准。国内行业标准根据国内企业年度财务和经营管理统计数据,运用数理统计方法,分年度、分行业、分规模统一测算。国际行业标准根据居于行业国际领先地位的大型企业相关财务指标实际值,或者根据同类型企业相关财务指标的先进值,在剔除会计核算差异后统一测算。其中,财务绩效定量评价标准的行业分类,按照国家统一颁布的国民经济行业分类标准结合企业实际情况进行划分。

财务绩效定量评价标准按照不同行业、不同规模及指标类别,划分为优秀(A)、良好(B)、平均(C)、较低(D)、较差(E)五个档次,对应五档评价的标准系数分别为 1.0、0.8、0.6、0.4、0.2,较差(E)以下为 0。

2. 管理绩效定性评价标准

管理绩效定性评价标准分为优(A)、良(B)、中(C)、低(D)、差(E)五个档次。对应五档评价的标准系数分别为 1.0、0.8、0.6、0.4、0.2,差(E)以下为 0。

管理绩效定性评价标准具有行业普遍性和一般性,在进行评价时,应当根据不同行业的经营特点,灵活把握个别指标的标准尺度。对于定性评价标准没有列示,但对被评价企业经营绩效产生重要影响的因素,在评价时也应予以考虑。

(五) 企业综合绩效评价工作程序

1. 财务绩效评价工作程序

财务绩效定量评价工作具体包括提取评价基础数据、基础数据调整、评价计分、形成评价结果等内容。

(1) 提取评价基础数据。以经社会中介机构或内部审计机构审计并经评价组织机构核实确认的企业年度财务会计报表为基础提取评价基础数据。

(2) 基础数据调整。为客观、公正地评价企业经营绩效,对评价基础数据进行调整。

(3) 评价计分。根据调整后的评价基础数据，对照相关年度的行业评价标准值，利用绩效评价软件或手工评价计分。

(4) 形成评价结果。对任期财务绩效评价需要计算任期内平均财务绩效评价分数，并计算绩效改进度；对年度财务绩效评价除计算年度绩效改进度外，需要对定量评价得分深入分析，诊断企业经营管理存在的薄弱环节，并在财务决算批复中提示有关问题，同时进行所监管企业的分类排序分析，在一定范围内发布评价结果。

2. 管理绩效评价工作程序

管理绩效定性评价工作具体包括收集整理管理绩效评价资料、聘请咨询专家、召开专家评议会、形成定性评价结论等内容。

(1) 收集整理管理绩效评价资料。为了深入了解被评价企业的管理绩效状况，应当通过问卷调查、访谈等方式，充分收集并认真整理管理绩效评价的有关资料。

(2) 聘请咨询专家。根据所评价企业的行业情况，聘请不少于7名的管理绩效评价咨询专家，组成专家咨询组，并将被评价企业的有关资料提前送达咨询专家。

(3) 召开专家评议会。组织咨询专家对企业的管理绩效指标进行评议打分。

(4) 形成定性评价结论。汇总管理绩效定性评价指标得分，形成定性评价结论。

(六) 企业综合绩效评价计分方法

1. 财务绩效评价计分

(1) 基本指标计分。财务绩效定量评价基本指标计分是按照功效系数法计分原理，将评价指标实际值对照行业评价标准值，按照规定的计分公式计算各项基本指标得分。

计算公式为：

$$基本指标总得分 = \sum 单项基本指标得分$$

$$单项基本指标得分 = 本档基础分 + 调整分$$

$$本档基础分 = 指标权数 \times 本档标准系数$$

$$调整分 = 功效系数 \times (上档基础分 - 本档基础分)$$

$$上档基础分 = 指标权数 \times 上档标准系数$$

$$功效系数 = \frac{实际值 - 本档标准值}{上档标准值 - 本档标准值}$$

其中，本档标准值是指上下两档标准值居于较低等级一档。

(2) 修正指标的计分。财务绩效定量评价修正指标的计分是在基本指标计分结果的基础上，运用功效系数法原理，分别计算盈利能力、资产质量、债务风险和经营增长四个部分的综合修正系数，再据此计算出修正后的分数。其计算公式为：

$$修正后总得分 = \sum 各部分修正后得分$$

$$各部分修正后得分 = 各部分基本指标分数 \times 该部分综合修正系数$$

$$某部分综合修正系数 = \sum 该部分各修正指标加权修正系数$$

$$某指标加权修正系数 = \frac{修正指标权数}{该部分权数} \times 该指标单项修正系数$$

某指标单项修正系数 = 1.0 + (本档标准系数 + 功效系数 × 0.2 − 该部分基本指标分析系数)

(单项修正系数控制修正幅度为 0.7—1.3)

$$某部分基本指标分析系数 = \frac{该部分基本指标得分}{该部分权数}$$

在计算修正指标单项修正系数过程中,对于一些特殊情况应进行调整:

① 如果修正指标实际值达到优秀值以上,其单项修正系数的计算公式如下:

单项修正系数 = 1.2 + 本档标准系数 − 该部分基本指标分析系数

② 如果修正指标实际值处于较差值以下,其单项修正系数的计算公式如下:

单项修正系数 = 1.0 − 该部分基本指标分析系数

③ 如果资产负债率≥100%,指标得 0 分;其他情况按照规定的公式计分。

④ 如果盈余现金保障利润分子为正数,分母为负数,单项修正系数确定为 1.1;如果分子为负数,分母为正数,单项修正系数确定为 0.9;如果分子分母同为负数,单项修正系数确定为 0.8。

⑤ 如果不良资产比率≥100%或分母为负数,单项修正系数确定为 0.8。

⑥ 对于销售(营业)利润增长率指标,如果上年营业利润为负数,本年为正数,单项修正系数为 1.1;如果上年营业利润为零,本年为正数,或者上年为负数,本年为零,单项修正系数确定为 1.0。

⑦ 如果个别指标难以确定行业标准,该指标单项修正系数确定为 1.0。

2. 管理绩效评价计分

管理绩效定性评价指标的计分一般通过专家评议打分形式完成,聘请的专家应不少于 7 名;评议专家应当在充分了解企业管理绩效状况的基础上,对照评价参考标准,采取综合分析判断法,对企业管理绩效指标作出分析评议,评判各项指标所处的水平档次,并直接给出评价分数。计算公式为:

$$管理绩效定性评价指标分数 = \sum 单项指标分数$$

$$单项指标分数 = \sum 每位专家给定的单项指标分数 / 专家人数$$

3. 综合绩效评价计分

在得出财务绩效定量评价分数和管理绩效定性评价分数后,应当按照规定的权重,耦合形成综合绩效评价分数。其计算公式为:

$$企业综合绩效评价分数 = 财务绩效定量评价分数 \times 70\% + 管理绩效定性评价分数 \times 30\%$$

在得出评价分数以后,应当计算年度之间的绩效改进度,以反映企业年度之间经营绩效的变化状况。其计算公式为：

$$绩效改进度 = \frac{本期绩效评价分数}{基期绩效评价分数}$$

绩效改进度大于1,说明经营绩效上升;绩效改进度小于1,说明经营绩效下滑。

(七) 企业综合绩效评价结果与评价报告

企业综合绩效评价结果以评价类型、评价级别和评价得分表示。

评价类型是根据评价分数对企业综合绩效所划分的水平档次,用文字和字母表示,分为优(A)、良(B)、中(C)、低(D)、差(E)五种类型。

评价级别是对每种类型再划分级次,以体现同一评价类型的不同差异,采用在字母后标注"+、-"号的方式表示。

企业综合绩效评价结果以85分、70分、50分、40分作为类型判定的分数线。

(1) 评价得分达到85分以上(含85分)的评价类型为优(A),在此基础上划分为三个级别,分别为:A++≥95分;95分>A+≥90分;90分>A≥85分。

(2) 评价得分达到70以上(含70分)不足85分的评价类型为良(B),在此基础上划分为三个级别,分别为:85分>B+≥80分;80分>B≥75分,75分>B-≥70分。

(3) 评价得分达到50分以上(含50分)不足70分的评价类型为中(C),在此基础上划分为两个级别,分别为:70分>C≥60分;60分>C-≥50分。

(4) 评价得分在40分以上(含40分)不足50分的评价类型为低(D)。

(5) 评价得分在40分以下的评价类型为差(E)。

本 章 小 结

企业财务会计报告分析是以企业财务会计报告反映的财务指标为主要依据,对企业的财务状况和经营成果进行的评价和剖析。财务分析是企业财务管理的重要方法之一。不同的主体对财务分析的目的不同。财务分析的一般方法有趋势分析法、比率分析法和因素分析法。在实际工作中财务分析主要有财务指标一般分析和财务指标综合分析。财务指标一般分析包括企业偿债能力分析、营运能力分析、盈利能力分析、发展能力分析和社会贡献能力分析等。企业偿债能力分析包括短期偿债能力分析和长期偿债能力分析,前者主要有流动比率、速动比率、现金比率、现金流动负债比率等指标,后者主要有资产负债率、产权比率、权益乘数、已获利息倍数等指标。营运能力分析包括人力资源营运能力分析和生产资料营运能力分析,前者主要有劳动效率指标,后者主要有应收账款周转率、存货周转率、流动资产周转率、固定资产周转率和总资产周转率等指标。盈利能力分析包括经营盈利能力分析、资产盈利能力分析、资本盈利能力分析、收益质量分析和上市公司盈利能力分析。其中,经营盈利能力分析主要有营业毛利率、营业利润率、营业净利率、成本费用利润率等指标。资产盈利能力分析主要有总资产利润率、总资产报酬率、总资产净利率等指标。资本盈利能力分析主要有净资产收益率、资本收益率;若企业为上市公司,则还应包括每股收益、每股净资产、每股股利、市盈率等指标。收益质量分析的指标主要是盈余现金保障倍数。企业发展能力分析主要包括收入增长能力分析、盈利增长能力分析、资产增长能力分析、资本增长能力分析和技术投入增长能力分析。其中,收入增长能力分析主要有营业收入增长率和营业收入三年平均增长率指标。盈利增长能力分析主要有营业利润增长率和净利润增长率指标。资产增长能力分析主要有固定资产增长率和总资产增长率指标。资本增长能力分析主要有资本积累率、资本三年平均增长率和资本保值增值率等指标。技术投入增长能力分析的指标主要是技术投入比率。社会贡献能力分析的指标主要有社会贡献率和社会积累率。通过财务指标的一般分析,可以评价企业的财务状况、经营成果及资金利用效果。

财务指标综合分析也称综合指标分析,就是将偿债能力、营运能力、盈利能力和发展能力等方面的指标分析纳入一个有机的整体之中,全面地对企业的财务状况和经营成果进行揭示与披露,最终评价企业经济效益的好坏。它主要包括杜邦财务分析体系法、沃尔比重评分法和经济增加值法。杜邦财务分析体系法是以净资产收益率为核心,通过分析有关指标对该指标的影响来揭示企业获利能力及其变动原因。杜邦财务分析体系各主要指标之间的关系为:净资产收益率＝总资产净利率×权益乘数＝营业净利率×总资产周转率×权益乘数。综合绩效评价,是指以投入产出分析为核心,通过建立综合评价指标体系,对照相应的评价标准,定量分析与定性分析相结合,横向对比与纵向对比相补充,对企业一定经营期间的盈利能力、资产质量、债务风险、经营增长及管理状况进行的综合评判。综合绩效评价是财务综合分析的一种方法,通常考虑的是企业所有者(投资人)。企业综合绩效评价由财务绩效定量评价和管理绩效定性评价两部分组成。

1. 什么是财务会计报告分析？它有何作用？
2. 财务分析的一般方法有哪些？
3. 反映企业偿债能力的指标有哪些？如何计算？
4. 反映企业营运能力的指标有哪些？如何计算？
5. 反映企业盈利能力的指标有哪些？如何计算？
6. 反映企业发展能力的指标有哪些？如何计算？
7. 反映企业社会贡献能力的指标有哪些？如何计算？
8. 杜邦财务分析体系中包含的主要指标有哪些？其相互关系如何？
9. 什么是综合绩效评价？它有何意义？
10. 综合绩效评价的内容有哪些？

1. 甲公司年初存货为 15 000 元,年初应收账款为 12 700 元;年末流动比率为 3.0,速动比率为 1.3,存货周转率为 4 次,流动资产合计为 27 000 元。

要求：

(1) 计算公司的本年营业成本；

(2) 如果本年营业收入为 96 000 元，除应收账款外的速动资产忽略不计，其应收账款周转期为多少天？

2. 已知某公司 20×9 年会计报表的有关资料如表 10-5 所示。

表 10-5　　　　　　　　　　　20×9 年会计报表资料（简化）　　　　　　　　　　单位：万元

资产负债表项目	年初数	年末数
资产	8 000	10 000
负债	4 500	6 000
所有者权益	3 500	4 000
利润表项目	上年数	本年数
营业收入	（略）	20 000
净利润	（略）	500

要求：

(1) 计算杜邦财务分析体系中的下列指标（凡计算指标涉及资产负债表项目数据的，均按平均数计算）：

① 净资产收益率。

② 总资产净利率（保留 3 位小数）。

③ 营业净利率。

④ 总资产周转率（保留 3 位小数）。

⑤ 权益乘数。

(2) 用文字列出净资产收益率与上述其他各项指标之间的关系式，并用本题数据加以验证。

3. 资料：海南星亚公司 20×9 年度资产负债表和利润表如表 10-6、表 10-7 所示。

表 10-6　　　　　　　　　　　资产负债表（简化）

编制单位：海南星亚公司　　　　　20×9 年 12 月 31 日　　　　　　　　　　单位：万元

资产	年初数	年末数	负债及所有者权益	年初数	年末数
流动资产：			流动负债：		
货币资金	500	550	短期借款	1 800	2 100
交易性金融资产	800	400	应付账款	1 100	1 300
应收账款	1 500	1 600	预收账款	300	200
预付账款	50	80	其他应付款	200	100
存货	4 200	4 600	流动负债合计	3 400	3 700
其他流动资产	50	100	非流动负债：		
流动资产合计	7 100	7 330	长期借款	22 000	22 000

(续表)

资产	年初数	年末数	负债及所有者权益	年初数	年末数
非流动资产：			非流动负债合计	22 000	22 000
债权投资	1 500	600	所有者权益：		
固定资产	32 000	3 3000	实收资本	13 000	13 000
无形资产	500	870	盈余公积	1 500	1 600
非流动资产合计	34 000	34 470	未分配利润	1 200	1 500
			所有者权益合计	15 700	16 100
资产总计	41 100	41 800	负债及所有者权益合计	41 100	41 800

表 10-7　　　　　　　　　　利润表(简化)

编制单位：海南星亚公司　　　　　　20×9 年度　　　　　　　　　单位：万元

项目	上年数	本年数
一、营业收入	19 000	22 000
减：营业成本	10 000	11 200
税金及附加	1 560	1 800
销售费用	500	500
管理费用	900	1 000
财务费用	300	400
加：投资收益	500	600
二、营业利润	6 240	7 700
加：营业外收入	60	100
减：营业外支出	600	700
三、利润总额	5 700	7 600
减：所得税费用(25%)	1 425	1 900
四、净利润	4 275	5 700

假定公司的其他相关资料如下：

(1) 20×8 年度和 20×9 年度的经营现金净流量分别为 4 800 万元和 5 400 万元。

(2) 20×7 年度的年末资产总额为 38 000 万元、年末实收资本为 12 000 万元(无资本公积)、年末所有者权益总额为 15 000 万元。

(3) 20×6 年度的营业收入为 15 000 万元、年末所有者权益总额为 14 000 万元。

(4) 20×8 年度和 20×9 年度的科技支出总额分别为 680 万元和 900 万元。

(5) 20×8 年度和 20×9 年度的社会贡献总额分别为 18 000 万元和 22 000 万元。

(6) 20×8 年度和 20×9 年度上交国家财政总额分别为 3 200 万元和 4 000 万元。

要求：运用财务指标一般分析法和财务指标综合分析法，对企业偿债能力、营运能力、盈利能力、发展能力及社会贡献能力进行评价。

案例分析题

一、基本案情

我运用国际通用的分析方法,分析了从蓝田股份的招股说明书到 2001 年中期报告的全部财务报告以及其他公开资料。根据对蓝田股份会计报表的研究推理,我写了一篇 600 多字的研究推理短文《应立即停止对蓝田股份发放贷款》发给《金融内参》。

(一)研究推理"应立即停止对蓝田股份发放贷款"的依据

在对借款企业发放贷款前和发放贷款后,银行必须分析借款企业的财务报告。如果财务分析结果显示企业的风险度超过银行的风险承受能力,那么,银行可以立即停止向企业发放贷款。

1. 蓝田股份的偿债能力分析

2000 年蓝田股份的流动比率是 0.77。这说明蓝田股份短期可转换成现金的流动资产不足以偿还到期流动负债,偿还短期债务能力弱。

2000 年蓝田股份的速动比率是 0.35。这说明,扣除存货后,蓝田股份的流动资产只能偿还 35% 的到期流动负债。

2000 年蓝田股份的净营运资金是 —1.3 亿元。这说明蓝田股份将不能按时偿还 1.3 亿元的到期流动负债。

从 1997 年至 2000 年,蓝田股份的固定资产周转率和流动比率逐年下降,到 2000 年二者均小于 1。这说明蓝田股份的偿还短期债务能力越来越弱。

2000 年蓝田股份的主营产品是农副水产品和饮料。2000 年蓝田股份"货币资金"和"现金及现金等价物净增加额",以及流动比率、速动比率、净营运资金和现金流动负债比率均位于"A07 渔业"上市公司的同业最低水平,其中,流动比率和速动比率分别低于"A07 渔业"上市公司的同业平均值大约 5 倍和 11 倍。这说明,在"A07 渔业"上市公司中,蓝田股份的现金流量是最短缺的,短期偿债能力是最低的。

2000 年蓝田股份的流动比率、速动比率和现金流动负债比率均处于"C0 食品、饮料"上市公司的同业最低水平,分别低于同业平均值的 2 倍、5 倍和 3 倍。这说明,在"C0 食品、饮料"行业上市公司中,蓝田股份的现金流量是最短缺的,偿还短期债务能力是最低的。

2. 蓝田股份的农副水产品销售收入分析

2000 年蓝田股份的农副水产品收入占主营业务收入的 69%,饮料收入占主营业务收入的 29%,二者合计占主营业务收入的 98%。

2001 年 8 月 29 日,蓝田股份发布公告称:由于公司基地地处洪湖市瞿家湾镇,占公司产品 70% 的水产品在养殖基地现场成交,上门提货的客户中个体比重大,因此"钱货两清"成为惯例,应收款占主营业务收入比重较低。

2000 年蓝田股份的水产品收入位于"A07 渔业"上市公司的同业最高水平,高于同业平均值 3 倍。

2000 年蓝田股份的应收款回收期位于"A07 渔业"上市公司的同业最低水平,低于同业平均值大约 31 倍。这说明，在"A07 渔业"上市公司中，蓝田股份给予买主的赊销期是最短的、销售条件是最严格的。

作为海洋渔业生产企业，华龙集团（相关，行情）以应收款回收期 7 天（相当于给予客户 7 天赊销期）的销售方式，只销售价值相当于蓝田股份水产品收入 5% 的水产品；中水渔业（相关，行情）以应收款回收期 187 天（相当于给予客户 187 天赊销期，比蓝田股份"钱货两清"销售方式更优惠、对客户更有吸引力）的销售方式，只销售价值相当于蓝田股份水产品收入 26% 的水产品。

蓝田股份的农副水产品生产基地位于湖北洪湖市，公司生产区是一个几十万亩的天然水产种养场。武昌鱼公司位于湖北鄂州市，距洪湖的直线距离 200 千米左右，其主营业务是淡水鱼类及其他水产品养殖，其应收款回收期是 577 天，比蓝田股份应收款回收期长 95 倍；但是其水产品收入只是蓝田股份水产品收入的 8%。洞庭水殖（相关，行情）位于湖南常德市，距洪湖的直线距离 200 千米左右，其主营产品是淡水鱼及特种水产品，其产销量在湖南省位于前列，其应收款回收期是 178 天，比蓝田股份应收款回收期长 30 倍，这相当于给予客户 178 天赊销期，但是其水产品收入只是蓝田股份的 4%。在方圆 200 千米以内，武昌鱼和洞庭水殖与蓝田股份的淡水产品收入出现了巨大的差距。

武昌鱼和洞庭水殖与蓝田股份都生产淡水产品，产品的差异性很小，人们不会只喜欢洪湖里的鱼，而不喜欢武昌鱼或洞庭湖里的鱼。蓝田股份采取"钱货两清"和客户上门提货的销售方式，这与过去渔民在湖边卖鱼的传统销售方式是相同的。蓝田股份的传统销售方式不能支持其水产品收入异常高于同业企业。除非蓝田股份大幅度降低产品价格，巨大的价格差异才能对客户产生特殊的吸引力。但是，蓝田股份与武昌鱼和洞庭水殖位于同一地区，自然地理和人文条件相同，生产成本不会存在巨大的差异，若蓝田股份大幅度降低产品价格，它将面临亏损。

根据以上分析，我研究推理：蓝田股份不可能以"钱货两清"和客户上门提货的销售方式，一年销售 12.7 亿元水产品。

3. 蓝田股份的现金流量分析

2000 年蓝田股份的"销售商品、提供劳务收到的现金"超过了"主营业务收入"，但是其短期偿债能力却位于同业最低水平。这种矛盾来源于"购建固定资产、无形资产和其他长期资产所支付的现金"是"经营活动产生的现金流量净额"的 92%。2000 年蓝田股份的在建工程增加投资 7.1 亿元，其中"生态基地""鱼塘升级改造"和"大湖开发项目"三个项目占 75%，在建工程增加投资的资金来源是自有资金。这意味着 2000 年蓝田股份经营活动产生的净现金流量大部分转化成在建工程本期增加投资。

根据 2001 年 8 月 29 日蓝田股份发布的公告，2000 年蓝田股份的农副水产品收入 12.7 亿元应该是现金收入。

如果蓝田股份水产品基地瞿家湾每年有 12.7 亿元销售水产品收到的现金，各家银行会争先恐后地在瞿家湾设立分支机构，会为争取这"12.7 亿元销售水产品收到的现金"业务而展开激烈的竞争。银行会专门为方便个体户到瞿家湾购买水产品而设计银行业务和工具，促进个体户与蓝田股份的水产品交易。银行会采取各种措施，绝不会让"12.7 亿元销售水产品收到的现金"游离于银行系统之外。与发达国家的银行相比，我国商业银行确实存在差距，但是，我国的商业银行还没有迟钝到"瞿家湾每年有 12.7 亿元销售水产品收到的现金"

而无动于衷。

根据以上分析,可以研究推理:2000年蓝田股份的农副水产品收入12.7亿元的数据是虚假的。

4. 蓝田股份的资产结构分析

蓝田股份的流动资产逐年下降,应收款逐年下降,到2000年流动资产主要由存货和货币资金构成,到2000年在产品占存货的82%;蓝田股份的资产逐年上升主要由于固定资产逐年上升,到2000年资产主要由固定资产构成。

2000年蓝田股份的流动资产占资产百分比位于"A07渔业"上市公司的同业最低水平,低于同业平均值约3倍;而存货占流动资产百分比位于"A07渔业"上市公司的同业最高水平,高于同业平均值约3倍。

2000年蓝田股份的固定资产占资产百分比位于"A07渔业"上市公司的同业最高水平,高于同业平均值1倍多。

2000年蓝田股份的在产品占存货百分比位于"A07渔业"上市公司的同业最高水平,高于同业平均值1倍;在产品绝对值位于同业最高水平,高于同业平均值3倍。

2000年蓝田股份的存货占流动资产百分比位于"C0食品、饮料"上市公司的同业最高水平,高于同业平均值1倍。

2000年蓝田股份的在产品占存货百分比位于"C0食品、饮料"上市公司的同业最高水平,高于同业平均值约3倍。

根据以上分析,可以研究推理:蓝田股份的在产品占存货百分比和固定资产占资产百分比异常高于同业平均水平,蓝田股份的在产品和固定资产的数据是虚假的。

5. 研究推理

根据以上分析,可以研究推理:蓝田股份的偿债能力越来越恶化;扣除各项成本和费用后,蓝田股份没有净收入来源;蓝田股份不能创造足够的现金流量以便维持正常经营活动和保证按时偿还银行贷款的本金和利息;银行应该立即停止对蓝田股份发放贷款。

(二) 研究推理"蓝田股份已经成为中国蓝田总公司的提款机"的依据

1. 蓝田股份的关联方关系

根据蓝田股份2000年会计报表附注"(八)关联方关系及交易",蓝田股份的母公司是洪湖蓝田经济技术开发有限公司,注册地址是洪湖市瞿家湾镇。蓝田股份合并会计报表的子公司有两家:沈阳蓝田房屋开发有限公司(注册地址是沈阳市)和湖北洪湖蓝田水产品开发有限公司(注册地址是洪湖市瞿家湾镇)。2000年沈阳蓝田房屋开发有限公司亏损。2000年蓝田股份的利润主要来自湖北洪湖蓝田水产品开发有限公司。

根据蓝田股份2000年会计报表附注"(八)关联方关系及交易",中国蓝田总公司与蓝田股份不存在控制关系,二者之间的关系是公司高级管理人员兼职。蓝田股份委托中国蓝田总公司为代销商,2000年中国蓝田总公司代销额占当期蓝田股份销售额的1.9%。中国蓝田总公司长期为蓝田股份的产品进行广告宣传。

中国蓝田总公司所属的金农网(产品)《中国蓝田总公司简介》称:"1996年5月,其核心企业沈阳蓝田股份有限公司由中国农业部推荐为首家A股股票上市公司。"

金农网(简介)《中国蓝田(集团)总公司简介》称:"湖北蓝田股份有限公司是总公司的核心企业,1996年5月由国家批准A股上市,被誉为'中国农业第一股'。上市以来,业绩连年高速增长,2000年,主营业务收入18.41亿元,利润总额5.02亿元。"

蓝田股份称,中国蓝田总公司与蓝田股份不存在控制关系,二者之间的关系是公司高级管理人员兼职。中国蓝田总公司和中国蓝田(集团)总公司称,蓝田股份是其核心企业。哪个是真的?

2. 中国蓝田(集团)总公司的收入来源分析

金农网(简介)《中国蓝田(集团)总公司简介》称,中国蓝田总公司在全国建立了六大生产基地,即湖北洪湖30万亩水产品种植、养殖和绿色食品加工基地,湖北随州10万亩银杏和200吨黄酮、500千克菇内酯生产加工基地,湖南临湘10万亩黄姜及500吨皂素生产基地,湖南常德奶牛、乳制品生产加工基地,广东珠海优化农业试验基地,北京昌平国际高科技农业基地。

1) 北京昌平国际高科技农业基地

2001年10月26日,湖北蓝田股份有限公司董事会发布关联交易公告称:"本公司以2 320万元的价格将所持蓝田园(即北京昌平国际高科技农业基地)80%的股权出售给中国蓝田总公司……蓝田园公司成立时间较短,到目前为止未有盈利。"

2) 广东珠海优化农业试验基地

金农网(简介)《中国蓝田(集团)总公司简介》称,中国蓝田集团广东公司在广东省计划委员会立项,投资1.9亿元,于广东省珠海市建设"广东蓝田优化农业试验基地"。

广东省发展计划委员会网站(建设项目计划表)列示:珠三角十大农业示范基地项目,建设起止年限:2000—2005年,总投资40亿元,到2000年完成投资15亿元,2001年计划投资2亿元。假设"广东蓝田优化农业试验基地"是"珠三角十大农业示范基地"之一,那么,该基地最早是2000年开始投资建设的。

3) 湖北随州10万亩银杏和200吨黄酮、500公斤菇内酯生产加工基地

金农网(简介)《中国蓝田(集团)总公司简介》称,中国蓝田集团随州公司开发管理的10万亩银杏基地坐落在湖北省随州市。基地以洛阳镇为重点,以该镇珠宝山第七个村为中心,辐射洛阳镇230平方千米的32个行政村。

《随州信息港》网站:湖北省随州市曾都区洛阳镇位于大洪山东麓,全镇辖32个村(居)委会,34 500人,总面积230平方千米,其中耕地3.3万亩,山场25万亩,水面2.2万亩。全镇有果用型银杏树570多万株,其中百年以上1.7万株,千年以上308株;叶用型银杏园5 300余亩,银杏苗圃100多亩,每年产银杏500余吨,银杏叶1 500余吨,可出圃各规格银杏苗500万株。

三九健康网2001年9月24日报道,6月26日,我国最大的银杏深加工基地正式落户随州。省委常委、中国工程院院士周济与中国蓝田集团总裁瞿兆玉共同为这座占地500亩的"湖北蓝田银杏高科技产业园"奠基。

4) 湖南临湘10万亩黄姜及500吨皂素生产基地

蓝田金农网没有介绍湖南临湘10万亩黄姜及500吨皂素生产基地。在湖南省临湘市政府网站上没有有关湖南临湘10万亩黄姜及500吨皂素生产基地的任何信息。

5) 湖南常德奶牛、乳制品生产加工基地

蓝田金农网没有介绍湖南常德奶牛、乳制品生产加工基地。在湖南省常德市政府网站上没有有关湖南常德奶牛、乳制品生产加工基地的任何信息。

6) 洪湖30万亩水产品种植、养殖和绿色食品加工基地

金农网(简介)《中国蓝田(集团)总公司简介》介绍了中国蓝田(集团)总公司的洪湖生态养殖基地(位于洪湖)、果蔬种植基地、畜禽养殖基地(位于洪湖市)和绿色食品加工中心(位于洪湖瞿家湾镇)。

从1997年至2000年,蓝田股份累计投资3亿元的洪湖菜篮子工程与中国蓝田(集团)总公司的果蔬种植基地、畜禽养殖基地和绿色食品加工中心位于同一地点。

从1997年至2000年,蓝田股份累计投资约16亿元的生态基地、大湖开发项目和鱼塘升级项目与中国蓝田(集团)总公司的洪湖生态养殖基地位于同一地点。

3. 研究推理

根据以上分析,可以研究推理:中国蓝田(集团)总公司的湖北洪湖30万亩水产品种植、养殖和绿色食品加工基地就是蓝田股份的生产基地;中国蓝田(集团)总公司的其他五个生产基地不能为其提供净收入和现金流量;中国蓝田总公司没有净收入来源,不能创造充足的现金流量以便维持正常的经营活动和保证按时偿还银行贷款的本金和利息;蓝田股份的现金流量流向中国蓝田(集团)总公司;蓝田股份已经成为中国蓝田总公司的提款机。

(三) 研究推理"蓝田股份依靠银行贷款维持运转"的依据

根据以上分析,没有发现蓝田股份足以维持其正常经营和按时偿还银行贷款本息的现金流量来源。所以,可以研究推理:蓝田股份依靠银行的贷款维持运转,而且用拆西墙补东墙的办法,支付银行利息。

结束语

任何一家银行不可能单凭一篇短文和不进行调查研究而立即停发一家企业的贷款。

在《应立即停止对蓝田股份发放贷款》中,我提示银行检查"蓝田股份和中国蓝田总公司及其各地子公司的银行账户现金流动情况"。

如果银行对蓝田进行调查研究后,根据银行的调查研究结果,停发蓝田贷款,那么,银行停发蓝田贷款一定有其理由。

资料来源:作者刘姝威,略有改动。

二、问题

请根据上述案例和公开资料,还原刘姝威教授关于蓝田股份的判断;同时,讨论财务报表的信息含量和适用性。

附 录

附表1 复利终值系数表 $(F/P, i, n) = (1+i)^n$

期数	1%	2%	3%	4%	5%	6%	7%	8%	9%	10%	11%	12%	13%	14%	15%	16%	17%	18%	19%	20%
1	1.01	1.02	1.03	1.04	1.05	1.06	1.07	1.08	1.09	1.1	1.11	1.12	1.13	1.14	1.15	1.16	1.17	1.18	1.19	1.2
2	1.020 1	1.040 4	1.060 9	1.081 6	1.102 5	1.123 6	1.144 9	1.166 4	1.188 1	1.21	1.232 1	1.254 4	1.276 9	1.299 6	1.322 5	1.345 6	1.368 9	1.392 4	1.416 1	1.44
3	1.030 3	1.061 2	1.092 7	1.124 9	1.157 6	1.191	1.225	1.259 7	1.295	1.331	1.367 6	1.404 9	1.442 9	1.481 5	1.520 9	1.560 9	1.601 6	1.643	1.685 2	1.728
4	1.040 6	1.082 4	1.125 5	1.169 9	1.215 5	1.262 5	1.310 8	1.360 5	1.411 6	1.464 1	1.518 1	1.573 5	1.630 5	1.689	1.749	1.810 6	1.873 9	1.938 8	2.005 3	2.073 6
5	1.051	1.104 1	1.159 3	1.216 7	1.276 3	1.338 2	1.402 6	1.469 3	1.538 6	1.610 5	1.685 1	1.762 3	1.842 4	1.925 4	2.011 4	2.100 3	2.192 4	2.287 8	2.386 4	2.488 3
6	1.061 5	1.126 2	1.194 1	1.265 3	1.340 1	1.418 5	1.500 7	1.586 9	1.677 1	1.771 6	1.870 4	1.973 8	2.082	2.195	2.313 1	2.436 4	2.565 2	2.699 6	2.839 8	2.986
7	1.072 1	1.148 7	1.229 9	1.315 9	1.407 1	1.503 6	1.605 8	1.713 8	1.828	1.948 7	2.076 2	2.210 7	2.352 3	2.502 3	2.66	2.826 2	3.001 2	3.185 5	3.379 3	3.583 2
8	1.082 9	1.171 7	1.266 8	1.368 6	1.477 5	1.593 8	1.718 2	1.850 9	1.992 6	2.143 6	2.304 5	2.476	2.658 2	2.852 6	3.059	3.278 4	3.511 5	3.758 9	4.021 4	4.299 8
9	1.093 7	1.195 1	1.304 8	1.423 3	1.551 3	1.689 5	1.838 5	1.999	2.171 9	2.357 9	2.558	2.773 1	3.004	3.251 9	3.517 9	3.803	4.108 4	4.435 5	4.785 4	5.159 8
10	1.104 6	1.219	1.343 9	1.480 2	1.628 9	1.790 8	1.967 2	2.158 9	2.367 4	2.593 7	2.839 4	3.105 8	3.394 6	3.707 2	4.045 6	4.411 4	4.806 8	5.233 8	5.694 7	6.191 7
11	1.115 7	1.243 4	1.384 2	1.539 5	1.710 3	1.898 3	2.104 9	2.331 6	2.580 4	2.853 1	3.151 8	3.478 5	3.835 9	4.226 2	4.652 4	5.117 3	5.624	6.175 9	6.776 7	7.430 1
12	1.126 8	1.268 2	1.425 8	1.601	1.795 6	2.012 2	2.252 2	2.518 2	2.812 7	3.138 4	3.498 5	3.896	4.334 5	4.817 9	5.350 3	5.936	6.580 1	7.287 6	8.064 2	8.916 1
13	1.138 1	1.293 6	1.468 5	1.665 1	1.885 6	2.132 9	2.409 8	2.719 6	3.065 8	3.452 3	3.883 3	4.363 5	4.898	5.492 4	6.152 8	6.885 8	7.698 7	8.599 4	9.596 4	10.699 3
14	1.149 5	1.319 5	1.512 6	1.731 7	1.979 9	2.260 9	2.578 5	2.937 2	3.341 7	3.797 5	4.310 4	4.887 1	5.534 8	6.261 3	7.075 7	7.987 5	9.007 5	10.147 2	11.419 8	12.839 2
15	1.161	1.345 9	1.558	1.800 9	2.078 9	2.396 6	2.759	3.172 2	3.642 5	4.177 2	4.784 6	5.473 6	6.254 3	7.137 9	8.137 1	9.265 5	10.538 7	11.973 7	13.589 5	15.407
16	1.172 6	1.372 8	1.604 7	1.873	2.182 9	2.540 4	2.952 2	3.425 9	3.970 3	4.595	5.310 9	6.130 4	7.067 3	8.137 2	9.357 6	10.748	12.330 3	14.129	16.171 5	18.488 4
17	1.184 3	1.400 2	1.652 8	1.947 9	2.292	2.692 8	3.158 8	3.7	4.327 6	5.054 5	5.895 1	6.866	7.986 1	9.276 5	10.761 3	12.467 7	14.426 5	16.672 2	19.244 1	22.186 1
18	1.196 1	1.428 2	1.702 4	2.025 8	2.406 6	2.854 3	3.379 9	3.996	4.717 1	5.559 9	6.543 6	7.69	9.024 3	10.575 2	12.375 5	14.462 5	16.879	19.673 5	22.900 5	26.623 3
19	1.208 1	1.456 8	1.753 5	2.106 8	2.527	3.025 6	3.616 5	4.315 7	5.141 7	6.115 9	7.263 3	8.612 8	10.197 4	12.055 7	14.231 8	16.776 5	19.748 4	23.214 4	27.251 6	31.948
20	1.220 2	1.485 9	1.806 1	2.191 1	2.653 3	3.207 1	3.869 7	4.661	5.604 4	6.727 5	8.062 3	9.646 3	11.523 1	13.743 5	16.366 5	19.460 8	23.105 6	27.393	32.429 4	38.337 6
21	1.232 4	1.515 7	1.860 3	2.278 8	2.786	3.399 6	4.140 6	5.033 8	6.108 8	7.400 2	8.949 2	10.803 8	13.021 1	15.667 6	18.821 5	22.574 5	27.033 6	32.323 8	38.591	46.005 1
22	1.244 7	1.546	1.916 1	2.369 9	2.925 3	3.603 5	4.430 4	5.436 5	6.658 6	8.140 3	9.933 6	12.100 3	13.552 3	17.861	21.644 6	26.186 4	31.629 3	38.142 1	45.923 3	55.206 1
23	1.257 2	1.576 9	1.973 6	2.464 7	3.071 5	3.819 7	4.740 5	5.871 5	7.257 9	8.954 3	11.026 3	13.552 3	15.178 6	20.361 6	24.891 5	30.376 2	37.006 2	45.007 6	54.648 7	66.247 4
24	1.269 7	1.608 4	2.032 8	2.563 3	3.225 1	4.048 9	5.072 4	6.341 2	7.911 1	9.849 7	12.239 1	15.178 6	16.626 6	23.212 2	28.625 2	35.236 4	43.297 3	53.109	65.032	79.496 8
25	1.282 4	1.640 6	2.093 8	2.665 8	3.386 4	4.291 9	5.427 4	6.848 5	8.623 1	10.834 7	13.585 5	17.000 1	18.788 1	26.461 9	32.919	40.874 2	50.657 8	62.668 6	77.388 1	95.396 2
26	1.295 3	1.673 4	2.156 6	2.772 5	3.555 7	4.549 4	5.807 4	7.396 4	9.399 2	11.918 2	15.079 9	19.040 1	21.324 9	30.166 6	37.856 8	47.414 1	59.269 7	73.949	92.091 8	114.475 5
27	1.308 2	1.706 9	2.221 3	2.883 4	3.733 5	4.822 3	6.213 9	7.988 1	10.245 1	13.11	16.738 7	21.324 9	23.990 5	34.389 9	43.535 3	55.000 4	69.345 5	87.259 8	109.589 3	137.370 6
28	1.321 3	1.741	2.287 9	2.998 7	3.920 1	5.111 7	6.648 8	8.627 1	11.167 1	14.421	18.579 9	23.883 9	27.109 3	39.204 5	50.065 6	63.800 4	81.134 2	102.966 6	130.411 2	164.844 7
29	1.334 5	1.775 8	2.356 6	3.118 7	4.116 1	5.418 4	7.114 3	9.317 3	12.172 2	15.863 1	20.623 7	26.749 9	30.633 5	44.693 1	57.575 5	74.008 5	94.927 1	121.500 5	155.189 3	197.813 6
30	1.347 8	1.811 4	2.427 3	3.243 4	4.321 9	5.743 5	7.612 3	10.062 7	13.267 7	17.449 4	22.892 3	29.959 9	39.115 9	50.950 2	66.211 8	85.849 9	111.064 7	143.370 6	184.675 3	237.376 3

附表 2 复利现值系数表 $(P/F, i, n) = (1+i)^{-n}$

期数	1%	2%	3%	4%	5%	6%	7%	8%	9%	10%	11%	12%	13%	14%	15%	16%	17%	18%	19%	20%
1	0.990 1	0.980 4	0.970 9	0.961 5	0.952 4	0.943 4	0.934 6	0.925 9	0.917 4	0.909 1	0.900 9	0.892 9	0.885	0.877 2	0.869 6	0.862 1	0.854 7	0.847 5	0.840 3	0.833 3
2	0.980 3	0.961 2	0.942 6	0.924 6	0.907	0.89	0.873 4	0.857 3	0.841 7	0.826 4	0.811 6	0.797 2	0.783 1	0.769 5	0.756 1	0.743 2	0.730 5	0.718 2	0.706 2	0.694 4
3	0.970 6	0.942 3	0.915 1	0.889	0.863 8	0.839 6	0.816 3	0.793 8	0.772 2	0.751 3	0.731 2	0.711 8	0.693 1	0.675	0.657 5	0.640 7	0.624 4	0.608 6	0.593 4	0.578 7
4	0.961	0.923 8	0.888 5	0.854 8	0.822 7	0.792 1	0.762 9	0.735	0.708 4	0.683	0.658 7	0.635 5	0.613 3	0.592 1	0.571 8	0.552 3	0.533 7	0.515 8	0.498 7	0.482 3
5	0.951 5	0.905 7	0.862 6	0.821 9	0.783 5	0.747 3	0.713	0.680 6	0.649 9	0.620 9	0.593 5	0.567 4	0.542 8	0.519 4	0.497 2	0.476 1	0.456 1	0.437 1	0.419	0.401 9
6	0.942	0.888	0.837 5	0.790 3	0.746 2	0.705	0.666 3	0.630 2	0.596 3	0.564 5	0.534 6	0.506 6	0.480 3	0.455 6	0.432 3	0.410 4	0.389 8	0.370 4	0.352 1	0.334 9
7	0.932 7	0.870 6	0.813 1	0.759 9	0.710 7	0.665 1	0.622 7	0.583 5	0.547	0.513 2	0.481 7	0.452 3	0.425 1	0.399 6	0.375 9	0.353 8	0.333 2	0.313 9	0.295 9	0.279 1
8	0.923 5	0.853 5	0.789 4	0.730 7	0.676 8	0.627 4	0.582	0.540 3	0.501 9	0.466 5	0.433 9	0.403 9	0.376 2	0.350 6	0.326 9	0.305	0.284 8	0.266	0.248 7	0.232 6
9	0.914 3	0.836 8	0.766 4	0.702 6	0.644 6	0.591 9	0.543 9	0.500 2	0.460 4	0.424 1	0.390 9	0.360 6	0.332 9	0.307 5	0.284 3	0.263	0.243 4	0.225 5	0.209	0.193 8
10	0.905 3	0.820 3	0.744 1	0.675 6	0.613 9	0.558 4	0.508 3	0.463 2	0.422 4	0.385 5	0.352 2	0.322	0.294 6	0.269 7	0.247 2	0.226 7	0.208	0.191 1	0.175 6	0.161 5
11	0.896 3	0.804 3	0.722 4	0.649 6	0.584 7	0.526 8	0.475 1	0.428 9	0.387 5	0.350 5	0.317 3	0.287 5	0.260 7	0.236 6	0.214 9	0.195 4	0.177 8	0.161 9	0.147 6	0.134 6
12	0.887 4	0.788 5	0.701 4	0.624 6	0.556 8	0.497	0.444	0.397 1	0.355 5	0.318 6	0.285 8	0.256 7	0.230 7	0.207 6	0.186 9	0.168 5	0.152	0.137 2	0.124	0.112 2
13	0.878 7	0.773	0.681	0.600 6	0.530 3	0.468 8	0.415	0.367 7	0.326 2	0.289 7	0.257 5	0.229 2	0.204 2	0.182 1	0.162 5	0.145 2	0.129 9	0.116 3	0.104 2	0.093 5
14	0.877	0.757 9	0.661 1	0.577 5	0.505 1	0.442 3	0.387 8	0.340 5	0.299 2	0.263 3	0.232	0.204 6	0.180 7	0.159 7	0.141 3	0.125 2	0.111	0.098 5	0.087 6	0.077 9
15	0.861 3	0.743	0.641 9	0.555 3	0.481	0.417 3	0.362 4	0.315 2	0.274 5	0.239 4	0.209	0.182 7	0.159 9	0.140 1	0.122 9	0.107 9	0.094 9	0.083 5	0.073 6	0.064 9
16	0.852 8	0.728 4	0.623 2	0.533 9	0.458 1	0.393 6	0.338 7	0.291 9	0.251 9	0.217 6	0.188 3	0.163 1	0.141 5	0.122 9	0.106 9	0.093	0.081 1	0.070 8	0.061 8	0.054 1
17	0.844 4	0.714 2	0.605	0.513 4	0.436 3	0.371 4	0.316 6	0.270 3	0.231 1	0.197 8	0.169 6	0.145 6	0.125 2	0.107 8	0.092 9	0.080 2	0.069 3	0.06	0.052	0.045 1
18	0.836	0.700 2	0.587 4	0.493 6	0.415 5	0.350 3	0.295 9	0.250 2	0.212	0.179 9	0.152 8	0.13	0.110 8	0.094 6	0.080 8	0.069 1	0.059 2	0.050 8	0.043 7	0.037 6
19	0.827 7	0.686 4	0.570 3	0.474 6	0.395 7	0.330 5	0.276 5	0.231 7	0.194 5	0.163 5	0.137 7	0.116 1	0.098 1	0.082 9	0.070 3	0.059 6	0.050 6	0.043 1	0.036 7	0.031 3
20	0.819 5	0.673	0.553 7	0.456 4	0.376 9	0.311 8	0.258 4	0.214 5	0.178 4	0.148 6	0.124	0.103 7	0.086 8	0.072 8	0.061 1	0.051 4	0.043 3	0.036 5	0.030 8	0.026 1
21	0.811 4	0.659 8	0.537 5	0.438 8	0.358 9	0.294 2	0.241 5	0.198 7	0.163 7	0.135 1	0.111 7	0.092 6	0.076 8	0.063 8	0.053 1	0.044 3	0.037	0.030 9	0.025 9	0.021 7
22	0.803 4	0.646 8	0.521 9	0.422	0.341 8	0.277 5	0.225 7	0.183 9	0.150 2	0.122 8	0.100 7	0.082 6	0.068	0.056	0.046 2	0.038 2	0.031 6	0.026 2	0.021 8	0.018 1
23	0.795 4	0.634 2	0.506 7	0.405 7	0.325 6	0.261 8	0.210 9	0.170 3	0.137 8	0.111 7	0.090 7	0.073 8	0.060 1	0.049	0.040 2	0.032 9	0.027	0.022 2	0.018 3	0.015 1
24	0.787 6	0.621 7	0.491 9	0.390 1	0.310 1	0.247	0.197 1	0.157 7	0.126 4	0.101 5	0.081 7	0.065 9	0.053 2	0.043 1	0.034 9	0.028 4	0.023 1	0.018 8	0.015 4	0.012 6
25	0.779 8	0.609 5	0.477 6	0.375 1	0.295 3	0.233	0.184 2	0.146	0.116	0.092 3	0.073 6	0.058 8	0.047 1	0.037 8	0.030 4	0.024 5	0.019 7	0.016	0.012 9	0.010 5
26	0.772	0.597 6	0.463 7	0.360 7	0.281 2	0.219 8	0.172 2	0.135 2	0.106 4	0.083 9	0.066 3	0.052 5	0.041 7	0.033 1	0.026 4	0.021 1	0.016 9	0.013 5	0.010 9	0.008 7
27	0.764 4	0.585 9	0.450 2	0.346 8	0.267 8	0.207 4	0.160 9	0.125 2	0.097 6	0.076 3	0.059 7	0.046 9	0.036 9	0.029 1	0.023	0.018 2	0.014 4	0.011 5	0.009 1	0.007 3
28	0.756 8	0.574 4	0.437 1	0.333 5	0.255 1	0.195 6	0.150 4	0.115 9	0.089 5	0.069 3	0.053 8	0.041 9	0.032 6	0.025 5	0.02	0.015 7	0.012 3	0.009 7	0.007 7	0.006 1
29	0.749 3	0.563 1	0.424 3	0.320 7	0.242 9	0.184 6	0.140 6	0.107 3	0.082 2	0.063	0.048 5	0.037 4	0.028 9	0.022 4	0.017 4	0.013 5	0.010 5	0.008 2	0.006 4	0.005 1
30	0.741 9	0.552 1	0.412	0.308 3	0.231 4	0.174 1	0.131 4	0.099 4	0.075 4	0.057 3	0.043 7	0.033 4	0.025 6	0.019 6	0.015 1	0.011 6	0.009	0.007	0.005 4	0.004 2

附表 3　年金终值系数表 $(F/A,i,n)=[(1+i)^n-1]\div i$

期数	1%	2%	3%	4%	5%	6%	7%	8%	9%	10%	11%	12%	13%	14%	15%	16%	17%	18%	19%	20%
1	1	1	1	1	1	1	1	1	1	1	1	1	1	1	1	1	1	1	1	1
2	2.01	2.02	2.03	2.04	2.05	2.06	2.07	2.08	2.09	2.1	2.11	2.12	2.13	2.14	2.15	2.16	2.17	2.18	2.19	2.2
3	3.030 1	3.060 4	3.090 9	3.121 6	3.152 5	3.183 6	3.214 9	3.246 4	3.278 1	3.31	3.342 1	3.374 4	3.406 9	3.439 6	3.472 5	3.505 6	3.538 9	3.572 4	3.606 1	3.64
4	4.060 4	4.121 6	4.183 6	4.246 5	4.310 1	4.374 6	4.439 4	4.506 1	4.573 1	4.641	4.709 7	4.779 3	4.849 8	4.921 1	4.993 4	5.066 5	5.140 5	5.215 4	5.291 3	5.368
5	5.101	5.204	5.309 1	5.416 3	5.525 6	5.637 1	5.750 7	5.866 6	5.984 7	6.105 1	6.227 8	6.352 8	6.480 3	6.610 1	6.742 4	6.877 1	7.014 4	7.154 2	7.296 6	7.441 6
6	6.152	6.308 1	6.468 4	6.633	6.801 9	6.975 3	7.153 3	7.335 9	7.523 3	7.715 6	7.912 9	8.115 2	8.322 7	8.535 5	8.753 7	8.977 5	9.206 8	9.442	9.683	9.929 9
7	7.213 5	7.434 3	7.662 5	7.898 3	8.142	8.393 8	8.654	8.922 8	9.200 4	9.487 2	9.783 3	10.089	10.404 7	10.730 5	11.066 8	11.413 9	11.772	12.141 5	12.522 7	12.915 9
8	8.285 7	8.583	8.892 3	9.214 2	9.549 1	9.897 5	10.259 8	10.636 6	11.028 5	11.435 9	11.859 4	12.299 7	12.757 3	13.232 8	13.726 8	14.240 1	14.773 3	15.327	15.902	16.499 1
9	9.368 5	9.754 6	10.159 1	10.582 8	11.026 6	11.491 3	11.978	12.487 6	13.021	13.579 5	14.164	14.775 7	15.415 7	16.085 3	16.785 8	17.518 5	18.284 7	19.085 9	19.923 4	20.798 9
10	10.462 2	10.949 7	11.463 9	12.006 1	12.577 9	13.180 8	13.816 4	14.486 6	15.192 9	15.937 4	16.722	17.548 7	18.419 7	19.337 3	20.303 7	21.321 5	22.393 1	23.521 3	24.708 9	25.958 7
11	11.566 8	12.168 7	12.807 8	13.486 4	14.206 8	14.971 6	15.783 6	16.645 5	17.560 3	18.531 2	19.561 4	20.654 6	21.814 3	23.044 5	24.349 3	25.732 9	27.199 9	28.755 1	30.403 5	32.150 4
12	12.682 5	13.412 1	14.192	15.025 8	15.917 1	16.869 9	17.888 5	18.977 1	20.140 7	21.384 3	22.713 2	24.133 1	25.650 2	27.270 7	29.001 7	30.850 2	32.823 9	34.931 1	37.180 2	39.580 5
13	13.809 3	14.680 3	15.617 8	16.626 8	17.713	18.882 1	20.140 6	21.495 3	22.953 4	24.522 7	26.211 6	28.029 1	29.984 7	32.088 7	34.351 9	36.786 2	39.404	42.218 7	45.244 5	48.496 6
14	14.947 4	15.973 9	17.086 3	18.291 9	19.598 6	21.015 1	22.550 5	24.214 9	26.019 2	27.975	30.094 9	32.392 6	34.882 7	37.581 1	40.504 7	43.672	47.102 7	50.818	54.840 9	59.195 9
15	16.096 9	17.293 4	18.598 9	20.023 6	21.578 6	23.276	25.129	27.152 1	28.360 9	31.772 5	34.405 4	37.279 7	40.417 5	43.842 4	47.580 4	51.659 5	56.110 1	60.965 3	66.260 7	72.035 1
16	17.257 9	18.639 3	20.156 9	21.824 5	23.657 5	25.672 5	27.888 1	30.324 3	33.003 4	35.949 7	39.189 9	42.753 3	46.671 7	50.980 4	55.717 5	60.925	66.648 8	72.939	79.850 2	87.442 1
17	18.430 4	20.012 1	21.761 6	23.697 5	25.840 4	28.212 9	30.840 2	33.750 2	36.973 7	40.544 7	44.500 8	48.883 7	53.739 1	59.117 6	65.075 1	71.673	78.979 2	87.068	96.021 8	105.930 6
18	19.614 7	21.412 3	23.414 4	25.645 4	28.132 4	30.905 7	33.999	37.450 2	41.301 3	45.599 2	50.395 9	55.749 7	61.725 1	68.394 1	75.836 4	84.140 7	93.405 6	103.740 3	115.265 9	128.116 7
19	20.810 9	22.840 6	25.116 9	27.671 2	30.539	33.76	37.379	41.446 3	46.018 5	51.159 1	56.939 5	63.439 7	70.749 4	78.969 2	88.211 8	98.603 2	110.284 6	123.413 5	138.166 4	154.74
20	22.019	24.297 4	26.870 4	29.778 1	33.066	36.785 6	40.995 5	45.762	51.160 1	57.275	64.202 8	72.052 4	80.946 8	91.024 9	102.443 6	115.379 7	130.032 9	146.628	165.418	186.688
21	23.239 2	25.783 3	28.676 5	31.969 2	35.719 3	39.992 7	44.865 2	50.422 9	56.764 5	64.002 5	72.265 1	81.698 7	92.469 9	104.768 4	118.810 1	134.840 5	153.138 5	174.021	197.847 4	225.025 6
22	24.471 6	27.299	30.536 8	34.248	38.505 2	43.392 3	49.005 7	55.456 8	62.873 3	71.402 7	81.214 3	92.502 6	105.491	120.436	137.631 5	157.415	180.172 1	206.344 8	236.438 5	271.030 7
23	25.716 3	28.845	32.452 9	36.617 9	41.430 5	46.995 8	53.436 1	60.893 3	69.531 9	79.543	91.147 9	104.602 9	120.204 8	138.297	159.276 4	183.601 3	211.801 3	244.486 8	282.361 8	326.236 9
24	26.973 5	30.421 9	34.426 5	39.082 6	44.502	50.815 6	58.176 7	66.764 8	76.789 8	88.497 3	102.174 2	118.155 2	136.831 5	158.658 6	184.167 8	213.977 6	248.807 6	289.494 5	337.010 5	392.484 2
25	28.243 2	32.030 3	36.459 3	41.645 9	47.727 1	54.864 5	63.249	73.105 9	84.700 9	98.347 1	114.413 3	133.333 9	155.619 6	181.870 8	212.793	249.214	292.104 9	342.603 5	402.042 5	471.981 1
26	29.525 6	33.670 9	38.553	44.311 7	51.113 5	59.156 4	68.676 5	79.954 4	93.324	109.181 8	127.998 8	150.333 9	176.850 1	208.332 7	245.712	290.088 3	342.762 7	405.272 1	479.430 6	567.377 3
27	30.820 9	35.344 3	40.709 6	47.084 2	54.669 1	63.705 8	74.483 8	87.350 8	102.723 1	121.099 9	143.078 6	169.374	200.840 6	238.499 3	283.568 8	337.502 2	402.032 3	479.221 1	571.522 4	681.852 8
28	32.129 1	37.051 2	42.930 9	49.967 6	58.402 6	68.528 1	80.697 7	95.338 8	112.968 2	134.209 9	159.817 3	190.698 9	227.949 9	272.889 2	327.104 1	392.502 8	471.377 8	566.480 9	681.111 6	819.223 3
29	33.450 4	38.792 2	45.218 9	52.966 2	62.322 7	73.639 8	87.346 5	103.965 9	124.135 4	148.630 9	178.397 2	214.582 8	258.583 4	312.093 7	377.169 7	456.303 2	552.512 1	669.447 5	811.522 8	984.068
30	34.784 9	40.568 1	47.575 4	56.084 9	66.438 8	79.058 2	94.460 8	113.283 2	136.307 5	164.494	199.020 9	241.332 7	293.199 2	356.786 8	434.745 1	530.311 7	647.439 1	790.948	966.712 2	1 181.881 6

附表 4　年金现值系数表 $(P/A, i, n) = [1-(1+i)^{-n}] \div i$

期数	1%	2%	3%	4%	5%	6%	7%	8%	9%	10%	11%	12%	13%	14%	15%	16%	17%	18%	19%	20%
1	0.990 1	0.980 4	0.970 9	0.961 5	0.952 4	0.943 4	0.934 6	0.925 9	0.917 4	0.909 1	0.900 9	0.892 9	0.885	0.877 2	0.869 6	0.862 1	0.854 7	0.847 5	0.840 3	0.833 3
2	1.970 4	1.941 6	1.913 5	1.886 1	1.859 4	1.833 4	1.808	1.783	1.759 1	1.735 5	1.712 5	1.690 1	1.668	1.646 7	1.625 7	1.605 2	1.585 2	1.565 6	1.546 5	1.527 8
3	2.941	2.883 9	2.828 6	2.775 1	2.723 2	2.673	2.624 3	2.577	2.531 3	2.486 9	2.443 7	2.401 8	2.361 2	2.321 6	2.283 2	2.245 9	2.209 6	2.174 3	2.139 9	2.106 5
4	3.902	3.807 7	3.717 1	3.629 9	3.546	3.465 1	3.387 2	3.312 1	3.239 7	3.169 9	3.102 4	3.037 3	2.974 5	2.913 7	2.855	2.798 2	2.743 2	2.690 1	2.638 6	2.588 7
5	4.853 4	4.713 5	4.579 7	4.451 8	4.329 5	4.212 4	4.100 2	3.992 7	3.889 7	3.790 8	3.695 9	3.604 8	3.517 2	3.433 1	3.352 2	3.274 3	3.199 3	3.127 2	3.057 6	2.990 6
6	5.795 5	5.601 4	5.417 2	5.242 1	5.075 7	4.917 3	4.766 5	4.622 9	4.485 9	4.355 3	4.230 5	4.111 4	3.997 5	3.888 7	3.784 5	3.684 7	3.589 2	3.497 6	3.409 8	3.325 5
7	6.728 2	6.472	6.230 3	6.002 1	5.786 4	5.582 4	5.389 3	5.206 4	5.033	4.868 4	4.712 2	4.563 8	4.422 6	4.288 3	4.160 4	4.038 6	3.922 4	3.811 5	3.705 7	3.604 6
8	7.651 7	7.325 5	7.019 7	6.732 7	6.463 2	6.209 8	5.971 3	5.746 6	5.534 9	5.334 9	5.146 1	4.967 6	4.798 8	4.638 9	4.487 3	4.343 6	4.207 2	4.077 6	3.954 4	3.837 2
9	8.566	8.162 2	7.786 1	7.435 3	7.107 8	6.801 7	6.515 2	6.246 9	5.995 2	5.759	5.537	5.328 2	5.131 7	4.946 4	4.771 6	4.606 5	4.450 6	4.303	4.163 3	4.031
10	9.471 3	8.982 6	8.530 2	8.110 9	7.721 7	7.360 1	7.023 6	6.710 1	6.417 7	6.144 6	5.889 2	5.650 2	5.426 2	5.216 1	5.018 8	4.833 2	4.658 6	4.494 1	4.338 9	4.192 5
11	10.367 6	9.786 8	9.252 6	8.760 5	8.306 4	7.886 9	7.498 7	7.139	6.805 2	6.495 1	6.206 5	5.937 7	5.686 9	5.452 7	5.233 7	5.028 6	4.836 4	4.656	4.486 5	4.327 1
12	11.255 1	10.575 3	9.954	9.385 1	8.863 3	8.383 8	7.942 7	7.536 1	7.160 7	6.813 7	6.492 4	6.194 4	5.917 6	5.660 3	5.420 6	5.197 1	4.988 4	4.793 2	4.610 5	4.439 2
13	12.133 7	11.348 4	10.635	9.985 6	9.393 6	8.852 7	8.357 7	7.903 8	7.486 9	7.103 4	6.749 9	6.423 5	6.121 8	5.842 4	5.583 1	5.342 3	5.118 3	4.909 5	4.714 7	4.532 7
14	13.003 7	12.106 2	11.296 1	10.563 1	9.898 6	9.295	8.745 5	8.244 2	7.786 2	7.366 7	6.981 9	6.628 2	6.302 5	6.002 1	5.724 5	5.467 5	5.229 3	5.008 1	4.802 3	4.610 6
15	13.865 1	12.849 3	11.937 9	11.118 4	10.379 5	9.712 2	9.107 9	8.559 5	8.060 7	7.606 1	7.190 9	6.810 9	6.462 1	6.142 2	5.847 4	5.575 5	5.324 2	5.091 6	4.875 9	4.675 5
16	14.717 9	13.577 7	12.561 1	11.652 3	10.837 8	10.105 9	9.446 6	8.851 4	8.312 6	7.823 7	7.379 2	6.974	6.603 9	6.265 1	5.954 2	5.668 5	5.405 3	5.162 4	4.937 7	4.729 6
17	15.562 3	14.291 9	13.166 1	12.165 7	11.274 1	10.477 3	9.763 2	9.121 6	8.543 6	8.021 6	7.548 8	7.119 6	6.729 1	6.372 9	6.047 2	5.748 7	5.474 5	5.222 3	4.989 7	4.774 6
18	16.398 3	14.992	13.753 5	12.659 3	11.689 6	10.827 6	10.059 1	9.371 9	8.755 6	8.201 4	7.701 6	7.249 7	6.839 9	6.467 4	6.128	5.817 8	5.533 9	5.273 2	5.033	4.812 2
19	17.226	15.678 5	14.323 8	13.133 9	12.085 3	11.158	10.335 6	9.603 6	8.950 1	8.364 9	7.839 3	7.365 8	6.938	6.550 4	6.198 2	5.877 5	5.584 5	5.316 2	5.07	4.843 5
20	18.045 6	16.351 4	14.877 5	13.590 3	12.462 2	11.469 9	10.594	9.818 1	9.128 5	8.513 6	7.963 3	7.469 4	7.024 8	6.623 1	6.259 3	5.928 8	5.627 8	5.352 7	5.100 9	4.869 6
21	18.857	17.011 2	15.415	14.029 2	12.821 2	11.764	10.835 5	10.016 8	9.292 2	8.648 7	8.075	7.562	7.101 6	6.687	6.312 5	5.973 1	5.664 8	5.383 7	5.126 8	4.891 3
22	19.660 4	17.658	15.936 9	14.451 1	13.163	12.041 6	11.061 2	10.200 7	9.442 4	8.771 5	8.175 7	7.644 6	7.169 5	6.742 9	6.358 7	6.011 3	5.696	5.409 9	5.148 6	4.909 4
23	20.455 8	18.292 2	16.443 6	14.856 8	13.488 6	12.303 4	11.272 2	10.371 1	9.580 2	8.883 2	8.266 4	7.718 4	7.229 7	6.792 1	6.398 8	6.044 2	5.723 4	5.432 1	5.166 8	4.924 5
24	21.243 4	18.913 9	16.935 5	15.247	13.798 6	12.550 4	11.469 3	10.528 8	9.706 6	8.984 7	8.348 1	7.784 3	7.282 9	6.835 1	6.433 8	6.072 6	5.746 5	5.450 9	5.182 2	4.937 1
25	22.023 2	19.523 5	17.413 1	15.622 1	14.093 9	12.783 4	11.653 6	10.674 8	9.822 6	9.077	8.421 7	7.843 1	7.33	6.872 9	6.464 1	6.097 1	5.766 2	5.466 9	5.195 1	4.947 6
26	22.795 2	20.121	17.876 8	15.982 8	14.375 2	13.003 2	11.825 8	10.81	9.929	9.160 9	8.488 1	7.895 7	7.371 7	6.906 1	6.490 6	6.118 2	5.783 1	5.480 4	5.206	4.956 3
27	23.559 6	20.706 9	18.327	16.329 6	14.643	13.210 5	11.986 7	10.935 2	10.026 6	9.237 2	8.547 8	7.942 6	7.408 6	6.935 2	6.513 5	6.136 4	5.797 5	5.491 9	5.215 1	4.963 6
28	24.316 4	21.281 3	18.764 1	16.663 1	14.898 1	13.406 2	12.137 1	11.051 1	10.116 1	9.306 6	8.601 6	7.984 4	7.441 2	6.960 7	6.533 5	6.152	5.809 9	5.501 6	5.222 8	4.969 7
29	25.065 8	21.844 4	19.188 5	16.983 7	15.141 1	13.590 7	12.277 7	11.158 4	10.198 3	9.369 6	8.650 1	8.021 8	7.470 1	6.983	6.550 9	6.165 5	5.820 4	5.509 8	5.229 2	4.974 7
30	25.807 7	22.396 5	19.600 4	17.292	15.372 5	13.764 8	12.409	11.257 8	10.273 7	9.426 9	8.693 8	8.055 2	7.495 7	7.002 7	6.566	6.177 2	5.829 4	5.516 8	5.234 7	4.978 9